高校统战工作理论与实践

浙江省高校统战工作理论研究会　编

浙江大学出版社　ZHEJIANG UNIVERSITY PRESS｜全国百佳图书出版单位

序

　　党的十八大报告指出,统一战线是凝聚各方面力量,促进政党关系、民族关系、宗教关系、阶层关系、海内外同胞关系的和谐,夺取中国特色社会主义新胜利的重要法宝。2012年中央出台的关于加强新形势下党外代表人士队伍建设的意见强调,高校是知识分子集中的地方,汇集了党外各方面的代表人士,是培养选拔党外干部的源头和重要基地。做好高校统一战线工作,调动广大党外知识分子的积极性,关系到高等教育全面、协调、可持续发展,关系到统一战线事业的兴旺发达,关系到共产党领导的多党合作和政治协商制度的长期存在和发展。

　　近年来,浙江省各高校党委坚持把统战工作放在学校全局工作的重要位置,在加强和夯实统战工作规范化、制度化建设的基础上,进一步推进内容创新、制度创新和机制创新,建立起校党委统一领导,统战部门牵头协调,有关部门和院系各负其责、共同配合,校内各群团共同参与、相互协调的大统战工作格局,高校统一战线工作呈现团结共进、科学发展、生机勃勃的良好局面。

　　高校统一战线工作历来是党的统一战线工作的重要领域。做好高校统一战线工作,要求我们要开展对统战理论、方针、政策的系统研究,特别是对高校各项统战工作的专题研究;要求进一步创新工作思路和工作方法,总结推广新时期高校统战工作的新经验、新举措。为认真办好这次华东地区高校统战工作研讨会,"六省一市"高校的统战干部以及专家学者认真撰写了一批研究论文,从理论和实践相结合的角度深入研究了新时期高校统战工作的新情况、新特点,探讨了新思路和新对策。相信《高校统战工作理论与实践》的集结出版将促进华东地区各省市高校相互学习借鉴、分享经验、推广成果,在加强高校统战理论研究和推动解决实际问题方面取得更大成绩,使华东地区的高校统战工作迈上一个新的台阶!

　　党的十八大吹响了实现"中国梦"的进军号角,高校统一战线应发挥人才荟萃、智力密集的优势,扩大团结面、丰富包容性、增强凝聚力,广泛团结一切可以团结的力量,调动一切积极因素,把各方面的智慧和力量凝聚到为夺取中国特色社会主义新胜利、实现中华民族伟大复兴而奋斗上来,为办好人民满意的教育作出应有的贡献!

中共浙江省委教育工委副书记
浙江省教育厅副厅长

目　录

第六部分　高校统战文化研究

第七部分　高校民族宗教及侨务工作研究

第一部分

新时期统一战线理论研究

协商民主理论本土化路径与困境

王 萍 操世元*

一、协商民主理论本土化的路径

20 世纪 90 年代末,协商民主理论开始传入中国。由于它与中国基本政治制度、政治文化的契合性,该理论一进入中国就备受学界、政策理论界和地方实践部门的重视。

首先,学术界对此产生了极大的热情。2001 年,中央编译局的陈家刚博士将"deliberative democracy"翻译成"协商民主"之后,"协商"民主的研究开始流行起来。[1]北京大学王浦劬教授称之为"原创性的民主载体",而中国人民大学张小劲教授则认为,协商民主为民主政治寻找和确定了新的生长空间。[2]为了进一步推动协商民主理论的研究,2004 年,浙江大学与澳大利亚塔斯马尼亚大学在杭州联合举办了"协商民主理论与中国地方民主国际学术研究会",来自美国、加拿大、澳大利亚以及国内著名高校的 40 多位学者和实践工作者围绕协商民主理论与实践、协商民主与中国这一主题,进行了研讨。2006 年,中央编译出版社"协商民主译丛"首批共翻译出版了四本国外经典著作,在国内理论界引起了相当热烈的反响。自那以后,协商民主理论已经成为国内政治学界最热门的话题之一,研究西方协商民主的专题论著不断面世,地方实践层面的推进工作和学术

---

* 王萍,浙江工业大学副教授;操世元,浙江财经学院副教授。

[1] 陈家刚主编:《协商民主》,上海三联书店,2004 年。

[2] 金安平、姚传明:《"协商民主":在中国的误读、偶合以及创造性转换的可能》,《新视野》2007 年第 5 期。

研讨也广泛展开。[1] 尤其值得一提的是,理论界就协商民主对于中国民主政治发展的意义则出现了针锋相对的两种观点。一种认为,对于中国的民主政治建设而言,选举民主具有压倒一切的重要性,协商民主只能起补充的作用;另一种认为,协商民主对于中国民主政治发展至关重要,中国基本政治制度就包括中国共产党领导的多党合作和政治协商制度,且政治协商备受重视、历史已久,协商民主上可推及到禅让制度,中国不应走选举民主的道路,而当走协商民主的道路。

其次,政策理论层面的解读、宣传与支持也非常明确。2005 年 9 月,中共中央党校副校长李君如在《文汇报》撰文指出协商民主可以弥补选举民主的不足。协商民主的特点首先是有不同的利益集团,包括各种政党、民族、宗教,可以通过协商达成共识,然后根据这个共识,不同的人可以通过对话来形成一定的决策或者选择一定的人选,它可以避免一朝天子一朝臣,并能使多数人的意见得到表达。协商民主还有一个好处是,选举前可以协商,选举中可以协商,选举完以后还可以协商;而不像选举民主那样,选的时候很高兴,选完以后就不能更改了。[2] 2006 年 2 月,中共中央通过了《中共中央关于加强人民政协工作的意见》,第一次明确地指出:"人民通过选举、投票行使权利和人民内部各方面在重大决策之前进行充分协商,尽可能就共同性问题取得一致意见,是我国社会主义民主的两种重要形式。"这一意见将政治协商与选举、投票等民主形式放在一起,并列为民主的重要形式,充分地肯定了协商民主的价值与定位。[3] 2006 年 11 月,俞可平教授在《学习时报》发表了《协商民主:西方民主理论和实践的最新发展》一文。他认为,协商民主是建立在发达的代议民主和多数民主之上的,它是对西方的代议民主、多数民主和远程民主的一种完善和超越。[4] 经过政策理论部门长达五六年的充分解读和大力宣传,2011 年,中央办公厅在一份文件中正式提出"协商民主"的概念,强调要把选举民主和协商民主这两种民主形式结

---

〔1〕 国内知名的政治学者纷纷著书讨论这一理论,如陈剩勇、何包钢主编:《协商民主的发展》,中国社会科学出版社,2006 年;俞可平:《协商民主:论理性和政治》,中央编译出版社,2007 年;高建、佟德志编:《协商民主》,天津人民出版社,2010 年;陈家刚:《协商民主与政治发展》,社会科学文献出版社,2011 年。

〔2〕 李君如:《中国应实现什么样的民主》,《文汇报》,2005 年 9 月 24 日。

〔3〕 高建、佟德志编:《协商民主》,天津人民出版社,2010 年。

〔4〕 俞可平:《协商民主:西方民主理论和实践的最新发展》,《学习时报》,2006 年 11 月 10 日。

合起来,推动民主政治的发展。2012 年 11 月 8 日召开的中国共产党第十八次全国代表大会的报告,更是明确将"健全社会主义协商民主制度"作为中国未来政治体制改革和政治建设的重要内容。这意味着协商民主在中国具有了的新前景,它将开创政治建设新境界。[1]

再次,中国地方的民主政治发展迅速,协商、对话或商谈的机制被引入各地的民主实践之中,成为民主治理的重要内容。[2] 在不同地方,这些具有协商民主性质的民主实践具有不同的形式、不同的名称、不同的特征,但都强调在多元社会现实的背景下,通过普通的公民参与,就决策和立法达成共识。例如,围绕国民生计问题展开的听证会,城市的公民评议会、社区议事会和市民论坛,乡村地区的村民民主评议会、民主恳谈会,多种形式的公众质询等。[3] 浙江、福建、山东的很多地方都有协商民主实践。其中,最有代表性的是浙江温岭的民主恳谈会形式。在 2004 年"第二届中国地方政府创新奖"评选会上,温岭市的民主恳谈会项目从全国推荐的 245 个项目中脱颖而出,以绝对优势跻身 10 项优胜奖之列,成为研究协商民主的典型案例。

然而,deliberative democracy 作为西方政治学和民主理论,是一个较为边缘的领域,[4]本义是原有代议制民主的补充与补足,不同于当下中国学术界的解释。中西方在协商民主的理解上出现了语义分歧,同时在实践层面的作用和意义也被高估,而推进过程中真实存在的障碍因素却被忽略研究了。

二、协商民主本土化的语义分歧及其原因

所谓西方协商民主中的"协商"(deliberation),从词义上看,实际上包含着"慎思"(consideration)和"讨论"(discussion)两个方面的含义,deliberation 的过程实际上是一个在适当讨论之后,个人依据其学识和良知在对相关证据和辩论进行充分思考的情况下决定支持某一集体行动的过程。[5] 它不仅反对不假思索的决策,更反对为了个人或团体利益而进行讨价还价。正是从这一意义上,

〔1〕 林尚立:《协商民主制度开创政治建设新境界》,《解放日报》,2012 年 11 月 23 日。
〔2〕 陈剩勇:《协商民主理论与中国》,《浙江社会科学》2005 年第 1 期。
〔3〕 张等文、刘彤:《协商民主理论本土化的可行性与路径分析》,《学习与探索》2011 年第 2 期。
〔4〕 陈奕敏:《温岭民主恳谈会:为民主政治寻找生长空间》,《决策杂志》2005 年第 1 期。
〔5〕 Robert E. Goodin. When Does Deliberation Begin? Internal Reflection versus Public Discussion in Deliberative Democracy. *Political Studies*, Vol. 51, 2003, p. 269.

deliberation(或 deliberative)这个单词在此前的译著中,多被翻译成"审议"或"慎议",意为"审慎地讨论",这基本上符合 deliberation 两个方面的含义。另外,西方的"协商"民主更多的是一种理想追求,它属于价值层面的信念;此"协商"并不同于中国政治协商会议中的"协商"。

政治宣传上认为中国特色社会主义民主政治有选举和协商两种重要形式,协商民主(deliberative democracy)是同选举(票决)民主并列的一种重要的民主形式。在我国社会主义民主政治的实践中,具有丰富的协商民主形式。新中国成立以后即在政治制度上确立了政治协商制度,作为基本的政治制度。我们所讨论的"协商",可以从中国人民政治协商会议通行的翻译来看可能更便于理解。中国人民政治协商会议英文译为 Chinese People's Political Consultative Conference(CPPCC)。consultation(或 consultative)意为咨询,这很符合中国政治协商会议在中国政治安排中的实际角色和作用,所以在中国协商民主中的"协商"更准确的理解是为一种咨询、告知的意思,实践中主要职能是政治协商、民主监督、参政议政。政治协商是对国家和地方的大政方针以及政治、经济、文化和社会生活中的重要问题进行协商。中国的"政治协商制度"则明显为实际运行的制度安排,是中国人民爱国统一战线组织,是中国共产党领导的多党合作和政治协商的重要机构,是中国政治生活中发扬社会主义民主的一种重要形式。它属于经验层面的设计。其咨询意涵与西方"协商"民主的理念明显不同。当然,我们也不能否认中国政治协商会议的制度安排中同样包含了一些协商民主所追求的理想因素。

简单地说,造成协商民主语义分歧既有主观的因素也有客观的原因,归结起来有三个方面:(1)理论上认识粗浅。"协商民主理论"在西方学术界不仅面临着内部不同流派的广泛争论,而且,一些主要主张和承诺的被批评也从来没有间断过。一是从规范的层面批评"协商民主"理念的"不切实际"。二是基于实证研究的视角,认为"协商理论"没有具体描述出社会政治生活中的"协商"是怎样的,它有没有发挥出这个理论声称的优点,使"协商"运行起来存在哪些障碍,以及某些具体制度设计在实践中是否具有合理性等。这种理论还处在新生阶段,有待进一步完善。(2)政治上的宣传。我们实行的基本政治制度之一是政治协商制度,论证这一制度的合理性与优越性是国家政治宣传的重要使命。(3)观念上的自负心理。毋庸讳言的是,在西方民主话语霸权时代,中国的民主政治发展道路是面临着很大压力和矛盾的。所以人们既渴望走出一条有自己特色的社会主义民主政治道路以摆脱西方民主化的控制,同时希望这条"中国特色的社会主义民主政治道路"在理论上和现实中都能够得到西方主流民主理论的认可和接受。当前中国出现的"协商民主"的讨论热潮,就不仅是因为近几年集中译介了一批"协商民主"的著作,更深层的原因或许是"协商民主"理论在中国产生的"知音之感"和"共鸣"。[1]

三、地方层面推行协商民主的实践

可以说,协商民主理论一进入国内,很多学者就尝试从协商民主的视角审视我国民主政治发展的实践。在制度层面上,主要是论证和解释中国的政治协商制度就是西方协商民主理论的运用。在实践层面,主要表现在创新项目的设计与运用,包括听证会、民主恳谈、社区议事会等。

听证制度是我国近年来政治实践的创造性发展。听证是指立法及具有立法权的行政机构在制定涉及公民利益的法案和政策时,通过鼓励公众参与立法过程,收集立法信息,制定符合公众利益的法案的形式。听证为公民参与政治过程营造了一个公共空间,它鼓励受立法影响的利益相关者参与立法过程,表达自身的利益偏好。如中国最高立法机关就个税法修正案草案举行的立法听证会、圆明园湖底防渗工程公众听证会,以及各种价格听证会等。民主恳谈是我国地方政府政治实践的创造性改革,是我国基层民主建设的重要突破。在基层政治实践中,浙江省温岭市创造了"民主恳谈"的对话机制,鼓励公民参与政策制定过程,鼓励公民协商、讨论和对话,以期地方政治决策能在充分听取利益相关者偏好表达的基础上做出。议事会是社区公民自主决策涉及社区发展的重要事情时,社区居民共同参与讨论、决策的治理形式。在我国的自治实践中,还存在很多类似社区议事会或民主议事会现象,如杭州德加社区的"居民议事制度"、深圳盐田的"社区议事会"等。

以下用两个案例说明中国在协商民主实践推进中的障碍问题:案例1,体现了协商民主中协商主体的代表性、程序规则及动力问题;案例2,反映了协商民

---

〔1〕 金安平、姚传明:《"协商民主":在中国的误读、偶合以及创造性转换的可能》,《新视野》2007年第5期。

主中的制度化问题。

【案例1】

日前,长沙市市区新增出租车运力听证会如期举行,曾经十几次出现在长沙听证会现场的一名代表引起了网友关注,"听证帝"成了石爱伟的最新称号。相关负责人称,这名"听证帝"的出现很正常,因为他热心于公运事业。但知情人却爆料,石爱伟之所以执着地参加听证会,是冲着每次200元的出场费去的。这可谓"有钱就去听、无酬便走人"。

——摘自《潇湘晨报》,2011年9月7日

【案例2】

来过浙江温岭市的人,都会为这儿持续了11年的协商民主改革赞叹。一提及"民主恳谈"、"参与式预算"("民主恳谈"在预算领域的试验),这些参与协商实验的官场干部还有话要说。温岭市人大常委会财经工委主任何培根认为,只有通过人大"参与式预算",才能够让"民主恳谈"继续下去,因为"其他部门是没有这个权力的"。但温岭市委宣传部理论科副科长陈奕敏却并不看好人大的这种推广模式。他认为很多镇推行的"民主恳谈"已经"变形了,基本上是在走形式"。而另一个更关键的问题是"当前有这么一批开明的领导在推动,可这批人(比如张学明)一旦调离,情形会如何"?

——摘自《瞭望东方周刊》,2010年10月15日

四、协商民主在地方实践中的障碍分析

西方的"协商民主理论"只是一种价值取向而非是一种制度设计,是自由与平等的公民,在慎思与讨论的基础上,通过公共协商而赋予立法、决策以正当性,同时经由协商民主达至理性立法、参与政治和公民自治的理想。而中国的实践却是理解为咨询告知的民主形式。协商民主理论在中国实践中产生的问题,障碍主要来自三个方面:

(1)观念障碍。协商民主在中国首先遇到的官与民的协商民主观念都不够。西方"协商民主理论"的前提协商的主体必须是自由与平等的公民。传统中国漫

长的封建社会形成了一整套系统严密、以儒学忠孝为支柱的意识形态结构,臣民观念是遍及传统社会的基本政治意识。时至今日,这种观念对国人仍然有很深的影响,大部分人心中都或多或少有些依附思想,基层的老百姓更是如此,地方官员的官本位的意识也是很明显。这种状况下中国的协商民主的基本前提是不具备的。很显然如果缺乏了这一前提预设,任何形式的协商最终都不可避免地沦为操纵民意的工具,正如长沙的"听证帝"便是例证。

(2)制度障碍。我国基层社会实行的是群众自治制度,地方政府对社会治理的依据"重大事项由人民代表大会表决决定"。民主恳谈会要搞民主决策,是没有法律依据的,它只能是群众参与决策,最终的决策还是要由党委、政府来做。现在,由于人大没有很好地行使重大事项的决策权,这就给民主恳谈会进行民主决策提供了一个生存空间。西方的协商民主是在健全的代议民主下,对代议民主不足的补充。而我国基层的协商民主在当下的法律制度框架内只能依靠地方政府的主要负责人的热情,也就是所谓的精英推动,这种非制度化的操作,协商民主往往因为地方主要领导的注意力与热情的转移而转移,因此,案例2的温岭困境就不难解释了。

(3)操作障碍。作为典型的地方协商民主案例,虽然是部分体现了协商民主的精神,但在具体操作上并无程式化的规范。比如看不到协商民主可持续的推动力,地方官员的热情有强烈的政绩意识,而不是有意去推动基层民众的政治参与;在协商议题的选择设置上,并无明确的内容;在协商程序上也没有规范化可循。如福建省曾下文规定,各村必须一年召开四次村级民主听证会议,于是下面乡镇为了应付上级部门考核,随便找一两个次要问题,召集一些人开一次会来充实数字,导致"形式主义"泛滥。

五、协商民主嵌入政治协商制度的可能性思考

人民政治协商、民主监督、参政议政制度是新中国的一项重大的政治创新。将协商民主更好地嵌入人民政协制度,有助于拓宽有序政治参与渠道,体现社会主义民主政治的独特优势;有助于把社会各方面分散的意见、愿望和要求进行系统、综合的反映,促进党和政府科学民主决策;有助于推动改进党的领导方式和执政方式,保证党领导人民有效治理国家。

1. 政治层面的推动

"协商"与"民主"成为中国特色民主政治建设中推进我国政治协商制度建设的重要形式和载体。2006 年《中共中央关于加强人民政协工作的意见》中明确指出，"人民通过选举、投票行使权利和人民内部各方面在重大决策之前进行充分协商，尽可能就共同性问题取得一致意见，是我国社会主义民主的两种重要形式"。在党的十八大报告中，胡锦涛总书记指出"要健全社会主义协商民主制度，完善协商民主制度和工作机制，推进协商民主广泛、多层、制度化发展"，强调"推进政治协商、民主监督、参政议政制度建设，更好协调关系、汇聚力量、建言献策、服务大局"。可以说，政治层面的重视与推动是协商民主嵌入民主协商制度的根本保证。

2. 精英层面的诉求

民主的理解可以是多个视角，民主的形式也很多样，但是民主的实现离不开精英的推动。人民政协是由中国共产党、各民主党派、无党派人士、人民团体、各少数民族和各界代表、香港特别行政区人士、澳门特别行政区人士、台湾同胞和归国侨胞的代表以及特别邀请的人士组成。绝大多数政协委员都是阅历丰富的政治活动家、社会名流、各方面的专家和学者。这个群体知识丰富、社会经济地位高，对民主的渴望也是最突出的，诚如前面所讨论的协商本质就是民主的体现，身处人民政协的精英无论是委员职责的履行还是自身利益维护的诉求，自然都会希望将协商民主嵌入民主协商制度。

3. 实践层面的完善

充分发挥人民政协作为协商民主重要渠道作用，不断完善各种协商形式，推进协商民主广泛、多层、制度化发展。具体需做到：转变协商理念，人民政协委员不能仅作为大政方针情况的知晓者，更要成为特定阶层的利益代言人；明确民主协商的对象与内容，作为一级国家组织，人民政协就是要跟同级党委、人大、政府机关进行大政方针、政策的协商，并对这些部门的权力进行监督，推进专题协商、对口协商、界别协商、提案办理协商，充分反映各党派团体、各族各界人士的意见建议；实现协商成果的刚性化，协商民主最终要体现在方针政策的制定上，除了政策建议的采纳外，应该建立否定刚性制，即国家或地方政策方针出台过程中，如若在相应层级的人民政协组织对主要条款或实质内容持否定态度，该项政策方案要么进行大的修改完善，要么干脆就暂时搁置政策方案。

参考文献

1. 陈剩勇、何包钢：《协商民主的发展》，中国社会科学出版社，2006 年。

2. 俞可平：《协商民主：论理性和政治》，中央编译出版社，2007 年。

3. 高建、佟德志编：《协商民主》，天津人民出版社，2010 年。

4. 陈家刚：《协商民主与政治发展》，社会科学文献出版社，2011 年。

5. 陈家刚：《协商民主》，上海三联书店，2001 年。

6. 李君如：《中国应实现什么样的民主》，《文汇报》，2005 年 9 月 24 日。

7. 金安平、姚传明：《"协商民主"：在中国的误读、偶合以及创造性转换的可能》，《新视野》2007 年第 5 期。

8. 俞可平：《协商民主：西方民主理论和实践》，《学习时报》，2006 年 11 月 10 日。

9. 林尚立：《协商民主制度开创政治建设新境界》，《解放日报》，2012 年 11 月 23 日。

10. 陈剩勇：《协商民主理论与中国》，《浙江社会科学》2005 年第 1 期。

社会主义政治文明与协商民主

邢雁欣　龚　群*

一、"协商民主"在西方社会的兴起与发展

自 20 世纪 80 年代以来,西方学术界兴起了研究"协商民主"(deliberative democracy)的热潮。1980 年,美国克莱蒙特大学政治学教授约瑟夫·毕塞特(Joseph M. Bessette)首次提出"协商民主"概念[1],随后众多的西方思想家都参与了对协商民主的讨论,如米勒(David Miller)[2]、亨德里克斯(Carolyn Hendriks)、科恩(Joshua Cohen)、伊瑞丝·杨(Iris M. Yong)等。当代西方著名思想家罗尔斯与哈贝马斯等均被认为是协商民主理论的重要代表人物。

就民主可分为起点民主(选举民主)和过程民主(决策民主)而言,协商民主指的是过程民主。协商民主强调现代社会的公民作为决策者与决策受众的平等理性的参与,并强调决策应在制度化程序下,在充分商议的过程中得出。当把这样一种考虑作为一种制度来建构,协商民主所指的是一种就政治决策过程而言的民主制度。

当代西方协商民主概念的提出有其深刻的社会政治背景和文化背景。首先,其社会背景在于西方学术界对代议民主的缺陷的不满。代议民主为周期性

---

* 　邢雁欣,浙江财经学院讲师;龚群,中国人民大学教授。

[1]　Joseph M. Bessette. "Deliberative Democracy：The Majority Principle in Republican Government". Robert A. Goldwin, William A. Schambra. *How Democratic Is the Constitution*？ Washington：American Enterprise Institute, 1980. pp. 102-116.

[2]　David Miller. "Is Deliberative Democracy Unfair to Disadvantaged Groups?". *Maurizio Passerin D'entreves. Democracy as Public Deliberation：New Perspectives*. Manchester University Press，2002. p. 201.

选举,公民权利只能在每隔几年一次的选举投票活动中体现,民众基本上被排除在决策过程之外。"如果这个民主的生活只有选举,那么很清楚,选举是一次性的,选完了,就和民众没有关系了。"[1]这种断点式的民主方式,导致了公民对选举投票或政治参与的冷漠。而且,由于代表的背景、行为和利益远离人民,因此人民的声音在实际的决策过程中消失了。相对于代议民主的缺陷和不足,协商民主显然更为有效和切合实际生活。"密尔认为,当一种民主体制的决策是通过公开讨论——每个参与者能够自由表达,同样愿意倾听并考虑相反观点——做出的,那么,这种民主体制就是协商的。"[2]协商民主显然不是要解决何人当选这样的问题,旨在建构一种作为政治决策过程的民主,鼓舞人们作为公民平等的政治参与,其重点在于对公共问题决策过程中的民主的思考。

其次,文化价值多元的社会背景。西方社会长期以来存在深刻的宗教、种族以及阶级冲突。这些冲突不仅仅是利益上的,更是原则与观念上的。这种现实造成了西方社会的政治文化困境,以及政治共同体分裂的现实。在这种社会背景下,迫切需要加强政治层面、社会团体与公民间的合作与对话,消除分歧,推进政治共识。协商民主理论在这种背景之下应运而生,强调政治讨论的包容性,提出任何参与主体都没有超越对方的优先权。协商所诉诸的不是政治权威,而是平等的参与以及对公共利益的共同关注。由协商而达成共识,形成决策的过程不是强制而是理性说服。因此,协商民主理论强调程序正义的重要性。例如,哈贝马斯提出商谈话语的程序正义原则,即所有进入商谈程序中的参与者,应当是充分知情的和平等的,参与者达成共识的前提是理性的商谈与相互理解,其商谈进行的原则应当是以所有人都能接受的普遍利益为基本原则。[3]罗尔斯则提出政治正义观念之下的"重叠共识"观点。在其看来,公民在政治问题上,应当依据政治的正义观念,对于所争议的问题形成公共理性,达成"重叠共识"。罗尔斯的理论目标是通过"重叠共识"的建构来达到政治的稳定性。[4]

---

〔1〕 林尚立:《公民参与和协商民主》,《联合时报》,2008 年 9 月 5 日。

〔2〕 陈家刚:《协商民主》,上海三联书店,2004 年。

〔3〕 Juergen Habermas. *Moral Consciousness and Communicative Action*. MIT Press, 1990, pp. 65-66, 87-88.

〔4〕 John Rawls. *Political Liberalism*. Columbia University Press, 1993. pp. 37-40, 134.

二、协商民主是我国社会主义民主的基本形式之一

2006年,中共中央《关于加强人民政协的意见》明确提出,人民选举和决策协商是我国社会主义民主的两种基本形式。需要强调的是,中国特色社会主义的协商民主与当代西方有着特定背景和内涵的协商民主理论存在本质区别。当然,在现代市场经济与公民社会的条件下,借鉴西方当代协商民主理论,对充分保障人民群众当家做主的民主权利是有积极意义的。

在我国,协商民主有广义与狭义之分。狭义的协商民主指的是作为协商民主的重要表现形式的政治协商制度。这是我国基本的政治制度之一,是中国共产党在政治制度上的创新。新中国成立以来,我国实行人民选举与政治协商这样双重的民主形式。选举民主是现代世界政治文明的体现,我国从形式上继承了人类历史上的这一优秀政治文明成果,但与西方的选举民主有着实质性的区别。当代西方国家的选举制度,往往成为少数富有者的政治游戏和少数利益集团手中的工具,不能代表最广大人民的利益。我国的人民选举是真正体现人民当家做主、保障人民权益的选举。人民群众在党的领导下,依据宪法与法律的规定,选举人民代表,由人民代表来选举国家各级领导,组成国家权力机关、司法机关和行政机关,实现人民当家做主的权利。在我国,由于人民群众和各社会利益集团之间不存在根本的利益冲突,社会根本利益是一致的。在当前市场经济条件下,地区之间、城乡之间等方面都存在着一定的差异与矛盾。为了充分实现人民的根本利益和社会发展的共同目标,更合理地解决这些矛盾,就需要充分发扬人民民主,形成规范化、制度化的协商。

此外,中国共产党领导的多党合作制是我国政治协商民主的另一个历史背景。中国共产党领导中国人民包括民主党派结成了最广泛的统一战线,这是我们克敌制胜、解放全中国的法宝之一。新中国成立后,多党合作成为我国的一项基本政治制度。对新中国社会主义建设,调动一切可调动的积极因素,团结一切可以团结的人士,充分发挥广大党内外人士的聪明才智产生了重要影响。在香港、澳门回归,在两岸和平统一的前景之下,我国的政治协商制度肩负着更重大的历史责任和政治使命。这就是在中国共产党的领导下,团结不同制度下、持有不同意识形态观点但热爱祖国的一切可团结的人士,共谋中华统一大业和祖国发展大业。

我国的政治协商制度与当代西方协商民主理论的一个本质区别在于,西方协商民主理论所强调的基本点是进行政治协商或任何民主协商的所有成员的平等性,而我国的政治协商制度首先强调的是坚持中国共产党的领导。没有中国共产党,也就没有我国的政治协商制度。坚持和完善我国的政治协商制度,也同样是在保障党的正确领导之下来进行。在协商民主的制度框架内,广泛充分地进行政治协商,也必须坚持中国共产党对政治原则、政治方面和重大方针政策的领导。广泛充分的政治协商,也是为了更好地完善中国共产党的领导,使党的主张和意愿成为各民主党派人士、无党派人士等各界人士的共识。中国共产党代表着中国先进社会生产力的要求,体现着中国广大人民群众的根本利益要求,是中国特色社会主义建设事业的领导核心。在实践中,强调在党的领导的前提下,尊重各民主党派的政治地位与法律地位,尊重不同宗教以及不同地区如香港、澳门地区人士的基本立场与观点,"协商民主坚持求同存异,蕴含着合作、参与、协商、包容的精神,只要不违反四项基本原则,社会各界人士可以自由发表意见,并在充分、民主、平等和真诚的协商讨论中做出大家都能接受的决策"[1]。

我国政治协商制度坚持中国共产党的领导,以及在党的领导下达成政治或决策共识的特征,虽然与西方的协商民主有着本质的区别,但却与罗尔斯的"重叠共识"观点有相似之处。罗尔斯从多元文化、宗教、哲学的现实背景考虑出发提出政治制度的稳定性问题。在他看来,只有在坚持政治的正义观念的前提下,通过公共论坛的公共讨论,谋求持有不同宗教、文化和哲学观点的人在政治上的重叠共识,才有可能达成社会团结的可能。罗尔斯的政治正义观念是"重叠共识"的核心。坚持中国共产党的政治领导,这是因为中国共产党是全中国人民的领导核心,代表着最广大人民的根本利益。这恰恰类似于罗尔斯的核心观念。不同的是,中国共产党这一领导核心,不仅是精神观念上的,更是实际而有形的现实核心。

三、发展协商民主,促进社会主义政治文明

作为国家基本政治制度之一的政治协商制度体现了鲜明的中国社会主义民

---

[1] 庄聪生:《协商民主:中国特色社会主义民主的重要形式》,《马克思主义研究》2006 年第 7 期,第 84 页。

主特色。从广义的协商民主上讲,即协商作为决策民主程序的意义上,我国协商民主政治实践的范围已经远远超出政治协商机构,成为党中央、全国人民代表大会以及各级政府决策的一个基本模式。邓小平同志指出:"中国的社会主义现代化建设事业,继续需要政协就有关国家大政方针、政治生活和四个现代化建设中的各项社会经济问题,进行协商、讨论实行互相监督发挥对宪法和法律实施的监督作用。"[1]协商民主体现在国家形态的民主与基层民主两个层次上。从国家形态来看,党的代表大会制度、人民代表大会制度、共产党领导的多党合作和政治协商制度,是协商民主的现实政治制度基础。在政治运行机制上,遵循民主集中制的原则,在民主协商的前提下进行表决,体现了民主协商、民主决策与民主监督的关系。我国的重大决策,如改革开放以来的多部法律法规的制定与颁布,都是在广泛征求党内外人士以及群众意见的基础上,反复协商讨论酝酿而形成的。从基层民主形态看,社区、居委会、村委会以及各种为公民们直接选举产生的社团组织,还有与市场经济相适应的各种依法保护组织,如消费者协会等,是公民们行使自己的权利与义务相结合的主要形式。我国的基本社会制度是社会主义民主政治的本质要求的体现,这一基本制度形成了社会主义协商民主的政治机制,展现了社会主义民主政治的优势。

发展中国共产党领导下的协商民主,是我国政治体制改革和推进社会主义政治文明的内在要求。就协商民主的最基本意义而言,我国的社会主义有着能够真正实现协商民主的内在本质要求的条件。协商民主在我国不仅有着深厚的社会制度基础和马克思主义的理论支持,同时又有着多年来行之有效的最广泛而深入的政治实践。发展协商民主,首先要对我国行之有效的协商民主实践提升到理性和理论化的高度,归纳总结,建立协商民主的长效机制,使其程序化、制度化,长期坚持下去。其次,拓展协商民主的范围和领域。协商民主不仅仅关涉到政治、经济等重大事务,而且应关注百姓的日常社会生活,即一切与公共利益相关的公共事务。与人民群众的切身利益相关的领域都应属于协商对话讨论的范围。在现代信息和网络技术使我们有条件创造一个不同阶层的公民都能参与的可操作性的协商机制,允许公民们将自己的利益诉求表达出来,为弱势群体的利益表达创造制度性的条件,同时,把更多的、不同的利益主体纳入到决策过程

---

〔1〕 邓小平:《邓小平文选》第 2 卷,人民出版社,1991 年,第 187 页。

中来，通过彼此协商来达成妥协与平衡，构建和谐社会。协商民主从国家形态的民主发展到公民形态的民主，建立国家与公民的双向互信机制，实现国家与公民的社会合作与良性互动，将有助于更好地实现社会的公平正义和社会团结的目标。

发展社会主义的协商民主是市场经济条件下建构和谐社会的必然诉求。改革开放以来，随着我国经济改革的深入发展，社会利益多元分化，不同利益需求的社会阶层、不同的利益主体已经在社会经济生活中呈现出来。城乡差别、东西地区差别以及贫富差距也成为当代社会的显著特征。在不同地区，社会公共利益与个人权益之间的矛盾，时有激化。为求得不同利益之间的协调，进行协商对话，或民主对话、"民主恳谈"，是实现和谐、化解矛盾与冲突可寻求的通途。在充分知情或信息充分与平等的前提下，相互尊重对方，充分关注对方的利益诉求，为各自的利益进行多层次的、多方位的经常性的协商沟通，以求达成社会共识与团结。

此外，我国在市场经济条件下所孕育的公民社会为发展社会主义协商民主提供了社会政治基础。胡锦涛总书记在党的十七大报告中指出，人民当家做主是社会主义民主政治的本质和核心。人民依法行使当家做主的权利，首先在于有着能够依法行使当家做主权利的公民。在市场经济条件下，公民的自我权利意识、主体意识与参与意识都得以生长。究其原因，市场经济是经济主体追逐其特殊利益的经济体制，正是在市场经济的博弈过程之中，形成了保护自我权益意识的主体，生长出了新型社会自觉的政治主体。相对独立的主体不仅仅是公民社会的权利主体，也是责任主体。公民不仅享有其权利，也负有相应的政治责任。与此同时，市场经济也促成了主体之间的分化，形成利益多元差异格局。利益多元、差异与包容，权利与责任意识，既使协商民主成为必要，同时也使之成为可能。总之，促进公民有序的政治参与，丰富民主形式，拓宽民主渠道，加强社会团结，构建社会主义和谐社会，协商民主任重而道远。

社会转型期统一战线发挥法宝作用
的功能定位和路径选择

华正学*

改革开放 30 多年来,在经济体制深刻变革、社会结构深刻变动、利益格局深刻调整、思想观念深刻变化的新形势下,统一战线在社会转型期的法宝作用进一步凸显。因此,"在新世纪,统一战线作为党的一个重要法宝,绝不能丢掉;作为党的一个政治优势,绝不能削弱;作为党的一项长期方针,绝不能动摇"。应该说,在整个社会转型期,统一战线的存在及发挥法宝作用的理论根基并没有发生根本性的改变,但其发挥作用的实践场域却发生了翻天覆地的变化。因此,要切实发挥统一战线的法宝作用,必须对新形势下统一战线的法宝功能进行重新定位,对统一战线发挥法宝作用的路径进行新的探索选择。

一、社会转型期统一战线发挥法宝作用的现实境遇

历经 30 多年的改革开放,中国社会已经实现了从传统社会向现代社会、从农业社会向工业社会、从封闭性社会向开放性社会的变迁和发展。由于我国农业文明源远流长,以及所处国际环境的变化,使得当今中国的社会转型表现出许多独有的特点。其突出表现是:(1)转型过程漫长。现代工业社会取代传统农业社会的过程难以在短时间内完成。(2)转型过程复杂。中国社会的转型是在已实现了现代化的西方社会遭遇深刻危机、出现一系列弊端之后开始的,如何扬长避短是一个复杂的课题。(3)转型中矛盾尖锐。当下的中国社会转型要完成"六化合一"的任务,要在相当短的时间内走完西方社会几百年走过的路。(4)转型

---

* 华正学,浙江财经学院教授。

所处的国际环境错综复杂。当代中国的社会转型是在复杂的国际环境中进行的。伴随着社会转型的深入,中国社会的阶层分化日益明显,分层与重构成为中国社会转型的主旋律,由此出现了转型期社会各阶层需求诉求的利益主体多元化、利益需求多样化、利益表达复杂化、利益冲突显性化等特点,大大增加了转型期社会不同阶层利益冲突的机遇和风险,给统一战线法宝作用发挥带来新的机遇和挑战。

(1)凝聚与离散的较量,统一战线的重要性更加突出。社会转型中的社会分化,将导致个性化社会群体大量滋生,其离散的力量和倾向发展趋势,给发挥"凝聚人心、团结力量"功能的统一战线带来新的矛盾和冲突。

(2)忠诚与疑虑的碰撞,统一战线的合法性更加迫切。一方面是对统一战线法宝作用的大力宣传,另一方面是对能否发挥法宝作用的切实怀疑,在"行与不行"、"能与不能"的疑虑中,统一战线的功效有所削弱。

(3)应然与实然的彷徨,统一战线的复杂性更加明显。从应然的角度看,统一战线无所不能,从实然的情况观察,实际情形却不完全一致。这种因现实落差而导致的内心彷徨、忧虑,无形中降低了人们对统一战线的参与热情。

(4)内聚与外联的交互,统一战线的社会性更加深刻。在国际政治经济一体化的背景下,统一战线又肩负着反独促统、祖国统一、实现中华民族伟大复兴等重任,"五大关系"的调处比以往任何一个时期都更复杂、深刻、艰难。

(5)认知与践行的矛盾,统一战线的实效性更加重要。由于社会转型的影响,统一战线效能的发挥受到多方制约,作用显现有待时日,导致理论与实践的反差,影响人们对统一战线成员的信心和信任。

二、社会转型期统一战线发挥法宝作用的功能定位

过去,由于一系列主客观方面的原因,我们将统一战线在转型期社会各阶层需求、诉求满足中的功能笼统地称之为政治引导,至于政治引导的科学内涵和具体功效,严格点说,我们是语焉不详、甚至没有完全搞清楚的。由于功能定位模糊,统一战线想要在实际工作中真正发挥作用,说起来理不足,做起来气不壮,比较起来无优势,在一定程度上已经制约影响了统一战线法宝作用的发挥。

基于社会转型期统一战线发挥法宝作用场域的新变化,我们认为,统一战线在社会转型期的法宝作用可以具体分解为以下四个方面。

1. 诉求表达功能

诉求表达是社会各阶层通过一定的渠道和方式向政治系统表达自身利益要求,借以影响政治系统公共政策输出的行为和过程。诉求表达是转型期社会各阶层维护和捍卫自身利益的第一个本能反应。首先,统一战线广交朋友、广求善策,沟通情况、反映问题是其最基本的职能,这就为统一战线发挥诉求表达功能奠定了坚实的基础。其次,统一战线本身就有着许多现成的诉求表达渠道,如多党合作制度、政治协商制度、工商联渠道等。在现有的社会各阶层需求、诉求表达渠道方面,统一战线渠道最多,优势最大。再次,不同社会阶层的利益诉求都能通过统一战线的管道得到很好的表达。统一战线不拒绝落后,不事先排除某一阶层、某一个人。统一战线表达和传递其成员的诉求和需求,不带有任何歧视性,而是公正平等客观地表达每一个阶层群体的需求和诉求。因此,统一战线受到社会各阶层的普遍信任和钟爱。

2. 利益整合功能

利益整合,就是通过对不同利益主体间相互关系的协调,缓和利益矛盾和冲突,尽可能形成社会利益共同体的过程。在整个利益实现的过程中,利益整合是利益表达与政策制定的中间环节。能够肩负利益整合的组织和个人,首先必须具有公信力,能够获得社会各阶层的普遍信任和支持;其次,位置要十分超脱,不能轻易卷入被整合的利益之中,这样才能对所有利益相关者的利益进行整合;再次,必须具有相应的政治资源和执行能力,能够对社会各阶层的利益实施整合。在转型期的中国,统一战线作为大团结、大联合的组织,它汇集了当今中国最广泛的群体和成员,是"四者"的联盟。所以,要论对社会利益进行整合,哪个组织、团体和政党所包容的对象也不如统一战线的数量多,所涵盖的范围也不如统一战线的边界宽,所容纳的利益诉求之差异也不如统一战线允许的大。统一战线对社会利益进行整合,不是代表哪一个阶层、政党和团体的特殊利益,而是从整个中华民族大团结、大联合的整体利益出发,立足中华民族的复兴大业、中国特色社会主义现代化建设事业和祖国最终完全统一的视角来展开利益整合的。应该说,这样的利益整合维度,其立意之高远、方法之灵活,是其他任何政治组织和团体所无法比拟的。因此,由统一战线出面对社会各阶层的利益诉求和利益分歧进行整合,最能够被全社会各阶层普遍接受,会拥有最大限度的响应者和拥护者。

3. 需求实现功能

转型期社会各阶层之所以通过各种渠道、途径表达自己的诉求，目的就是通过影响或改变政治系统的政策输出，最终达到自己的某种目的要求。由于人的需求是无限的，层次是多样的，政治系统拥有的资源又是有限的，因此，转型期社会各阶层的需求和诉求永远处于一种不断地被满足同时又无法得到全部满足的状态。这时，那些能够经常性地、不需要社会各阶层付出太高成本代价却能满足社会各阶层需求和诉求的组织、团体和个人，就会得到社会各阶层的普遍青睐和过度追捧，社会各阶层也会更多地将自身利益需求和诉求的实现寄托到这些组织、团体和个人的身上。统一战线何以获得社会各阶层的青睐？首先，统一战线的联系面广，团结的人多，可动用的资源丰富。其次，给同盟者利益是统一战线最基本的工作原则。在努力促成社会各阶层需求和诉求实现的问题上，统一战线可以说是竭尽全力、毫无保留的。再次，努力促成社会各阶层需求和诉求的合理实现是统一战线存在与发展的合法性基础。在社会转型期，社会各个阶层之所以对统一战线普遍持有认同感、信任感，主要源于统一战线对他们切身利益的有效维护和发展。如何在维护社会整体共同利益的前提下，确保个体利益的最大化和实现个体的自由发展，是民众对统一战线合法性认同的核心所在。

4. 精神抚慰功能

在社会转型期，社会各阶层对物质利益的追求空前高涨，对利益满足的期望空前提升，有些利益诉求本身远远超出了社会现有发展水平所能容纳的合理限度，这样的利益诉求注定是无法实现的。这时，面对已经出现刚性特征的社会利益需求，政治系统既不能一味地贬抑社会各阶层利益需求的合理性和合法性，也不能毫无原则去迎合社会各阶层形形色色的需求和诉求，而是要对不同社会阶层的需求和诉求进行情绪疏导、心理劝导和精神抚慰，从而实现转型期社会各阶层需求和诉求的制度化、规范化。首先，求同存异、体谅包容是统一战线的一大优势。其次，统一战线不掌握实质性的权力资源，工作起来相对超脱，让人可亲可敬可信。再次，统一战线的吸纳能力强，协调各方的回旋余地大，更有利于发挥疏导强者、安慰弱者、抚慰中间阶层的作用。

总之，统一战线在社会转型期的法宝作用是实在的、具体的。过去，我们将这一功能笼统地定义为政治引导，在理论上虽然说得通，但在实践中却把握不住，无助于统一战线法宝作用的发挥。

三、社会转型期统一战线发挥法宝作用的路径选择

社会转型期统一战线到底怎样发挥法宝作用,依据社会转型的一般规律和统一战线的功能作用,我们认为,应选择以下思路和对策。

1. 坚持照顾同盟者利益的原则,构筑需求满足机制

既然利益已经成为推动社会转型的关键,是导致转型期社会各阶层需求、诉求的最深层次根源,那么统一战线要发挥政治引导功能,就只有紧紧抓住利益这个根本,利用利益杠杆,坚持照顾同盟者利益的原则,时时刻刻将其成员的利益满足及实现作为制定政策、开展工作的出发点和落脚点,通过构筑需求满足机制,来引导社会各阶层需求、诉求的表达和实现。

首先,统一战线必须以满足其成员的利益需求和诉求为各项工作的生命线,一切为了成员的需求和诉求。其次,统一战线要调动各方面的资源和力量,努力促成其成员需求和诉求的实现。再次,统一战线要千方百计地创造条件和机遇,为转型期社会各阶层的需求和诉求提供表达的平台、反映的渠道、实现的空间。

2. 坚持体谅包容的原则,构筑利益诱导机制

在社会转型期,统一战线如何不断增强统一战线对其成员的吸引力、感召力,进而发挥其应有的作用和功能,这就需要统一战线进一步坚持体谅包容的原则,积极构筑社会各阶层需求、诉求的利益诱导机制。

首先,要坚持体谅包容的原则,要允许社会各阶层各种各样的需求、诉求的存在,要让社会各阶层不尽相同的利益需求、诉求都得到表达和实现的机会。其次,要促成社会各阶层需求、诉求目标的不断实现。只有诉求目标不断得到满足和实现,接下来的诱导才有吸引力,才可能成功。再次,要不断进行社会各阶层需求、诉求内涵与外延的深度开发,不断有新的更高的需求目标去激励各阶层的行动,使各阶层的行为举止和目标追求牢牢掌控在统一战线手里。

3. 高举爱国主义和社会主义两面旗帜,构筑道德调适机制

统一战线在转型期社会各阶层需求、诉求满足中发挥作用,除了借助物质利益的杠杆外,还必须充分挖掘道德元素的作用和力量,在爱国主义、社会主义的旗帜下,积极构筑道德调适机制。转型期社会各阶层需求、诉求满足中的道德调适标准,主要就是统一战线爱国主义和社会主义这两面旗帜所倡导的道德规范和道德行为。其主要应包括爱国、拼搏、奉献、勤劳、守法、集体主义、义利兼顾

等。我们要通过将现实社会制度所倡导的道德规范与标准注入到道德调适的基本评价之中,以"应当怎样"为尺度去衡量和评价人们的行为,从而引导一种积极向善的道德追求。

4.遵循法治秩序原则,构筑行为规约机制

转型社会处于新旧交替的变革期,要推进社会转型平稳有序,法治原则是非常必要的。从社会转型的一般经验看,越是社会转型越要强调法治,最根本的还是要依靠法治的手段,在坚持依法治国基本方略的前提下,构筑社会各阶层需求诉求满足的行为规约机制。

构筑社会各阶层需求诉求满足的行为规约机制,第一,要以国家的法律法规为前提。国家的有关法律法规是转型期社会各阶层需求、诉求的边界。第二,要以社会正常的政治经济文化发展水平为依据。超越社会发展之可能而提出的过于超前的目标需求,是这个社会根本无法满足的。第三,要以维护社会转型有序推进为根本。第四,要以社会各阶层正常合理的需求、诉求满足为限度。

5.大力推进和谐文化建设,构筑文化引领机制

和谐文化建设是社会转型的"导航仪"、"稳压器"、"蓄水池"和"安全网"。只有大力推进和谐文化建设,由社会转型所引发的思想观念、思维方式、行为规范、价值取向和道德风尚等方面的一系列矛盾、问题和冲突,才能有一个正确的发展方向,才能有一个和解的机会和空间。第一,应大力倡导社会主义先进文化。第二,应大力倡导社会主义和谐文化。第三,应大力倡导统一战线的和合文化。第四,应大力倡导积极有益的外来文化。

6.践行社会主义核心价值体系,构筑价值认同机制

改革开放以来,伴随着社会转型的深入推进,社会各阶层的思想观念、价值选择、行为方式和利益冲突从来也没有像今天这样跌宕起伏,社会成员的契约意识、权利观念、价值选择、行为方式、利益需求处于空前的混乱和危机之中。转型期社会各阶层需求、诉求的错综复杂和激烈冲突就是新形势下社会各阶层价值认同危机的一种直接反应。如何通过社会主义核心价值体系的科学引领和内在聚集,对全体社会成员的价值认同进行重构,以夯实统一战线成员共同的思想基础,已成为统一战线重拾法宝作用的基础和前提。贯彻以人为本应该成为重构统一战线成员价值认同的理论前提。力求思想共识应该成为重构统一战线成员价值认同的目标追求。多元价值整合应该成为重构统一战线成员价值认同的内

容特征。尊重、包容、存异应该成为重构统一战线成员价值认同的具体路径。

社会转型是一个"破立"结合的过程,统一战线只有解放思想,大胆创新,发挥诉求表达、利益整合、需求实现和精神抚慰的功能,选准与转型期社会各阶层需求、诉求满足的切入点和着力点,在围绕满足中找准位置,在支持满足中树立形象,在服务满足中体现水平,在促进满足中提升自我,就一定能够大有作为。

参考文献

1. 汝信等主编:《2002 年:中国社会形势分析与预测》,社会科学文献出版社, 2003 年。

2. 陆学艺:《当代中国社会阶层研究报告》,社会科学文献出版社,2002 年。

3. 《马克思恩格斯全集》第 1 卷,人民出版社,1956 年。

4. 《马克思恩格斯全集》第 2 卷,人民出版社,1957 年。

5. 亚里士多德:《政治学》,中国人民大学出版社,2003 年。

6. 威廉·F·斯通:《政治心理学》,黑龙江人民出版社,1997 年。

积极探索搭建高校网络统战新平台

——以东南大学为例

李黎藜 *

网络统战是信息时代背景下统战工作发展的必然结果。信息时代的来临，使得具有开放性、交互性、虚拟性、即时性、海量性等特点的，以互联网为代表的信息网络技术给人类社会带来了巨大而深刻的变革。中国共产党领导的统一战线工作，在这种时代背景下也面临着许多前所未有的新形势、新情况、新问题。虽然是较新的领域，统战工作者们还是紧紧抓住"争取人心、凝聚力量"这一根本任务，利用网络实现了统战工作的若干职能，在提高统战工作的时效性、覆盖面和影响力上做出了很多的尝试。

一、网络统战及其特点

简单地说，网络统战是指以互联网为工作手段，以统一战线为工作载体，把互联网与统一战线有机融合的一种新型统战工作方式。网络统战工作相对常规统战工作具有显著优势。

1. 鲜明的时代性

在信息社会，人类的生产方式与交往方式都将受到以互联网为依托的信息技术的深刻影响。网络统战的探索实践将极大地增强统战工作的时代性，为统一战线实现自身科学发展和服务科学发展奠定重要基础。

2. 显著的互动性

在网络世界，虚拟主体因享有更为充分的虚拟平等而能自主进行各种互动。

---

* 李黎藜，东南大学党委统战部，助理研究员。

统战工作开展中重视运用网络,有助于引导网上统一战线成员平等表达意见、协商交流观点,也有助于他们利用网络更好地反映真实想法,使统战工作能更好把握统战成员的思想动态,实现更高程度的求同存异和更全面地维护同盟者利益。

3. 突出的实效性

在互联网时代,信息的传递是快速而迅捷的,信息的共享则是互通有无的。信息共享使得海量的、独立的数据通过网络变成了互通的、准确的,带有即时性的信息数据,网络统战将通过互联网加强统战与社会各阶层、各职能部门之间的密切联系。

二、高校网络统战的现状分析

高校是人才培养基地、汇聚人才的高地,聚集了一大批党外知识分子,历来是统一战线各方面代表人物的重要源头,也是我们党统一战线工作的重要基础。信息时代的到来,催生并发展了网络统战工作。结合高校特点,把握网络统战的特性,发挥网络统战的优势,加强和改进高校统战工作,对于团结各种力量,调动各方面积极性,推动高校事业又好又快发展都有着十分重要的意义。

近年来,在中央统战部和各级统战部门的重视下,高校网络统战工作取得了显著成效。但是,我们也应该看到还存在一些不足和差距。

1. 网络统战工作缺乏统一的规划和管理

各高校都认识到了利用网络平台开展统战工作,特别是开展统战宣传工作的优势,大多都建立了相关网站宣传统战政策措施,发布工作简讯、新闻等。笔者就地处南京的高校进行了抽样调查,抽查样本 15 所,从总体上看,南京地区高校统战网站发展呈现良好态势,网站规模不断扩大,网站内容不断丰富,网站功能建设不断加强。但调查中同时也发现,仅有 7 所高校有独立的网站系统,开设栏目较多,内容较丰富,其余 8 所高校是与其他职能部门共用网页。通过对这些网站或者栏目内容的分析,发现存在以下不足:一是网站或栏目内容更新不足,有的网站或栏目有形式无内容,具体体现在栏目链接打不开或链接打开为空。二是网络统战的政治参与度较低,互动性较弱。信息网络时代,民主参与的直接性和公开性已经成为现代政治体系中公民的强烈诉求。但是,高校统战网络平台提供留言板、专门论坛的不多,有日常管理的更少,在信息分析、处理和回应方面仍显不足,通过网络实现统战工作的政治参与和民主监督的程度较低。三是部分学校没有专门的统战部网站,一部分原因是由于合署办公。与合署办公部门共用网页,导致统战工作内容偏少,甚至很多无实质性内容。总的来说,高校网络统战工作普遍缺乏统一的规划和管理,尚未形成高度共识的目标和任务,相关的制度建设也不健全,长效机制的保障不足。

2.网络统战信息共享缺失

笔者通过日常的工作接触,发现很多的高校都建有自己的统战工作管理系统,但大部分是单机版。单机版系统因为是独立存在的,所以缺乏和学校其他信息系统之间的共享与交互。东南大学在 2011 年前一直使用的统战管理信息系统是基于 Foxpro 语言研发的单机版系统。该系统能实现对信息的输入、汇总及统计,但因系统受当时研发技术的限制,使用界面不够友好,并且随着学校民主党派组织和统战团体规模的扩大和人员不断增加,老系统已远远不能满足统战工作发展的需要,尤其是未与学校共享数据库联网,信息处于孤岛状态,一旦有党派成员的人事关系变动或相应的人事、组织信息的变化,统战部无法掌握一手信息,也就谈不上对系统信息的更改,导致统战信息严重滞后,这将非常不利于掌握党外人士变化的最新动态,也不利于统战信息共享。

三、构建高校网络统战新格局的探索

1.提高网络参与度和互动性

网络是一把双刃剑,在传播正面、积极、向上的舆论的同时,由于其匿名性、虚拟性,也给予了各种政治力量借网络进行渗透、传播思想的机会。因此,从网络统战的机制建设来看,要进一步加强舆论导向,重要的是对当前社会发展中涉及统战工作的热点、疑点、重点、难点问题进行及时、正确的引导。因此,我们在进行统战网页建设时,既要充分考虑到以宣传为主,与时俱进地宣传统战工作最新政策,统战最新动态,达到普及知识、增强统战意识的目的,同时还应增强网络互动,充分发挥网上留言、电子邮件、网上论坛等多种互动形式,提高广大统战对象的参与度。积极采用网络新手段,开通统战知名人士博客,建立统战 QQ 群,实现掌握一手资讯、主动介入、合理引导的目的。高校党外人士普遍反映他们有积极参与学校管理的愿望,但往往苦于对校情的不完全了解,往往只能结合自己的专业提出建议。网络统战平台就为他们提供了很好的网络参与途径,为他们参与民主监督、民意反映和建言献策等提供素材。

2. 统战管理信息系统建设

随着网络的发展,越来越多的学校开始利用现代网络设施和信息技术手段,在学校里创造一个信息共享、办公自动化的环境,搭建数字化校园。数字化校园的建设核心,就是将学校所涉及的教学、科研、管理和社会服务等领域协同起来,创建一个充分优化和实效的虚拟环境。在数字化校园建设的大环境下,将统战工作纳入其中,是实现信息获取和共享的有效途径。

东南大学的数字化校园工程起步较早,在 2009 年就已全面铺开。经过两年的一期建设,办公自动化、共享数据库及基础信息来源部的信息系统已初步实现并集成。涉及个人的各个有关方面信息基本能实现共享。统战管理信息系统,纳入数字化校园二期建设工程,于 2011 年底正式进行需求调研和研发。

已建成的统战管理信息系统一期工程主要包括四大模块:一是教职工基本信息查询模块。该模块的主要功能是对学校所有教职工的基本信息进行集成并显示在统战管理信息系统内,以便于统战部门随时掌握统战对象的具体信息,从无党派人士中挖掘人才加强党外人士队伍建设等,同时集成的信息提供给其他模块使用。二是党派机构管理模块。随着党派的日益发展,党派的分支机构和负责人逐渐增多,该模块实现了对党派机构的实时化管理。三是党派成员信息管理模块。该党派成员的基本信息由共享数据库集成过来,该模块主要对党派成员的加入党派信息、担任党派职务信息、社会任职信息以及参加培训等情况进行收集整理和汇总。四是党派历史沿革管理模块。包括对党派基层组织、代表性人物、历届领导、重要文档的管理。统战管理信息系统还建有系统管理和高级统计查询功能。系统管理针对所有系统管理员、维护人员进行分组和分权限管理,高级统计查询分为固定统计报表和高级查询,可导出相对复杂的统计表格。一期工程最显著的成效是实现了与学校共享数据库的信息传递,由此检索出以往系统中存在的诸多滞后和矛盾的信息,使统战部门真正第一时间掌握了统战对象的具体信息。即将进行的统战系统二期工程建设将在完善信息的基础上侧重于网络电子政务平台建设,实现党派日常管理事务无纸化办公。例如,加入党派基层组织,党派换届等流程完全实现电子化;与移动网络联动,实现各级各类会议、活动通知的发送和实时反馈;等等。

3. 网络统战队伍建设

网络优势的发挥以及应对信息网络化挑战策略的实施最终都要依靠人来完

成。努力培养和造就一支既有马克思主义理论素养、懂得思想政治工作，又具有较高网络技术水平的统战管理队伍，将大大提升统战工作信息化水平。因此，广大统战干部要及时更新观念，进一步加强信息网络知识学习，加强运用网络信息技术的能力培养，适应并推进统战工作的信息化建设。

本文提到的网络统战更多地是针对基于互联网的统战工作，同时，我们要看到，网络统战还包括基于传统意义上的网络所形成的工作网络、人物网络和信息网络等。统战网站和管理信息系统的研发和使用不仅仅局限于统战管理队伍，还应积极调动党派的积极性，主动地投入到此类系统的使用和管理中，借助系统达到加强党派基层组织建设的作用。但目前，党派中没有设立专门负责信息化工作的人员，很多的日常组织管理工作由党派负责人自行承担了起来。而且很多重点高校民主党派主委一般都有较高的学术地位和社会影响，均是知名教授，他们本身的教学科研任务已相当繁重，而要他们另外投入精力到党派信息化建设中势必耗费相当的时间和精力，同时很多学校现行考核机制中，党派工作又没有纳入工作考核，这就使得党派主委们常常难以两头兼顾，处于两难境地。因此，在党派成员中努力发掘和培养一批信息化能手，加强党派信息化管理人员队伍建设，将更加切实地增强党派基层组织管理能力。

东南大学从 2013 年起，为各党派选配了兼职秘书，作为主委助手帮助处理日常工作，同时配合统战部开展统战工作信息化建设。为使兼职秘书的工作落到实处，统战部积极落实经费，配合主委选拔人员，明确职责、明确任务。积极开展对兼职秘书的信息化培训工作，放手进行网络实践。经过一段时间的实践，民主党派主委们纷纷反映，为民主党派配备秘书，是统战部为党派同志做的一件实事，不仅使他们在工作中有了帮手，可以把党派基层建设工作做实做细，而且加快了信息化程度，使他们切实感受到学校党委对统战工作的重视，激励他们更好地参政议政，为学校事业发展、为国家经济和社会发展建言献策、贡献力量。

当然，必须说明的是，在倡导网络统战工作的同时，也不容忽视传统的统战工作手段和方式。面对面的统战工作在情感互动方面有独特优势，沟通信息也更全面准确。两者是相互补充、相互促进的。

总之，网络的广泛应用，为高校统战工作开辟了新的途径。它有利于高校统战部门及时快捷地宣传新时期的统战方针、政策，增强新形势下统战宣传工作的实效性；有利于广大高校统战成员在最短时间内以最快的速度参政议政，为高校的改革与发展献计献策;有利于加速党派基层组织的自身建设,切实增强统战管理工作等。因此,我们要迅速占领网络统战的制高点,采用各种切实有效的措施,完善网络统战的各项具体举措,不断丰富网络统战的内容,从而调动广大统战成员的积极性,凝心聚力,推动高校各项事业又好又快的发展。

参考文献

1. 王迅、邵一江:《充分运用网络平台 创新高校统战工作》,《广西社会主义学院学报》2009 年第 1 期。

2. 罗嘉问、石义清:《高校网络统战工作的现状分析与对策初探》,《广东工业大学学报(社会科学版)》2010 年第 1 期。

3. 陈忠琴:《利用网络加强高校统战工作》,《安徽理工大学学报(社会科学版)》2008 年第 4 期。

4. 薛山、朱颖:《论网络空间与新时期高校统战工作》,《重庆社会主义学院学报》2009 年第 5 期。

提高统战调研实效性的途径研究

谢振安　陈忠琴　王新林*

中央提出改进工作作风、密切联系群众的八项规定以来,高层领导干部以身作则,自觉践行八项规定,各部门、各地方积极贯彻落实,陆续出台了相应的贯彻落实意见。统战部门和统战干部要按照中央和地方关于改进工作作风、密切联系群众的有关要求,认真做到三个结合,切实提高统战调研工作的实效性。

一、务实调研和务虚调研相结合

没有调查研究就没有发言权,没有发言权就没有决策权、指挥权。从这一点上来说,统战调研很实在,统战调研必须深入群众,深入实际,取得实实在在的调研成果。但是,这仅仅是统战调研中的务实调研方面,与之相对应的另一个重要方面就是务虚调研。务实调研不但不排斥务虚调研,而且要和务虚调研相结合,两者是相互依赖的关系,既要虚功实做,也要虚实结合。务实调研与务虚调研,是相对而言的,是一对矛盾;两者相结合,才能切实提高统战调研的实效性。

1.牢固树立正确的务虚调研观

要牢固树立正确的务虚调研观,首先要认识到务虚调研是抽象性工作,其主要任务是研究理论和政策,而不是研究如何解决实践中的具体问题。其次,虽然务虚调研不是研究如何解决实践中的具体问题,但是,实践为务虚调研提供动议和议题,而与之相对应的是,务虚调研所形成的成果也要在实践中进行验证。一言以蔽之,实践是务虚调研的基础,实践是检验务虚调研实际效用的唯一标准。

---

*　谢振安,安徽理工大学宣传部、统战部部长,教授;陈忠琴,安徽理工大学党委统战部副部长;王新林,安徽理工大学宣传部、统战部干部。

最后,务虚调研名称上是"虚",但实质并不虚,因为它是客观存在的,也是由理论、决策、办法等内容组成的,务虚调研最核心的价值在于虚功实做。[1] 务虚调研要想真正取得实效,必须牢牢把握住虚功实做这一根本点、出发点和归宿点。务虚调研是"形而上"解决实际问题的理论,而不是"形而下"地解决实践中的具体问题。正因为如此,我们不能要求务虚调研也像务实调研那样在实践中解决具体问题,但是务虚调研在"形而上"提出解决具体问题的理论之后,其成果和务实调研一样,需要在实践中进行检验。

2. 掌握第一手资料是务虚调研的基础

务虚调研必须在深入开展的务实调研的基础上,掌握第一手资料,这样才能用事实说话、用数据说话、用证据说话。首先,统战部门和统战干部必须深入基层调研。统战部门和统战干部要在工厂、学校、城市、农村等广大基层开展广泛而又深入的务实调研,了解、掌握基层实践情况的第一手资料,对务虚调研准备研究的问题的应用价值及理论实践的可行性等方面进行充分论证。其次,开展统战成员调研。统战部门和统战干部要采取各种各样的有效措施,诸如调查问卷、座谈会、统战成员访谈、茶话会等形式,针对务虚调研准备研究的问题开展统战成员的调查研究,着力了解统战成员对准备研究的问题的认知、认同度、情绪态度等方面的具体情况。这一点看似平平,其实特别重要,只要统战成员对准备研究的问题了解、理解、欢迎,我们的统战调研就有了成功的基础,开展起来就会一帆风顺。最后,开展学术调研。统战部门和统战干部要对务虚调研讨论问题的学术背景、研究历程、研究现状和发展趋势进行深入、系统的分析,掌握理论界、学术界的经典理论和最新研究成果,以保证务虚调研既有经典理论的支撑,又能站在理论与学术前沿。

3. 务实调研与务虚调研的有机结合

马克思在《〈黑格尔法哲学批判〉导言》中指出:"批判的武器当然不能代替武器的批判,物质力量只能用物质力量来摧毁,但是理论一经群众掌握,也会变成物质力量。"[2]这是务实调研与务虚调研的有机结合的理论基础。务实调研侧重于执行的角度,落实于具体的实践行动中,主要是针对实践中存在的具体工作

---

〔1〕 朱树彬、张书林:《建立领导班子定期务虚制度思考》,《理论探索》2010年第2期。
〔2〕 《马克思恩格斯选集》,人民出版社,1995年。

开展调研,完成各项目标明确的具体工作,解决实际问题。务实调研取得的调研成果是显而易见的,是看得见、摸得着的,相对比较容易量化。而务虚调研侧重于理论、决策和规划设计层面,是针对理论研究、决策分析等环节来说的,是采取具体措施之前对理论和决策的可行性分析、具体执行过程等的研究,是从理论上对客观情况发展趋势进行准确的把握。务虚调研不是海阔天空的闲聊,而是针对务实调研的理论准备,务实调研则是务虚调研在实践中的具体转化形式。从某种意义上说,只有科学全面地开展务虚调研,才能有积极有效的务实调研;务虚调研形成的成果,要通过人民大众的社会实践活动,进入到务实调研环节,其价值才能得到体现。

二、实地调研和网络调研相结合

中央统战部副部长陈喜庆指出:"信息化建设不是一项单纯的技术性工作,而是关系党的统一战线巩固和发展的政治性工作,是关系统战工作未来发展的战略性工作。"[1]纵观当今世界,随着计算机网络的兴起与普及,网络调研作为一种新兴的统计调研方式,也正在得到广泛的应用。网络统战调研是指在网络环境下,以互联网为信息传递工具,进行统战调研设计、资料收集、分析咨询等一系列的活动。[2]在这种形势下,调研在形式上需要进行创新,把网络调研提升到应有的高度,利用网络视频调研,积极运用统战部门网络党建平台、视频会议系统、办公平台、远程教育系统等载体,以视频访谈、网上调查、网络舆情分析等方式开展调研,实现调研工作低成本、高效率。同时深化随机调研、蹲点调研、专题调研和会议调研等多种调研方式。网络调研和实地调研结合起来,相辅相成,才能切实地提高调研的实效性。

1. 以调研目的为导向,保证样本和调研数据的代表性

首先,要根据调研的目的,确定被调研统战成员在网民中的群体规模如何,对进行网络调研的可行性进行充分论证。虽然网络是一个虚拟世界,统战部门还是可以通过对被调研统战成员网络使用结构的了解使网络调研工作更有针对性。其次,要保证网络调研样本的代表性。要保证调研样本的代表性就要使更

---

〔1〕 费蓉:《安徽省统战系统信息化建设的实证研究》,《合肥工业大学学报(社会科学版)》2009 年第 3 期。
〔2〕 赵智锋:《我国网络调研存在的问题与对策》,《经济论坛》2009 年第 6 期。

多的统战成员参加调研。统战部门在进行网络调研时要对被调研统战成员的上网人数和时间有详细的了解,如果样本数量不是很大的话,一定要让更多的统战成员知道有此调研,并鼓励他们参加调研;如果样本量足够多,当抽样框能代表目标总体的情况下,就没有必要进行全部统战成员的调研,可以采用随机抽样方式来确保调研统战成员的代表性。同时,网络调研还必须通过电话、座谈等方式,与实地调研相结合,针对不同统战成员的特点,灵活结合不同的调研方式,增大抽样调研的范围,使样本调研数据更具有代表性。

2. 以网络调研的回复率为导向,科学设计网络调研问卷

与阅读纸质材料比起来,调研统战成员对于网络调研问卷的阅读速度通常较快,但因为面对电脑网络答题,受电脑辐射的影响,容易变得急躁、眼睛看不清楚,很容易把选项点错,或者在选择的时候遗漏某些选项。网络统战调研最有可能的缺陷是一低一高,即回复率低、错误率高。设计出一份适合网络调研的问卷就能够有效解决这个问题,所以网络调研的问卷设计一定要符合实地问卷调研的基本要求,选取有代表性的被调研统战成员,可以通过面对面的沟通,请统战成员代表提出改进意见和建议。这样,就能在充分考虑被调研统战成员的行为特征及心理特点的基础上,将所调研问题及时、全面、准确地传达给被调研统战成员,使设计的网络调研问卷更科学、更合理,使被调研统战成员能及时、全面、准确、真实地回复。

3. 以调动被调研统战成员的积极性为导向,创新调研形式

网络调研与实地调研的一个很大区别就是,网络调研过程中的调研双方不能实时交流,调研者无法判断被调研统战成员的心态,被调研统战成员完全在一种相对独立的环境下回答问题,所以,被调研统战成员的积极性就成了网络调研成功与否的关键因素。积极的被调研统战成员往往态度端正,能认真回答网络调研问卷提出的问题,他们所提供的信息能够较为真实地反映出客观的情况。为了鼓励被调研统战成员,调动他们的积极性,除了设计一份高质量的符合网络调研特点和要求的调研问卷外,还必须与实地调研相结合,与被调研统战成员加强沟通,比如可以通过发放纪念品、开茶话会和通报表扬等物质和精神方面的鼓励来调动被调研对象的积极性。虽然这会增加调研时间和费用,但却能提高问卷的回收率、有效率和真实率,有效地提高调研结果的质量。

三、调研成果和转化应用相结合

加强调研成果的转化应用,推动统战工作深入开展。[1] 这充分说明统战成果转化的重要性,在统战调研中要把深入调研和成果转化结合起来,这样才能不断提升统战调研工作的实效性。

1. 围绕核心工作开展调研,是统战调研成果应用转化的重要前提

要想提高统战调研成果转化的效率,在开展统战调研工作中必须把握好三点核心工作:首先,重点调查研究要围绕党委中心任务开展。为党委决策和指导工作服务必须成为统战调研的出发点和归宿点,这样,才能紧密跟随领导思考的重点进行调查研究,统战调研才能取得重大的成效。其次,常规性的调查研究要围绕统战工作的难点和热点问题开展。坚持把统战工作的难点和热点作为研究的常规性内容,深入基层去发现问题、分析问题、解决问题。最后,要围绕统战工作的新问题开展前瞻性的调查研究。紧扣时代发展脉搏,针对新形势下提出的新任务和新要求,开展前瞻性调研,做到未雨绸缪,把问题解决在萌芽状态。

2. 不断拓展转化渠道,是统战调研成果应用转化的途径

要不断拓展统战调研成果的转化渠道,把统战调研与宣传工作结合起来,通过各种宣传媒体,广泛宣传、介绍调研成果,让社会了解和承认其内在价值,为推动统战工作创新与发展创造良好的舆论氛围;要把统战调研与信息工作结合起来,编写成信息供领导参考,通过上报下发的方式,使调研成果及时发挥其参谋和指导作用,为领导决策提供有力依据,指导基层工作;要把统战调研与课题攻关结合起来,形成课题报告,最大限度地实现其公共效益;把统战调研与横向学术交流活动结合起来,通过参加学术交流活动,实现成果更大范围的传播和资源共享,发挥知识产权和信息资源的最大效应;要把统战调研与新媒体传播结合起来,通过建立网站平台,加强调研成果网上交流,扩大社会影响,提高社会效益;要把统战调研的成果不断向纵深方向发展,既努力实现调研成果的一次性转化,同时也争取实现调研成果的多渠道、多层次和阶段性转化。

3. 建立健全规章制度,是统战调研成果应用转化的根本保证

统战调研成果要想确保每一项都能得到切实有效的应用转化,要从制度上

---

[1] 黄道伟:《践行"六戒"推进统战部门作风建设》,《广西社会主义学院学报》2011年第4期。

加以保证,注重建立健全统战调研相关的规章制度,使规章制度成为体系。建立健全调研人才库制度,夯实调研队伍,强化调研人员的培训;建立健全领导责任制,明确规定统战调研工作是一把手工程,由主要领导亲自挂帅,负全责,分管领导具体抓落实,遇到情况及时向一把手汇报,并指导各科室科长(主任)开展具体工作,各科室科长(主任)开展具体调研工作,向一把手和分管领导汇报工作;建立健全岗位目标责任制,在科室内部把统战调研任务分解到具体的工作人员,层层明确责任;建立健全调研奖励制度,在人、财、物等方面对调研工作适当倾斜,对调研工作成绩突出或取得重大调研成果的给予记功表彰;建立健全调研专项经费制度,用于改善调研工作条件和调研成果奖励;建立健全调研工作联系点制度,统战部门领导定期到各自的联系点上了解情况,研究分析难题,帮助解决问题,以推动统战调研工作的不断深化。

党的十八大报告提出,要巩固和发展最广泛的爱国统一战线,高举爱国主义、社会主义旗帜,巩固统一战线的思想政治基础。新形势下提出的新情况和新问题,要求统战部门以科学发展观为指导,按照中央关于改进工作作风、密切联系群众的八项规定的要求,不断创新调研内容、调研形式和调研成果的转化应用方式,这样,才能切实提高统战调研的实效性,促进统战工作的顺利开展。

论新媒体对高校统战工作的影响

谢梦君　陈小琼 *

目前我国正处于社会转型期,各种社会思潮和价值观交融激荡。随着信息技术的飞速发展,尤其是各类新媒体兴起,为社会舆论的积累和传播提供了便捷的空间,对整个社会生活带来深刻的影响,同时也使统战工作面临着新的挑战和机遇。统战工作应主动适应这种变化与发展,善于利用新媒体工作平台,以更加灵活、开放、有效的方式,进一步加强和改进高校统一战线工作。

一、新媒体对高校统战工作的影响

新媒体带来的各类信息泛滥,给当前高校统战工作带来前所未有的挑战。

第一,随着信息技术的发展和新媒体的运用,人们获取信息的渠道越来越多,思想日益多元,加上我国改革开放以来贫富差距扩大,出现了新的阶层分化,利益格局发生了改变,传统的意见领袖对大众的影响力越来越小。与此相反,一大批善于利用网络发表观点和意见,拥有成千上万"粉丝",在虚拟世界里具有很强的影响力的人成为网络意见领袖。而西方敌对势力利用网络传播方式的超地域性,加强对我国尤其是高校推销和宣传自己的价值标准、意识形态和价值理念。这些信息中反社会主义的,利用人权、民族和宗教等问题加紧对我国实施"西化"、"分化"战略。如何运用新媒体加强对广大统战成员的思想教育,引导他们自觉接受中国共产党的领导,坚定不移地走中国特色社会主义政治发展道路,引导他们将中国特色社会主义核心价值体系内化为自己的人生态度、行为准则和价值取向,积极投身于中国特色社会主义伟大事业和学校改革发展实践,是高

* 谢梦君,江西教育学院党委宣传部科员;陈小琼,江西教育学院党委统战部副部长。

校统战工作面临和思考的新课题。

第二,新媒体的运用给传统的统战工作方式带来了新的挑战。传统高校统战信息宣传工作主要依靠报纸、广播、电话、宣传栏等传统媒介,这种传统方式存在着传播范围有限、时效性差、互动性弱等缺陷。在新媒体时代,互联网、微博、微信、博客等新技术,拓宽人们获取信息的途径及获得信息的速度,使信息传播的时效性、针对性、有效性、广泛性和互动性得以加强。尤其是互联网的开放性、匿名性、交互性的特性,为受众广泛参与公共事务、发表意见和言论提供了一个自由、平等交流的平台。传统的统战工作方式已不能适应形势发展变化的需要,应该主动适应这种变化,善于从封闭、半封闭状态走向开放状态,不断提高实际工作成效。如何在信息全球化的条件下及时捕捉分析信息,把握网络舆情,准确掌握统战成员的思想动向,有针对性地做好高校统战工作,是高校统战工作者面临的新挑战。

在实际工作中,大部分学校统战部门领导对如何利用新媒体开展统战工作都给予了高度重视、积极支持,但对于其具体操作与实施则持审慎态度。当然,也有一些统战干部对新媒体的运用往往存在种种疑虑,对利用新媒体开展工作既支持又持观望态度,担心新媒体的运用不好管理,怕出问题。这些疑虑的存在也导致了统战工作与新媒体技术发展脱节,导致诸如统战网站管理层级太多、缺少可以交流互动的平台、影响力有限等不足。

二、如何利用新媒体加强高校统战工作

高校统战工作关系到人才的培养、关系到高校党的建设和发展,关系到国家改革、发展和稳定。因此,高校统战工作者要紧紧围绕学校的中心任务和工作大局,利用新媒体、新技术的优势,为新形势下高校统战工作提供更好的服务。

第一,充分利用新媒体,拓宽统战工作领域。高校要根据自身实际,将新媒体技术有机融合到工作中,努力拓展高校统战工作的深度、广度和有效度。首先,要根据需求,积极引进先进信息技术设备,提高信息技术管理水平,开辟具有高校特色的统战网页、专栏、论坛、微博等网络阵地,及时收集、整理广大统战成员的建议和要求,科学把握高校统战成员的思想脉搏,听民情、解民忧。其次,要建立健全新媒体运行管理机制,从受众的需要出发,以"内容为王",不断增强新闻的信息量;注重信息的梯度开发与组合开发,综合运用文字、图片、声音和视

频等多种传播元素,增强统战工作的实效性;不断强化信息的延伸,增强互动性,充分发挥高校统战成员主动参与的积极性,从而更好地发挥统战对象建言献策、参政议政的积极作用。

第二,加强学习,努力提高统战工作者能力素质。从各高校的实际情况来看,统战干部队伍中存在着年龄偏大的倾向,对新技术掌握不够到位,对新媒体的作用认识不足,制约了统战工作对新媒体、新技术的应用。年轻人又缺乏统战工作经验。时代的发展,对统战工作者提出了新的要求,高校统战工作者要与时俱进,全面提高自身素质,适应新媒体时代统战工作新要求。高校统战部门要有针对性地培养一支既具有深厚的马克思主义理论素养、懂得思想政治教育艺术,又具有较高的新媒体技术水平的新型统一战线干部队伍。

第三,搭建新平台,充分发挥和调动高校统战成员建言献策的积极性。高校统战成员具有学历高、职称高、思想活跃、善用网络等特点,很多统战成员都是学校教学科研的骨干。同时,他们中还聚集着不少有影响力、有参政议政能力的民主党派成员、无党派人士、少数民族代表以及归侨、侨眷和海外留学背景的人士,有的还是人大代表、政协委员,有的还担任一定的领导职务。他们在开展社会服务,扩大对外交流与合作等方面可以起到特殊的积极作用。因此,加强新时期高校统战工作,要围绕中心、服务大局,努力拓宽各种意见、建议及利益表达诉求渠道,充分利用新媒体在信息传播中的积极作用,最大限度调动广大知识分子的积极性和创造性,为服务社会参政议政,为学校的改革和发展建言献策。

总之,新媒体时代的高校统战工作还存在诸多问题,需要统战工作者从新媒体的特性和受众心理学出发,发挥主动性、针对性和创新性,与时俱进,更好地履行统一战线"争取人心,凝聚力量"的根本职能,促进高校统战工作的科学发展。

参考文献

1. 刘瑞生:《网络观发展与新媒体执政能力提升》,《新闻写作》2013 年第 1 期。

2. 薛山、朱颖:《论网络空间与新时期高校统战工作》,《重庆社会主义学院学报》2009 年第 5 期。

3. 樊亚斌:《利用网络信息加强高校统战工作的实践与思考》,《山西社会主义学院学报》2011 年第 3 期。

包容性是做好高校统战工作的关键

韦国娟[*]

胡锦涛同志在《建设具有巨大包容性的统一战线》重要讲话中强调指出："要正确认识和处理中国共产党和民主党派的关系,巩固和发展中国共产党领导的多党合作的政治格局;正确认识和处理社会各阶层的关系,推动和实现全社会和谐相处、共同发展。在爱国主义旗帜下加强海内外中华儿女的大团结。"认真学习科学发展观,研究高校统战工作的特点和新情况,对于建设具有包容性的统一战线具有重要的意义。

一、我校统战工作的基本情况与特征

南京师范大学前身是建于 1902 年的三江师范学堂,是国家"211 工程"重点建设的江苏省属重点大学。学校目前拥有三个校区,设有二级学院 25 个、独立学院 2 个,国家重点学科 6 个、省重点学科 20 个,博士一级学科 22 个、硕士一级学科 37 个、本科专业 80 个。在百年历史中许多著名教育家在学校任教过,包括陶行知、吴贻芳、唐圭璋、高觉敷、李旭旦、陈邦杰、徐悲鸿、张大千、傅抱石等诸多名家大师及一大批著名的民主党派代表人士。因此,我们学校的统战工作具有优良的传统,多次获得江苏省统战工作先进集体称号以及江苏省高校统战工作创新奖。我校目前教职工为 3293 人。全校有 7 个民主党派组织,成员一共 411人。其中有民进、民盟、九三 3 个基层委员会,民革、致公、农工、民建 4 个支部或总支委员会;成员较多的党派民盟有 136 人,民进有 124 人;担任各级人大代表、政协委员 27 人,省政协副主席、市人大常委各 1 人;民主党派中央常委 1 人,省

---

*　韦国娟,南京师范大学党委统战部部长,副教授。

主委 1 人,市副主委 1 人;省参事、文史馆员 7 人;在实职安排上,有党外副校长 2 人,校中层干部 35 人,占全校中层干部 10.7%。长期以来,历届学校党委都非常重视统战工作,把统战工作作为学校工作总体目标来抓。统战部一直在学校工作中占有重要的地位。从我校情况看,我校的统战工作既有我校历史沉淀的特殊性,也有高校统战工作的普遍性。

1. 多样性

党的十一届三中全会以来,随着我国改革开放的不断深入和社会主义市场经济体制的逐步完善,党外知识分子作为新时期爱国统一战线的重要成员,其特点也发生了相应转变,总的来说,其平均年龄低、学历层次高。同时,由于党的统战工作的稳定发展,党外知识分子在学校及社会政治生活中的地位和作用充分体现,其政治发展的空间更为广阔,因而,一大批高学历的中青年知识分子在积极投身于教学、科研工作的同时,逐步成长为新一代民主党派代表人士。他们大多具有较高的学历层次和较深的学术造诣,在所从事的学科领域取得了较为突出的成果。以我校为例,目前全校党外教职工占全校教职工 44.6%,党外副高以上教师 532 人,占全校副高以上教师 40.5%。他们占学校科教人力资源的半壁江山。他们中多数人竞争意识强烈,随着社会主义市场经济的建立和发展,自我价值和社会价值得以充分实现。在认真做好教学、科研、管理等本职工作的同时,他们积极参政议政,在社会生活中发挥着越来越大的作用。

2. 长期性

周恩来同志讲:“各民主党派同共产党长期共存,党的寿命有多长,民主党派的寿命就有多长。”这就需要我们正确认识和把握高校统一战线工作的长期性和持续性。我校前身的中央大学、金陵大学和金陵女子大学,及新中国成立后院系调整组建的南京师范学院一直承担着突出的统战工作任务。几十年来,在省委统战部的直接领导下,为民主党派著名人士的作用发挥做好服务,几代人积累了丰富的统战工作经验。在各个不同历史时期,高校都是党外知识分子相对集中的地方,汇集着党外各方面的代表性人物,他们不仅在学校是学识渊博的专家学者,而且活跃在人大、政协等部门,在政治生活中也发挥着重要作用。高校也是学术思想活跃的地方,有着浓厚的学术氛围,他们站在学术前沿,与外界交流范围广、频率高、信息多,接受新知识快,政治敏感性强,政治参与意识强。高校统一战线工作的重要任务是调动一切积极因素,充分发挥广大党外知识分子的聪明才能,为党的总任务和高校的中心工作服务。因此,无论从促进高校的发展进步,还是从党的工作目标出发,统战工作都将是高校工作不可或缺的一部分,是高校政治工作的长期任务。

3. 同一性

统战工作要在爱国主义的旗帜下,团结一切可以团结的力量,维护社会政治的稳定。因而,凡是一切有利于发展社会主义社会的生产力,有利于增强社会主义国家的综合国力,有利于提高人民生活水平的力量和方式、方法,都应当认定成为同一的目标。高校统战对象多,党外知识分子集中,是民主党派的"源头"。近年来,随着改革开放的不断深入,高校知识分子队伍也发生了较大的变化,只有通过统一战线,在社会各界中多做协调关系、化解矛盾、理顺情绪的工作,减少阻力,增加助力,形成合力,才能为我国创造一个良好的社会政治环境,从而增强执政党的向心力,继续强化执政党的政治核心地位和作用。

二、包容是做好高校统战工作的关键

1. 信任是包容的基础

信任是人与人相互之间的一种社会关系。信任也是社会生活最根本的基础,如果没有最起码的信任,我们的生活将寸步难行。高校统战工作具有的特殊性首先要求的就是建立于统战对象的信任关系。在社会科学中,信任被认为是一种依赖关系。在现代社会体系中,无论从经济上说还是社会生活,信任已经被赋予了新的含义:对可能存在的危机或者潜在的困难依然保持的正面期待,就叫信任。管理领域中对于人际信任的概念,无论是在人际间、团队间、组织间的层次上,都在统战工作中有所体现。共产党与民主党派具有长期的共同奋斗的历史,在民主主义革命时期,为了推翻国民党独裁统治相互信任共同奋斗,在社会主义历史阶段,即使是"文革"时期,许多民主人士受到冲击、误解,但共产党与民主党派的信任关系没有变化,不管在任何情况下,我们党都充分保护和照顾统战对象的利益。正因为如此,才可能保持长期的同盟者关系。

2. 沟通是包容的途径

包容的理念要贯穿于统战工作的具体事务中。高等学校学科繁杂,统战对象分布广,大多都是专家学者,本身具有很繁重的科研教学任务,一些党外的专家个性较强,更多的精力在专业上,在遇到个别事情的时候容易激动、容易误解,更容易说过头的话。作为统战工作者,要充分理解高校统战对象的特点,要与他们做朋友,做深入的朋友。要及时、经常、细致地去做沟通工作,而不应固守于办公室听汇报打电话。要学会与人相处、学会关注别人的感受,学会给别人的发展提供机会。要倡导谦谦君子、宽容包含的风气。

当然,包容不是纵容,更不是没有原则没有是非观念。而恰恰相反,只有坚持原则,坚持正确的政治方向,才能使统战对象信服,只有坚持在正确的政治方向基础上的统一战线,才能赢得更多的信任,才能在建设国家、发展学校的事业中寻得共同点,才能建立更广泛的、更坚实的统一战线。

参考文献

1. 刘延东:《以"三个代表"思想为指导开创新世纪高校统战工作新局面》,《中央社会主义学院学报》,2002 年 4 月 5 日。
2. 吴水珍、李玲娣:《关于建立高校大统战机制的实践与探索》,《中央社会主义学院学报》,2002 年 4 月 15 日。

论高校统战工作五大关系

周志琴　岑建旭*

在高校统战工作中践行科学发展观,努力推进高校事业的科学发展和统一战线自身的科学发展,笔者认为应统筹好以下五大关系。

一、正确认识统战工作与党的工作的关系,巩固高校统战工作地位

2004 年,中共中央统战部《关于加强高校统一战线工作的意见》指出,高校统战工作是党的特殊政治工作和群众工作,是高校党的工作的重要组成部分。高校统战工作涉及了新世纪新阶段中国共产党统一战线工作中需要全面把握和正确处理的五个方面的关系,统战对象不仅数量大,而且层次高、社会影响大、海外联系广,统战工作是高校党建工作的一个重要组成部分,应列入高校党委的重要议事日程。但目前高校统战工作中还存在着一些不足和问题,如高校统战部门机制建设还没有充分达到现代性对现代政治机构建设科层化、部门化的基本要求,不少统战部门与其他党委部门合署办公。以浙江省为例,32 家本科高校中单独设立统战部的高校有 7 家,17 家与组织部合署,5 家与宣传部合署,3 家与其他处室合署。合署部门的工作重心往往不在统战工作上,这就影响了高校统一战线优势和作用的充分发挥。

高校党委和基层党组织要正确认识统战工作在党的工作全局中的地位和作用,做到有研究、有部署、有落实,确保制度到位、责任到位、工作到位。在追求各类数字发展指标的现实情况下,高校党委普遍缺乏自主加强和改进统战工作的

---

*　周志琴,杭州师范大学党委组织部、统战部副部长;岑建旭,杭州师范大学党委组织部、统战部统战员。

内在动力因素,来自外部的激励会起到比较好的推进作用。上级教育主管部门应把统战工作纳入高校党委领导班子的考核内容,要对党委领导班子成员联系结对民主党派组织、统战团体制度,与党外代表人士联谊交友制度,党委统战部设置以及党外干部比例等主要工作列为刚性考核要求。

二、科学处理全局工作与重点工作的关系,增强统战工作的广泛性

高校统战工作涉及了新世纪新阶段中国共产党统一战线工作中需要全面把握和正确处理的五个方面的重大关系[1],包括党外知识分子工作、留学人员统战工作、民主党派工作、无党派人士工作、民族宗教工作、台港澳和海外统战工作等诸多工作内容。近些年来,高校统一战线出现了一些新的情况:海外引才力度的加大导致留学归国人员、全职聘任的外籍专家学者人数明显增加;国际学术交流活动日益丰富,人员往来更加频繁;民族宗教工作面临新的挑战。这些新情况的出现,从客观上要求高校党委改变惯性思维、传统做法,做到既要重点突出、要又整体推进。

党外代表人士队伍建设在统一战线工作中具有基础性、战略性地位,[2]是高校统一战线的重点工作,高校党委要着重在党外人才工作和选拔党外代表人士担任校院两级领导职务、举荐党外代表人士到各级人大、政协任职两个方面开展工作。民主党派工作和无党派人士工作是高校统战工作的重要组成部分,高校党委要进一步加强政治领导,协助民主党派组织和党外知识分子联谊会加强自身建设,尤其是领导班子建设。留学人员统战工作、台港澳和海外统战工作、民族宗教工作等在高校统一战线中应摆到更加突出的位置,高校党委要有计划、有组织、有针对性地开展工作,争取各方力量维护好学校发展稳定和谐的局面。

三、准确把握统战部与其他工作主体的关系,构建统战工作大格局

高校统战工作要在校党委的统一领导下,统战部作为高校党委主管统一战线工作的职能部门牵头抓总,党委宣传部、学工部、保卫部、港澳台办公室等有关职能部门,工会、团委等群团组织和二级学院各负其责、共同参与、相互配合。从

---

〔1〕 丁俊萍、宋俭等:《高校统战工作研究》,四川出版集团四川教育出版社,2009 年。

〔2〕 中共中央统战部:《〈中共中央关于加强新形势下党外代表人士队伍建设的意见〉学习问答》,华文出版社,2012 年。

目前高校的情况来看,统战工作机制尚不完善,大统战工作格局还不健全,统战工作合力还未真正形成。在职能部门的工作分布上,统战部往往把工作重心放在民主党派工作上,同时以党外知识分子联谊会、归国华侨联合会、留学归国人员联谊会为平台兼顾开展无党派人士工作、留学人员统战工作;民族宗教工作涉及学生工作、保卫等多个部门;港澳台和海外统战工作的大部分工作则是由港澳台办公室来承担。因此,校党委统战部要充分发挥牵头抓总的作用,主动加强与相关职能部门的联系与沟通,而有关职能部门、群团组织、二级学院要进一步强化统战意识,共同营造学校大统战的氛围和合力。

高校要努力强化大统战的理念,在校院两级中心组理论学习、党校教学活动中要安排统战知识、统战政策、统战形势的教育培训,普遍增强党员干部的统战意识,掌握统战工作理论政策。分管统战工作的校领导首先要牵头建立统战部、有关职能部门、群团组织、二级学院一起参加的定期研究部署统战工作的会议制度,并明确各自工作职责,建立相互支持系统;其次要建立二级学院统战工作目标责任制,研究建立考评体系,要把有没有统战观念、懂不懂统战政策、会不会做统战工作,作为衡量党员干部的政治素养和工作水平的一个重要指标。[1] 统战部担负着组织、指导、协调、服务全校统战工作的重要职责,要主动了解各方面情况,增强统筹协调的意识和指导服务的能力,把党中央提出的新形势下统战工作"只能加强,不能削弱"的指示精神落到实处,把党的统一战线方针政策落到实处。

四、深刻把握统战部门建设与民主党派组织、统战团体建设的关系,夯实统一战线健康发展的组织基础

支持、帮助民主党派、统战团体搞好自身建设是高校统战工作的重要内容。高校统战部门建设得好不好,统战工作队伍的素质水平高不高,直接影响到支持、帮助民主党派组织、统战团体搞好自身建设的状况和水平。就当前高校统战部门内部建设而言,思想作风、业务素质、工作机制等方面都有待加强,指导帮助民主党派组织、统战团体搞好自身建设的能力水平还有待提高。在民主党派组织、统战团体自身建设方面也存在一些不足:一些党派组织老龄化现象比较严重,存在队伍断层和民主党派成员发展趋同化问题;一些党派组织制度不健全,

---

〔1〕 问西玲:《高校统战工作的调研与思考》,《陕西社会主义学院学报》2010 年第 2 期。

规范化水平不高,集体功能没有得到充分发挥;党派成员的身份意识普遍不强,存在重业务、轻党派活动的倾向;等等。

高校统战部要通过自身扎实有效的工作来影响带动、指导支持民主党派基层组织加强自身建设,增强生机和活力,发挥好参政党的作用。高校统战部首先要加强业务学习。要通过建立集体学习制度、加强统情调查研究、完善协调沟通机制等方法,切实提高统战干部的政策水平和工作能力,使统战干部成长为统一战线工作的行家里手。其次,要树立民主作风。统战部必须牢牢把握统战工作的特殊性,善于运用民主协商的方式开展工作,在同党外人士交往中,要坚持平等相待、协商办事,使统战部真正成为党外人士之家。再次,要注重载体创新。一是制度性载体。要在摸清情况、把握规律的基础上,将日常工作中的成功做法和创新思路提升为高校统战工作的制度性成果。近几年,一些浙江本科高校新建立的统一战线工作交流讲评制度、民主党派基层组织与机关职能部门结对联系制度、党外代表人士选拔培训制度等很好地推进了统一战线的科学发展。二是活动性载体。在某种意义上,一系列持续的能够得到广大统战成员认同的统战活动具有更大的影响力。[1] 要科学设计活动载体,在活动主题、活动内容、活动方式的选择确定上,要充分体现科学发展观对统一战线的创新要求,并具有操作性、实效性,如高校统战部牵头举行统一战线"同心论坛"、在校外建立统一战线同心服务基地,等等。

五、妥善处理照顾同盟者利益与发挥统一战线优势作用的关系,推进统一战线和谐发展

"照顾同盟者利益"是统战工作的重要政策思想,是我们党在长期的统战工作实践中总结出来的重要经验和原则。高校统战工作本质上是做团结人的工作。照顾好同盟者利益,有利于做好统一战线成员的团结工作,发挥好统一战线的优势和作用,更好地为学校中心工作和经济社会发展服务。如果照顾同盟者利益这一政策思想没有贯彻到位,统一战线优势作用的发挥就会受到影响,高校统一战线就会缺乏生命力。当前,浙江省高校党委照顾同盟者利益的主要途径,

---

〔1〕 傅举庆、曾庆洪:《高校统一战线科学发展的范式研究》,《重庆社会主义学院学报》2010 年第 3 期。

一是党外代表人士的实职安排和政治安排,二是在活动经费、办公场地等方面给予支持。相比物质方面的支持,实职安排和政治安排的主动性、自觉性还不够强,提供给党外代表人士发挥作用的平台还不够多。高校统一战线具有凝聚人心、汇聚力量的重要作用,参政议政、民主监督的政治优势,人才荟萃、智力密集的人才优势,以及协调关系、化解矛盾的功能优势。总体上看,高校统一战线个体的智力优势和人大代表、政协委员的参政议政作用发挥得比较好,而统一战线整体在校内凝聚力量、化解矛盾、建言献策、民主监督等方面相对比较薄弱。

高校党委首先要把照顾同盟者利益放到发挥统一战线优势作用、推进学校中心工作和经济社会发展的大格局中来。要注重引导统一战线成员自觉地把自身利益同全局利益紧密结合起来,在为学校事业发展、社会进步奋斗的过程中实现自身的具体利益。其次要制订符合校情的具体政策措施,使统一战线成员的利益在校内得到切实的维护。在物质保障方面,要建立"党外人士之家",将民主党派组织、统战团体活动经费纳入高校年度预算,并为民主党派组织、统战团体负责人提供一定的工作补贴,尽可能为党外代表人士外出参加有关培训、会议提供经费支持。在政治利益方面,需进一步完善重大事项意见征求、党外人士意见建议受理等工作机制,避免工作的随意性、形式化,并积极探索党外人士列席校长办公会议等新的民主监督渠道;认真搞好党外人士的安排工作,党外干部在中层干部队伍中要占有一定比例,党外人士在教代会、职代会和职称评审等专门委员会中有一定的席位数等,切实为党外代表人士参与学校民主管理搭建平台。再次要做好举荐工作。要紧紧抓住各级人大、政协换届的契机,有计划、有组织地做好优秀党外代表人士的推荐工作,努力为他们参政议政争取条件,同时也要积极推荐党外代表人士到民主党派省市委担任一定职务,不断增强他们的影响力。事实证明,越是充分尊重、维护和照顾同盟者的利益,就越能不断增强统一战线的凝聚力和向心力,更好地团结和带动广大统一战线成员向着共同的目标前进。

参考文献

1. 陈传德:《高校统战工作面临的新情况新问题及对策分析》,《湖北省社会主义学院学报》2010 年第 2 期。

2. 樊亚斌:《对做好新形势下高校统战工作的若干思考》,《重庆社会主义学院学报》2010 年第 1 期。

新时期高校统战工作面临的挑战及对策研究

徐　梅　李玉龙*

高校是党外知识分子相对集中的地方,汇集着党外各方面代表人物,加强高校统战工作对于构建和谐校园,促进高校改革稳定与发展,推动社会主义民主政治建设具有重要意义。近年来,随着改革开放的深入和高等教育的发展,高校统战工作出现许多新情况、新问题,面临着新的挑战,需要我们深入研究,认真思考,提出对策。

一、新时期高校统战工作面临的新挑战

时代的发展,使高校统战工作的外部环境和内部结构都发生了深刻变化,因此,高校统战工作也面临着来自外部环境发展与内部结构改变带来的新挑战。

1. 高校统战工作外部环境变化带来的挑战

当前,我们正处于社会转型时期,经济结构和社会关系发生调整,社会经济成分、组织形式、利益关系等多元化趋势加深,各种社会问题凸显,对高校统战对象产生了不同程度的影响,使高校的稳定和社会政治环境的稳定面临新的考验。

经济全球化带来了国际文化、价值观念、意识形态等方面的冲突与交融,传统与现代观念、东西方文化激烈碰撞,西方的文化价值观对统战对象的影响不可低估,与此同时,高校师生思想活动的独立性、选择性、复杂性日益增强,对统战工作提出了新的挑战。

信息时代新媒体的迅速发展,极大地丰富了文化与思想传播的载体,民众获取信息的方式发生改变,但一些文化垃圾也通过网络蔓延,西方的意识形态、文

---

*　徐梅,济南大学党委统战部部长;李玉龙,济南大学党委统战部科长。

化思潮在网络传播,对高校统战对象的思想认识和价值观产生了一定影响,使高校统战工作难度增大。

2.高校统战工作内部结构变化带来的挑战

随着高校规模的不断扩大,高校师生数量增加,构成趋于复杂,另外,多校区办学、国际化战略的实施、招生地域的拓展,使高校统战工作范围扩大、战线拉长、对象增加、层面更多。目前,高校统一战线工作的范围已经扩大为各民主党派成员、无党派人士、党外知识分子、出国和归国留学人员、少数民族人士、有宗教信仰的人士、港澳同胞及在高校就读的港澳学生、台湾同胞及其亲属(包括在大陆定居的台胞和就读的台湾学生)、海外侨胞和归侨侨眷等。

近年来,统战对象呈现出新的特点:一是高学历、高职称和年轻化趋势明显,多数具有专业优势和国际视野,整体素质较高;二是利益群体多样化,成员思想观念、价值取向、行为方式等呈现多元化,具有一定的复杂性;三是联系广泛,社会影响力增强,政治触觉敏锐,参政议政能力增强;四是许多统战对象具有多重身份、多重角色,具有一定的交融性。调动这一群体的工作热情与干劲,发挥其社会辐射作用,是高校统战工作的重要任务。

高等教育改革进入深水区,高校由外延扩张向内涵发展转变,人才培养、科学研究、社会服务、传承文化的任务更加艰巨,而数量庞大的高校党外知识分子队伍,广泛地分布在教学、科研和管理第一线,是高校改革发展稳定中不可忽视的重要力量。如何充分发挥他们的作用,使他们成为学校深化改革的生力军,是高校自身发展对统战工作提出的新要求。

二、新时期高校统战工作存在的主要问题

近年来,高校对统战工作普遍较重视,统战工作的地位提高,作用得到较好发挥。但是,也存在一些亟待解决的问题。

1.大统战的整体性理念尚未全面确立

目前,高校统战工作涉及面广,且统战对象分布在学校各个层面,统战工作是需要全员参与的政治工作和群众工作,需要树立起大统战的整体性理念。如党外代表人士队伍建设,涉及组织、统战、代表人士所在单位等多个部门,更需要建立起大团结、大联合、多视角的工作意识。但是,一些高校领导干部对统一战线工作的重要性和现实作用缺乏足够的认识;有的认为统战工作是统战部门的

事,与其他部门无关,与基层党政部门无关,没有把统战工作看做是需要各级党组织和相关部门相互配合的工作;有的高校统战部与其他部门合署办公,统战工作的时间被其他事务性工作挤占;有的学校组织、统战等工作分别由不同的领导分管,对于党外代表人士队伍建设等需要相关部门配合的工作缺乏统一协调。

2.统战工作的软硬环境建设亟待加强

从软件建设来看,高校统战工作的环境机制、管理机制、工作机制还需进一步完善。对统战工作、统战典型的宣传力度有待于加强,全员重视统战工作的环境氛围还未形成;统战工作的管理体制还未完全理顺,上级教育主管部门没有单独设立统战部,对统战工作缺乏具体指导;有利于统战工作开展的部门协调机制、评估机制等有待建立和完善。

从硬件建设来看,经费不足、人员不足、场地不足等问题成为困扰高校统战工作深入开展的难题。当前高校统战工作内容和工作范畴增加,任务日益繁重,但由于上级主管部门对统战工作的经费没有明确要求,高校统战工作经费有赖于学校领导对统战工作重要性的认识程度,在高校办学经费普遍紧张的情况下,统战工作经费往往得不到保证;一些高校统战工作专职人员与其所承担的工作量相比,人员明显紧缺,往往是一个人身兼数职,工作质量受到影响;多数学校没有民主党派开展活动的专门场所。

3.统战工作的方法与手段有待创新

新形势下,统战工作的对象群体发生变化,特点不同,素质不一,对统战工作的方法与手段提出了更高要求。但一些高校对统战工作出现的新情况、新问题缺乏深入的研究,仅仅依靠经验和传统方法去解决问题,停留于依靠政策或简单命令等工作方式,这显然滞后于时代发展的需要。同时,现代传媒如微博、微信、QQ 等的广泛使用,对统战工作的方法手段也提出了新的要求,但有的高校在这方面没有给予足够重视,对网络阵地的建设缺乏应有的关注,网络化水平建设较低,信息来源渠道不健全,与统战对象的沟通交流不够及时。

4.统战工作理论研究不够深入

统战工作政治性、政策性强,需要在科学理论的指导下健康发展,以理论创新推动工作创新。高校是统战工作理论研究的重要阵地,统战理论研究也是高校统战工作的重要内容。统战理论的研究主要依靠两个群体,一是马克思主义理论研究专家,一是统战工作成员。由于统战工作人员较少,往往疲于应对各种事务性工作,而不能深入实际调查或静心思考研究;虽然学校不乏相关专家教授,但由于经费不足,缺乏开展研究相应的保障,一些有价值的专题研究无法深入开展;另外,统战理论研究的基地和平台建设力度不够,统战理论研究长效机制匮乏,也制约了统战理论研究的深入开展。

三、加强新时期高校统战工作的对策路径

高校统战工作在我国民主政治建设和统战工作全局中的作用和地位越来越重要,面对新形势下统一战线出现的新挑战、新问题,需要我们转变思想观念,创新工作思路,完善工作机制,不断加强和改进高校统战工作。

1. 牢固确立大统战整体性理念

党的十八大明确提出,统一战线是凝聚各方面力量,促进"政党关系"、"民族关系"、"宗教关系"、"阶层关系"、"海内外同胞关系"和谐,夺取中国特色社会主义新胜利的重要法宝。高校统一战线界宽面广、人才荟萃,具有"和而不同"的文化理念、"团结联合"的思想主题、"同舟共济"的价值取向、"和谐共处"的目标追求,能够在求同的基础上最大限度地包容"异"、在存异的基础上最大限度地发展"同",在凝聚人心、汇聚力量、促进"五大关系"和谐方面具有独特的优势和作用。因此,必须从战略高度认识高校统战工作的重要性,根据当前统战工作面临的新形势,从全局和整体出发思考和谋划统战工作,转变过去只依靠统战部门做统战工作的思路,以科学发展观为指导,树立大统战观念,建立起各部门协同配合的统战工作格局;学校党委和基层党政部门都应把统战工作作为一项重要工作来抓,主要领导要与党外人士保持经常性联系,交友联谊,倾听统战对象的呼声,关心统战对象的发展,多做聚人心、暖人心、稳人心的好事、实事;同时要加大对统战工作方针政策和统战对象典型的宣传力度,营造良好的统战文化和统战工作氛围,使人人了解统战工作,人人重视统战工作。

2. 建立完善统战工作运行机制

加强统战工作,应建立健全科学的运行机制,一要健全统战工作领导机制,教育主管部门应设立独立的统战部门,加强对高校统战工作的指导,理顺上级主管部门与高校统战工作的关系;学校各级党委要加强对统一战线工作的领导,建立统战工作一把手责任制,把统战工作纳入党委的重要议事日程。二要建立统战工作联席协调机制,建立和完善统战工作联席会议制度,对统战对象尤其是党

外代表人士的动态管理、培养选拔等工作加强合作,建立起统战部门与其他部门、党内与党外、校内与校外密切协作的多层次立体化工作格局。三要建立统战工作保障机制,进一步加强统战工作队伍建设,建立起专兼职结合的高素质统战工作队伍;拓宽党外人士参与学校管理的渠道,完善党外人士提建议的机制;加大对统战工作的经费投入力度,设立统战对象和各民主党派基层组织活动专项经费,为统战工作的开展创造良好的条件。四要建立统战工作评估机制,将高校统战工作纳入党建工作的整体评价,把统战工作纳入对基层党组织考核的重要内容,对评价体系进行科学量化,确保各项统战工作的有效落实。

3.改进创新统战工作方法手段

要由依靠政策手段的单一方式转变为采取思想引导、沟通协商、合作参与、培养使用、联谊交友等多种工作方法,根据不同群体的不同特点,因时因地因人而宜,努力使统战工作具体实在、入情入理,富有亲和力和感染力。高校党外人士担负着多重责任,既要教书育人,为经济社会发展提供人才保障,又要搞好科研攻关和成果的转化应用,为地方发展建设服务,还要发挥职能,为学校发展与地方经济建设献计献策,学校要按照"尊重人、理解人、帮助人、团结人"的要求建立以人为本的协调机制,要深入了解广大统战对象的呼声、愿望和要求,解决统战对象工作和生活中遇到的困难,引导他们把实现个人价值愿望与实现学校的发展目标及实现"中国梦"紧密结合起来,引导他们立足岗位发挥自身优势,投身到火热的经济建设大潮中。要加大新媒体条件下的统战工作力度,提高广大统战成员运用新媒体的能力,培养熟悉统战工作而又了解现代信息技术的队伍,运用新媒体加强舆论引导,宣传统一战线政策,加强统一战线的网上阵地建设。同时要通过新媒体加强与统战对象的沟通联络,谈心交友,关注他们通过网络反映的诉求,有针对性地开展工作。

4.不断深化统战工作理论研究

高校在统战理论研究方面有着独特的优势,既有众多理论专家,又有不同类型的统战对象,统战工作内容丰富,需要整合各方资源,加强统战理论的研究。一是要建立统战理论研究专家库,充分发挥高校统战理论工作者的优势。二是要建立起统战理论研究的基地,为统战理论研究搭建平台。三是要实施项目化管理,设立统战理论研究专项经费,支持统战理论研究。一方面,立足高校自身,开展统战理论研究,解决高校发展中统战工作面临的现实问题,用统战理论指导工作实践,凝聚统战成员;另一方面,可以围绕全省或全国的统战理论重点难点问题进行理论研究,为提升统一战线理论政策和工作实践水平作出积极贡献。

参考文献

1. 中共中央统战部研究室:《新世纪新阶段统一战线:第 20 次全国统战工作会议精神解答》,华文出版社,2006 年。

2. 张淑娣:《以科学发展观为指导做好高校统战工作》,《高校党建与思想教育》2007 年第 3 期。

3. 董晓璐:《高校无党派人士成长规律的思考》,《经济与社会发展》2008 年第 5 期。

4. 夏志学、王二青:《关于高校统战工作前瞻性的思考》,《河北农业大学学报(农林教育版)》2009 年第 1 期。

5. 苏雷:《新时期高校统战工作对象的基本特征》,《广东省社会主义学院学报》2009 年第 1 期。

6. 李胜沪:《高校统战工作方式创新研究》,《辽东学院学报》2010 年第 4 期。

第二部分

高校统一战线服务科学发展研究

高校统一战线服务国家地方经济社会发展问题探讨

厦门大学党委统战部

　　服务社会是大学的重要职能,更是现代高水平大学的职责与使命。多年来,大学在服务国家地方经济社会发展的过程中取得了积极的成效。在服务社会的过程中,高校一直重视发挥统一战线成员的作用,努力创造条件,发挥优势,鼓励和支持统战成员积极参政议政,为国家和地方经济建设与社会发展建言献策,躬身践行,使其成为服务社会发展的一支重要力量。

一、实践探索

　　1.立足本职,在服务高校建设与发展中体现作为

　　统战成员服务经济社会发展的方式既有直接的,也有间接的;既有宏观的,也有微观的;既有经济建设内容,也有政治建设、文化建设和社会建设等内容。由于高校的工作主要是教学、科研和科技开发应用等,其根本任务是教书育人,因此,高校的统战工作是发挥学校统战成员的智慧与力量,多方面、多角度、多层次地参与高校的教学、科研和管理,促进高校事业的发展,为经济社会发展培养各种专门人才,直接服务国家地方经济社会发展。高校统战成员服务好高校建设与发展工作,就是服务国家发展大局、大中心的一种主要表现和主要形式。基于此,统战成员服务国家地方经济社会发展首先就是积极参与学校教学、科研工作,并积极作出贡献。

　　2.发挥资源优势,在服务地方建设发展中贡献力量

　　高校党外人才荟萃、资源丰富,广大统一战线成员具有研究领域广、学科分布多和联系广泛的优势。以我校为例,中共福建省委"建设海峡西岸繁荣带"的战略一提出,省委统战部随即组织了以厦大为主的党外专家(在 10 名课题组成

员中有 9 名为厦大统战成员)就"福建建设海峡西岸繁荣带"的有关战略问题进行了深入的调研和论证,最后以专著的形式出版了《福建建设海峡西岸繁荣带若干战略问题研究》调研报告,得到了时任省委、省政府主要领导的高度评价。又如,改革开放以来,致公党厦大基层组织,发挥侨党特色和对外联络的优势,大力帮助吸引侨资、台资投入厦门经济特区,共协助引进外资 1070 万美元和 40 万港元(合计 1 亿多元人民币),在争取海外三胞回国投资、进行技术转让方面作出了突出的贡献,获得了中共厦门市委统战部授予的"为经济建设服务先进集体"的光荣称号,并被致公党中央评为全党学习的先进集体。我校统战成员以省委统战部组织的"海西春雨行动"等为载体,发挥专业人才优势,关注、支持农村经济发展,积极参与我省社会主义新农村建设。如我校无党派教师选育的优质早籼稻新品种"佳禾早占"、"佳辐占"填补了中国没有常规早季优质稻的空白,已在福建省及周边省区推广应用,其中"佳辐占"是"十五"期间福建省水稻播种面积 300 万亩以上的三个水稻品种之一,每年为农民增加 6000 多万元的收入。

3. 发挥学科和专业优势,围绕国家地方经济社会发展问题积极建言献策

围绕国家建设大局和经济社会发展热点问题,积极开展调查研究,努力为国家和地方各项事业发展建言献策是高校统一战线的已有优势。如我校民建会员积极为国台办、中央统战部、商务部等国家机关部门提供对台经贸决策咨询服务。其撰写的研究报告《两岸关系的"九不可"论》,获时任全国政协副主席、中央统战部部长刘延东同志的批示,并获中央统战部颁发的 2005 年全国统战理论研究优秀成果一等奖;撰写的内部调研报告《扩大两岸人才交流的对策建议》获中央领导李源潮批示;反映社情民意的信息件《平潭开放开发模式探讨》获得时任省委孙春兰书记的批示。民进会员承接的省委统战部重点课题《发挥五缘优势,用闽南人做台湾中南部民众的工作》报告中提出的"建设两岸'共同家园'"的概念和建议,得到国台办的高度评价,对高层开展对台工作起到了很好的参考作用。

4. 借助统战平台,组织统战成员积极调研建言

高校统战成员充分借助统战理论研究基地、人大、政协等平台,积极建言献策。如 2008、2009 年,福建省统战理论研究会新阶层统战理论厦门研究基地、中国统一战线理论研究会两岸关系理论福建(厦门)研究基地分别在我校挂牌成

立,至今已召开两岸关系和新社会阶层统战工作理论研讨会、论坛、调研会、培训班等活动近 10 场,出版论文集 4 册,承担中央、省委统战部、台盟中央、省委的重大课题 20 多项、评奖课题 50 多项,组织专家学者参加 4 次"和谐海峡论坛"。两岸关系理论福建(厦门)研究基地 2010 年被中央统战部评为"优秀研究基地"。新阶层统战理论厦门研究基地连续三年被福建省委统战部评为"优秀研究基地"。有近 10 篇论文荣获中央、福建省委统战部"统战理论优秀成果"一、二、三等奖。我校充分发挥政协委员小组的作用,组织各级政协委员深入开展课题调研,认真履行职责。五年来,各级政协委员共提交了 380 多件有质量有见地的提案,其中多件提案受到领导批示或被评为"优秀提案"。积极组织统战成员提交社情民意信息,五年来向省政协、省委统战部报送信息 680 多条,其中 30 多条被中央统战部、全国政协办公厅采用,400 多条被省委、省政协采用,有 34 条得到省领导的重视和批示,21 条被评为省政协系统好信息。

二、问题分析

1. 主观原因

(1)重要性认识不足,主动作为意识不强。在平常的工作中,一些统战成员在本职工作上是专家,专业贡献也大,但由于他们对自身独特的政治地位、应承担的政治责任在思想认识上还不尽到位,对建言献策服务社会工作的主动参与意识不强,关注度不够,投入的时间精力不足。同时,也有一些统战成员担心过多参与统战系统组织的服务社会调研和建言献策活动,会影响其在高校的教学、科研任务的完成,并进而影响到岗位聘任、职位晋升等,因而对统战系统调研和建言献策并不太热心,在建言献策、服务社会方面便少有作为,业绩乏善可陈。这些都反映了他们对作为统战成员要履行其义务、责任的重要性认识不足的问题。

(2)思想建设有待加强,必要的理论储备和作为能力有限。有些统战成员虽然对服务社会怀有一定的热情,但由于缺少理论武装和储备,他们在发现问题、分析问题过程中往往表现为停留在现象的表面,缺乏认识深度,不能由表及里,从表象看到更深层次问题实质,反映情况经常事例单一,少能揭示共性特征,难以有效形成高质量的、针对性强的意见建议。有些统战成员受能力方面的限制,对一些问题只会讲,但不大会分析,难以形成书面材料。可见,重视理论学习,加强思想建设,提高议政能力,对高校统战成员特别是年轻一代骨干力量进行系统的学习培训尤为必要。

2.客观原因

(1)调研条件的限制,难以深入了解具体情况。统战成员深入地方、基层就某一专题开展调研的机制不畅,获得真实客观的第一手资料还有一定的难度。比如,调研工作中经常遇到联系难、受理解度不够等难题。地方党政部门对于统战成员的调研工作不能给予很好的配合、支持,他们对统战成员履职调研不了解,有的受访对象和部门甚至怀着戒备的情绪看待统战成员的调研工作。对此应当给予重视和规范。

(2)本职工作任务重,压力大,难有时间保证。在平常工作中,一部分中青年统战成员作为学校教学、科研业务骨干,任务重,压力大,无暇顾及参与统战系统组织的社会调研、建言献策活动。即使不是教学、科研业务骨干的统战成员,他们大多也对参与统战系统建言献策服务社会活动感到时间压力大。因此,如何合理安排、分配本职工作与参与社会调研建言献策活动时间,是高校统战工作如何加强建言献策服务社会工作的一个难点。

(3)调研经费不足。调研经费不足是制约统战成员建言献策服务社会的一大瓶颈。目前各高校统战工作经费投入普遍偏低,又加上物价上涨等影响,经费问题越来越成为制约高校统战服务社会工作健康发展的主要问题之一。由于经费不足,进而影响到更好地组织统战成员深入社会开展调研、建言献策的活动,部分统战成员反映多年以来他们是利用其科研项目经费参加一些调研议政活动的。这种状况必然影响到统战成员对调研工作的积极参与和建言献策作用的充分发挥。

(4)工作机制和激励机制有待进一步建立。当前参政议政存在的主要问题是机制不健全和知情不足。这两个问题实际上都与工作机制有关。比如,统战成员参政议政建言献策成果是否要计算为工作量? 如果要计算,怎么计算? 如果不计算,参与者的辛勤付出又如何体现? 对统战成员建言献策服务社会所作出的努力和贡献,如果没能制定出一套工作机制或激励机制,对调动高校统战成员建言献策的积极性显然是很不利的。这个问题实际上也是影响统战成员在建言献策服务中心工作上发挥更大作用的主要问题之一。

总之,由于主观认识上的原因和客观上存在着一些困难和问题,目前统战成员建言献策服务社会工作存在着很不平衡或参差不齐的状况,参与建言献策的成员还很不广泛,只有少部分骨干成员和责任意识较强的统战成员积极参与。这也在相当大程度上影响到统战成员建言献策服务社会的整体成效。

三、对策建议

1.要加强思想武装,提升履职责任感

高校统战成员要在建言献策、服务社会上有更大的作为,很重要的一点就是要持之以恒地用中国特色社会主义理论体系武装统战成员头脑,着力提高理论素养和整体素质,提升履职责任感。因此,要继续加强高校统战成员理论学习,突出"同心"教育,把贯彻"同心"思想作为学习践行社会主义核心价值体系的鲜明主题,作为开展教育培训的核心内容,提高统战成员的思想认识,增强履职的责任感和使命感,从而使统战成员在做好教学、科研等本职工作的同时更为积极、主动地参与社会调研和建言献策服务社会工作,并在服务社会工作中体现作为统战成员的另一种社会贡献和社会价值。高校统战成员特别是作为参政党的各民主党派成员履职责任感的增强,将使高校统战成员更多更广泛地参与建言献策活动,并在服务社会、服务大局中作出更大的贡献。

2.要着眼长远,重视建言献策的特殊重要性

统一战线要突显献计出力、服务社会工作的成效,各级党委的重视和支持是关键。各级党委要牢固树立统一战线是法宝的意识,充分认识统一战线作用发挥在统战成员,活力展现看统战成员,事业发展靠统战成员,要切实维护统战成员民主权利,尊重统战成员首创精神,提高统战成员整体素质,支持帮助统战成员深入实际、走向基层、贴近群众,在做好本职工作的同时,在报效国家、服务人民的实践中施展才华,建功立业。各级党委要切实重视高校统战成员的特殊重要性,要健全、创新统战工作机制,为他们开展调研、反应情况创造各种有利条件和方便,以便他们能知情出力,更好地建言献策;要尊重和珍惜他们的劳动成果,保护统战成员建言献策的积极性;要有宽广胸襟,勇于和善于吸纳不同的意见和建议,为统战成员建言献策创造宽松的环境。

3.要夯实基础高起点谋划,突出统一战线人才集聚特色

统战成员开展献计出力、服务社会的主体是成员,建言献策的质量水平如何很大程度上取决于成员自身的能力和态度。要做好建言献策工作,需要统战成员要有责任心和使命感,需要统战成员拥有较强的分析问题、解决问题的意识和能力,还需要统战成员的主动奉献和投入,要做到广泛参与,更需要党派、团体能形成一定的凝聚力和向心力。高校统一战线建言献策要上水平、出特色,重在谋划。要达到抓热点、议大事的目标成效,就要引导统战成员发挥自己的专长特长,善于捕捉社会和高校建设发展中的重点和难点,发挥高校统一战线独特的人才集聚特色和学科专业优势,促使统战成员建有用之言、献睿智之策。

4. 要完善和创新工作机制,调动统战成员积极性

高校统战部是党外人士之家,要加强统战成员献计出力、服务社会的工作,离不开统战部门的积极作为。广泛宣传引导,精心组织调研,努力营造氛围,完善工作制度,协调各方关系,这些都可以为统战成员做好服务社会工作提供更充分的便利和保障。比如在工作制度方面,可考虑将高校统战成员建言献策成果纳入教师评聘评价体系或计算工作量,以提高统战成员建言献策的积极性;举办建言献策服务社会理论专题培训班,以提高统战成员建言献策能力和水平;召开建言献策经验交流会,以让更多统战成员学有榜样;加强对建言献策工作和先进统战成员的宣传报道,以在统战成员中树立榜样并在社会上宣传统一战线的法宝作用;在成员发展中有意识物色建言献策能力较强的人士,以便有更多能力强的统战成员参与建言献策工作;把建言献策成效作为党派团体负责人工作考核内容,以让这些负责人真正挑起责任做好工作;把建言献策技能作为党派新成员培训的教学内容,以提高党派新成员参与建言献策的能力;调动退休统战成员教师特别是身体条件尚好、议政能力较强的成员参与建言献策的积极性,以发挥他们经验丰富的优势并减轻在职统战成员参与建言献策在时间等方面的压力;在调研时间安排上,尽量安排在假期如暑假中进行,以便减轻统战成员本职工作与社会调研时间冲突的压力;对在建言献策工作中作出积极贡献的统战成员给予精神奖励和物资奖励,并在推荐统战成员担任社会职务时作为重要考虑因素之一,以便鼓励广大统战成员在建言献策服务中心工作上多作贡献;对高校统战成员提交的信息、议政建议、调研报告等,要建立反馈机制,以提高统战成员建言献策的积极性;要发挥网络的即时、互动、多介质等特点,开辟有关网站,使网络成为高校统战成员有效履行职能、建言献策、服务中心的另一优良平台和手段;等等。

5.采取特殊经费倾斜政策,支持高校统战成员建言出力服务社会更富成效

常言道:巧妇难为无米之炊。对于人才荟萃、智力密集的高校统一战线特殊群体,为了更好地发挥可说是统一战线精英的高校统战成员在建言献策服务社会中的作用,从中央到地方各级党委、政府应该在财政上划拨专项资金,对这一特殊群体给予特殊的经费倾斜支持政策。有了相对较多的调研经费的支持,高校统战成员开展调研活动将更为深入、扎实,提出的意见建议将更有针对性、可操作性,建言出力服务国家地方经济社会发展的作用将发挥得更好、更大。

参考文献

1.《中共中央关于巩固和壮大新世纪新阶段统一战线的意见》,中发〔2006〕15号。

2.刘延东在全国高校统战工作会议上的讲话,2007年。

高校统一战线服务地方经济
社会发展的实践与思考

吴建明*

高等学校统一战线是党的统一战线工作的重要基础,高校统一战线一方面服务于高校自身的改革与发展,另一方面,其依托高校学科齐全、高层次人才聚集的智力优势为地方经济社会建设与发展服务。随着党的十八大的胜利召开,改革开放事业的不断深入推进,我国的社会主义现代化建设必将迎来一个新的发展时期,这既为高校统一战线为地方经济社会发展服务提供了更加广阔的舞台,同时也赋予了它新的内涵,对其提出了更新、更高的要求。

一、为地方经济社会发展服务是高校统一战线的一项重要职责

高校为地方经济社会发展服务是现代大学的一项重要职能。19 世纪上半叶,美国威斯康星大学校长范海斯提出以服务于社会为大学天职的办学思想。"大学要忠实地为社会需求服务"、"州立大学应该直接有利于促进农业、使工业效率更高和有利于政府"等理念得到有效实践,形成了大学直接为社会服务的职能。由此,美国高等教育中的"威斯康星理念"影响了整个当代世界高等教育的发展。为社会服务,为地方经济社会建设服务已成为现代大学的一项重要职责。特别是第二次世界大战以来,随着教育与科技的紧密结合,大学成为科技创新的重要阵地,成为推进地方经济快速发展的重要生力军。众所周知,美国斯坦福大学创造了引领新科技革命的硅谷,带动了加州乃至全美国、全世界高新技术的发展。日本筑波大学与筑波科学城的产学研合作,推进了东京地区乃至全日本经

---

* 吴建明,苏州大学党委统战部部长,副研究员。

济的高速发展。回顾我国改革开放 30 多年来高等教育的发展历程,我们清楚地看到,我国高等教育事业从恢复发展到不断壮大,办学规模越来越大、学科越来越齐全、师资队伍越来越强盛、科研成果越来越丰硕,同时高校服务社会的功能也得到不断提升并发挥了越来越重要的作用。高校统一战线作为高校的一支重要力量,其凭借学科齐全、高层次人才聚集的独特优势为地方经济社会发展服务已日益成为其一项重要职责。

二、高校统一战线为地方经济社会发展服务的主要途径和实践

高校是知识分子聚集之地,尤其是重点高校,党外代表人士集中且层次高、影响大、社会联系广,他们有着较深的学科专业背景,是业务骨干,不少还是著名的专家学者。在校内,他们活跃在教学、科研和管理的第一线,凝心尽力,奋发有为,是高校改革发展的重要力量。在校外,他们以自己的专业优势,为地方经济社会发展和文明进步贡献自己的聪明才智。高校统一战线为地方经济社会发展服务的主要途径,一是参政议政,建言献策。统一战线代表人士通过担任地方政府、人大、政协、司法机关等的领导工作,直接参与地方政务管理,或通过担任人大代表、政协委员、司法机关和政府部门特约人员等身份,为地方经济社会建设建言献良策,通过与党政领导和部门直接交流的畅通表达渠道,参与社会管理,及时掌握和反映社情民意,协调利益关系,化解社会矛盾,促进社会和谐稳定。二是面向地方经济建设主战场,凭借专业优势,发挥自身才能,直接为地方科技进步和经济发展作贡献。

高校统一战线为地方经济社会发展服务大有可为。近年来,在建设苏州新天堂的广阔天地里,越来越多地活跃着苏州大学统一战线人士的身影。据统计,近两年来苏州大学教师承担的苏州市科技项目和获得的苏州市科技进步奖项中均有近 30％的项目负责人和获奖者为校统一战线成员。在为地方科技开发和创新方面,他们更是排头兵,如苏州大学无党派知识分子联谊会会长、全国模范教师、全国先进工作者、国家科技进步奖二等奖得主、校高技术产业研究院院长、校信息光学工程研究所所长陈林森教授领衔创办了苏州工业园区第一家拥有自主知识产权且已在深交所成功上市的高新技术民营企业——苏州苏大维格光电科技股份有限公司。在这个企业里,已推出二代身份证、新一代驾驶证、十七大代表证等一系列高科技防伪产品,如今,陈林森教授的团队又在开发无油墨纳米

立体印刷方面走在了国内同行前列。担任各级人大代表、政协委员的统一战线代表人士还积极参政议政，为地方经济社会发展建言献策。目前，苏州大学统一战线代表人士中担任区级以上人大代表、政协委员 60 余人，其中有 1 人担任苏州市人大副主任、1 人担任苏州市政协副主席。他们认真履行职责，积极建言献策、参政议政。据不完全统计，近两年来，苏州大学党外人大代表和政协委员在区、市两级人大和政协会议上的建议案和提案达 200 多件，数量多、质量高，如"关于分流古城社会功能，强化文化旅游特色的建议"、"关于农村城镇化进程中的软规划不容忽视的建议"、"关于应当适时对改造后的老新村进行质量跟踪普查的建议"被苏州市人大常委会评为优秀代表建议。"关于物业管理公司应社会化、公共化的建议"、"关于香山帮传统营造技艺保护与传承的几点建议"、"将'罕见病'纳入慈善救助制度的建议"、"关于建立困难人群资格鉴定中心的建议"被苏州市政协评为优秀提案。我校致公党总支部参与调研并提出的"关于打造官太尉（天赐庄）历史文化片区的建议"得到苏州市委、市政府的高度重视并被采纳。

三、新形势下加强高校统一战线为地方经济社会发展服务的思考

《中共中央关于制定国民经济和社会发展第十二个五年规划的建议》中指出："当前和今后一个时期，世情、国情继续发生深刻变化，我国经济社会发展呈现新的阶段性特征。综合判断国际国内形势，我国发展仍处于可以大有作为的重要战略机遇期，既面临难得的历史机遇，也面对诸多可以预见和难以预见的风险挑战。我们要增强机遇意识和忧患意识，科学把握发展规律，主动适应环境变化，有效化解各种矛盾，更加奋发有为地推进我国改革开放和社会主义现代化建设。"面对新的形势、新的情况，高校统战工作要把握时代特点，提高认识，开拓进取，不断探索为地方科学发展服务的新思路、新方法。当前，我们应着重做好以下几方面的工作：

1. 提高认识，增强高校统一战线为地方经济社会发展服务的自觉意识

服务地方经济社会发展是高校统一战线践行科学发展观的客观要求。在新世纪新阶段党中央审时度势提出了科学发展观，为高校的科学发展同时也为高校统一战线工作的科学发展指明了方向。"全面、协调、可持续"的科学发展观要求统一战线围绕中心，服务大局，为社会主义社会、经济、文化、政治建设服务。

高校统一战线为地方经济社会建设服务,既是统一战线践行科学发展观的客观要求,当然也是高校统一战线的优势所在,随着科教兴国战略的实施,高校科技创新能力的不断增强,高校已成为国家创新体系的重要组成部分,成为科技创新的中坚力量。在新的历史时期,高校统一战线在服务地方经济社会发展方面地位独特,优势更加明显,是统一战线全局工作中不可或缺的重要方面。

《国家中长期教育改革和发展规划纲要(2010—2020 年)》指出:"高等教育,要增强社会服务能力。高校要牢固树立主动为社会服务的意识,全方位开展服务。"高校统战工作要以此为契机和动力,团结和引导统一战线成员牢固树立主动为社会服务的自觉意识,走出"象牙塔",以自己的满腔热情和聪明才智积极投身到火烈的社会实践中去,围绕大问题,谱写大文章,作出大贡献。当前,要在围绕地方经济产业调整和转型升级上有新作为,在发展新兴产业和增强自主创新能力上有新贡献,在推进城乡一体化、保障和改善民生、创新社会建设管理等方面有新成绩。只有围绕中心,强化主动服务意识,与时俱进,不断创新和提升服务内涵,才能为地方社会经济的发展作出更大的贡献。同时,高校统一战线通过为地方经济社会发展作贡献,树立了自身良好形象,扩大了社会影响,也锻炼了队伍,并以服务和贡献开辟了自身发展的新空间。

2. 加强党外代表人士队伍建设,提升高校统一战线为地方经济社会发展服务的能力和水平

中共中央关于加强新形势下党外代表人士队伍建设的意见指出,加强党外代表人士队伍建设,事关坚持和发挥我国社会主义政治制度的特点和优势,事关为全面建设小康社会提供人才支持,事关巩固党的执政基础和扩大党的群众基础,事关推动新形势下统一战线事业不断向前发展,要把握新形势下党外代表人士的特点和成长规律,着力培养大批高素质、有影响、作用大的党外代表人士,推动爱国统一战线不断巩固壮大。高校党外代表人士队伍是统一战线各个领域代表人士的重要来源,是统一战线的重要人才库和蓄水池,在整个统一战线工作中具有基础性和源头性作用。加强高校党外代表人士队伍建设是高校统一战线事业长远发展的关键所在,也是实现高校统一战线为地方科学发展服务的人才保障和组织保障。近年来,各高校普遍重视加强党外代表人士队伍建设,但由于种种原因,这支队伍不同程度存在着知识结构、年龄结构、梯次结构等方面不尽合理,旗帜性代表人物偏少且"青黄不接"的问题。以苏州大学为例,目前有 7 个民

主党派成员共 960 人,其中 485 人年龄已逾 55 周岁,占 50.52％,而 40 周岁以下者仅 68 人,占 7.1％;担任苏州市以上人大代表、政协委员 40 人,其中 45 周岁以下者仅 1 人;担任党派苏州市委副主委以上者 11 人,其中 45 周岁以下者仅 1 人。对此,我们当务之急应从队伍建设的源头抓起,要注重发展年纪轻、学历高、业务好、素质高的无党派教师加入到民主党派组织,同时要加强对他们的思想引导和教育培训,加强对他们的爱国主义和社会主义教育,着重提高他们的政治把握能力、参政议政能力、组织领导能力和与中国共产党合作共事的能力。积极为他们的健康成长和才华施展搭建平台,如安排和举荐他们在校内外各级民主党派组织中任职,推荐担任各级人大代表、政协委员、挂职锻炼等,通过压担子,给重任,使其增强锻炼,健康成长。

因此,努力建设一支数量充足、结构合理、素质优良、作用突出的高校党外代表人士队伍,是提升高校统一战线为地方经济社会发展服务能力和水平的重要保证。

3. 集合和发挥统战资源优势,不断开创高校统一战线为地方经济社会发展服务的新局面

高校统一战线知识分子聚集,人才济济,统战对象中有民主党派成员、无党派知识分子、各级人大代表、政协委员、"三胞"眷属、少数民族人士及归国学者等,他们既是高校的建设者,又是为地方科学发展服务的重要力量。高校统战部门要善于汇聚这支力量,发挥其优势,形成合力。一是发挥高校学科比较齐全的优势,组织多学科多领域的统一战线专家学者,开展为地方制定经济与社会发展规划、服务社会民生、重大项目建设等的决策咨询工作。二是发挥科研优势,鼓励和支持他们积极承担国家及地方科技项目,开展科技成果向地方高新企业的转化工作,为推进地方科技发展和科技创新作贡献。三是发挥参政议政的民主政治优势。高校中的民主党派组织比较齐全,成员较多,不少人士担任着各级人大代表、政协委员、民主党派主委等职务,高校统一战线要充分发挥这一优势,鼓励和支持他们积极参政议政,为地方经济发展和社会事务的管理建言献策。四是发挥海外联谊优势,为地方政府的招商引资、"引智引资"及国际合作作贡献。高校统一战线要鼓励和支持校海外联谊会、欧美同学会、侨联、归国学者联谊会等统一战线群众组织发挥其海外联系广泛的优势,穿针引线、牵线搭桥,推进地方政府与海外的科学、技术、经济和文化交流与合作。

　　胡锦涛总书记在庆祝清华大学建校 100 周年大会上的讲话中指出："全面提高高等教育质量,必须大力服务经济社会发展。要紧紧围绕科学发展这个主题、加快转变经济发展方式这条主线,不断增强服务经济社会发展能力。"高校统战工作要以此为动力和方向,不断探索新形势下高校统一战线为地方经济社会发展服务的新途径、新方法,积极为地方经济社会又好又快发展作出更大的贡献。

参考文献

1. 王振权:《发展教育学》,广东教育出版社,2010 年。

2. 卢咸池:《高校统战工作创新与名校经验集萃实用手册》,北京大学出版社,2011 年。

3. 赖雪梅:《高校统一战线服务地方经济发展的现实性研究》,《湖北省社会主义学院学报》2012 年第 5 期。

统一战线参与社会管理创新的可行路径及对策建议

俞雅乖 *

2011 年 2 月 19 日,胡锦涛总书记在省部级主要领导干部社会管理及其创新专题研讨班开班式上发表重要讲话,指出我国既处于发展的重要战略机遇期又处于社会矛盾的凸显期,必须扎扎实实提高社会管理科学化水平、建设中国特色社会主义社会管理体系,并提出了加强和创新社会管理的八点意见。浙江在社会管理方面一直有着创新模式和先进经验,统一战线参与社会管理创新,也要找准自己的定位、职能和作用,努力形成统一战线参与社会管理创新的"浙江模式",争当全国统一战线参与社会管理创新的先行试验区。

一、统一战线参与社会管理创新的优势分析

1.统一战线具有联系广泛、人才荟萃、智力密集的优势

大团结大联合是统一战线永恒的主题,通过统一战线能够实现各党派、各团体、各民族、各阶层的大团结大联合;统战成员中许多人是专家、学者,大都学术上有造诣、社会上有影响,有着较大的人才智力优势。通过人大议案、政协提案等方式,可履行政治协商、参政议政、民主监督的职能。民主党派和无党派人士通过承担党委、政协、人大等重点调研课题,形成了"党委领导、党派调研、政府研处、部门落实"的工作机制,为加强和创新社会管理积极建言献策。

2.统一战线具有协调关系、化解矛盾、利益规范的优势

统一战线能够协调政党关系、民族关系、宗教关系、阶层关系和海内外同胞关系这些政治领域和社会领域中的重大关系,使各方面成员的利益诉求得以有

---

　　*　　俞雅乖,宁波大学副教授。

序表达，使"五大关系"内部和相互之间的利益机制合理规范，从而理顺情绪，化解矛盾，凝心聚力，促进和谐。同时，统战成员中的代表人士往往能够作为代言人，反映本阶层、本群体的利益和诉求，成为与党和政府沟通的桥梁和纽带。

3.统一战线具有引领团结、示范带动的优势

统一战线通过在民主党派、工商联、无党派人士中开展践行社会主义核心价值体系活动，在非公有制经济人士中开展争做中国特色社会主义事业建设者活动，在民族宗教界开展"民族团结进步创建"等项活动。通过开展回报感恩社会活动，以结对帮困、结对助学、结对助老、设立帮困基金、开展招聘等形式参与以保障和改善民生为重点的社会建设，引领各自联系的统战成员共同为社会发展进步贡献力量。

二、统一战线参与社会管理创新的总体思路

1.统一战线参与社会管理创新的破解点在基层

加强和创新社会管理，重点在基层，难点在基层，力量和源泉也在基层。要通过基层民主党派组织、统战团体、行业商会、新的社会阶层人士联谊会等，更好地发挥提供服务、反映诉求、规范行为的作用。要依托各地行之有效的社区工作网络，拓展统战工作覆盖面，注重培育非公有制经济、公益慈善等社会组织，切实增强服务社会管理的实效性。

2.统一战线参与社会管理创新的着力点在以人为本

统一战线参与社会管理创新工作，就要面对新形势和新要求，把统战工作作为公共服务和社会管理的过程，既要把握社会的发展趋势，也要遵循社会管理的一般规律，更要符合统一战线的具体实际，坚持以人为本、服务为先、思想引导、综合施策、共建共享，通过现代信息技术丰富平台载体，依托社区楼宇下移工作重心，拓宽社会组织参与渠道，不断提升服务社会管理的广度和深度。

3.统一战线参与社会管理创新的根本点在健全机制

通过不断加强党对统一战线的领导，健全工作机制和组织网络，抓好统一战线服务社会管理的组织基础；充分发挥统一战线整体优势，积极参与各项社会事务管理；突出重点，把握关键，着力在新的社会阶层和民族宗教事务管理中发挥独特作用；注重基层，打牢基础，高度重视基层统战工作在日常社会管理中的重要作用。

三、统一战线参与社会管理创新的可行路径

1. 在建言献策中突出社会管理

引导民主党派、工商联和无党派人士在参政议政中把视野投向社会管理、把触角伸向社情民意。组织民主党派、工商联和无党派人士围绕医疗卫生体制改革、环境保护、食品药品安全等，开展专题调研，积极关注社会管理和社会事业发展，为推进社会管理创新和社会事业发展献计出力。

2. 在完善机制中促进社会和谐

积极探索和构建统一战线参与社会管理、促进社会和谐的工作机制。一是协商监督机制，加强多党合作和政治协商的制度化、规范化、程序化建设，形成政治协商、情况通报、对口联系、特约监督、联谊交友等一系列制度规范，确保参与有序。二是牵头协调机制，统战部定期召开民主党派、工商联主要负责人联席会、民族宗教工作联席会、非公有制经济人士座谈会，沟通情况，协调工作，确保同步推进。三是应急处置机制，通过建立统战系统社情民意、统战信息、重大事件报送及反馈机制，及时了解工作动态，回应相关诉求，维护社会和谐稳定。

3. 在服务社会中关注民生

发挥统一战线的智力优势、人才优势服务社会。民主党派、无党派人士通过与社区"结对共建"、与政府有关部门"对口联系"、选派成员组成法律咨询服务队、医疗咨询服务队、社会治安特约监督员队伍等方式，开展社会服务活动，积极倡导非公有制经济人士回报社会。

四、统一战线参与社会管理创新的对策建议

1. 以理念创新推动统一战线参与社会管理创新

（1）以人为本。社会管理创新不仅仅在于制度创新和模式创新，更重要在于理念创新，要树立以人为本的服务理念和社会管理理念。社会管理要以人为本，以群众的需求为本，社会管理创新进程中的制度设计也要本着以人为本的思想进行。社会管理创新不仅要重视对"术"的运用，更要重视对"道"的遵循。所谓社会管理之"道"，即公平正义、天下归心。社会管理创新不仅要在技术层面完善和创新，更需要价值层面的丰富和彰显。

（2）变管理为服务，以服务为目的。社会管理过程中一定要变管理为服务，

以服务为根本,寓管理于服务中。社会管理创新,要变"被动式管理"为"主动式服务",变"单向约束"为"互动管理"。社会管理,说到底是对人的管理和服务,管理是服务的手段,服务是管理的最高境界。"为人民服务"是党的根本宗旨,也应该是社会管理创新的落脚点和目标。

（3）谋划服务民生体系的建设。统一战线参与社会管理创新,一定要加大服务民生力度,科学谋划民生体系建设。统一战线要开展深入细致的调查研究工作,把群众反映强烈并需要帮助解决的事项汇总归类,列入惠民实事行动计划,建立具体的服务民生中心,建立组织领导机构,建立服务民生体系。

2. 以体制改革推动统一战线参与社会管理创新

（1）健全领导体制和工作机制。把服务、保障和推动社会管理及其创新纳入统一战线工作的总体部署,纳入统一战线工作的责任制考核范围,与统一战线各项工作同研究、同部署、同落实、同检查;坚持主要负责领导负总责、亲自抓,领导班子其他成员配合抓、尽其责,切实履行统一战线促进社会管理创新的责任;建立相关工作机制,实现统一战线参与社会管理创新的互融互促、协调推进。

（2）健全统一战线基层工作机构。把健全基层统一战线工作机构纳入基层组织建设的总体规划,积极推进城市社区和农村社区以及国有企业、社团组织的统一战线机构建设,不断完善基层统一战线工作网络;充分发挥统一战线基层机构在社会管理及其创新中的基础作用。

（3）加强统一战线干部队伍建设。以深入开展创先争优活动为契机,引导广大统一战线工作干部牢固树立服务、保障和推动社会管理创新的意识,不断提高做好新形势下群众工作和社会管理工作的能力和水平,为加强和创新社会管理作出积极贡献。

（4）健全社会协商机制。建立健全首长接待制度、行政听证制度、发言人制度、党务政务公开制度、特别信息公开制度、对话制度、谈话制度、举报人保护制度、人大代表和政协委员公开述职制度,并制定具体可操作的细则。

（5）完善诉求表达机制。社会管理的新阶段,必须建立百姓与党委政府之间的良性互动,要完善百姓的诉求表达机制。表达权是公民民主权利之一,党的十七大报告早就正式写入。要变群众上访为干部下访,主动接待群众,让群众有诉求表达的场所和对象,有解决问题的部门和机制。

（6）完善基层社会管理和服务体系。加强统战工作基层基础建设,建立健全

"横向到边、纵向到底"的基层统战工作网络。通过落实统战政策、规范阵地建设、健全组织网络、搭建活动载体、完善工作机制等,进一步完善统战工作基层社会管理和服务体系。

3. 以服务对象推动统一战线参与社会管理创新

(1)支持民主党派积极参与社会管理。各民主党派要为加强和创新社会管理当好参谋,做好社会管理工作中的民主监督,为提高社会管理科学化水平发挥重要作用。支持民主党派积极参政议政,搭建民主党派"知情问政"平台,深化参政议政专题调研制度;拓宽民主党派参政议政建言献策渠道,完善民主党派向党委和政府报送社情民意的制度和渠道;协助党委和政府疏通民主监督的渠道,进一步完善民主党派和政府部门对口联系制度,保障民主党派民主监督功能;推动民主党派加强自身建设,提高参与社会管理的能力。

(2)加强非公有制经济领域社会管理创新工作。加强对非公有制经济组织的管理服务,推动非公有制经济组织建立健全党组织、群团组织,充分发挥党建工作在促进非公有制企业健康发展中的重要作用;引导非公有制经济人士自觉履行社会责任;充分发挥工商联在社会管理创新中的积极作用,支持工商联参与协调劳动关系三方会议,共同推动建立健全劳动关系协调协商机制。

(3)发挥新社会组织在社会管理中的作用。按照"以社团为纽带,以社区为依托,以网络为媒介,以活动为抓手"的要求,通过搭建服务平台、培育树立典型等一系列工作,将游离于传统统战工作体系外的新的社会阶层人士纳入统战工作范围,纳入街道、社区、楼宇的党组织工作范围,实现统战工作的全覆盖;建立健全新社会组织统战工作机制,扩大新社会组织统战工作覆盖面,加强中介组织统战工作联席会议制度化建设;加强新社会组织党外代表人士的管理和服务,建立新社会组织党外代表人士与党委政府沟通联系的渠道,为其有序政治参与和利益表达创造条件。

参考文献

1.《统一战线如何服务社会管理创新》,http://www. wenmi114. com/wenmi/
xinde/sixianglilun/2011-11-05/20111105227983. html, html, 2011-11-22。

2. 周新超:《统一战线如何服务社会管理创新》,《广西日报》,2011 年 7 月 14 日。

3. 周新超:《形成创新社会管理的合力》,《团结报》,2011 年 11 月 8 日。

4. 白晋虎:《关于统一战线服务社会管理的探讨》,《前进》,2011 年 9 月 8 日。

5. 陈珏、杨锦明:《发挥统战优势 创新社会管理》,《四川省社会主义学院学报》, 2011 年 11 月 5 日。

6. 刘艳、刘乃刚:《新时期发挥统一战线优势服务社会管理创新研究》,《福建省 社会主义学院学报》2012 年第 6 期。

7. 王继昆:《统一战线与马克思主义的中国化、时代化、大众化》,《中央社会主义 学院学报》2012 年第 2 期。

8. 王朝晖:《致力打造"同心"品牌 倾力服务社会管理》,《中国统一战线》,2012 年 4 月 1 日。

高校统一战线服务地方经济社会的思考

徐 萍 曹 姝*

统一战线为经济建设服务,是时代赋予统一战线工作的一项重要任务,也是新时期爱国统一战线自身发展壮大的客观需要。高等学校是建设中国特色社会主义政治、经济、文化的重要基地,是培养高层次人才、实现科技创新的重要场所。高校统一战线服务地方经济社会发展是党和国家赋予高校统一战线的光荣使命和神圣职责,也是高校统一战线发挥作用的良好机遇。

一、高校统一战线服务地方经济社会的必要性

1.服务地方经济社会发展是党和国家赋予高校统一战线工作的历史使命

高等学校承担着人才培养、科学研究、服务社会和文化传承创新四大职能。高校既是传播知识、培养高层次人才的重要基地,同时,还拥有科技人才及学科综合、教学科研结合的优势。经济建设是现阶段党和国家的中心任务,高校统一战线必须自觉服从和服务于这一中心任务。高校统一战线汇集了大量的高中级知识分子的专家学者,他们利用自身的专业优势在各种平台上参政议政、建言献策,为地方经济社会发展提供了大量的智力支持。

2.服务地方经济社会发展是高校统一战线工作践行科学发展观的客观需要

科学发展观是我国社会主义现代化建设的重要指导思想,也是我们党的各项工作的重要指导思想。高校统一战线为地方经济发展服务,既是统一战线实

---

* 徐萍,上海财经大学党委统战部部长,副教授;曹姝,上海财经大学党委统战部干部。

践科学发展观的客观需要,也是高校统一战线的优势所在。随着科技创新能力的迅速增强,高等学校已成为国家创新体系的重要组成部分,成为科技创新的中坚力量。在新的起点上,高校统一战线在教书育人、科技创新,特别是在服务地方经济发展等方面地位独特,是统一战线全局工作的重要窗口和重要基地。因此,要认真领会和把握科学发展观的精神实质,不断增强高校统战人士为经济建设科学发展服务的积极性、主动性和创造性。

3.服务地方经济社会发展是高校统一战线自身发展壮大的内在需要

高校统一战线成员大多是奋战在教书育人、科学研究的一线骨干,他们的专业知识和创新能力必须要不断与时俱进、符合社会发展的实际需求。因此,高校统一战线要充分发挥其凝聚民智、表达民意、协调民心的独特优势,长期坚持深入基层、了解实情,不断吸收各类社会精英和大众的智慧,发展和完善自身的队伍,为党和政府科学决策建言献策,从而更好地服务地方经济社会发展。

二、高校统一战线服务地方经济社会发展具有独特优势

1.高校统一战线具有民主政治优势,为地方经济社会发展献计献策

统一战线中的成员是我国政治生活中的重要主体,是推进经济社会发展的重要力量。高校中许多统战成员担任了各级人大代表、政协委员、政府参事、民主党派负责人等职务,他们大多是各个学科、领域的专家和学者,拥有开展社会调查、了解社情民意、保持与地方各部门联系和沟通的政治条件和制度渠道。他们围绕本地经济发展的总体部署和一些重大经济问题,积极参政议政,建言献策,提出的许多意见、建议或提案均得到地方政府和领导的高度重视,有的还被地方政府采纳,在促进地方经济发展方面起到了积极的作用。此外,高校统战成员中有较多的港澳台胞、留学归国人员、归侨侨眷等,他们与海外有着广泛的联系,在开展对外交流合作、招商引资等方面能够为地方经济发展作出贡献。

2.高校统一战线具有智力密集优势,为社会培养创新人才

高校历来是党外知识分子的重要聚集地。高校党外知识分子队伍具有素质好、层次高、影响大的特点。他们勤奋努力,爱岗敬业,无私奉献,用自己的知识和汗水培养了大批莘莘学子,而这些学生毕业后走上工作岗位,又为国家和社会建设创造出可观的效益。高校统战工作紧密结合当地经济社会发展的实际需要,充分利用自己的教育资源、学科特色和人才优势,为社会培养和输送创新型

人才，为地方经济发展创造出可观的效益。

3. 高校统一战线具有学术科研优势，推动科技成果产业化

许多高校统战成员是学科带头人和专业骨干。他们参与并完成国家与地方政府设立的多项科研课题，并利用自己的研究成果，与地方政府、企业合作，以技术兴建了一批高科技产业或入驻科技园区，集知识的生产、选择、传播、应用于一体，直接进行科技成果的转化，迅速提升了服务和产品的科技含量。这些工作，不仅提高了学校的声誉，也极大地推动了地方经济的快速发展。

4. 高校统一战线具有地方区域优势，强化地方经济发展特色

高校统一战线长期以来主动面向地方经济社会发展需求，彰显办学特色，推进教育创新，充分发挥科技和智力等综合优势，在服务国家重大战略需求的同时，积极服务地方区域经济社会发展。上海当前正在以加快转变经济发展方式为主线，推进国际经济、金融、贸易、航运中心之一和社会主义现代化国际大都市的建设，上海财经大学的学科专业为上海的"四个中心"建设能够提供很好的人才和智力支持，通过区校合作、校企合作、党派合作等方式，努力为地方经济发展提供咨询建议，积极培养培训、输送人才，主动实现科技成果推广与转化，强化地方经济发展特色。

三、当前高校统一战线服务地方经济社会发展存在的主要问题

1. 思想上没有引起足够的重视，不利于工作全面快速开展

高校统一战线要进一步解放思想，认真学习，了解形势，引导广大统战成员创新教育方法，为社会培养高质量的创新人才，为地方经济建设输入新鲜血液。但一些高校普遍认为，教学、科研是高校的中心工作，至于高校统一战线如何服务地方经济发展往往思考较少。基于此种观点，高校统一战线服务地方经济建设工作还未被摆到正确的位置上，有的高校统战部门工作条件较差，统战人员配备不足，缺少必要的活动经费等，使得高校统一战线服务地方经济工作受到很大的制约，造成统战工作与经济建设贴得不紧密，为经济建设服务的效果不明显。加之高校统一战线服务地方经济没有硬性指标，统战干部缺乏主动性、创造性，遇到困难容易产生畏难情绪。

2. 机制上有待进一步健全，不利于工作扎实有效落实

高校统一战线服务地方经济建设关键要有制度作保障。一些高校由于对统

战工作认识还不到位,缺乏完善的激励和服务机制、培养选拔体制及健全的思想教育机制,致使统战成员没有动力在本职的教学科研工作之外,抽出时间和精力加强教育培训、积极参政议政、开展社会调查、承接研究课题,许多业务能力强、政治素质好的优秀党外干部无法及早发现、培养、提拔,党外代表人士的辐射作用难体现,难以为地方经济建设提供持续的人才支持,不利于工作扎实有效地落实。

3.资源整合能力相对较低,不利于工作实现突破创新

目前高校统一战线成员大多数工作在高校内部的二级学院之中,他们的教学内容和科研方向要服从于二级学院的学科建设需要。而高校统战部门由于受到内外部条件的限制,与校内其他部门之间的沟通、协作度较低,使得其对高校统战成员的人才资源、智力资源信息掌握度不够,人才资源、智力资源无法及时得到有效整合,科研成果与地方经济未能及时对接。目前这种资源整合协调机制还较欠缺,影响了高校统一战线服务地方经济工作的发展和创新。

4.服务地方经济平台缺乏,不利于工作扎实平稳推进

一些高校统战部缺乏与地方政府的联系平台,很多经济信息无法及时获得,使得许多优秀的统战成员不能投身到地方经济发展的第一线,对地方经济建设的重点、难点无法进行深入考察调研,无法发挥他们在知识创新、科技创新中的优势和作用。另外,还缺乏对外服务平台,在统战成员服务地方经济发展中碰到的难题,无法及时协调、理顺,因而不能使他们全身心地投入到服务地方经济发展工作中去。

四、高校统一战线服务地方经济社会发展的主要途径

1.创新思路,增强共识,为高校统一战线服务经济发展方式转变创造条件

经济建设是现阶段党和国家的中心任务,党的十八大报告中指出:"加快形成新的经济发展方式,把推动发展的立足点转到提高质量和效益上来。"2010年12月14日,贾庆林同志在全国统战部长会议上指出,统一战线把握好科学发展这个主题和加快转变经济发展方式这个主线,就抓住了服务经济社会发展的核心和根本。

转变经济发展方式既对统战工作如何把握时代脉搏、解放思想、更新理念、

改革工作方式方法提出了前所未有的挑战；也为统战工作在新形势下以新的面貌和姿态，不断创新工作模式，积极融入当前经济社会发展的伟大实践，实现统战工作上一新的台阶，提供了历史性的机遇。高校作为统一战线成员的重要聚集地和人才智库，一要充分发挥统一战线人才荟萃、知识密集的优势，为转变经济发展方式建睿智之言、献管用之策。二要通过发挥统一战线的监督协调作用，来促进经济发展方式的转变。三要进一步改进统战工作的方式方法，由"管理型"向"服务型"转变，建立起长效的联系机制。通过创新思路，增强共识，为高校统一战线服务经济发展方式转变创造条件。

2. 强化服务，搭建平台，为高校统一战线服务地方经济发展拓宽渠道

高校统战工作在服务地方的进程中，统战部门要不断强化为统一战线成员服务的意识，努力为统一战线广大成员服务地方经济建设搭建平台，凝心聚力，开拓创新，积极为地方经济发展大局贡献智慧和力量。我校学科专业设置以财经管理见长，党外人士中有一批财政、金融、税收、统计、会计等方面的专家学者。他们有着深厚的理论基础和学术涵养，对国家和地方的经济社会发展非常关心，有着报效国家、服务社会的满腔热情。校党委通过区校合作、党派合作、校企合作等方式，提供了党外人士发挥自己的聪明才智，为地方经济发展献计献策的广阔舞台。他们通过各级人大、政协的会议和社会调研，通过民主党派人民团体各种参政活动以及社区召开的各种座谈会、咨询会和其他形式，帮助制定地方经济发展规划，为解决区域经济社会发展和民生问题，为加强民主政治建设和社会管理提出了大量中肯的建议，为各级政府科学决策做好服务。

3. 提升素质，投身实践，为高校统一战线服务地方经济发展增强实效

高校统一战线成员的成才都必须经受实践的锻炼，尤其在不同于学校的社会环境中，面对自己原先不熟悉的复杂事务，破解难题，增长才干，这对党外人才更好更快地成长和利用聪明才智回馈社会，是非常必要和有效的。通过挂职锻炼、理论学习，提升各方面的素质，主动与地方的经济、政治、文化、社会建设接轨，为经济社会发展服务，为改善民生加强社会管理服务。只有在为社会、为大众服务的实践中充分发挥统一战线的优势和功能，统战工作才能落在实处，才能抓出成效。

参考文献

1. 赖雪梅:《高校统一战线服务地方经济发展的现实性研究》,《湖北省社会主义学院学报》2012 年第 5 期。

2. 唐振宇:《新形势下加强高校统一战线服务地方经济发展的思考》,《广西社会主义学院学报》2012 年第 6 期。

3. 谭月明、金宝莲、刘冠男、韩平:《统一战线服务经济发展方式转变的特点、思路和方式》,《理论界》2012 年第 1 期。

关于发挥统一战线优势助推慈善医疗的研究

——以"明眸工程"为例

金晓童*

慈善医疗是指社会通过各种慈善行为,对患病或遭遇意外伤害而又无经济能力进行治疗的贫困人群,实施帮助和经济支持的一种制度。慈善医疗与政府主导的医疗救助共同构成了我国的医疗救助体系,它作为政府医疗救助制度的有益补充,在减轻政府的财政负担、提高医疗救助水平、缓解社会矛盾和解决弱势群体"看病难"、"看病贵"问题等方面发挥巨大作用。应该说,慈善医疗是献爱心、暖人心、惠民生的崇高事业,是社会建设不可或缺的重要方面,是社会文明水平的标志。但由于目前存在一些问题,慈善医疗发展受限,远远没有发挥其补充政府医疗救助和共建"和谐社会"的积极作用和巨大潜力,急需寻找突破口来激发它的巨大潜力。

一、慈善医疗存在的问题

1. 慈善医疗资金运用效率低、筹集难

社会大众慈善捐款意识虽有所觉醒,但慈善理念和慈善价值观还未能深入人心。再加上近一两年个别网络人物的负面影响和一些慈善机构账目不明、运用效率低、监督缺位等现象被曝光,刚刚抬头的公众慈善捐款苗头猛受打击,几乎跌入谷底,慈善医疗资金筹集陷入非常难的尴尬局面。

2. 慈善医疗技术支撑力量缺失、管理工作难度高

现今医疗人才背负极大的医疗、科研、教学等多重工作压力,再加上慈善医

---

*　金晓童,温州医学院统战部办公室主任。

疗救助及有关治疗质量和后续治疗等问题需要关注和操心,若没有一个很好的动员和管理机制,很难组织和协调好医疗人才投身慈善医疗救助工作并持之以恒做好这项工作。

3.慈善医疗救助地区覆盖面窄、持续性差

我国现代意义上的慈善事业直到 20 世纪 90 年代才逐步发展起来,而慈善医疗救助起步更晚一些。由于历史较短、经验不足、公众意识淡漠,以及资金筹集不易等多方面的原因,很多慈善医疗救助项目覆盖面较窄,或集中在很小的地域范围,或断断续续举办几次之后就难以为继。

由于上述问题,目前,慈善医疗工作发展还受到众多限制,急需寻找一些突破口使其较快发展起来。突破口在哪里?突破口又是怎样突破的?我们运用统一战线这一法宝在慈善医疗方面进行了积极的探索,创建并大力发展了"明眸工程",并取得了良好的社会效益。具体做法是:响应民主党派中央号召,由温州医学院民主党派组织牵头,以党外知识分子为骨干,整合各学科专业优势,充分挖掘民主党派成员及海内外温州人等各方面的资源优势,大力助推慈善医疗开展,培育了社会知名度较高、救助强度较大、深受社会好评的统一战线慈善医疗品牌活动——"明眸工程"。

二、以"明眸工程"为例介绍发挥统一战线优势助推慈善医疗的实践经验

1."明眸工程"阶段性总结

"明眸工程"是由民盟中央牵头协调,在温州市委统战部、温州市慈善总会、温州市政府国内经济合作办公室、民盟温州市委等各爱心机构和爱心人士的支持下,由温州医学院附属眼视光医院民盟骨干成员发起并负责具体实施,旨在帮助中西部贫困地区眼病患者重见光明,提高中西部贫困地区医疗机构眼视光诊疗水平的慈善医疗扶贫活动。

我国中西部地区海拔相对较高,日照时间长,各种眼病发病率高于我国其他地区,再加上目前该地区的经济和医疗水平相对落后、交通不便、群众文化程度较低等原因,群众预防和治疗眼病的需求很大,很多病人只能望山兴叹,一定程度上存在看病难、看病贵的问题。针对这个情况,民盟中央接受了温州医学院民盟成员有关开展"明眸工程"慈善医疗工作的建议("明眸"与"民盟"谐音,"明眸"

又有"明亮的眼睛"的意思)。"明眸工程"自 2009 年 12 月在贵州省毕节试验区启动以来,先后共募集海内外温州人、各地温州商会捐款 2000 余万元;在民盟中央的牵头领导下,已资助贵州、云南、青海、四川、重庆、河南、陕西、新疆等八省(区、市)的 2012 名白内障、角膜盲等眼疾患者复明;落实经费资助地震灾区玉树州人民医院筹建眼科医院,与 10 余家中西部医院建立合作关系,帮助建立防盲治盲模式,为中西部地区培养了 100 余名眼科医务人员和业务骨干。2012 年,"明眸工程"还走进甘肃、湖南、广西、安徽等地,为这些地区的眼视光慈善诊疗助力。

由于成绩突出,"明眸工程"取得了很多荣誉。2011 年,"爱心温州·善行天下·明眸工程"医疗队获"感动温州集体奖";2011 年,温州医学院附属眼视光医院获"'十一五'全国残疾人康复工作先进集体"荣誉称号;2011 年,"明眸工程"被中央统战部、人力资源和社会保障部授予"为全面建设小康社会作贡献·社会服务优秀成果";2012 年 4 月,"明眸工程"获第七届中华慈善奖"最具影响力慈善项目"。

2. 发挥统一战线优势,以"明眸工程"助推慈善医疗的实践体会

(1)通过统一战线联系非公有制经济领域、港澳台、海外的企业与人士,为慈善医疗提供广泛的资金来源。统一战线工作范围广,非公有制经济人士、各地商会和港澳台、海外侨胞等都是联系对象。温州地区上述联系对象数量庞大,通过统一战线工作,海内外温州人互动,整合温州人在国内外的各种社会资源,引导、鼓励和支持他们行商、行善,积极捐款,为慈善医疗工作提供资金来源,较好地缓解或基本解决慈善医疗资金严重不足的困难。"明眸工程"为中西部地区贫困和弱势人员诊疗的费用基本上来源于温州非公企业及全国各地温州商会和海外温州人的慈善捐款。

(2)利用民主党派的全国—省—市垂直组织架构,为开展中西部多省份多地区的慈善医疗工作做好前期工作。"明眸工程"作为民盟中央牵头的一项慈善医疗和民生工程,民盟中央领导和中央机构对这个项目给予了大力支持和帮助。在向各省推介"明眸工程"项目,衔接各省民盟组织、政府和医院,筹备并出席各省"明眸工程"启动仪式等方面,民盟中央领导和中央机构都做了大量牵线搭桥的前期铺垫工作,为"明眸工程"走出温州,顺利、持续、高效深入中国中西部腹地贫困地区,把慈善医疗送给最需要的地区和人民奠定了坚实基础。

（3）民主党派中有众多的医疗精英和医疗人才，为慈善医疗工作提供强大的技术支撑。统一战线人才荟萃、智力密集，他们的智力、知识结构、技术专长和社会关系都是推进统一战线工作不可或缺的重要资源和财富。民盟、农工党和九三学社在医务界具有广泛的群众基础，有众多的医疗精英人才。以民主党派组织为依托，把慈善医疗救助建设成为民主党派服务社会和发挥特色的工作载体，能更好地动员和组织他们参加慈善医疗救助活动，为慈善医疗工作提供强大的技术支撑，充分保障慈善医疗救助工作的医疗救助质量。"明眸工程"的成功与温州民盟等一批党外医务骨干人士的积极参加和无悔付出息息相关。与此同时，通过"明眸工程"品牌活动又吸引了一批批年轻优秀的医疗人才申请加入民盟和九三学社等，为统一战线输入了新鲜血液。

（4）在统一战线共同背景下，各社会组织、专业机构、企业、个人等社会力量，有效有序地共同参与，为慈善医疗工作提供最大限度的社会支持。"明眸工程"各个参与体基本都属于社会力量，社会力量的逐渐成熟与壮大，有助于形成统一战线、社会、公众三支力量共同支撑和管理部分社会事物，包括共同做好慈善医疗工作，促进社会和谐，人民幸福安康。就当前万众瞩目的医改来说，实现医疗资源均等化和公平化，是当前医改急需解决的重要课题。"明眸工程"通过统一战线、社会和公众三方的共同投入，东部支援中西部、城市支援农村、先发达地区支援欠发达地区，既符合我国推进医改总方向的要求，同时也是新时期壮大统一战线、开展"同心"实践活动的重要实践探索。即在统一战线的共同背景下，形成社会协同、公众参与、扶助弱势、共建和谐的慈善医疗，为全面构建和谐社会作出应有的积极贡献。

三、发挥统一战线优势助推慈善医疗的研究

基于我国慈善医疗工作存在的问题，及实施"明眸工程"成功实践经验的启示，作为一项社会实践活动，在发挥统一战线优势助推慈善医疗机制创新的建构中，应中和考虑"一个顶层，两个支撑，四个基本点"三个方面的基本要求。

1.一个顶层

"一个顶层"是指统一战线的各民主党派或各社会团体自上而下，集中力量专注于某一慈善医疗项目。统一战线的各民主党派或各社会团体都具有中央—省—市的建制，如果自上而下，从顶层开始专注于某一至两类慈善医疗项目，高

层领导重视,充分协调有关社会资源,发挥基层组织优势,集中力量,做精做强,就有可能把一个项目做成著名品牌项目。等到项目运作相对成熟之后,通过民主党派中央或社会团体中央机构的支持和动员,可在全国多省份多地区同时做起来,星星之火,可以燎原,解决慈善医疗项目覆盖面窄、持续性差的缺点,充分发挥慈善医疗的巨大潜力,以惠及更多省份和地区的弱势群体,为他们送去光明和希望。

2. 两个支撑

"两个支撑"是指利用统一战线联系对象多和医疗人才集中两个优势,为慈善医疗资金筹集和医疗技术保障提供重要支撑。统一战线有十五类工作对象:民主党派成员,无党派人士,党外知识分子,少数民族人士,宗教界人士,非公有制经济人士,私营企业和外资企业的管理技术人员,中介组织从业人员,自由职业人员,原工商业者,起义和投诚的原国民党军政人员,香港、澳门同胞,台湾同胞,去台湾人员留在大陆的亲属和回大陆定居的台胞,出国和归国留学人员,海外侨胞和归侨侨眷。由此可见,通过广泛宣传,充分动员各种统一战线力量,尤其是非公有制经济人士,香港、澳门同胞,台湾同胞、海外侨胞和归侨侨眷投身慈善医疗捐赠工作,既解决了资金问题,也进一步增强了统一战线的凝聚力。

在民主革命时期诞生的各民主党派,有着鲜明的政治特色和分工。起始于新中国成立初期各民主党派长期形成的社会联系和历史联系是通过政治协商确定的,如民盟的主体是文教界、卫生界知识分子,农工党的主体是医务界和公职人员,九三学社的主体是科技界知识分子。当然,目前各民主党派有些趋同化现象比较明显,如在民盟、农工党和九三学社三个党派组织中都有大量的医疗人才,此外,无党派人士、出国留学人员及侨胞侨眷的范围内亦有为数众多的医卫人才。因此,动员和管理好统一战线成员中的医卫精英和人才参与慈善医疗项目,为慈善医疗提供重要的医疗技术和质量支撑,将对于慈善医疗可持续发展起到非常关键的决定性作用。

3. 四个基本点

"四个基本点"是指切实从受助群众的实际需求出发、与当地卫生部门做好沟通工作、尽量以智力输出代替劳力输出(为受助地区培训医务人员)和调动公众管理公共事务的积极性。〔本文为浙江省教育厅 2011 年科研项目《关于发挥统一战线优势助推慈善医疗的研究——以"明眸工程"为例》(Y201120826)成果。〕

参考文献

1. 何兰萍：《关于当前发展慈善事业的几点思考》,《社会科学》2005 年第 8 期。

2. 吕月光：《关于慈善医院和慈善助医活动的现状与思考》,《中国卫生资源》, 2006 年 5 月。

3. 罗俊华：《慈善医疗：润滑和谐社会》,《当代医学》,2006 年 12 月。

4. 印石：《试论发展慈善医疗事业》,《卫生经济研究》2007 年第 1 期。

5. 任伟、顾静霞：《开展慈善医疗救助工作的实践与体会》,《江苏卫生事业管理》 2007 年第 4 期。

6. 蔡维生、王树华：《论弱势群体的医疗保障问题》,《中国卫生事业管理》2007 年 第 6 期。

7. 刘芳、李跃平：《从医疗救助的本质看医疗救助政策的设计》,《福建医科大学 学报（社会科学版）》2009 年第 4 期。

8. 郭文渊：《我国医疗救助制度的发展现状及存在问题研究》,《中国商界》,2010 年 7 月。

第三部分

高校党外知识分子工作研究

"同心"思想的科学内涵与实践路径

戴智章　马毓轩*

"统一战线是凝聚各方面力量,促进政党关系、民族关系、宗教关系、阶层关系、海内外同胞关系的和谐,夺取中国特色社会主义新胜利的重要法宝。"党的十八大报告对统一战线提出了新思想新要求,第一次提出要促进思想上同心同德、目标上同心同向、行动上同心同行。"同心"思想不仅对新时期爱国统一战线工作的进一步发展具有重要的引领作用,而且对于凝聚人心、汇聚力量,实现全体中华儿女的伟大"中国梦"具有深远的历史影响。当前,深刻领会"同心"思想的科学内涵,科学把握"同心"思想的实践路径,不断强化"同心"思想的理论创新和实践创新,是摆在我们面前极为迫切的重要课题。

一、"同心"思想的理论依据

首先,"同心"思想根植于中国传统文化之中,中国自古崇尚"和",它是中国传统文化的重要内涵。孔子曰"礼之用,和为贵",孟子说"天时不如地利,地利不如人和",荀子认为"万物各得其和以生"。儒家提出"中和"的概念:"中也者,天下之大本也;和也者,天下之达道也。致中和,天地位焉,万物育焉。"(《礼记·中庸》)从某种程度上说,"同心"思想是传统文化中"和"的理念在当代的一种反映和诉求。

党的统一战线历史,可以追溯到党的创建时期。在以革命与斗争为主题的年代,我们党能够自觉运用"和"的思想,将统一战线作为党在中国革命中战胜敌人的三大法宝之一,确实是难能可贵的。中国共产党领导的统一战线经历了三

* 戴智章,山东大学党委统战部部长;马毓轩,山东大学党委统战部党外知识分子科科长,助教。

个阶段,即新民主主义革命时期、社会主义革命和改革开放新时期。每一个重要的历史时期,以毛泽东、邓小平、江泽民为核心的几代中央领导集体自觉将"和"的思想运用到中国革命与改革的伟大实践中,展现出与中国实际紧密结合的、各具特色又一脉相承的统一战线"同心"观。1956年,毛泽东在《论十大关系》中指出:"究竟是一个党好,还是几个党好?现在看来,恐怕是几个党好,不但过去如此,而且将来也可以如此,就是长期共存,互相监督。"1982年9月,党的十二大进一步明确提出"长期共存、互相监督、肝胆相照、荣辱与共"的多党合作基本方针。邓小平在党的十二大开幕词中讲到:"我们各民主党派在民主革命时期同我们党共同奋斗,在社会主义时期同我们党共同前进,一道经受考验。在今后的建设中,我们党还要同所有的爱国民主党派和爱国民主人士长期合作。"江泽民在1997年12月党中央召开的党外代表人士座谈会上指出:"大家经常说,没有中国共产党的领导,中国人民就不可能取得国家独立、民族解放和社会主义的胜利。同时必须指出,没有中国共产党领导的多党合作,就不可能最大限度地把全民族一切爱国的进步的力量团结和调动起来,去实现我们共同奋斗的目标。"2006年7月,胡锦涛在全国统战会议上强调:"要把巩固和壮大统一战线,作为提高党的执政能力的一项重要任务,作为发展中国特色社会主义事业的一项重要任务,作为增强中华民族凝聚力的一项重要任务,摆到全党工作的重要位置,真正抓紧抓实抓好。"由此,我们可以得出结论,"同心"思想在中国革命和改革的伟大实践中,具有深厚的文化根基、丰富的理论依据、坚实的现实基础。

二、"同心"思想的科学内涵

1."同心"思想的外延和内涵

从外延上说,"同心"思想的内容十分广泛:首先是中国共产党、民主党派与人民群众同心;其次是民主党派与共产党同心;再次是统一战线各界人士与共产党同心;最后是民主党派内部同心。这些方面的"同心"都指向一点:与共产党同心。

从内涵上看,"同心"思想主要体现为思想上同心同德、目标上同心同向、行动上同心同行。其中,"同心"是前提、是核心,起主导作用;"同德"是思想基础,"同向"是价值追求,"同行"是行动指南。"三同"合"一心",三位一体。"三同"之间是相互依存,相互促进的关系。同德和同行是知行合一的关系,同心必先聚心，聚心才能聚智、聚才、聚力。思想是行动的基础，行动要靠思想指南。同向和同行是方向和行动的关系，只有方向正确，行动统一才有价值和意义。

2012年11月29日，习近平总书记在带领新一届中央领导集体参观中国国家博物馆"复兴之路"展览时指出："实现中华民族伟大复兴，就是中华民族近代以来最伟大的梦想，这个梦想，凝聚了几代中国人的夙愿，体现了中华民族和中国人民的整体利益，是每一个中华儿女的共同期盼。"当前，"同心"思想的核心就是实现中华民族伟大复兴，为了实现这一目标，全体统一战线成员更应坚持理想信念上的共识，道路方向上的一致，具体实践上的协力，"同心"共筑"中国梦"。

2. "同心"思想中的几个内在关系

（1）一致性和多样性的关系。正确处理一致性和多样性的关系，是党的十八大关于统一战线的新论述。统一战线作为不同社会政治力量的联盟，是一致性和多样性的有机统一体。"君子和而不同，小人同而不和。"（《论语·子路》）"同心"不是同一、同性、同质，并非意味着所有的话语表达和实践行动都一模一样，要在"同心"的基础上求同存异。践行"同心"思想，要在坚持党的领导、坚持建设中国特色社会主义的一致性的提前下，充分认识并尊重各地方、各阶层、各利益代表之间的差异，正确处理一致性和多样性的关系，以求同存异缩小分歧，以协商交流增进共识，以互惠共赢深化合作，以荣辱与共坚定信念，最终实现思想上、行动上和方向上的始终同心。另外，开展"同心"建设应当增强民主党派的自身特色建设，民主党派如果趋同，自身的价值得不到真正的体现，也就失去了存在的目的。在多党合作的政党制度中，"同"与"异"始终是相辅相成、辩证统一的。

（2）原则性和灵活性的关系。原则性和灵活性是一对矛盾，没有绝对的对立，只有统一起来才能和谐。统一战线领域的理想共识、道路认同、目标同向、行动同一，是中国革命和社会主义建设事业一步步走向胜利的前提和保证。"同心"、"求和"应成为统一战线坚守的核心价值观，这也是统一战线和多党合作事业不断取得发展的基本原则和坚实基础。统战工作政策性很强、艺术性很高、人情味很浓，是我们党的特殊政治工作和群众工作，践行"同心"思想需坚持走群众路线。在工作方法上，掌握工作艺术，坚持以人为本，充分认识各方面成员根本利益的一致性与具体利益的差异性，巩固共同利益，照顾特殊利益，兼顾原则性和灵活性，用真理的力量感召人，用真挚的情感温暖人，推动科学发展，促进社会和谐。

（3）广泛性和进步性的关系。各民主党派的进步性和广泛性是由其政治联盟的性质决定的，其内涵也随着民主党派的历史进步而不断发展变化。目前，随着改革的不断深入，新的社会阶层呈现快速增长态势，总量已近 8000 万，成为统战工作新的重要着力点。民主党派的发展离不开吸纳新的社会阶层人士，民主党派成员结构的新变化使其广泛性不断拓展。同时，由于民主党派成员来自不同的社会阶层和群体，其人生阅历、社会分工、知识结构和认识能力等方面均不尽相同，在思想观念、价值取向和行为方式等方面具有多样性和差异性，特别在当前社会转型时期，各种社会问题频发，各种社会矛盾凸显。在这样的情势下，我们既要允许各种社会思潮的存在，又必须坚持马克思主义的指导地位，牢牢把握先进文化的发展方向，开展以"同心"思想为核心的正面教育和思想引导，在广泛性中保持进步性，用进步性引领广泛性。

三、"同心"思想的实践路径

1. 推动理论创新，丰富"同心"思想内涵

"同心"思想是党的统一战线理论的创新发展。"同心"是实现和谐之道，也是谋求合作之基。"同心"思想精辟概括了统一战线建立的根基、目的和价值所在，既体现共性要求，又包含了不同层次。深刻领会"同心"思想的丰富内涵、具体要求、理论价值和实践意义，需立足工作实际，深入开展理论研究和理论创新。依托各级统战理论研究会、研究基地、社会主义学院等机构进行重点攻关，把"同心"研究作为重点调研课题，推动研究能力长水平、研究层次上台阶、研究成果出精品，积极探索"同心"实践规律，引导统一战线成员多谋长远之道、多献务实之策、多建睿智之言、多立科学之论，认真总结符合实际、行之有效的经验，形成长效机制，以理论创新推动实践创新。

2. 打造品牌活动，拓展"同心"主题实践

"同心"思想既是"同心"实践的精神动力，也是其重要的工作方针。统一战线要紧扣党的十八大确定的目标任务，围绕中心，服务大局，找准"同心"活动发挥作用的着力点，在突出品牌、注重实效上下功夫，营造共同推进"同心"活动的良好氛围，把"同心"宣传作为展示统一战线形象的重要窗口。山东大学通过积极开展"同心·双建"、"同心·助学"、"同心·教授服务团"、"同心·讲堂"等"同心"系列主题活动，让统一战线成员在了解国情、省情、世情、民情过程中，深化对

"同心"思想的深刻领会。促进广大统一战线成员把他们的热情和智慧转化为干事创业的行动,转化为同舟共济的作风,转化为开拓创新的勇气,推动统一战线事业接续发展。

3.扩大民主参与,强化"同心"政治优势

密切联系群众是我们党最大的政治优势。2012年12月,中共中央出台关于改进工作作风、密切联系群众的八项规定,规定所涉范围广、内容细、彰显力度大、决心坚,引起强烈反响。统一战线成员分布社会各个阶层、深入社会各个领域、触及社会各个方面,是我们党联系广大群众的桥梁和纽带,在构建民意表达与汇集机制、扩大公民有序政治参与上有着独特优势。应进一步畅通统一战线成员利益表达渠道,扩大统一战线各界人士的民主政治参与,更广泛地了解民情、反映民意、集中民智,把广大成员分散的、个人的愿望和要求,转换成集中的、有组织的参政。要建立统一战线成员尤其是其中的代表人士建言献策、建功立业的渠道和平台,听到更多的意见和建议,密切党与群众的血肉联系,把广大群众紧紧团结在党和政府周围,不断巩固我国社会主义民主建设的社会基础,引导各方面群众积极投身到民族伟大复兴的事业中来。

4.激发组织活力,务求"同心"活动实效

"同心"思想是最大限度激发统一战线组织活力的重要保障。只有"同心",才能在求同存异中增进一致性、包容多样性。广大统一战线成员才能以事业发展为核心,以组织建设为基础,以制度建设为保障,自觉维护内部和谐稳定,进一步提高政治把握能力、参政议政能力、组织领导能力和合作共事能力,进一步提升统战工作的规范化和科学化水平。践行"同心"思想,要根据实际需要和资源特色,制定实施方案和措施,明确主攻方向、工作重点,优化资源配置,提升活动品质,兼顾经济效益和社会效益,增强党对统一战线成员的凝聚力、感召力,使统一战线成员更加自觉地与我们党同心同德、同心同行、同心同向。

中国共产党领导的多党合作和政治协商制度是马克思主义政党制度的中国化创新。"同心"思想是这一创新的具体表现和伟大实践,体现出了中国共产党非凡的理论勇气和政治智慧,既是基于历史经验的总结升华,也是着眼未来的更高追求,蕴含着与时俱进的时代内涵,闪耀着科学发展的思想光芒。学习和践行"同心"思想,从而形成和而不同、政事通达、人心和顺的生动局面,这是统一战线成员的正确价值取向和目标追求,也是致力于中华民族的伟大复兴实现"中国梦"的题中应有之义。

参考文献

1. 赵竹村:《从合作思维到"同心"思想》,《学术纵横》2012 年第 3 期。

2.《邓小平文选》第 3 卷,人民出版社,1993 年。

3. 江泽民:《在中共中央召开的党外代表人士座谈会上的讲话》,《人民日报》, 1997 年 12 月 24 日。

4. 陆银辉:《论"同心"思想与转型期统战文化建设》,《山西社会主义学院学报》 2012 年第 6 期。

5. 常庆林:《论"同心"思想与统一战线》,《黑龙江省社会主义学院学报》2012 年 第 3 期。

6. 王俊华、杨爱珍:《民主党派"同心"思想研究》,《中央社会主义学院学报》2012 年第 4 期。

7. 周强:《践行"同心"思想 推进科学发展》,《新湘评论》2012 年第 17 期。

8. 邱诗越:《浅析"同心"思想在高校统一战线中的现实意义与实践作用》,《福建 省社会主义学院学报》2012 年第 6 期。

9. 郭清梅、梁捍东:《浅析多党合作制度下的"同心"思想》,《中央社会主义学院 学报》2012 年第 5 期。

10. 陆银辉:《"同心"思想引领统战文化建设的路径探析》,《广西社会主义学院 学报》2012 年第 2 期。

以人为本视域下的高校党外知识分子
统战工作的反思与构建

胡　云　丁留宝　周丽琴*

统战工作是高校工作的重要组成部分,高校统战工作的针对群体主要是党外知识分子,做好党外知识分子工作是高校统战工作的主要任务。新时期高校党外知识分子出现了一些新变化,给高校统战工作带来了挑战。保持高校统战工作有效性的关键因素是找准方向,只有正确的方向与思路才是寻求高校党外知识分子统战工作的突破口。统战工作说到底是做人的工作,这就要在充分尊重、理解以及关心人的主体性的基础上,才能够做好新时期高校党外知识分子的统战工作。

一、"以人为本"理论渊源与统战工作的内涵

1. 东西方人本思想的钩沉

所谓人本主义是指承认人的价值与尊严,把人看作万物的尺度,或以人性、人的有限性和人的利益为主题的哲学范畴。西方人本主义思想起源于古希腊文化;14—16世纪的欧洲文艺复兴运动,是强调以世俗的人为中心的一次伟大的思想解放运动;到17—18世纪,反封建的启蒙运动思想家和政治家们将文艺复兴倡导的人文精神提升成为自由、平等、民主、人权为核心的资产阶级革命的政治纲领;19世纪,德、俄等国出现了人本主义思潮;20世纪,西方已形成众多的现代人学思想。

───────────

*　胡云,江西科技师范大学社科部教授;丁留宝,江西科技师范大学社科部讲师;周丽琴,江西科技师范大学统战部部长,教授。

以人为本也是中华民族传统文化所包含的一个基本理念。《尚书泰誓》记载,周武王说:"唯天地万物父母,唯人万物之灵。"这是有关肯定人的价值的最早记录。春秋战国时代,孔子提出"仁者爱人",儒、道、法、墨都倡导"以民为本"。由此可见,先秦时期的仁学理论充盈着浓厚的民本思想对于执政者也产生了积极的影响,并把民本作为治国理政的基本理念,虽然其目的在于维护封建统治的基础。

马克思建立了一种全新的人学理论,他在继承了费尔巴哈肯定人的地位和价值的人本主义思想的基础上,通过对资本主义社会工人阶级的商品属性的分析,提出了"物的世界的增值同人的世界的贬值成正比",从中找到了人本主义本体论的立足点。具体而言,他从人的感性实践活动出发来理解人生活于其中的现实世界以及人自身,从而克服了费尔巴哈人本主义和自然主义的唯心主义的倾向与局限性,并创立了一种立足于实践的新本体论。

总之,从文化史的发展历程我们可以看出,无论是古老的人本主义哲学思想,抑或是近代资产阶级的人文主义思潮,还是马克思的彻底人学理论,其内在的核心价值具有同构性,都强调"以人为本"。

2. 以人为本的统战工作的本质内涵与现实要求

党的十六届三中全会提出,"坚持以人为本,树立全面、协调、可持续的发展观,促进经济社会全面发展"。强调人民是社会发展的主要推动力,党的全部工作都要以实现、维护和发展人民利益作为出发点、目的和标准。这一理念的提出不仅有现实的需要,同时也是人类历史发展所遵循的价值内核。统战工作本质就是做人的工作,这就为两者的结合提供了理论依据与政策支持,同时也为高校统战工作确立了具体内涵。

首先,统战工作的基本前提要求一切从人出发,把现实的人的利益、愿望作为工作的立足点。从历史阶段而言,根据中国现阶段的主要矛盾,要求把社会经济发展目标最终设定为满足人的需要,真正体现出以人为本的价值追求;从现实层面看,我们在现代化的发展征程中,仍然存在很多不足,导致这一问题的原因是多元的,但在市场经济的冲击下,人的主体论的一再伸张与放大应是这些问题原发的一个重要因素。因此,寻求解决上述困境一条比较有效的思路应是不断寻求各方利益的最大公约数,消除分歧,缓解矛盾,而这一思路则为高校党外知识分子统战工作必须尊重知识分子等各方利益乃至个体的主体性做出了明确的界定。

其次,以人为本的统战工作,必须牢固树立马克思唯物主义的群众史观。从人类历史的发展的角度而言,人是历史的主体,是历史发展的创造者与动力源泉。关于这一点,我们拥有无数的历史事实能给予充分的确证,特别是在中国共产党所领导的新民主主义革命和社会主义现代化建设中,中国共产党作为先进阶级的代表和广大人民群众一起创建、发展、壮大统一战线的历史中,创造出伟大的奇迹——推翻了三座大山,取得了新民主主义革命的胜利,并在社会主义建设道路上获得了一个又一个举世瞩目的成就。

再次,以人为本的统战工作,要以人的发展为目标,一切活动都是为了人的全面发展。马克思主义理论告诉我们,人不仅是创造历史的手段,同时也是实现的目的。强调了一切人的活动最终都是为了实现人类更大的发展,而统战工作的基本任务是为了协调人与人之间的关系与利益的分割,并在此基础上为实现人类共同的理想而奋斗,其本质的规定性要求统战工作必须服从于人类解放的终极追求。在如此宏观而崇高理念的观照下,统战工作的正当性与伦理正义性色彩才能够获得持续的尊重与推崇,才能够为未来人类社会发展保持持续动力与发展目标。

二、以人为本理念与高校党外知识分子统战工作的逻辑生成与价值建构

1. 高校统战工作"物化"的倾向

随着经济的发展,高校统战工作日益呈现出"物化"的趋势与倾向。所谓"物化"主要表现在通过物化的载体、用物化的管理来追求物化的目标,在一定程度上,统战工作日渐疏离了统战对象的主体关怀,导致统战工作呈现出表面化、形式化的趋向。

导致这一结果的原因概有两端:其一,市场经济对价值观的冲击。在市场经济的冲击下人的趋利性不断被放大,使人的本真价值被外在物化目标所裹挟或遮蔽,并导致人们的价值观建构的逻辑序列的错位。这种价值观的生成严重影响统战工作本质目标的实现,在一定程度上消解统战工作中精神关怀的努力。其二,高校发展的内在逻辑也是导致统战工作人文关怀缺失的重要因素。在大力发展教育的语境中,把教学与科研设定为工作重点目标无疑符合高校生存与

发展的自身逻辑,但当这种语境不断强化也给高校统战工作带来实际的影响。就目前高校现状而言,虽然校领导都较为重视统战工作,设立了专门的统战部门并配置了专职人员,但在二级学院却缺乏相应的组织和人员的设置,以及教学与科研的量化考核指标不断提升的压力,基层统战工作往往处于被动应付状态。这种缺乏中层领导足够关注的统战工作对接的统战运作模式,其结果往往成为只注重流于形式化的组织活动以及量化的业绩报表这些物化的标准与考核成效,但对于统战对象的个人关怀却缺乏足够的耐心与热情。

2."以人为本"的高校统战工作需遵循的原则

争取与团结党外知识分子是高校统战工作的一项重要内容,它不仅有物化的层面目标,同时应有精神层面的内在意蕴。如何遵循"以人为本"的逻辑路径,去整合统战工作思路,在工作中体现"人"的主体性与价值关怀应成为现阶段统战工作的重要方向。

要达到上述目标应遵循三个原则:一是平等原则。这就要求政工人员力戒居高临下的训导,要在平等、宽松的氛围中多做"得人心、暖人心、稳人心"的工作,要克服统战工作泛政治化的倾向,善于在各项工作中渗透社会主义核心价值及共同理想的引导,达致润物细无声之效。二是尊重原则。高校党外知识分子不仅有丰富的知识,同时也具有比较独立的思考能力。因此,在统战工作中,我们不仅要尊重他们的切身利益,更要尊重他们的思想信念与价值关怀,在彼此尊重的提前下,所呈现出的思想分歧应拓宽思想探讨的空间与领域以营造彼此尊重的氛围,在思想的争鸣与探讨中不断强化知识分子的政治参与意识。三是求同原则。求同是统战工作的基本前提,对具有独立思考习惯与能力的党外知识分子尤为重要。需要指出的是,统战工作的求同不应降格于具体事件与理念的层面认同,而应升华为共同理想的共识。从理论上讲,这种求同有助于最大限度地扩大统战对象,从实践层面而言,它可以有效消解统战工作中繁杂而琐碎的事务,从而创建低耗而高效的统战工作运作机制,有助于提高高校党外知识分子参与统战的热情与兴趣。

总之,将"以人为本"的理念融入到高校党外知识分子统战工作中,能使统战工作的"政治引导"的生成机制与统战对象的个体价值实现遵循自洽的逻辑,使统战工作更加符合统战对象的心理预期,从而保证在共同理想的观照下求得社会价值与个体价值的有机统一,充分发挥统战工作的实质效应。

三、"以人为本"理念与高校统战工作相结合的对策与路径

以人为本是指导高校党外知识分子统战工作的核心理念,那么,如何在现实层面全面践行这一理念成为我们必须面对与破解的命题。事实上,高校党外知识分子统战工作是一个系统工程,要求我们必须树立多维的以人为本的统战工作理念,在统战过程、方式及关系处理上形成合力,是实践中贯彻以人为本工作理念的重要路径。

1.统战过程的整体性

统战工作亦是一项涉及多边关系互动的管理活动。它包括统战工作内容、运行机制以及工作评价等多个环节,确保统战过程的整体性应做到以下几点:

(1)统战内容的人文关怀。统战工作的人文关怀主要体现为两个层面:其一是对统战对象的人格与尊严的尊重;其二是培养统战对象的人文关怀。这就表明,高校党外知识分子统战工作不能仅止于对统战对象即党外知识分子进行理想理论的解读、形势政策这些物化内容的学习,同时还要能够积极唤醒或激发他们的人文精神关怀。在高校党外知识分子统战工作中,虽然其内容涉及党的方针以及理论的解读、形势政策的学习等领域,但在政策理论的讨论中,努力把统战内容契入到深刻的人文背景中去,从政策与理论解读中彰显浓郁的人文气息,不断强化我们的人文关怀,确保统战对象与人民的利益形成价值同构。

(2)统战运行机制的稳定性。高校党外知识分子统战工作不仅是个事务性的工作,更是一个思想认同的建构生成过程,这就要求高校统战工作必须形成一个具有制度性、可持续的长效工作运行机制,通过构建具有多层结构的有效载体,为统战工作提供持续的平台与空间支撑,如制度载体、管理载体、文化载体、活动载体等。制度性平台建构有助于统战工作的思想与价值的生成与渗透,从而有意识地引导统战对象对自身思想的比对与反思,进而确保双方形成共识上存在化约的可能与路径。

(3)统战评价机制的多维性。评价机制不仅仅是对统战工作效果的检验,同时对指导工作具有积极的约束与激励作用,有助于统战工作的稳步发展。统战工作也是双方在情感、态度、立场以及价值观等诸多因素相互影响与交融的过程。因此,高校统战工作的评价机制应根据工作动态过程特征建立相应的评价标准,并能够反映评价标准的综合性、评价方法的多样性以及评价目的的稳定性

这样一个立体的评价体系。

2.统战关系的和谐性

高校党外知识分子统战工作无疑是一个对立统一的矛盾运动过程,在活动中的确存在构成传统统战观的客体关系历史因素,在一定程度上容易忽略对统战对象主体性价值的终极关怀,也会与"以人为本"的现代统战理念存在内在冲突的可能。因此,高校党外知识分子统战工作应强化对统战对象尊重,牢固树立以人为本的工作理念,努力营造和谐的工作氛围。

(1)尊重人性。所谓人性,顾名思义是指根本上决定并解释着人类行为的那些人类天性,即只有人才具备并可以用于区别于其他事物的独有本性。而对于人性的尊重是我们统战工作的重要前提。从某种意义上而言,传统文化所推崇善的理念也是尊重人性的重要表现。虽然我们承认人性本善这一伦理判断,但也应看到它也存在恶的一面。统战工作中应着眼于唤醒人性中善的心灵与火种,为构建和谐统战氛围提供传统伦理价值认同上的思想基础。值得注意的是,在传统文化中对善的追求一直是传统知识分子价值观的重要组成部分,这种文化价值内核的传承为我们进行高校党外知识分子统战工作提供了一条很好的工作路径,在实际工作中本着为善的工作理念积极探寻统战工作的新思路,并在善的价值上获得价值的趋同性,以此来构建新型和谐的双边关系。

(2)尊重个性差异。个性一般包括个体的表现力、主动性、创造力、敢于怀疑权威以及各种活动能力,每个人的生命都有不同的呈现状态与发展逻辑。高校宽松平等的环境为党外知识分子的个性发展提供了更为充分的条件,从而使他们具备更为独立而异趣的个性。这一个性张扬的群体特征不应成为高校统战工作者畏难情绪的遁词,而要求我们在统战工作中谨持"尊重知识,尊重人才,尊重个体"的宗旨,以宽阔的胸怀来迎接他们质疑问难,给予他们充分表达观点的权利与自由,这也是赢得他们尊重与理解的重要前提,这样既能够体现出对个体的尊重,同时又能够充分展现真理探求的魅力。

3.统战方法的开放性

统战工作是高校党建的一项重要的工作,其重点是要造就一支能与党同心同德、合谋共事的代表队伍。这一目标的现实赋予了统战工作具有比较浓郁的政治色彩。但在市场经济冲击下,这种政治色彩在遭遇现实利益与个人价值追求的冲击与排斥后,进而直接影响统战工作的有效性。而事实上,在这社会一元价值导向和个人多元价值取向追求的现实中,善于从人性情感交流与统战双方互动上构建共同思想基础,则成为提高统战工作成效较为可行的一条工作路径。

(1)从思想交流到情感交流。统战工作的实质即为做人的工作,这一属性凸显出它不仅涉及思想理论的交流与碰撞,更存在情感的交流。高校党外知识分子作为个体的人,具有相对稳定的情感化倾向性和流变性。这就要求我们在高校党外知识分子统战工作中不应仅仅单向度地去追求物化的目标,而要充分注重人与人的感情与心灵的交流,要充分考量情感因素的正向效应与积极作用,应以饱满的振奋的情趣去感染统战对象。而情感交流所产生的移情效用不仅能够为日常工作增添浓厚的人情味,同时还能够成为化解矛盾、消除隔阂的润滑剂。因此,作为统战工作要善于把握统战对象的情感状态,通过情感性的方式处理统战工作以真正体现对人的尊重。

(2)从单向传导到双向互动。1843 年,马克思在《黑格尔法哲学批判》导言中指出:"批判的武器当然不能代替武器的批判,物质的力量只能用物质力量来摧毁,但是理论一经掌握群众也会变成物质力量。理论只要说服人就能掌握群众,而理论只要彻底就能说服人。"在商品经济发展的过程中,对于身处市场经济社会的学校知识分子而言,一般的灌输理论已难以发挥其应有的效能,这是因为阶级斗争中的灌输理论之所以有效,则是以无产阶级由于存在知识困境与逻辑限度而导致其不了解或不具有先进无产阶级意识为前提;而对于高校党外知识分子而言,不仅具备较为完备的知识体系同时也具有较强的逻辑推导能力,从而消解了灌输理论所强调的假设基础。因此,高校统战工作要坚持实事求是,着力规避灌输理论的影响,秉持相互尊重、平等相待的原则,通过对话沟通的互动方式,切实加强党外知识分子思想理论教育,努力完成统战工作要求的各项任务和目标。

综上所述,以人为本的高校党外知识分子统战工作应建立在如何关注人的个性品质与价值诉求上,无论从统战理念、内容以及方式创新与深化,都应以尊重"人"为工作的出发点,团结更多高校党外知识分子,为建设和谐的社会主义现代化国家提供精神动力与智力支持。

参考文献

1. 郎学田:《高校党外知识分子思想政治现状及对策研究》,《党政干部学刊》
   2011 年第 6 期。

2. 李悦书:《社会转型期高校党外知识分子统战工作之创新》,《统战工作论坛》
   2007 年第 4 期。

3. 陈志尚:《准确把握以人为本的科学内涵》,《北京大学学报》2005 年第 2 期。

4. 马克思、恩格斯:《马克思恩格斯全集》第 42 卷,人民出版社,1979 年。

高校党外知识分子的思想状况和工作机制研究

王　苑　陈幸祎*

知识分子是一个历史的文化的范畴,它是在人类发展的一定历史阶段和一定文化条件下产生的,并且是不断发展变化着的。党外知识分子特指没有加入中国共产党的知识分子,其中包括参加了各民主党派的知识分子和没有参加任何党派的无党派知识分子。统一战线汇集了并在工作中联系着为数众多的党外知识分子和专家学者,他们是统一战线各领域代表性人物的源头。

一、高校党外知识分子工作的重要性

高等学校是统一战线工作的重要领域和传统阵地,高校的统战工作很大部分的对象是党外知识分子。进入新的世纪,高校党外知识分子工作面临着新的形势和挑战,其重要地位日益凸显。

1. 高校党外知识分子工作是高校统战工作的基础和重点

胡锦涛同志在第二十次全国统战工作会议上的重要讲话中强调:"做好党外知识分子工作,是统一战线的一项基础性工作。"党外知识分子是爱国统一战线各领域代表性人物的源头。高校是党外知识分子相对集中的地方,汇集着党外各领域的代表性人物,是党的统一战线工作的重要阵地。新时期的高校统战工作面临着新的挑战和机遇,尤其是知识分子队伍出现诸多新变化。把握新时期高校党外知识分子的特点,不断探索做好党外知识分子工作的新途径,对于开创高校统战工作新局面具有重要意义。

2. 高校党外知识分子工作是科教兴国战略的重要方面

随着知识经济的来临,综合国力的竞争实质上是人才的竞争。党的十八大

---

*　王苑,浙江大学党委统战部副部长;陈幸祎,浙江大学党委统战部干部。

报告指出："要尊重劳动、尊重知识、尊重人才、尊重创造,加快确立人才优先发展战略布局,造就规模宏大、素质优良的人才队伍,推动我国由人才大国迈向人才强国。"高校层次较高的知识分子中有相当比例的党外人士,他们掌握着科学技术的前沿理论,在教学、科研等方面发挥着重要的作用。在实施科教兴国战略的过程中,要依靠包括党外知识分子在内的广大知识分子,在发展科学技术中发挥主力军作用,推动经济发展和社会全面进步。做好高校统战工作,对实施科教兴国战略具有直接的推动作用。高校统战工作的重要任务就是团结一切可以团结的力量为学校的中心工作服务,为"科教兴国"战略服务。

3.高校党外知识分子工作是高校改革、发展与稳定的重要保证

高校正处在深化改革、加快发展的关键时期,要顺利实现高校改革和发展的任务,离不开党外知识分子的参与。高校知识分子队伍中有大批党外知识分子,他们在学校教学、科研、管理等方面发挥着重要作用,他们广泛参与高校管理和各项事务,为高校建设和改革事业献计献策,提出建议和批评,从而使高校的各项决策更科学、更民主。加强对高校党外知识分子思想状况的研究,充分发挥统战工作协调关系、沟通思想、化解矛盾的优势,引导党外知识分子树立全局思想,增进团结和共识,对于推动高校科学发展,维护校园和谐稳定具有重要意义。

二、高校党外知识分子思想状况的特征

1.党外知识分子人数众多,文化层次和总体素质较高

伴随科教兴国战略、人才强国战略的实施,高等教育事业的迅速发展和高校师资力量的不断壮大,一大批高学历的中青年学者积极投身高校教学、科研工作中。在高校知识分子群体中,党外知识分子人数占相当大的比例。高校中有相当比例的党外知识分子是从国外归来,他们带回先进的科技信息、管理经验,加之近年来各个高校对进入门槛的提高,党外知识分子文化素质整体提升。高校党外知识分子层次高、影响大,其中有一批优秀的代表人士在民主党派中央、省委会担任重要职务,在全国、省、市区各级人大、政协参政议政建言献策,拥有较高的社会声望,有着广泛的社会联系和社会影响。

2.政治认同呈积极向上态势,民主意识浓厚

高校党外知识分子是伴随着我国社会主义改革和对外开放的伟大实践成长起来的,对改革开放和社会主义现代化建设实践及取得的成就具有深刻体验,他

们具有爱国的精神,政治立场和理想信念坚定,坚持中国共产党的领导,拥护党的路线方针政策,在大是大非问题上能与党中央保持一致,对国家的发展前景充满信心。伴随知识经济时代的来临,高校党外知识分子的思想更加活跃、视野更加开阔,自觉以国家富强、民族振兴为己任,对国内外时事及社会热点问题非常关注,政治热情高,具有强烈的社会责任感和忧患意识,对实现政治民主、通过民主制度参与政治诉求的愿望强烈而普遍。近年来,随着中国共产党领导的多党合作和政治协商制度的逐步完善,一批德才兼备的党外知识分子被推荐进入领导岗位,使一些党外青年干部、教师希望能通过民主党派、人大、政协等途径更多地参与民主协商、民主管理和民主监督。

3. 政治理论水平参差不齐,参政议政能力有待提高

由于自身学科专业、年龄、阅历等因素的限制,新一代高校党外知识分子普遍存在政治理论学习不够系统和深入的问题,因而导致他们对党的理论政策的理解和把握能力存在差距,政治理论水平呈现参差不齐的状况。高校党外知识分子中不少人有着出国留学进修的经历,受西方民主观、价值观和政治观不同程度的影响,在一些理论问题与实践认识上存在一些模糊之处。一些高校党外知识分子虽然有一定的政治热情,但由于政治理论素质较差,往往缺乏政治敏锐性和鉴别力。部分高校党外知识分子参与政治生活的机会不多,岗位锻炼少,组织管理能力、参政议政能力、合作共事能力、政治把握能力不强,参政议政能力还需要进一步提高。也有个别高校党外知识分子在政治取向上存在比较明显的实用主义、功利主义特点,主要从自我发展的需要为视点看待政治问题,在一定程度上是想通过参与政治活动来实现个人的利益和要求。

4. 价值取向呈多元化态势,实现自身价值的意识突出

改革开放以来,尤其随着社会主义市场经济体制在我国的确立以及网络信息技术的快速发展,多种思想文化和价值观念相互碰撞、相互融合,我国社会呈现出思想文化多样性和价值倾向多元化的特点。高校党外知识分子的价值取向也呈现出多样化状态,开始由传统的社会本位转向个人本位,表现在更加崇尚自我价值的实现,他们不仅看重自己的人格尊严,而且比较注重自身的社会价值和物质利益的实现。少数党外知识分子出现了价值主体自我化、价值取向功利化、价值目标短期化的行为倾向,不能正确处理政治和业务、个人和集体、本职和兼职等的关系,利己主义观念较浓,功利主义思想较重。

5.对自身职业认可度较高,工作生活压力较大

高等院校从业人员的工作和收入相对稳定,在全社会强调尊重知识、尊重创造的大背景下,他们的社会地位较高,成为当前社会比较理想的职业之一,使高校党外知识分子对自身职业和岗位认可度普遍较高。我国正处于重要的社会转型期,各种社会矛盾凸显,就业形势严峻,就业压力增大。在加快推进人事制度改革和教育体制改革的过程中,高校从业人员面临的不确定因素也在不断增加,教学、科研任务更加繁重,评职称、提职务的压力增大。同时,新一代高校党外知识分子,特别是青年知识分子,面临上有老下有小、收入偏低等现实问题,他们工作生活中面临较多的实际困难,致使他们工作生活的压力较大。

三、完善高校党外知识分子工作机制的措施

1.重视思想引领,坚定走中国特色社会主义政治发展道路的信念

当前,国内外形势错综复杂,要保持清醒头脑,坚定信念,坚持走有中国特色社会主义政治发展道路。要以"同心"思想为引领,深入开展社会主义核心价值体系学与行活动,引导党外知识分子不断增进对党的领导和党的事业的政治认同和思想认同,引导党外知识分子把核心价值体系内化为自身价值取向,努力成为社会主义核心价值体系的坚定信仰者和自觉实践者。加强政策理论宣传,增强理论培训针对性和实效性,为党外知识分子明确自身地位和作用提供帮助。本着"缺什么补什么"的原则因材施教,使其了解掌握党的各项方针、政策,提高其政治觉悟和理论水平,扩大视野,了解国情,增强团结合作意识。

2.加强工作创新,努力搭建党外知识分子工作平台

积极创新党外知识分子工作机制,努力搭建工作平台,拓宽工作渠道。搭建制度平台,积极发挥党外人士作用。加强党外人士建言献策制度、党外人士情况通报制度、重大问题征求意见制度、专题民主协商会制度等制度化建设。搭建组织平台,使党外知识分子的联系与交流经常化,工作开展制度化、规范化。通过党外知识分子联谊会、留学归国人员联谊会等载体,提供党外知识分子发挥作用的平台,拓宽党外知识分子知情出力、建言献策的渠道。开展知情知政活动,让党外知识分子充分了解本校、本地的改革发展情况。

3.注重人文关怀,增强高校党外知识分子的归属感和向心力

"四个尊重"的方针在强调尊重知识、尊重人才的同时强调尊重劳动、尊重创

造,适应了时代发展的要求,对统战部门开展党外知识分子工作提出了新的要求。要在"四个尊重"方针的指导下,做好党外知识分子工作,鼓励他们的创业精神,维护他们的合法权益,为他们排忧解难,做好服务工作。要认真贯彻党的群众路线,把广大高校党外知识分子紧密团结在党的周围,自觉接受党的领导,衷心拥护党的路线、方针、政策。加强同党外知识分子的联系沟通,通过多种渠道了解情况、掌握动态,真正做到尊重人、理解人、关心人、爱护人,坦诚相见,肝胆相照,切实为他们排忧解难,真情为他们做好服务。要理解和关怀青年党外知识分子的进步要求,要善于发现他们的优势,充分发挥他们的积极作用,切实以充分信任和真情关怀,增强高校党外知识分子的归属感和向心力。

参考文献

1. 李小宁主编:《统一战线中的知识分子问题》,中央编译出版社,2007 年。

2. 陈国生、张俊伟:《党外知识分子政治认同研究——以衡阳市为例》,《文史博览》2009 年第 11 期。

3. 洛云霞等:《高校党外青年知识分子思想状况分析——以北京工业大学为例》,《重庆社会主义学院学报》2007 年第 2 期。

4. 李立、黄莉:《我省党外知识分子的思想状况政治诉求调查与思考》,《贵州社会主义学院学报》2009 年第 1 期。

高校知联会的规范化建设及作用发挥研究

——以浙江师范大学知联会为例

浙江师范大学知联会

一、高校知联会规范化建设的重要性与紧迫性

高校知联会规范化建设不仅是高校统战团体自身建设的重要目标,也是增强知联会创造力、凝聚力、战斗力的有效途径。加强规范化建设,有利于知联会各项工作的制度化、规范化、常态化,有利于强化知联会的组织自身建设和会员队伍建设。同时,知联会规范化建设还是推进学校可持续发展的重要保障。加强知联会的规范化建设,充分发挥知联会作为学校党委和行政联系无党派知识分子的桥梁、纽带作用,团结并带领广大会员,为学校的科学、可持续、和谐发展献良计、作贡献。

浙江师范大学无党派知识分子联谊会成立于 2008 年 7 月,现有会员 72 人,来自学校 25 个学院、部门(单位),其中正高 26 人、博士 21 人、中层干部 11 人。建立初期,为健全其组织架构,努力加强其组织规范化建设,一方面,通过制定《章程》明确知联会的组织性质、工作任务、会员发展程序和权利义务等,规范机构的组成和日常运作;另一方面,规范领导班子的组建。知联会设理事会,由 21 名理事组成,其中设会长 1 名、副会长 3 名、秘书长 2 名。理事候选人的产生综合考虑了成员的学院分布、年龄结构以及职称、学历、性别等因素,充分体现了代表性,并由各二级党组织参与推荐产生。尤其为加强统战指导和联系,其中 1 名秘书长由学校统战部统战科科长兼任。同时,还明确了内部运行体制。本着有利于组织建设和活动开展的原则,按照会员的学科分布,设立了四个小组并分别确定小组负责人,加强会员交流。

几年来,理事会团结协作,带领广大会员在学习教育、联谊交流、服务社会、建言献策等方面取得了可喜的成绩。2011 年 7 月,我校知联会还被评为全省知联会工作先进集体。当然,反思我校知联会的工作,也还存在一些困难和亟待解决的问题。如如何及时有效地做好学校新进人才中社会知名度较高的无党派专家学者的入会工作,进一步增强知联会在无党派知识分子中的代表性和影响力;如何创新知联会工作的方式方法,进一步加强知联会的内部联系,推进活动的正常化,促进知联会的自主管理和自主发展;如何健全机制,更好地发挥知联会教育引导、建言献策等方面的作用等。因此,只有进一步加强知联会的规范化建设,以规范化的组织建设为依托,以改革创新的精神不断推进知联会的建设,才能更好地发挥知联会的重要作用。

二、高校知联会规范化建设的指导思想和基本原则

1.指导思想

高举中国特色社会主义伟大旗帜,以邓小平理论和"三个代表"重要思想为指导,深入贯彻落实科学发展观,把知联会建设成为坚持中国共产党的领导,适应社会主义市场经济,符合联谊会发展规律和无党派知识分子成长规律,具有政治和学术影响力、会员凝聚力、社会公信力、自主发展能力的统战性、联谊性的社会团体。

2.基本原则

(1)坚持党的领导。要保持正确的政治方向,自觉接受中国共产党的领导,着眼于全面贯彻执行党的路线方针政策和国家的法律法规,以改革创新的精神,在规范化建设中积极探索如何在党的领导下发挥民主监督、参政议政的作用,更好地服务于党和政府的工作大局,服务于学校的建设与发展。

(2)坚持立足学校。知联会要发挥好自身的优势,立足于学校,充分发挥知联会成员在高校教学、科研以及服务社会中的作用。紧紧依靠自己的专业能力和报效祖国的理想,以学校的发展为基点,立足本职,服务大局,不断推动学校各项事业的发展。

(3)坚持以人为本。知联会要牢固树立全心全意为会员服务的宗旨,以人为本。知联会的发展依靠会员,知联会开展活动的基础是会员。突出会员的主体地位,在规范化建设进程中应以征求会员的意见为主,将会员是否需要、是否满

意,作为检验工作的首要标准,夯实知联会的组织基础和群众基础。

三、高校知联会规范化建设的工作目标和策略措施

1. 工作目标

以促进知联会健康有序发展为目标,以规范组织章程为核心,以健全组织结构为重点,以完善规章制度为手段,以增强知联会对学校发展的促进作用为目的,充分发挥规范化建设对知联会的导向、激励以及约束作用,增强知联会自主发展和自我管理的能力,推进知联会自律建设,提高知联会的透明度和公信力,彰显知联会的优势,不断增强知联会的凝聚力和影响力。

2. 策略措施

(1)规范组织机构建设。按照民主程序产生会员大会、理事会、秘书处等组织机构,健全并履行其职能。合理控制理事会规模,必要时可设立常务理事会。理事会组成要有合理的年龄结构、职称结构、职业结构,既要有热心知联会事业的学科带头人,又要有活动能力较强的管理人才及一线的教学工作者,还要有相关的科研人员。特别要选好会长、秘书长等主要负责人,建立起一支精干、高效、高素质的知联会班子队伍,逐步形成吸引接纳优秀人才参与知联会管理工作的机制。可以根据活动需要,依据业务范围的划分或者会员的组成特点,科学合理地设立专门从事联谊会某项业务活动的工作委员会、专业委员会等分支机构。

(2)规范会员管理体制。知联会的成员是知联会之本。知联会要注重加强会员队伍建设,做好会员的发展、联系和服务工作。知联会要加强宣传工作,建立会员发展办法,主动积极发展优秀的无党派知识分子入会,不断充实知联会的力量,优化知联会会员结构。要发挥好"提供服务、反映诉求、规范行为"的职能作用,保障与会员的沟通渠道畅通,并通过各种方式联系和帮助会员。要建立有效的会员信息反馈渠道,及时向会员提供各种知联会的决议或者相关的活动通知。要着力完善广大会员对学校发展、社会服务的建言献策制度,及时汇集和准确反映会员的想法和建议。要明确专人负责,组织会员广泛参与研讨交流活动,及时了解会员对知联会工作的意见和要求,维护会员权益,增强知联会的凝聚力和向心力。

(3)规范民主议事机制。知联会要按其章程规定,定期召开理事会、会员大会,健全民主议事、民主决策规则,实行民主管理和民主监督,防止行政化倾向。

理事会一年开四次会,会长、秘书长一年开六次会议,会议时间提前排定。理事会、会员大会必须有总人数 2/3 以上出席方能召开,其决议必须得到与会人数的 2/3 以上的表决通过方能生效,会议要有详尽的会议记录或会议纪要,重要会议应以纪要形式发给会员,并存入知联会档案。

(4)规范换届选举工作。知联会要重点抓好换届选举工作,从全面工作和长远发展的高度来规范换届选举程序。知联会每四年换届一次,换届工作必须按知联会章程规定的要求规范进行。因特殊情况需提前或延期换届的,须由理事会表决通过。

(5)规范活动开展。知联会的生命在于开展活动,有作为才有地位。知联会要形成系列的活动机制,推进活动经常化、组织常态化。一是服务地方经济社会发展的活动。知联会要发挥自身的专业优势,着眼于区域的发展,因地制宜开展各种活动。如我校地处浙江中部,在知联会的各项社会服务活动中就紧密联系金华浙中城市群发展的实际,组织开展有实际应用价值的技术和智力援助活动。二是服务学校发展的建言献策活动。高校知联会的根在学校,知联会对学校发展所起的作用是最为广大知联会成员所关注的。通过开展与学校相关部门和学院的沟通与交流活动,主动将会员的意见反馈给相关部门和学院,同时做好建议采纳情况的反馈工作。浙江师范大学已经通过博士点单位立项建设的整体验收,知联会充分发挥会员的主人翁责任感,做好建言献策活动,为学校各项事业的发展和"十二五"发展规划的落实提出建设性的意见。三是服务学校教学育人的活动。教学质量是立校强校之本。我校知联会中有不少成员既是教学科研的骨干也是学校教学管理的骨干,通过定期组织教学评比、教学公开课、教学技能讲座、教学经验交流、教学管理建言献策等活动,通过知联会成员的带动,切实营造良好的教学育人氛围。四是以各小组为主要依托的会员联谊活动、学术交流活动等。

(6)规范信息平台建设。高效的信息交流是知联会推进各项工作的保证,因此,要加强对知联会网站的建设,使网站成为成员交流信息、宣传组织工作内容的重要平台。定期更新网站内容,宣传党与国家关于无党派知识分子的有关政策,上传组织相关活动的新闻图片与新闻,扩大知联会的社会影响力。

(7)规范年度考核。通过建立起会长代表理事会的面向全体会员的年度工作述职和考核机制、各小组负责人的年度活动向理事会汇报和考核制度、会员的年度活动参与情况的登记、考核和评优制度等,努力探索知联会规范化建设考评的长效机制。

(8)规范档案管理。要安排专人负责知联会档案工作,对各类会议、活动等进行详细记录,对各类建言献策、议政建言等做好分类整理,对各种总结、方案、宣传报道、考核、荣誉等做好全面收集,加强档案的管理工作。

四、高校知联会的作用及其发挥途径和机制保障

1.高校知联会的作用

高校知联会具有人才荟萃、智力密集和联系广泛的优势,自成立以来紧贴中心,服务大局,广泛调动广大会员的积极性、主动性和创造性,努力为推动高校和地方经济社会的平稳快速发展作出了一定的贡献。具体地说,高校知联会的作用体现在以下几个方面:

(1)教育引导。知联会积极开展理论学习和思想教育活动,引导广大会员深入践行中国特色社会主义理论体系和社会主义核心价值体系,树立走中国特色社会主义道路的坚定信念。浙江师范大学知联会近三年来紧紧围绕政治交接主题教育、社会主义核心价值体系学习实践、庆祝中国共产党建党 90 周年等,举办了各类座谈、专题讲座和辅导报告共计 10 余次,培训会员 500 余人次,以期切实提高会员的政治思想素养,增强会员的社会责任感和历史使命感。

(2)人才培养。知联会深入了解并及时反映无党派知识分子的思想状况和各种需求,为党外知识分子代表人士的成长提供了良好条件。浙江师范大学知联会积极履行"树才"、"荐才"职责,成为无党派知识分子成长的重要基地。2010年,知联会会长方健文调任杭州外国语学校校长。同年,学校中层干部换届,有11 位知联会成员走上处级领导岗位,其中新提任的有 5 位。2011 年初,金华市人大换届,新任会长李伟健当选为人大代表。同时,知联会还积极向各民主党派举荐和输送优秀人才,成为高校党外人才的"蓄水池"。

(3)建言献策。为达到参政有方、议政有力的效果,知联会根据学校党委和行政中心工作积极开展建言献策。如浙江师范大学知联会主动承担学校统战调研任务,围绕"高校教学基层组织建设"课题开展深入浙江师范大学知联会调研分析,提出建设性方案,为学校教学改革提供理论和实践支持。同时,会员积极结合教学科研实践,围绕学校中心工作,在学校"十二五"规划制定、岗位设置聘

用、申博等重要工作中,积极向学校建言献策,增强了学校决策的科学化、民主化。

(4)服务社会。知联会发挥群体优势,为地方经济社会发展提供服务。如浙江师范大学知联会通过开展社情调研、科技下乡、扶贫帮困等方式积极发挥人才智力优势,做足"知识"文章,先后两次组织全体会员赴开化、武义等地开展新农村建设考察和帮扶,与地方达成多项科技服务协议。

(5)联谊交友。知联会通过组织各种联谊活动,加强会员交流,联络会员感情。如浙江师范大学知联会通过开展理事学习会、全体会员迎新团拜会等形式,增进沟通了解。尤其知联会骨干关心会员工作、学习和生活状况,努力向学校反映和帮助会员解决实际困难,如夫妻两地分居、住房安置及外籍华人子女念书等难题,增强了组织的凝聚力。

2.高校知联会作用发挥的途径

结合我校知联会工作实际看,高校知联会作用发挥的途径可以体现在以下三个方面:

(1)组织推动。第一,搭建议政建言的平台。知联会进一步拓宽了无党派知识分子参政议政的途径。除了以组织形式将优秀无党派知识分子推荐到各级人大和政协外,还可以定期向无党派知识分子征询意见,邀请无党派知识分子参加学校的有关会议,使他们参与有关学校发展的重大决策与社会事务管理。第二,搭建交流平台。为了增进无党派人士之间的交流,同时增进成员间的了解和信任,知联会开展形式多样的联谊活动,这些联谊活动增强了成员间的凝聚力,展示出无党派团体的生机、活力。第三,搭建服务平台。为了加强与新一代无党派知识分子的联系沟通,同时切实做好服务工作,应该不断探索相应的方式和途径。例如,不断完善和坚持联系沟通制度,建立定期走访慰问制度,做好协调,排忧解难,帮助解决无党派人士在工作、生活中遇到的困难和问题,进一步激发他们参政议政、贡献力量的热情。

(2)小组协作。浙江师范大学知联会分教育组、理工组、音体美组,以小组为单位,协作发挥作用。首先,组织活动,彰显特色。各小组结合专业特色,积极协作、组织策划服务项目。每个小组每年要求组织不少于两次的活动。活动后,由小组长向知联会理事会汇报。其次,提供平台,合作进步。各小组根据成员专业特色,设立专业主题,通过开展一系列的特色活动,如学习交流会、考察交流等,为成员间创设沟通思想,交流启发良好的学习平台,发挥小组合作优势,以达到成员间相互促进、共同进步的目的。再次,发挥优势,献计献策。各小组根据自身专业优势,积极开展与学校现状有关的调查,根据调查结果,提出相应的发展对策,并主动联系学校相关部门,反馈想法,献计献策。最后,吸纳人才,促进持续发展。各小组秉承人才引进观,积极通过各种渠道,有计划地吸纳各个领域、各个专业的优秀人才,着力培养他们,以促进自身持续发展。

(3)个体自主。知联会每位成员可以以专业身份介入发挥作用,服务社会,同时也使以无党派人士的身份发挥作用。首先,各个成员积极学习党的政策,了解知联会定位和功能,关注浙江师范大学知联会动态,积极参与知联会组织活动,服从知联会组织工作安排。其次,各个成员根据自己实际情况,发挥专业特长,争取科研和服务社会项目,努力发挥服务功能。再次,各个成员积极致力于学校教学育人、管理育人工作,努力培养人才,同时在教学、管理过程中,积极提炼教学模式,创新管理机制,勇于提出有效的建议和意见,并向学校学院相关部门反馈。

3.高校知联会作用发挥的保障机制

知联会作用的发挥,需要知联会自身发挥主观能动性,主动地、积极地、创造性地开展工作。为使知联会的作用得以更好地发挥,则需要政府和学校的努力作为,共同为知联会作用发挥建章立制,保驾护航,真正把知联会建设成为党联系团结各方面党外知识分子的载体,成为帮助引导无党派人士的家园,成为无党派人士服务社会的重要机构,成为无党派人士参政议政的重要平台,并且通过知联会构建起无党派知识分子的身份认同感和组织归属感,牵引其政治进步,促成其价值实现。

(1)建立健全教育培训机制。学校可以举办或推荐无党派知识分子参加各类培训班,以不断提高他们的政治思想素质,提升他们的政治参与意识,提高他们的政治把握能力和合作共事能力,鼓励和引导无党派知识分子积极参与决策和管理。

(2)建立健全意见征询机制。对于学校有关教育教学改革、内部管理体制改革、学科建设、学校发展规划等重大工作,学校应努力创造便于代表人物参政议政的条件,通过建立无党派代表人士参加的座谈会、情况通报会、民主恳谈会、听证会、咨询会、领导班子民主生活会征求意见会等制度,为无党派知识分子参与决策和管理提供机会,扩大无党派代表人士的议政建言活动。学校应尤其注重提高知联会参与学校决策和管理的影响力,充分发挥知联会组织代表无党派知识分子参与学校事务的民主决策、民主管理和民主监督的作用。

(3)建立健全对口联系机制。通过建立知联会与学校人事、教务、科研等部门的对口联系制度,大力支持无党派人士围绕学校中心工作开展调查研究活动,推动他们有序地参与学校各部门的各项决策,促进部门工作民主化和决策科学化。

(4)建立健全推荐选拔制度。学校在后备干部队伍建设中要考虑一定比例的无党派人士,建立无党派人士重点联系培养名单,并加大对他们的培养、选拔任用力度。通过悉心培养、定期交流等形式,推动一些优秀的无党派人士到重要部门、关键岗位担任主要领导职务。同时,除实职安排以外,还要积极推荐表现突出的无党派人士到地方人大、政协,重视无党派人士的政治安排,为无党派人士参政议政提供重要平台。

(5)建立健全经费投入机制。经费是知联会开展活动的物质保障,无论是考察调研活动,还是联谊交流活动,抑或是知联会的教育培训和会员慰问活动,离开经费,就如巧妇难为无米之炊。而会员的会费毕竟是有限的,这就需要学校加大知联会的经费投入,为其长期、有序、富有活力、充满影响力地开展活动提供强有力的物质保障。

(6)建立健全联谊交友机制。建立党政领导与无党派代表人士(如院士、入选"千人计划"的学者、长江学者等高层次人才)联谊交友制度,定期约谈,及时掌握他们的思想脉搏和工作生活现状,有的放矢地做好教育引导,增强凝聚力。要以诚相见、平等待人,积极帮助无党派人士解决工作、学习和生活等各个方面的实际困难,多做实事,多办好事,积极营建和谐共融的氛围。

总之,通过加强高校知联会的规范化建设,强化高校知联会的作用发挥,从而能使高校知联会努力成为无党派知识分子紧密团结、平等沟通、共同协作的载体,为国家、学校和地方社会经济发展服务,为实现国家富强、民族复兴、人民幸福和社会和谐,凝聚力量,实现中国梦。

参考文献

1. 邢振:《论新时期山东胶南市民主党派、无党派人士与地方社会》,2008 年。

2. 程芳:《知识分子联谊会开展无党派知识分子工作的创新思考》,《吉林省社会主义学院学报》2009 年第 2 期。

3. 胡俊峰、常泓:《无党派人士的界定和称谓的历史演变》,《湖北成人教育学院学报》2007 年第 2 期。

4. 操武斌:《无党派人士组织形式探析》,《学理论》2010 年第 15 期。

高校党外知识分子思想特点调研与分析

黄 岩 尹晓盼*

《中共中央关于加强新形势下党外代表人士队伍建设的意见》提出:"要深刻认识加强新形势下党外代表人士队伍建设的重要性和紧迫性,把握新形势下党外代表人士的特点和成长规律,着力培养大批高素质、有影响、作用大的党外代表人士,推动爱国统一战线不断巩固壮大。"[1] 高校是知识分子集中的地方,也是培养和造就党外代表人士的主阵地。为了准确把握高校党外知识分子的思想特点,促进高校统战工作的科学化,本文依据 2012 年度"全国高校教师思想动态调查(浙江部分)"中党外人士部分的调查数据,对党外人士的思想情况进行了深入的研究与分析。

一、样本群对象的基本情况

本次调查于 2012 年 3 月至 5 月间在杭州电子科技大学、浙江大学、浙江工业大学、中国美术学院、浙江师范大学、宁波职业技术学院等 11 所高校进行,以问卷的形式进行随机调查。通过 SPSS17.0 统计软件分析,样本群共有非党员教师 193 人,其中男性占 47.2%,女性占 52.8%;年龄结构:30 岁及以下占 6.7%,31—40 岁占 48.7%,41—50 岁占 38.9%,50 岁以上占 5.7%;专业技术职务:正高、副高、讲师、初级及以下的比例分别为 11.3%、35.8%、41.5%、11.3%,且民主党派人员高级职称比例(73.1%)要远高于 40% 的平均数;学历情况:学士、硕士、博士、无学位的比例分别为 17.1%、51.3%、26.4%、5.2%;海

---

* 黄岩,杭州电子科技大学副教授;尹晓盼,杭州电子科技大学硕士研究生。
〔1〕 《中共中央关于加强新形势下党外代表人士队伍建设的意见》,《人民日报》,2012 年 2 月24 日。

外学习经历：71.5％的人"无海外学习经历"，21.2％的人"有过非学历教育类型的学习经历"，7.3％的人"在境外取得学位"；所属学科领域：工学占26.4％，经济学占13.7％，管理学占13.7％，文学占13.6％，教育学占10.4％，理学占8.8％，其他学科合计占13.4％。总体来看，本次调查对象结构合理，具有一定的广泛性、代表性。

二、高校党外知识分子的思想特点

伴随着我国政治、经济、文化体制改革的不断深入，在中西文化交流碰撞中成长起来的高校党外知识分子，已成为建设中国特色社会主义的一支重要力量，他们的思想观念、价值取向、行为准则都呈现出鲜明的时代特点。

1.政治理论观点基本正确，对政治体制改革充满期待

政治理论观点是指处于社会政治关系中的行为主体对以政党、国家和人民为中心的社会政治关系的根本认识。[1]调查显示，针对问卷所列重大理论问题，83.4％的人赞同"必须增强各族人民对伟大祖国的认同"、77.2％的人认可"我国必须坚持改革开放不动摇，不能走回头路"、75.1％的人赞同"科学发展观是发展中国特色社会主义必须坚持和贯彻的重大战略思想"。74％的人对"我国周边一些国家不时在南海挑衅，美国插手，南海问题升温"给予"关注"的态度。对"中国共产党召开的第十八次全国代表大会"，明确表示"未太关注"的比例只有14.5％。针对"中国特色社会主义事业进一步发展、综合国力增强、国际地位提高"，72.5％的人持乐观态度。数据表明，高校党外知识分子具有强烈的社会责任感，政治价值取向与中央基本保持一致，理论观点基本正确。

2.人生价值取向积极向上，对存在的社会问题深表忧虑

人生价值观是人们在实践中形成的对于人生目的和意义的根本看法，它在深层次上决定着人们实践活动的目标、人生道路的方向和对待人生的态度。据调查，95.3％的人认为"诚信是做人之本"，61.2％的人不认可"金钱是人生幸福的决定因素"。在处理集体与个体之间的关系问题上，87.6％的人认为"人民是历史的创造者"、68.4％的人认为"个人只有在集体中才能更好地得到发展"、63.2％的人认为"在考虑利益问题时，应首先考虑国家利益和集体利益"，这说明

---

〔1〕 黄岩、完颜华：《"90后"大学生思想行为特点及其德育路径探析》，《创新》2012年第5期。

高校党外知识分子群体人生价值观总体积极、健康,对优秀民族传统文化有深刻认知,基本能正确处理国家、集体、个人三者之间的关系。

针对目前存在的社会问题,高校党外知识分子深表忧虑。33.2%的人认为发生诸如"小悦悦事件"中的冷漠现象,其根本原因在于"人与人之间缺乏信任感";32.4%的人认为最主要问题是"公民道德观念淡漠"。分别有50.8%、48.7%、37%的党外人士认为"涉及国家主权、民族利益和尊严的重大事件"、"腐败问题"、"物价上涨过快"是影响社会发展稳定的前三位最重要因素。

3.具有较强的爱岗敬业精神,对高等教育改革极大关注

广大党外知识分子对加强师德建设十分重视。针对"您认为对于师德建设工作,最重要的是什么"的问题,"营造良好氛围"(25.9%)、"提倡自我修养"(25.9%)、"学校高度重视"(16.5%)成为党外人士首选的前三位因素。在专业教学活动外,分别有36.8%、36.2%的党外教师能通过"答复学生邮件、电话、短信"、"课间休息或下课后聊天"等方式与学生积极交流,他们交流的问题不仅是学习问题,也包括职业生涯规划、为人处世、业余爱好等诸多问题。

调查显示,在涉及高等教育改革发展的各项任务中,广大党外教师最关心的前三位要素分别为"高水平师资队伍建设"(36.2%)、"落实和扩大高校办学自主权"(19.2%)、"科研创新基地与科技创新平台建设"(18.2%)。在他们看来,"学校领导班子的领导决策能力"(23.8%)、"学校的发展定位"(15.5%)、"国家对学校的投入"(14.5%),是影响学校发展的前三位主要因素。

三、高校党外知识分子工作科学发展面临的问题

在新的历史条件下,高校党外知识分子工作的科学发展也面临诸多挑战。

1.复杂的外部环境

新世纪新阶段,高校统战工作的国际国内环境正在发生着复杂而深刻的变化。从国际方面来看,随着国与国之间经济合作关系的不断深入,西方敌对势力也在利用人权、民族、宗教等问题处心积虑地对我国实施西化、分化战略,以所谓"民主、自由、人权"等价值观念对我国指手画脚,企图同化我们的思想观念。从国内方面来看,我国正处于社会变革的关键时期,社会经济成分、组织形式、就业方式、利益关系和收入分配方式的多元化趋势日渐显现,社会矛盾明显增多,道德失范、消极腐败等不少问题依然严重,社会向心力和凝聚力面临新的挑战和考

验。特别是随着信息技术的发展,各种主义的多种价值观念在网络上鱼龙混杂,多元多样多变的网络舆论更是异彩纷呈,它们在极大地丰富人们知识的同时,也对我国主导价值观形成极大的冲击。在这种境遇下,如何以主导价值观引领多样化社会思潮,增强党外知识分子的政治鉴别力,无疑是值得深思的一个关键问题。

2. 低效的工作机制

近年来,尽管高校在党外知识分子工作领导机制方面有了新的发展和变化,但相对于党外知识分子队伍日益扩大、学历层次日益提高、社会影响力不断增强的现实而言,现有党外知识分子工作机制仍存在明显不足。一是领导思想重视不够。不少高校对统战工作的重要性认识不足,工作内容简单,工作形式单一。二是机构设置不合理。目前相当一部分高校的统战部是与其他部门合署办公的,精力投入不够。三是缺乏创新性的理论与实践研究。面对高校党外知识分子的新情况新问题,很少有专门的学者或工作人员去深入调研分析,因而无法形成与新形势相协调的工作机制。四是资金投入严重不足。在办学资金紧缺的现实情况下,不少高校没有保证应有的统战工作经费投入。

3. 多元的党外知识分子构成

目前,高校统战工作对象已扩大为各民主党派成员、无党派人士、党外知识分子、出国和归国留学人员、少数民族人士、宗教信仰人士、港澳同胞及在高校就读的港澳学生、台湾同胞及其亲属(包括在大陆定居的台胞和就读的台湾学生)、海外侨胞和归侨侨眷等。其中有成就、有影响的党外知识分子,他们多数掌握一国甚至多国外语,在国外有过或长或短的学习工作经历,有一定的海外社会联系,有些人本身就是归侨或侨眷、侨属。受西方价值观念的熏陶,他们普遍崇尚自我,追求竞争、民主和平等,同时他们中有些人对中国共产党的政治纲领和路线抱着一种将信将疑的态度,思想认识和行为规范也日趋多元。此外,随着高等教育与国际接轨步伐加快,客座教授、名誉教授、外聘教师逐年增加,他们的思想观念、价值取向等,更是有着与以往的统战对象明显的不同。因此,如何做好这些新统战群体的思想工作,既发挥他们的专业和技术优势,又增进他们对中国共产党的认同感,是当前高校党外知识分子工作需要侧重探讨的问题。

四、促进高校党外知识分子工作科学化的新思路

从对党外知识分子思想状况的调查与分析中,我们深切感受到他们对实现

自身价值的迫切追求。立足这一现实,坚持以人为本的原则,采取有针对性的策略,以制度育人、感情育人、事业育人相结合,高校党外知识分子工作才有可能实现科学化发展。

1. 以制度建设为根本,提升党外知识分子统战工作规范力

建立健全的规章制度,是高校党外知识分子工作规范化的根本。高校党外知识分子统战工作涉及面广、综合性强,其制度建设亦涉及方方面面。从纵的角度来看,有民主党派建设机制、参政议政机制、同盟者利益照顾机制、与党外人士合作共事机制、留学人员与归国人员工作机制等诸多内容。从横的角度来看,则有目标形成机制、领导协调机制、队伍建设机制、工作运行机制、条件保证机制、效果评价机制等若干内容。[1]但在众多制度中,领导协调机制、资金保障机制、干部配备机制更带有基础性、保障性。一是领导协调机制。高校党外知识分子工作的复杂性及其社会影响性,要求各级党委切实提高对统战工作重要性和必要性的认识,积极构建由党委统一领导、党政齐抓共管,以独立设置的统战部为主,统战、宣传、外事、工会、院(系)、教务、科研等各部门相互协调的管理机构。二是经费投入机制。建立健全高校统战工作经费投入机制,上级管理部门应对高校统战工作经费投入作刚性规定,高校在财政预算时要单列党外知识分子的专项活动经费,确保高校党外知识分子参加培训、考察、联谊等活动的经费落到实处。三是干部选拔机制。顺应党外知识分子高学历化和价值观念多元化的特点,统战工作队伍干部应在坚持"人格好、形象好、人缘好"标准的基础上,挑选一批政治过硬,具有高学历、现代思维和开放视野的人士担任,提升高校党外知识分子统战工作者的人格魅力。

2. 以人文关怀为要求,增强党外知识分子统战工作感召力

党外知识分子的工作,强调的是对人心的争取和凝聚,要做到这一点,更需要在各个环节、各项工作中贯穿以人为本的根本要求。一是要加强信息沟通。通过常态联系党外知识分子所在院系、研究所,深入了解党外知识分子在思想、工作、生活上的实际问题,主动与相关部门协调,妥善解决诸如职称评定、子女入学、住房安排等方面的问题,努力实现得人心、暖人心、聚人心和稳人心。二是要

---

[1]　廖志坤:《简论高校统一战线的特征与长效机制的建立》,《湖南师范大学社会科学学报》2006 年第 11 期。

和党外知识分子交朋友。统战部是党外知识分子之"家"。统战部门的干部只有对党外知识分子真心相待、肝胆相照,才能让他们找到"家"的归属感,真正了解他们的所思所想。对他们反映的问题,能解决的要妥善解决,不能解决的也要耐心说明,理顺情绪,化解矛盾。三是要组织好联谊慰问活动。统战部门可通过适当组织形式多样的联谊活动,促进党外知识分子之间的交往交流,增进其对统战部门及其干部的感情。在春节、中秋节等一些传统节日,或者是在少数民族和宗教人士的特殊节日,统战干部要主动走访慰问,让他们切实感受到组织的温暖与关怀。四是要因人制宜,针对不同的对象采取不同的工作方法。对老一代党外人士要着重进行形势政策宣传教育,对年轻一代党外人士则主要应进行政治协商和多党合作优良传统教育。针对"海归"人员,来自不同的地区又有不同的思想特点,这就要求统战干部要有创新的思维、开阔的视野,能够有针对性地做好相关工作。

3.以事业育人为抓手,激发党外知识分子统战工作内驱力

每个人都有实现自身价值的需求。党外知识分子人数多、层次高,统战工作只有为他们创造人尽其才、才尽其用的良好环境,真正实现"事业育人",长久留住"人心"、留住"人才"。一是要充分尊重人才。高校各级党委根据规定,通过通报会、协商会、座谈会等多样化的形式,及时将党内的重大决策特别是党的统战工作政策向党外知识分子宣传通报,让他们准确理解党的政治意图,真诚感受党内人士与他们之间肝胆相照、荣辱与共的诚意。二是要为人才发展提供平台。学校应该积极创造条件,广泛吸纳党外知识分子参与讨论涉及学校发展与师生利益的相关问题,引导他们多方位、多角度、多层次地参与高校改革发展工作,认真听取并吸纳他们的意见和建议,为他们提供展示自我价值和才华的舞台。三是要大胆启用人才。统战部门在把握了解党外知识分子思想状况、政治表现和业务专长的基础上,对于特别优秀的、有发展前途的党外人员,要积极协调人事部、组织部等相关部门,制订落实培养计划,选送他们到各级社会主义学院培训进修,帮助他们在政治上尽快成熟起来。在此基础上,积极举荐任用,为行政、学术等方面输送更多优秀人才。

参考文献

1. 丁俊平、徐信华:《现阶段我国高校党外知识分子的特点和党在高校的统战工作》,《学校党建与思想教育》2009 年第 13 期。

2. 王亚平:《做好新时期高校党外知识分子思想政治工作》,《高校理论战线》2005 年第 12 期。

3. 中国统一战线理论研究会党外知识分子统战工作理论研究基地编:《党外知识分子与中国特色社会主义》,中央文献出版社,2011 年。

高校党外知识分子践行"同心"思想的思考

周纪焕 *

"中国共产党 90 年波澜壮阔的历史和实践充分证明,思想上同心同德、目标上同心同向、行动上同心同行是中国共产党领导的多党合作和政治协商制度最鲜明的特质,是我们不断夺取革命、建设、改革事业胜利的有力保证。"胡锦涛总书记在 2011 年党外人士迎春座谈会上的讲话,第一次明确提出了"同心"思想。"同心"思想是多党合作实践历史经验的总结和升华,是对马克思主义统战理论的新发展。深刻理解和践行"同心"重要思想,已成为统一战线工作围绕中心、服务大局的行动指南,被贯穿到统一战线工作的各个领域、各个层级、各个方面。

一、"同心"思想内涵及其意义的理解

"同心"思想的内涵十分丰富,它特别强调融科学认识与价值判断为一体,集合规律性与目的性于一身,汇聚历史与逻辑的一致性。它不仅注重从认识论的视角实现思想统一,更强调从价值论的角度实现政治认同;既注重以科学的世界观、方法论作指导,又强调从最广大人民群众的立场、观点、感情出发去分析判断处理问题。

"同心"思想主要有四个层面的意思:第一是指党同人民群众同心。"立党为公,执政为民",党将广大人民群众的福祉始终作为自己行动的指南,增强了老百姓对党和政府的信任度和追随感,从而密切党和政府与人民群众血肉联系。第二是参政党与执政党同心。中国共产党坚持"三个代表"重要思想,坚持科学发展。参政党则传承团结进步的政党文化和光荣传统,与执政党风雨同舟、戮力同

---

* 周纪焕,衢州学院教授。

心,不断深化团结合作的政治共识。第三是统一战线各界人士与党同心。统一战线各界人士在参与中华民族的伟大复兴事业中,全面而真实地了解中国国情,增强社会认同感、责任感和使命感,进一步坚定与中国共产党同心同德、团结奋斗的决心和信念。第四是参政党内部同心。参政党成员加强自身建设,在参政中受教育,起作用,长才干,不断提高参政议政能力和水平,不断增强内部凝聚力和向心力。

基于上面的理解,"同心"思想的内涵,主要表现在三个方面。

第一,同心同德是思想上的高境界。同心同德的"同",指思想认同而不是苟同,主要强调正确的政治立场。"'同心'思想强调统一战线建立的根基在于具有共同的思想政治基础,存在的目的在于实现共同的目标和利益。"[1]中国共产党坚持为人民服务的政治立场决定了"同心"思想的核心就是坚持与中国共产党同心同德,坚持中国共产党的领导不动摇,坚持走中国特色社会主义道路不动摇,在实践中不断丰富发展中国特色社会主义理论体系,实践和完善中国特色社会主义制度。

第二,同心同向是目标上的高契合。同心同向的"同",指理想大同而非相同。"坚持'同心'思想,实质就是通过求同存异不断增进一致性、包容多样性。"[2]中国共产党在社会主义初级阶段的任务,是要把我国建设成为富强、民主、文明、和谐的社会主义现代化国家;在新世纪新阶段的奋斗目标,是团结和带领全国人民全面建设小康社会,加快推进社会主义现代化。基于此,"同心同行"的内涵就是团结在中国共产党的周围,始终为中华民族的伟大复兴而共同奋斗。

第三,同心同行是行动上的高准则。同心同行的"同",核心内涵是行动共同而非等同。就是要坚持和中国共产党"同进退、共荣辱",凝心聚力,积极投身于中国特色社会主义建设,投身于祖国统一大业,推动科学发展,改善社会民生,构建和谐社会,努力做好本职工作,包括作为谋生手段的岗位工作,不断增强多党合作事业的生命力。

从历史、现实和未来三大维度看,"同心"思想具有重要意义。首先,"同心"思想是统一战线和多党合作历史经验的总结;其次,"同心"思想体现了新形势下

---

〔1〕 杜青林:《坚持用"同心"思想增进共识、推动实践》,《人民日报》,2012年3月28日。
〔2〕 杜青林:《坚持用"同心"思想增进共识、推动实践》,《人民日报》,2012年3月28日。

统一战线发展和统战文化繁荣的精髓；再次，"同心"思想要求积极围绕党和政府中心工作，关注民生、关注热点，共同推进社会主义经济、政治、文化和社会建设。

二、高校党外知识分子践行"同心"思想的使命

据统计，目前我国具有大专以上学历的知识分子 11964 万人，其中党外知识分子 8986 万人，占 75.1％。[1] 高等院校历来是党外知识分子的重要聚集地，占高校知识分子总数的 60％以上。高校历来是统一战线各方面代表人物的重要源头，也是中国共产党统一战线工作的重要领域。对高校党外知识分子的统一战线工作，是中国共产党统一战线工作的重要组成部分。高校党外知识分子努力践行"同心"思想，具有重大的历史使命和现实意义。

随着社会主义现代化建设进入新世纪新阶段，在改革开放及中西文化交流过程中成长起来的高校党外知识分子，在很多方面都表现出了新的特点。

第一，具有高端人才的优势。高校是人才的发源地和聚集地，拥有大量的知识分子，也是党外知识分子最密集的地方。随着我国高等教育的迅速发展，高校吸引了大量高学历、高学位、高职称的中青年知识分子。高校党外知识分子具有数量多、层次高、学科多、领域广的特点，他们肩负着培养人才、科学研究、社会服务、文化传承创新的职责，是学校改革与发展的主要依靠力量，是国家发展进步的生力军。

第二，拥有广泛的社会联系。高校党外知识分子汇集了各方面的代表人物，他们有着独特的身份背景，与社会有着非常广泛的联系，拥有较高的社会声望。他们活动范围广，拥有广泛的社会资源、文化资源和科技信息资源。他们发挥自己各方面的优势，有更多的机会为各级政府建言献策，起着智囊团与人才库的作用。

第三，关注社会现实。在经济全球化的今天，高校党外知识分子对时代发展趋势、社会经济、政治发展有独到的认识和见解，一般不轻信宣传和说教。他们具有强烈的民主意识，关心党和国家大政方针和重大改革，关心经济和社会的发展，关心高等教育和学校的各项事业。他们继承了中国知识分子的优良传统，即以国家的富强、民族的振兴为己任，具有强烈的社会责任感和忧患意识。

---

[1]《我国党外知识分子数量已达 8986 万人》，《共产党员》2011 年第 17 期。

第四，价值取向多元。数字化和网络化的信息时代，以及转型期中国社会经济结构和社会关系的新变化，导致人们世界观、人生观、价值观的多样化。高校党外知识分子也在所难免。其中有的人崇尚西方民主，有的人理想信念、集体意识、奉献精神淡薄，个别人甚至私欲膨胀、背离教师的职业道德。

高校党外知识分子是建设中国特色社会主义事业的重要力量，是我国人才资源极其重要的组成部分。认真研究现阶段高校党外知识分子的特点，可以更好地把握高校统战工作规律。从历史经验看，无论是新民主主义革命时期，还是社会主义建设时期，尤其是改革开放以后中国共产党都很重视高校统战工作。通过"同心"思想的学习和践行，可以为中国共产党培养优秀的党外代表人士，充分发挥他们在参政议政、民主监督和服务社会中的作用，为发展中国特色社会主义事业、全面建成小康社会、复兴中华民族的伟大事业服务。通过他们发挥示范和引领作用，不仅能团结和凝聚大批共同致力于中国特色社会主义事业的劳动者和建设者，还能影响和带动各自所联系的群众，特别是年轻的大学生群体共同投身于"同心"行动。

三、高校党外知识分子践行"同心"思想的路径

为进一步提高高校党外知识分子践行"同心"思想的能力和水平，在实践中不断丰富"同心"思想的内涵，扩大"同心"品牌的覆盖面和影响力，我们还需着力推进以下几个方面的工作。

第一，着力推进"同心"思想的教育和培训。思想认识水平决定着政治价值追求，只有思想认识上的坚定，才有政治追求上的坚定。思想认识水平决定着行为价值取向，只有思想上的"同心"，才有行动上的"同行"。要以政治共识教育为核心，发挥各级社会主义学院等统一战线教育培训基地及主题教育活动的作用，把高校党外知识分子作为教育培训的主要对象，把党的统一战线思想和理论作为教育培训主要内容，通过教育培训，使他们更加真切地了解社会主义初级阶段的中国国情，更加深刻地体会中国特色社会主义制度的优越性，更加贴近人民群众实际，从而进一步提高他们的思想认识，提升他们的政治和理论素养。要创新培训方式，积极探索多岗位、多形式、多途径的实践锻炼方式，通过推广建立党外知识分子挂职锻炼基地、搭建任职平台、加强岗位交流等方式，让党外知识分子在实践一线了解社情民意，增进与人民群众的感情，既履行职责、展现才华、发挥

作用,又经受考验、磨练意志、提升境界,最终实现与中国共产党"同心",与党的大政方针"同心",与党在不同时期的中心工作"同心"。

第二,着力营造有利于高校党外知识分子充分发挥作用的"同心"环境。为此,一要积极为广大党外知识分子参政议政营造良好的政治环境。我们要利用党的政策优势,建立一系列制度。在校外,把他们推向各级人大代表、政协委员的平台,积极支持党外知识分子在各级人大、政协的参政议政、民主监督中发挥作用。在校内,为党外知识分子参与民主管理、民主监督提供制度保障,强化其主人翁意识和政治责任感。二要积极为广大党外知识分子营造良好的工作环境。要在进修访学、在职读硕读博、科研经费等方面都采取向党外知识分子倾斜的政策,营造宽松的学术氛围,鼓励他们干事业、干大事业,为他们提供能够充分施展才华的工作平台。三要积极为广大党外知识分子沟通、交流营造和谐的人际环境,增强党外知识分子的凝聚力、向心力。四要主动关心广大党外知识分子的工作和生活,积极为他们排忧解难,营造良好的生活环境。

第三,要着力打造有利于党外知识分子发挥作用的"同心"品牌。在开展"同心同行"活动中,"同心"是前提、是基础、是灵魂,"同行"是目的、是追求、是效果。"社会实践是检验'同心'理念的最好标准,也是提升'同心'理念的最有效方法。只有在实践中,才能使统一战线广大成员更清楚地认识自身的社会责任和时代使命。也只有在实践中,才能使统一战线广大成员更深刻认识中国特色社会主义道路的正确性。"[1]要创造条件,为党外知识分子发挥作用打造"同心"品牌。一是打造"凝聚力工程"。通过学术团队建设、教学改革的推进、教学能手大赛,以及师德标兵建设等活动,凝心聚力,积极促进高校的校风和学风建设。二是打造"社会服务工程"。要充分利用高校党外知识分子所掌握的科学技术知识和研发的科技成果,通过与企业合作等方式,做好成果的转化工作,直接为经济社会发展服务。三是打造"平台建设工程"。高校党外知识分子拥有各自的组织和资源,高校的统战部门要善于借力发展,打造有利于各民主党派和无党派人士开展广泛的社会交往、交流的空间和平台,发挥其沟通社会各方面的能力和影响。

总之,高校党外知识分子是中国共产党统一战线的一支宝贵力量,要自觉秉

---

〔1〕 杨晓渡:《论"同心"品牌的推行领域》,《人民政协报》,2011年5月27日。

承爱国、团结、民主、求实、奉献的价值理念,弘扬以爱国主义为核心的民族精神和以改革创新为核心的时代精神,认真学习、践行"同心"思想,"切实在理性上认知、情感上认同、意志上坚信、能力上提升、实践中运用,将'同心'思想转化为工作的实际成效"[1],为中华民族的伟大复兴大业贡献力量。

参考文献

1.《中共中央举行党外人士迎春座谈会》,《人民日报》,2011 年 1 月 31 日。

2. 林华山:《同心思想:统战文化的核心内涵》,《重庆社会主义学院》2011 年第 6 期。

3. 宋俭:《同心思想:新的历史条件下参政党建设的重要指导思想》,《湖北省社会主义学院学报》2012 年第 2 期。

4. 陆银辉:《论"同心思想"与转型期统战文化建设》,《山西社会主义学院学报》2012 年第 2 期。

5. 许峰:《同心思想的历史考察》,《湖南省社会主义学院学报》2012 年第 2 期。

6. 梁晓宇:《参政党践行"同心"思想的基本原则和任务刍议》,《广东省社会主义学院学报》2011 年第 4 期。

7. 满瑛:《"同心"思想是统一战线的本质要求和鲜明特征》,《江苏省社会主义学院学报》2012 年第 3 期。

---

[1] 章建敏:《学习"同心"思想,推进"同心"实践》,见《学习贯彻"同心"思想专题报告会在京举行》。

第四部分

高校党外代表人士队伍建设工作研究

我校党外代表人士队伍建设的现状分析及思考

陶燕敏　刘自勋　汪佳莹*

加强党外代表人士队伍建设,是坚持和发展中国特色社会主义政治制度、巩固和壮大新时期统一战线,实施人才强国的必然要求。我校党外人士数量多、层次高、影响大,为我校创建世界一流大学,为国家、上海市的发展作出了积极贡献。深入研究和分析我校党外代表人士队伍,着眼于未来五年乃至更长时间各级人大、政协、政府及民主党派换届举荐的需要,早规划、早发现、早培养、早使用,进一步加强我校新一代党外代表人士队伍建设日显重要和紧迫。去年,中央出台了《中共中央关于加强新形势下党外代表人士队伍建设的意见》,为我校加强党外代表人士队伍建设提供了政策支撑,本文根据文件精神,认真分析了我校现有党外代表人士队伍的基本情况和存在的问题,预测了在今后五至十年内重点人物的退留趋势,提出了我校党外代表人士队伍建设的有关设想。

一、我校现有党外代表人士情况分析

1.我校党外人士总体情况

我校现有教职工 7359 人,其中党外人士 4267 名,占教职工总数的 57.98%。我校现有民主党派成员 913 名(校本部),占教职工总数的 12.4%。我校现有杰出人才 173 名(含两院院士、长江学者、973 首席科学家、杰青、海外青年学者合作研究基金资助者、863 专家组成员、"百千万人才工程"国家级人选、重大科学研究计划首席科学家、教育部创新团队带头人、跨世纪优秀人才培养计划入选

---

　　* 　陶燕敏,上海交通大学党委统战部部长,副教授;刘自勋,上海交通大学党委统战部主任科员,副研究员;汪佳莹,上海交通大学党委统战部副主任科员,讲师。

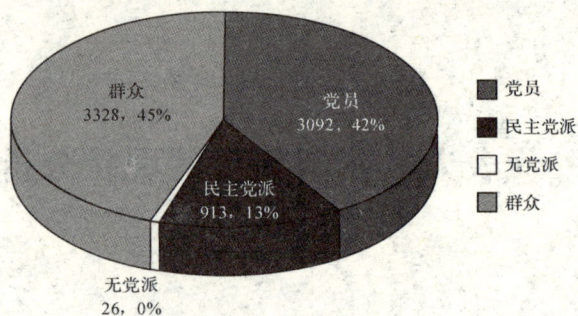

我校教职工政治面貌分布图（本部）

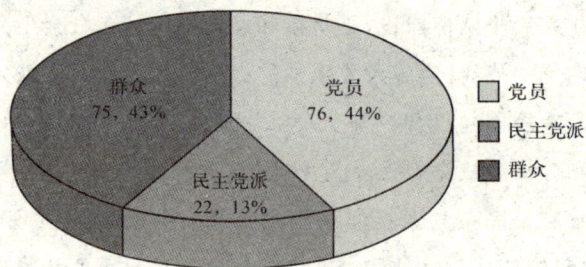

杰出人才政治面貌分布图

者、教育部表彰高等学校优秀骨干教师、上海市领军人才、东方学者等），其中党外人士 97 人，占 56%，民主党派 22 人，占 13%。

2. 我校现有党外代表人士情况分析

（1）党外代表人士的内涵。党外代表人士是指中共以外的各民主党派、无党派人士中具有广泛社会影响和广泛代表性的各界人士。就我校而言，主要是指担任副处级以上职务的民主党派、无党派人士；担任民主党派中央委员以上、民主党派上海市委常委以上、校民主党派副主委以上职务的人员；各级人大代表、政协委员中的非中共人士；市参事、文史馆、职教社等党外成员及在市知联会、欧美同学会、侨联、民族联等担任一定职务的非中共人员。

我校各级人大代表政协委员情况预测表

人大政协	总　数	党　员	党　外	2017年到届到龄	2022年到届到龄	2022年可以连任
全国人大	3	1	2	1	1	1
全国政协	5	2	3	2	3	0
市人大	8	3	5	1	3	4
市政协	18	8	10	9	4	5
区人大	10	4	6	4	2	4
区政协	23	2	21	6	9	8
合　计	67	20	47	23	22	22

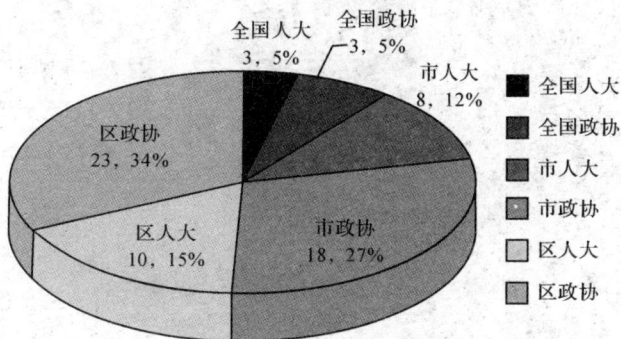

我校各级人大代表、政协委员情况分布图

（2）我校现有党外代表人士队伍情况分析。第一，我校现任全国、上海市人大代表政协委员情况。我校现有全国、上海市、区人大代表政协委员67人次，其中全国人大代表3名、全国政协委员5名；市人大代表8名，市政协委员18名；区人大10名，区政协23名。其中党员20名，民主党派40名，无党派和群众7名。在2017年换届时将有22名到届或到龄（含2人离开交大）；在2022年换届时，将有23名到届或到龄，22名可以连任，占31%，且都已担任3届。

第二，我校现任民主党派中央委员人员情况分析。2012年各民主党派换届后，我校本部有8人当选民主党派中央常委或委员；2017年换届，将有3人到届或到龄；2022年换届，4人将到届。

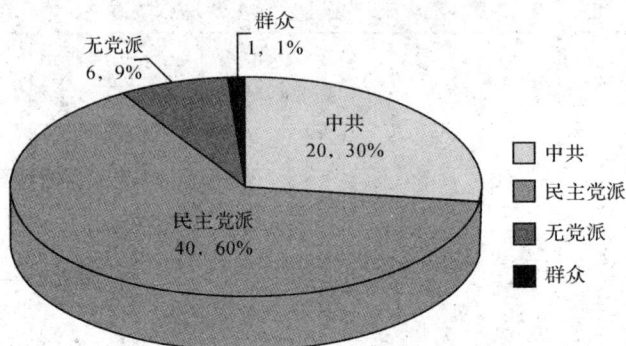

我校各级人大代表、政协委员政治面貌结构图

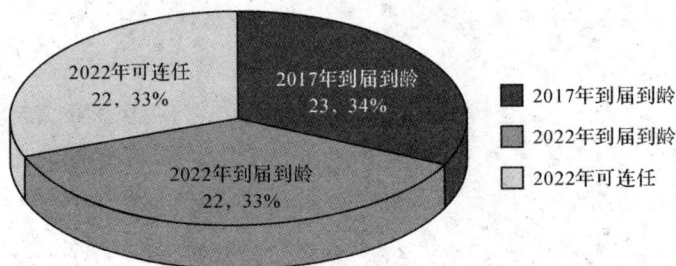

我校各级人大代表、政协委员换届预测图

我校民主党派中央委员换届预测表

现任1届	现任2届	现任3届	2017年换届到届到龄调离	2022年换届到届
1	5	2	4	4

我校民主党派中央委员换届预测详表

党派职务	现任届数	2017年换届	2022年换届
民革中央委员1	2		到届
民革中央委员2	1	调离交大	
民盟中央常委	2	到龄	
民盟中央委员	2		到届
民建中央常委	3	到届到龄	
民进中央常委	2		到届
农工中央常委	3	到届到龄	
九三中央委员	2		到届

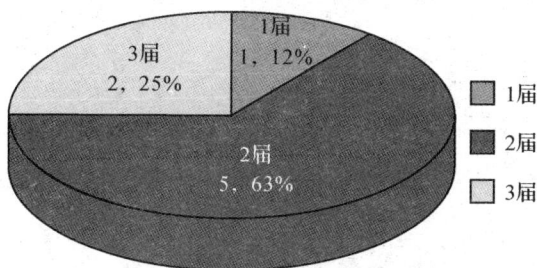

我校民主党派中央委员任职届数分布图

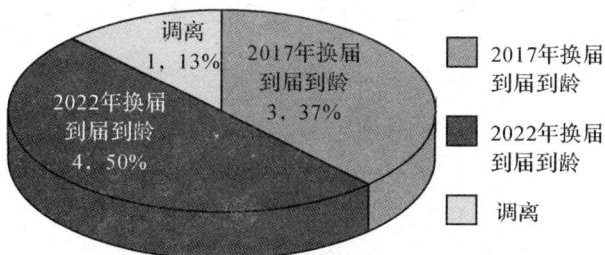

我校民主党派中央委员换届到届到龄预测图

第三,我校现任民主党派上海市委主要职务人员情况分析。2012 年,各民主党派上海市委换届后,我校 1 人担任民主党派市委主委、5 人担任市副主委、2 人担任市常委;2017 年换届 1 人到龄,其余均任职 3 届;2022 年换届,全部将到届。

我校担任民主党派市委正副主委常委换届预测表

总人数	现任 2 届	2017 年换届到龄人数	2022 年换届到届人数
8	8	1	7

我校现任民主党派委员会班子成员综合情况表

性　别		年　龄		学　历		职　级	
男	48	70 后	13	博士	44	副局级	2
女	21	60 后	44	硕士	9	正处级	4
		50 后	10	其他	16	副处级	11
		40 后	2			其　他	52

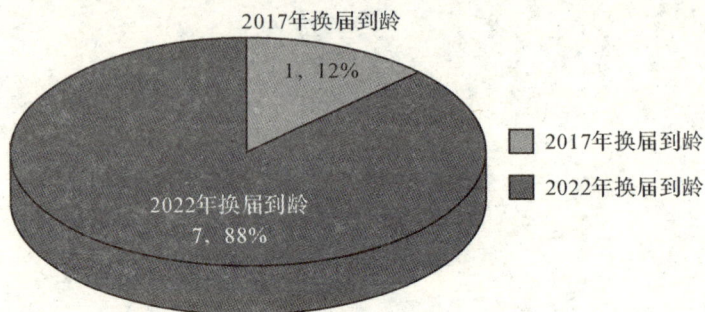

我校现任民主党派市委正副主委常委换届预测图

我校现任民主党派正副主委综合情况表

性 别		年 龄		职 称		学 历		职 级	
男	20	50 后	2	正高	21	博士	20	副局级	1
女	7	60 后	21	副高	2	硕士	4	正处级	4
		70 后	4	中级	4	其他	3	副处级	6
								其 他	16

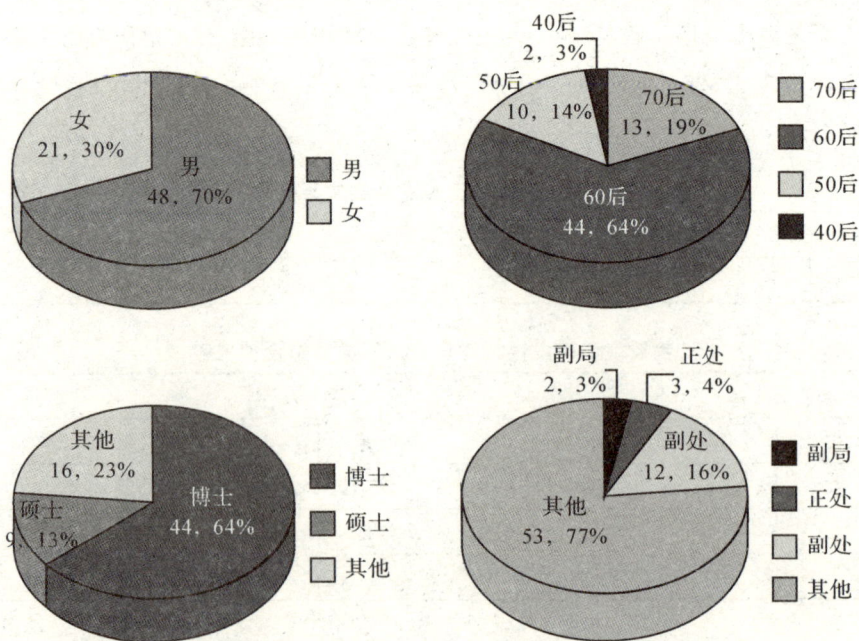

我校现任民主党派委员会班子成员综合情况分布图

第四,我校现任民主党派委员会班子成员情况分析。我校现有民主党派委员以上班子成员69人,其中主委7人,副主委20人,委员39人,主委助理、秘书长3人。其中70后13人,70后双高人员6人;副局级2人,正处级3人,副处级11人;博士44人,硕士9人。

第五,我校党外处级以上干部情况分析。我校现有党外处级以上干部55人,占全校处级以上干部的16%,其中民主党派24人、无党派10人、群众12人、外籍9人;副部级1人、副局级1人、正处级20人、副处级33人;正高级职称42人、副高级8人;博士45人、硕士6人;70后5人、60后34人。

我校党外处级以上干部综合情况表

类　别	要　素	人　数	百分比
年龄结构	70后	5	9.09%
	60后	34	61.82%
	50后	15	27.27%
	40后	1	1.82%
学历结构	博　士	45	81.82%
	硕　士	6	10.91%
	大　学	2	3.64%
	大　专	2	3.64%
职称结构	正　高	42	76.36%
	副　高	8	14.55%
	中　级	5	9.09%
政治面貌	民主党派	24	43.64%
	无党派	10	18.18%
	群　众	12	21.82%
	外　籍	9	16.36%
行政级别	副部级	1	1.82%
	副局级	1	1.82%
	正处级	20	36.36%
	副处级	33	60.00%

党外干部年龄结构

- 70后
- 60后
- 50后
- 40后

党外干部学历结构

- 博士
- 硕士
- 大学
- 大专

党外干部职称结构

- 正高
- 副高
- 中级

党外干部行政级别结构

- 副部级
- 副局级
- 正处级
- 副处级

党外干部政治面貌结构

- 民主党派
- 无党派
- 群众
- 外籍

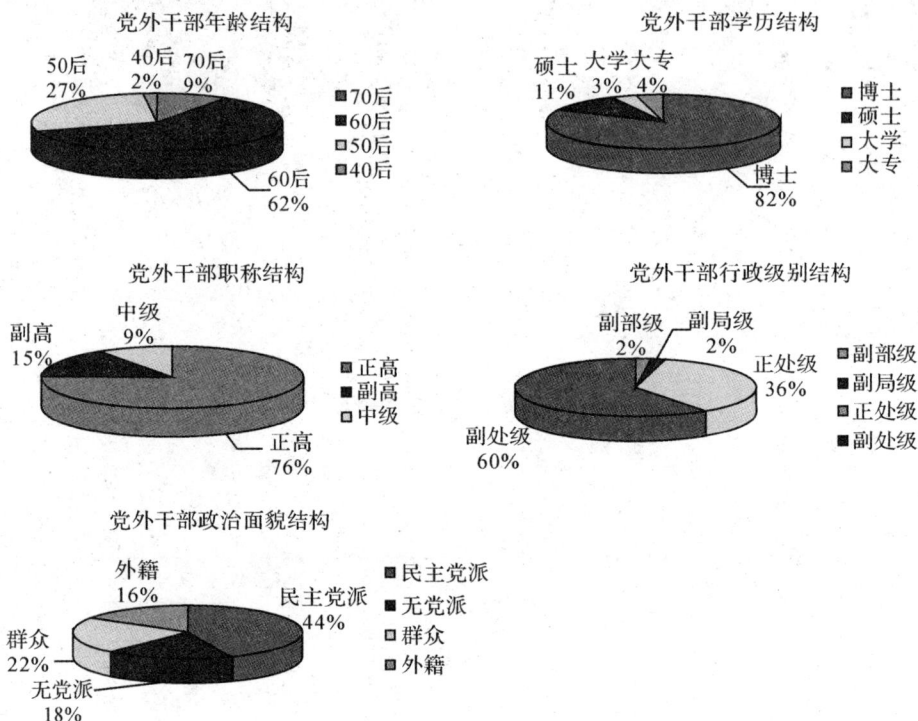

我校党外处级以上干部综合情况分布图

二、我校党外代表人士后备队伍建设情况

1. 我校 70 后民主党派成员情况分析

在我校各民主党派 911 名成员中,70 后共有 140 人,占总数的 15%。70 后民主党派中具有正高级职称、博士学位的 12 人,占 8.6%;具有副高职称的 41 人,占 29%;具有博士学位的 80 人,占 57%;具有硕士学位的 26 人,占 19%。

我校 70 后民主党派成员结构表

性 别	职 称		学 历		党 派			
男 76 女 64	正 高	12	博 士	80	民 革	11	农 工	5
	副 高	41	硕 士	26	民 盟	25	致 公	12
	中 级	79	大 学	33	民 建	9	九 三	53
	其 他	8	大 专	1	民 进	25		

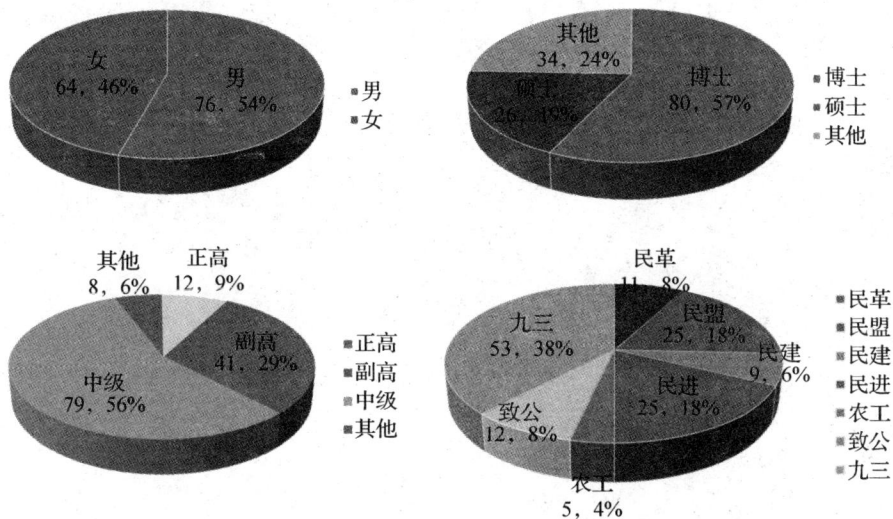

我校70后民主党派成员情况分布图

2. 我校60后、70后民主党派委员双高人员情况分析

在我校各民主党派委员会班子中，60后具有博士学位的32人，具有正高职称的27人，副局级1人，正处级4人；70后具有博士学位的9人，正高职称6人，副局和正处0人。

我校60后、70后民主党派委员双高人员分布

年 龄	正 高	副 高	副 局	正处级	副处级	博 士	硕 士
60后	27	16	1	4	6	32	6
70后	6	5	0	0	2	9	2

2007—2012年我校民主党派发展成员情况表

类 别	要 素	人 数	备 注
性别结构	男	90	
	女	88	
年龄结构	50后	10	
	60后	78	
	70后	74	
	80后	16	

续　表

类　别	要　素	人　数	备　注
职称结构	高　级	72	
	中　级	69	
	其　他	37	
学历结构	博　士	94	
	硕　士	34	
	大　学	43	
	大　专	7	
来源结构	机　关	27	
	院　系	134	
	中学及其他	17	

近五年新发展成员性别结构

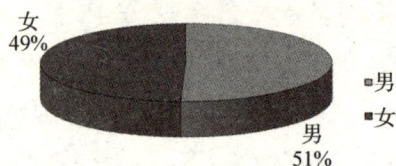

女 49%

男 51%

■男
■女

近五年新发展成员学历结构

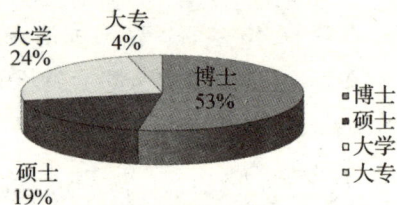

大学 24%
大专 4%
博士 53%
硕士 19%

■博士
■硕士
□大学
□大专

近五年新发展成员年龄结构

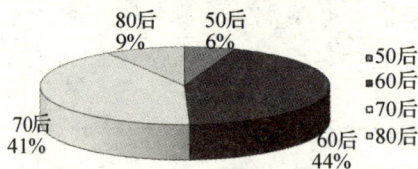

80后 9%
50后 6%
70后 41%
60后 44%

■50后
■60后
□70后
□80后

近五年新发展成员机关结构

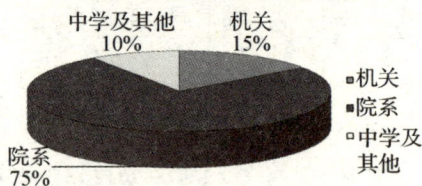

中学及其他 10%
机关 15%
院系 75%

■机关
■院系
□中学及其他

近五年新发展成员职称结构

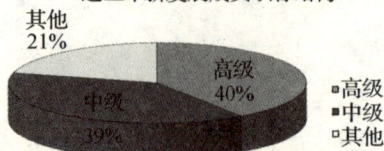

其他 21%
高级 40%
中级 39%

■高级
■中级
□其他

2007—2012 年我校民主党派发展成员分布图

3.2007—2012 年我校各民主党派新发展成员情况分析

2007—2012 年,我校新发展民主党派成员 178 人,其中 70 后 57 人,占 41%,具有博士学位的占 52%,具有高级职称的占 50%,81%分布在教学科研岗位。

4.我校党外中青年知识分子情况分析

我校中青年知识分子联谊会是一支主要由 45 岁以下没加入任何党派、具有中高级职称的知识分子组成的群众团体。现有会员 70 名,其中 70—80 年代出生的占 29%,具有博士学位的占 75%,具有正高级职称的占 43%,具有副高级职称的占 51%,凸显出层次高、年纪轻的特色。

我校党外中青年知识分子情况分布表

年　　龄		学　　历		职　　称	
50 后	4	博　士	52	正　高	30
60 后	45	硕　士	9	副　高	35
70 后	19	大　学	7	中　级	4
80 后	1	大　专	1		

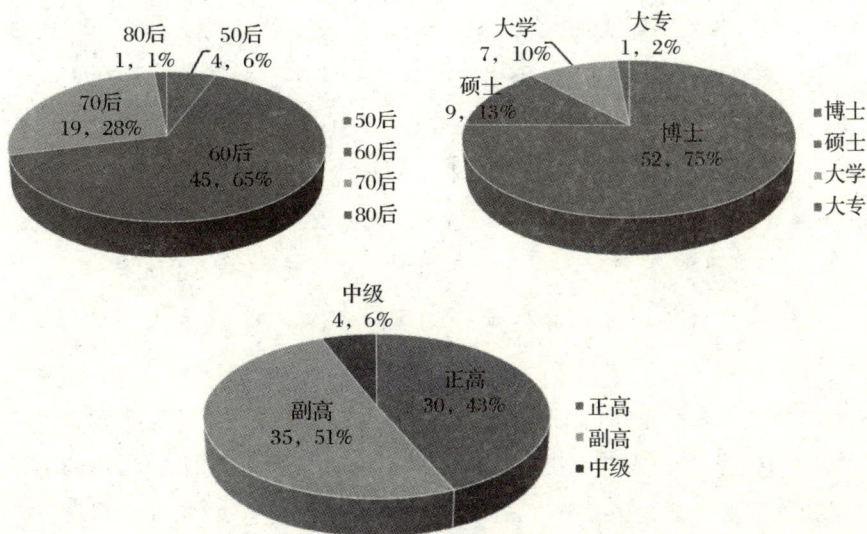

我校党外中青年知识分子情况分布图

三、我校党外代表人士队伍建设存在的问题

1. 我校党外代表人士队伍规模有待拓展,年龄结构有待优化

从以上分析我们可以看出,在我校现有 55 名党外处级以上干部中,具有本国国籍人员 46 人,占全校处级以上干部的 14％,比例不高;从行政级别来看,副部级、副局级和具有本国国籍的正处级人数只有 14 人;从年龄结构上看,60 后占到 62％,70 后只占 9％。在我校现有各民主党派中央委员、市委正副主委、常委及党外各级人大代表和政协委员中,将有一半的人在 2018 年全国和上海市换届中到届或到龄,2023 年换届基本上全部将到届,在 2016 年区级换届中,部分人员也将离开。着眼于未来五年及更长时间各级人大、政协、政府和党派换届的需要,我校现有党外代表人士无论数量还是年龄结构,都有较大差距。

2. 我校新一代党外代表人士领军人物需要加大培养

目前,我校教师担任各民主党派中央主席委员 15 人(含医学院),其中主席 2 人(现仍为我校教授),副主席 1 人;现任各民主党派市委主委 1 人,副主委 5 人;全国人大代表 3 人(校外推荐),全国政协委员 5 人。他们是我校党外代表人士中的领军人物,他们退下后,需要按照一职两配或多配的比例培养接班人。但我校 60 后、70 后党外代表人士后备干部中,具有正处级以上、层次高、代表性强、影响大的旗帜性人物不多,特别是在影响和威望上能与上一届代表人士比肩、能在全国人大、政协常委和各民主党派中央正副主席、常委及市委主委以上作安排的高层次人才尤为缺乏。加上培养难度大、成长周期长、分布不均衡,在许多领域符合条件的高层次人才较为缺乏,这势必会影响到党外干部队伍顺利实现新老交替和政治交接。

3. 我校新一代党外代表人士参政议政能力不足,需要加强学习、引导和锻炼

政治性、专业性和群众性是党外代表人士必须具备的素质。我校新一代党外代表人士绝大部分是工作在教学科研第一线的专家学者,处于事业的上升阶段,承担着繁重的教学科研工作,有些人学习提高的机会少,参加高层次理论学习培训的机会也不多,缺乏参政议政知识和意识。从培训的内容和形式上看,有些培训由于理论内容较多,结合实际少了点,集中授课的时间比较多,社会实践安排少,对他们的吸引力不是很强,也影响到他们参政议政能力和水平的提高。

4.党外代表人士面临本职工作与社会工作难以兼顾的困惑,需要关心爱护

在本职工作中,所在单位以教学科研等作为考核指标,党外代表人士要把主要精力放在本职工作上才能完成这些指标,但党外代表人士身兼多职,也需要在社会工作中投入尽可能多的时间才能完成任务。如何处理好二者之间的关系,成为党外代表人士面对的两难问题。

5.我校党外代表人士培养、选拔和使用机制有待进一步健全

由于对培养选拔党外代表人士工作的重要意义认识不到位,学校缺乏对党外干部培养、选拔和使用的长远规划,对重点党外代表人士的发展目标不明确,针对性不强。组织、统战部门没有形成良好的协作机制,对培养选拔党外代表人士工作的职责有待进一步明确,培养方案有待进一步完善。

四、加强党外代表人士队伍建设的几点思考

1.提高认识,建立健全我校党外代表人士培养、选拔、使用和举荐机制

要从坚持和完善我国基本政治制度和实施人才强国战略的高度,深刻认识做好党外干部工作的重要性和紧迫性。在党委统一领导下,把党外代表人士队伍建设工作纳入人才和干部队伍建设的总体规划。统战部和组织部要根据学校党外代表人士的实际情况,在认真总结党外代表人士队伍建设存在问题的基础上,联合制定学校贯彻中央4号文件精神和上海市委17号文件精神实施意见,从物色培养、选拔任用、服务保障、协作配合等方面,健全我校党外代表人士队伍建设的目标、任务,建立我校党外代表人士发现、培养、举荐、选拔、使用和管理机制,积极储备党外代表人士后备人才。保证统战部在学校党外干部工作中能够有效履行牵头职能,当好党委决策党外干部队伍建设重大问题的参谋助手。

2.分层培养,加大党外代表人士的培训力度

针对我校党外代表人士领军人物缺乏,后备干部的参政议政能力、社会实践不足等情况,按照缺什么、补什么的原则,创造条件,多渠道、多模式、多层次培养党外代表人士。

一是对层次高、影响大、代表性强的党外中青年干部重点加强政治理论培训和社会实践培养,进一步提高他们的政治把握能力、参政议政能力、组织协调能力和合作共事能力。

二是拓展渠道,推荐优秀党外代表人士赴中央社会主义学院、上海市党校等参加更高层次的培训,重点培养拟作重点安排的党外代表人士旗帜性人物,着力提高他们的综合素质和能力。

三是对 2013 年完成换届改选的党派和团体班子成员进行岗前培训,提高他们的大局意识、合作意识和参政议政意识。

四是组织新任各级政协委员、人大代表进行参政议政研讨,不断增强他们的代表性、群众性,提高他们参政议政能力和责任意识。

五是对近年来新加入民主党派、统战团体成员进行政治理论和传统教育培训,增强统战意识和责任意识。

六是进一步举荐优秀党外中青年干部到宝山、浦东等党外干部挂职基地、上海及有关省市交流任职、挂职锻炼,积极配合做好党外代表人士的实职安排、政治安排。

3. 拓展渠道,着力推进党外后备干部队伍数据库建设

要进一步优化我校党外后备干部队伍结构,搞好党外后备干部队伍建设。

一要积极吸纳海归高层次人才。针对近年来海归高层次人才大量聚集的实际,通过民主党派、无党派组织凝聚海归高层次人才。与此同时,充分发挥欧美同学会、中青年知识分子联谊会等团体的特点和包容性强的优势,针对学校杰出人才群体、千人计划群体等高层次人才工作繁忙、无暇参加党派组织的情况,进行广泛地吸纳和发展,作为党外代表人士的蓄水池,在进行教育培训的基础上逐步纳入党外代表人士后备队伍,进一步提高党外代表人士的专业性、影响力和群众性。

二要健全党外代表人士后备干部队伍数据库。按照党管干部的要求,与组织部及有关部门联合建立健全一支可以向不同岗位举荐的党外代表人士数据库,实行备用结合、动态管理,按照一职两配或多配的原则,有针对性地做好后备干部管理,逐步增加符合条件的党外人选在各级正职岗位的任职数量,进一步拓宽党外代表人士成长晋升的台阶和渠道,为党外代表人士的政治安排和实职安排奠定基础。

三要重点关注 70 后、80 后党外人士,尤其是 70 后党外双高人才,重点发现,重点培养。

4.搭建平台,为党外代表人士脱颖而出创造条件

创造条件,为党外代表人士服务学校和社会发展搭建平台。要完善学校重大事项决策前征求党外代表人士意见制度,邀请党外人士参加教代会、党代会、教代会、中层干部大会等重要会议制度,聘请党外人士担任学校纪检监察员、教学督导员、学术委员会委员、职称评审委员会委员,使他们参与到学校建设和教学、科研等实际工作中,及时对学校的重大决策做出反应,为学校改革发展献计献策。

引导党外代表人士发挥专业优势,积极参与区校、区企共建,科技对接,参与支边扶贫等工作;引导党外代表人士中的人大代表、政协委员深入社会,体验民情,对经济社会发展提出有价值的意见建议。

为党外代表人士提供服务和支持。针对我校党外代表人士面临的困惑,要在政策服务、思想引导、生活帮助、工作支持等方面提供关心和支持。

党外代表人士队伍建设是一项复杂而系统的工程,需要不断创新,逐步形成一种稳定的、有利于党外代表人士素质提高和作用发挥的长效机制,本文是基于我校党外代表人士队伍建设的实践,提出的一些思路,有待进一步探索。

参考文献

1.《中共中央关于加强新形势下党外代表人士队伍建设的意见》,中发〔2012〕4号。

2.《上海交通大学2012年年鉴》,上海交通大学主页中综合统计数据。

3. 会绍云:《对新一代党外代表人士队伍建设的调查与思考》,《重庆社会主义学院学报》2007年第2期。

4. 樊笃涛:《高校党外代表人士队伍建设问题研究》,《陕西社会主义学院学报》2011年第2期。

加强高校党外干部队伍建设的思考

徐　元　傅巧玲[*]

党的十八大报告中提出,要巩固和发展最广泛的爱国统一战线,要"坚持长期共存、互相监督、肝胆相照、荣辱与共的方针,加强同民主党派和无党派人士团结合作,促进思想上同心同德、目标上同心同向、行动上同心同行,加强党外代表人士队伍建设,选拔和推荐更多优秀党外人士担任各级国家机关领导职务"。高等院校是培养党外干部的重要"基地",又是输送党外干部的"源头"。据统计,近几年,全国各地向中央统战部推荐的党外知识分子中30%～40%来自高校,省级领导班子中的民主党派成员中近一半来自高校;在中央统战部统计的民主党派和无党派人士重点人物库中,来自高校的重点人物占38%;民主党派中央八位主席中有七位曾长期在高校工作。

培养选拔党外干部,具有凝聚力量、广纳群贤、集中智慧、占据经济社会发展和文明进步"制高点",为中国特色社会主义的可持续发展提供人才保证的战略意义;培养选拔党外干部是坚持中国特色政治发展道路,建设社会主义政治文明,推进社会主义民主政治可持续发展的长远之计;大力培养和选拔党外干部是构建社会主义和谐社会的战略要求。因此,从巩固执政党的地位的政治高度,以战略的眼光和宽广的胸襟,重视和抓好高等院校党外干部的培养选拔工作,建设一支能与共产党荣辱与共、肝胆相照,政治素质好、社会影响大、学术造诣深的党外干部队伍,是高等院校统一战线的重要任务。

---

　　* 徐元,中国美术学院党委统战部干部,讲师;傅巧玲,中国美术学院党委统战部部长,副教授。

一、新形势下加强高校党外干部队伍建设的意义

当前,中国经济快速增长,综合国力不断增强,国际人才流动和竞争加剧,教育在国家发展战略中的地位进一步提高。随着我国社会的深刻转型、社会分层的加快、新社会阶层的出现和发展,以及经济全球化、信息化,国际竞争的激烈,使得党外干部的培养选拔工作更具有空前重要的战略意义。重视培养、认真选拔、积极举荐优秀的党外人士充实到各级领导岗位,是落实科学发展观、加强学校民主政治建设的重要内容。

1. 培养选拔党外干部是推进多党合作事业的需要

中国共产党领导的多党合作和政治协商制度是我国的一项基本政治制度。培养选拔党外干部,加强党同党外人士合作共事,推进社会主义民主政治建设是我党坚定不移的方针。高校是各方面党外代表人士的重要源头,高校统战工作是我国统一战线工作的重要基础,培养选拔高校党外干部,对他们进行政治安排和实职安排,发挥好他们在校内外的作用,对高校凝聚人心、调动一切积极因素、建设和谐大学具有直接的推动作用。我们必须从干部工作和统战工作的全局来进一步深化对高校党外干部培养选拔工作的认识。

2. 培养选拔党外干部是促进高校改革发展的需要

高校能否实现自身持续快速发展,能否为"科教兴国"作出更大贡献,关键在于能否调动一切积极因素,凝结各方面力量共同奋斗。高等院校是一个党外知识分子汇集的地方,高校教师中约有 50% 是党外知识分子,他们中有一大批高学历、高职称、高水平的人才。从他们中培养选拔优秀的人才担任各级领导职务,对于推进高校的改革和发展具有十分重要的战略意义。一方面,可以使党外干部在学校管理、教学、科研和人才培养中的特殊作用得到发挥,以弥补党内干部人才的一些不足。另一方面,党外干部作为党外知识分子中的旗帜性、代表性人物,他们广泛联系着众多的师生,对他们进行培养教育,把他们安排到合适的领导岗位上来,不仅可以最大限度地集中高校师生的办学智慧,还可以最大限度地调动广大党外知识分子建设学校,投身教学、科研、改革的积极性和创造性。建设一支高素质的党外干部队伍,是高校改革、发展的内在需要,事关高校办学的全局。

3.培养选拔党外干部是加强高校领导班子建设的需要

随着高校规模的扩大、校园的扩展、学生人数的增多、后勤服务机构的转制，师生员工的工作、学习、生活和思维方式也发生了很大变化，高校管理的难度和复杂程度大为增加，从而对高校领导班子建设提出了新的更高的要求。在新形势下，高校领导班子的思想政治素质有待进一步提高，驾驭高校改革发展稳定大局的能力有待进一步增强，科学民主决策的机制有待进一步完善，领导成员的工作和生活有待进一步自律和他律。选拔党外干部进入校院两级领导班子，有利于促进高校领导班子建设。一是有利于提高领导班子的素质。高校党外人士中的优秀者，往往是某一学科的知名学者、重要的学科带头人，其中相当一部分还有在西方发达国家学习工作的经历，他们学历高、见识广、学识丰富、学术能力强、思维活跃、联系面广，从他们中选拔合适人员进入领导班子，有助于提高领导班子的整体素质和科学民主决策能力。二是有利于优化领导班子的结构。党外干部具有不同于党内干部的鲜明特点，根据班子建设的需要，从人数众多的党外人士中选拔少量的党外干部进入校院两级班子，可以有针对性地弥补班子原有的不足，优化班子的结构。三是有利于加强对领导班子的监督。高校领导班子建设不仅要加强同体监督，也要注意异体监督。高校党外干部大多是各方面的代表人物，他们要么属于某一民主党派，要么是具有重要影响的无党派人士。党外干部进入领导班子，可以使领导班子更为经常和全面地倾听民主党派和党外群众的意见，接受群众的监督。

二、高校党外代表人士队伍建设存在的主要问题

1.当前高校党外知识分子队伍发生新变化

在当前经济全球化、政治单极化和多极化斗争不断加强，国内社会多元化和思想文化领域复杂化不断加深的影响下，高校的党外知识分子队伍也随之发生了新变化。党外知识分子学历层次提高、结构日趋年轻化，在高校中的比例也增大，他们的价值取向趋向多元，与海外的联系也更加广泛，学习、交流的范围日益具有世界性。随着社会主义民主政治建设的逐步加强，舆论环境的不断宽松，党外知识分子参政议政意识和能力也不断增强，但与此同时，由于政治文明建设的意识不够强，许多党外知识分子对政治参与不热情，缺乏参政议政、民主监督方面的主动性、积极性，他们中有些人在市场经济效应的作用下，更加注重自我价

值的实现,有些人则局限于自身的学术圈子,政治参与底蕴不足、经验不够。面对党外知识分子队伍的新变化,如何因势利导,做好统战工作,是高校统战工作部门和统战干部在新时期亟待解决的问题。

2. 对新时期统战工作的重要性、战略性和长期性认识不到位

从高校的内部来看,还存在相当一部分党员干部没有真正理解统战工作的重要作用,对新时期统战工作的重要性、战略性和长期性认识不到位。在学校层面,以浙江为例,尽管全省统战工作会议精神和《关于进一步加强我省高校统一战线工作的实施意见》对统战部门和统战干部提出了明确的要求,但真正的落实不尽如人意,31所本科院校中,统战部单列的仅有7所,大多与组织部或宣传部合署,很多专职的统战人员还身兼着组织或宣传的工作。高校各二级院系层面的统战意识也亟待加强,虽然本科高校的院系党组织都按要求配备了统战委员,但他们中大多没有接受过统战工作的系统培训,缺乏统战工作的理论水平和业务能力,因此,在实际中能够有意识地、主动地开展统战工作并不多。

3. 对党外代表人士教育培训力度不够

一方面,党外代表人士很难抽出时间来参加培训。高校党外知识分子绝大多数分散在各个院系,他们承担着非常重的教学、科研压力,而且很多还担任着院系的领导职务,他们难有抽出精力来进行政治理论的系统学习和履行参政议政的职责。另一方面,党外代表人士希望得到高层次、高质量的学习培训机会,据参加过中央和省委统战部、社会主义学院培训的党外代表人士反映,他们学习培训后都收获颇大,有高度、有内容、有实践的学习培训受到欢迎,但此类的培训机会少、分配给各高校的名额少,使得对党外代表人士教育培训力度不够。

三、健全党外干部队伍培养机制的思考

1. 提高认识,增强培养选拔党外干部工作的责任感和使命感

培养选拔党外干部是党的事业发展的需要,也是坚持和完善中国共产党领导的多党合作和政治协商制度的基础工作,更是高等院校党组织与党外人士共谋学校改革发展大计的重要保证。学校党委应从党的事业和学校发展的大局出发,切实重视和加强对党外干部(包括后备干部)的培养和选拔,增强培养选拔党外干部的责任感、使命感。各级党组织要认识到做好培养选拔党外干部工作,事关党领导的多党合作和政治协商制度能否长期坚持,事关多党合作的水平能否

不断提高,事关党的执政能力能否进一步增强;要认识到党外有很多优秀的人才,安排好党外干部有利于营造更宽松和谐的人才环境,有利于调动一切积极因素,为实现党中央提出的全面建成小康社会和构建社会主义和谐社会的目标共同奋斗;要认识到举荐安排党外干部,有益于相互监督,有益于决策的民主化、科学化;要认识到举荐安排党外干部是坚持科学治校、民主治校、依法治校的一项重要工作。

2.加强领导,建立健全培养选拔党外干部工作的制度和机制

高等院校党外干部的培养选拔工作应该始终坚持党委领导的原则,党委组织部、党委统战部要齐抓共管,不断建立和完善培养选拔党外干部工作的制度和机制。

一是把培养选拔党外干部工作列入党委工作的议事日程、党委工作的总体规划和全校干部工作的总体规划,统筹考虑、统一部署。进一步健全组织、统战等相关部门职责明确、协作配合的工作机制,通力合作,明确分工、紧密配合,共同建设好党外干部队伍。组织部、统战部每年应至少要召开一至两次联席会议,共同研究党外干部工作,建立统一的党外后备干部名单、统一的教育培养方案、统一的安排使用计划,并统一检查落实。

二是科学配置人才资源,加强党外代表人士和后备干部工作。各级党组织要坚持党内、党外两支队伍一起抓。校级领导班子、行政职能部门和院、系领导班子后备干部名单中,党外后备干部应分别不少于20%。另外,要建立党员领导干部联系党外后备干部制度,明确联系人,制订培养方案,加强培养考察。

三是为党外干部的成长创造良好的条件和环境。要确立党外干部培养使用的"优先原则"、"挂职制"、"助理制"等,对素质好、有潜力的党外干部,要精心设计培养方案。要做好舆论引导,营造良好氛围,利用广播、电视、报纸、网络及各种会议,大力宣传党外干部培养选拔工作,扩大党外干部的影响力。

与此同时,还应该注意加强与上级主管部门的沟通,及时将学校党委讨论通过的党派负责人后备人选名单上报上级统战部,使上级领导及时了解学校民主党派后备干部人选的情况。

3.注重培养,不断提高党外干部的整体素质

要根据干部的成长规律,突出教育培养的针对性和实效性。在选拔培养党外干部工作中,始终坚持党管干部和党管人才的政策,始终坚持把推选对象的政

治标准放在首位。一方面要把与党同心同德、德才兼备的党外人才不拘一格地推向领导岗位;另一方面要坚决杜绝某些动机不良、平时表现不好且急功近利的人利用统战渠道走捷径、为个人谋取私利的行为。要加强对党外代表人士和党外干部的思想教育与理论培训,有计划地、分期分批选送党外干部尤其是优秀的党外后备干部到各级党校、社会主义学院等进行学习培训。通过举办专题培训班、学习研讨班、调查研究、考察参观等方式,提高党外干部的思想政治素质和政治坚定性,培养党外干部的战略思维能力,对他们进行以履行岗位职责为目的的知识更新和相关能力的培训,以增强党外干部处理复杂矛盾、解决实际问题的能力。

4. 通力合作,进一步健全与党外干部合作共事的有效机制

要保持党外干部队伍的生命力,不但要在干部任命之前注重在党外人士中发现优秀人选,对其考察和培养后大胆任用,更要在这些党外人士担任领导工作后对他们进一步严格要求,并做到真诚关心、全力支持,使他们真正发挥作用。对在各单位担任副职的党外干部,各单位的党员干部要与他们紧密配合,充分尊重他们,让他们确有实权,能切实发挥作用。对担任正职的党外干部,各单位党组织要全面配合,积极支持,帮助他们完成任务。在工作中,院系党委(总支)要在政治上发挥政治核心作用,在党外领导干部遇到具体的棘手问题时,院系党委(总支)要及时出面帮助解决。

5. 明确重点,抓好高校党外干部培养选拔工作的关键环节

做好高等院校党外干部的培养选拔工作必须结合学校实际,突出重点,突破难点,将党外干部培养选拔工作纳入干部队伍建设的整体规划,采取有效措施,不断推进高等院校党外干部工作。

(1)党外干部的培养要抓紧抓早。高等院校党外干部的培养与党员干部的培养既有相同点,也有不同点,因此,培养教育工作既要遵循一般规律,又要充分考虑他们的特点。所谓一般规律,就是要遵循干部成长一靠学习培训、二靠实践锻炼的规律,努力把教育培养工作抓紧抓实。抓好学习培训,首先是要把高等院校党外干部的培训摆到重要位置,将其纳入组织部门干部培训的总体规划。其次是要把学习培训的重点放在不断提高党外干部的思想政治素质和行政管理能力上。高校要通过培训,切实帮助党外干部解决权力观、地位观、利益观的问题,不断提高其政治、业务素质。抓好实践锻炼,一是要有针对性,二是要有硬指标,

三是要把锻炼和使用结合起来。要根据高等院校党外干部成长的需要,根据缺什么补什么的原则,有计划地选派他们中的优秀分子到基层、到上级机关、到沿海经济发达地区、到西部艰苦环境、到层次较高的大学挂职锻炼,帮助他们弥补不足。要注意在实际锻炼中考察干部,及时将条件成熟的党外干部选拔到高等院校和地方的行政领导岗位上来。

(2)党外干部的选拔要选准选好。高等院校党外干部工作的基础在培养,关键在选准,目的是用好。能否选准选好党外干部,关系到高等院校党外干部工作的成败。做好高等院校党外干部的选拔工作,既要遵循干部工作的一般规律,又要充分考虑贯彻党的统战政策和改善领导班子结构的需要,考虑党外干部工作的特殊性,做到原则性与灵活性相结合。要坚持干部队伍"四化"方针和德才兼备原则,尤其是要把好政治关,把坚定不移地拥护中国共产党的领导,坚持走中国特色社会主义道路,自觉坚持和完善共产党领导的多党合作和政治协商制度作为首要条件。在坚持政治标准的前提下,那些既有业务专长和代表性、又有较强参政议政能力和一定组织领导能力的党外干部应得到优先选拔。要坚持任职资格,积极创造条件,为党外干部成长铺设必要的台阶,有计划地对有培养前途的党外干部进行岗位交流,为党外干部积累经验、增长才干提供更多机会。在选拔党外干部时,还要注意完善选拔机制,积极运用公开选拔、竞争上岗等方式来选拔优秀人才。

(3)党外干部的使用要从"实"从"长"。"从实"就是要从实际出发,充分考虑党外干部、拟安排工作岗位和拟安排到的领导班子三个实际,将党外干部安排到能够扬长避短、能够发挥专长、能够得到帮助、能够增强班子功能的岗位上和工作中。高等院校党外干部的使用要与他们的专业学科结合起来,能与班子结构的改善结合起来,能与党外干部的成长结合起来。"从长"就是高等院校党外干部的使用要从长计议,要用发展的眼光看待党外干部,要从党和国家长远利益出发,真诚、平等地对待党外干部。高等院校党外干部的使用不能求全责备,要坚持从实际出发,做到政治上充分信任,工作上大力支持,生活上关心照顾,充分发挥党外干部的作用,真正做到人尽其才,才尽其用。

参考文献

1. 陈荣武、方振敏、宋晓涛:《高校党外干部队伍建设的政治价值与实践路径》,《思想理论教育》2010 年第 21 期。

2. 梁滨:《进一步加强党外干部队伍建设 不断提高党外干部能力素质》,《河北省社会主义学院学报》2012 年第 3 期。

3. 王俊玲、李萍:《新形势下合理规划高校党外代表人士队伍建设的思考》,《求实》2012 年第 S2 期。

进一步加强党外代表人士队伍建设的思考

王俊玲　李　萍*

2012 年,中共中央下发了《中共中央关于加强新形势下党外代表人士队伍建设的意见》,各省、市也相继出台了关于加强党外代表人士队伍建设的实施意见,这在统一战线发展史上具有重大而深远的意义。高校作为党外代表人士的汇集高地和重要源头,如何顺应新形势下统战工作的要求,遵循高校特点,进一步加强党外代表人士队伍建设工作,建立和完善党外代表人士选拔、培养和使用机制,具有重要意义。

一、新形势下高校进一步加强党外代表人士队伍建设的必要性

1. 加强党外代表人士队伍建设工作是时代赋予高校不可推卸的责任

高等学校党外知识分子相对集中、党外各方面代表人物汇集,是统一战线选拔、培养党外代表人士的重要源头和基地。高校党外代表人士具有学历高、能力强、贡献大等特点,是参政议政和民主监督的一支主要依靠力量,为统一战线事业的健康发展提供了强有力的才智支撑。新形势下,党和国家对统战工作提出了更高的要求,对统一战线在"五位一体"的中国特色社会主义建设过程中应发挥的作用设定了更高的目标。新要求的达成和新目标的实现无疑增加了对旗帜性党外代表人士的需求和期待。作为党外代表人士智力库和人才源的高校而言,顺应时代的长、短期需要,满足统战工作的实际需求,进一步加强党外代表人士队伍建设,选拔培养建立一支政治坚定、素质优良、业务突出且被群众认可的

---

    *　王俊玲,中国海洋大学党委统战部办公室主任,讲师;李萍,中国海洋大学党委统战部部长,研究员。

优秀党外代表人士队伍是时代赋予高校不可推卸的责任。

　　2.加强党外代表人士队伍建设工作是满足党外代表人士不断增长的政治参与性的需要

　　按照上级统战部门限定的党外代表人士的标准,高校党外代表人士除具备较高的政治素质和较好的群众基础外,还需具有较强的业务能力,他们掌握着先进的科学技术,在自身研究领域具备了一定的影响力,且对国家的改革、稳定和发展具有较强的责任感和使命感。当今社会随着经济全球化的不断推进,世情、国情、统情也发生了新的变化,思想多元化的趋势不断呈现,对于既具有较高科学素养,同时又具备较高思想理论水平的高校党外代表人士而言,他们表达自身观点的政治参与性不断增长,参政议政的愿望也不断增强。因此,加强高校党外代表人士队伍建设工作,搭建各种参政议政的有效平台,有助于满足党外代表人士参政议政的心理期待,促进统一战线的健康发展。

　　3.加强党外代表人士队伍建设工作是高校事业健康发展的需要

　　在高等院校中,党外知识分子约占教职员工总数的50%,是高校教学、科研和管理工作的一支重要依靠力量。随着政治协商制度的不断推进和统战工作及学校事业发展的实际需求,目前高校汇集了大量的党外专家学者、出国和归国留学人员及其他有识之士,党外代表人士的数量不断增多,结构日趋复杂,参政议政意识日益增强。在知识经济和科技迅猛发展的今天,高校承担着科学研究、社会服务等多项职能,高校事业的发展面临着很大的机遇和挑战。在这种现实背景下,高校需要团结包括党外代表人士在内的一切力量,引领广大党外代表人士积极合作共事。因此,加强党外代表人士队伍建设,合理引领党外代表人士为学校事业发展建言献策、建功立业,将有助于巩固高校党组织的领导、推进学科发展、构建和谐校园。

二、目前高校党外代表人士队伍建设过程中存在的问题

　　目前,高校以上级有关统战部门的文件为指导,在加强党外代表人士队伍建设方面开展了大量工作,取得了一定成效,但党外代表人士队伍建设工作尚存在着一些问题。如党外代表人士的选拔、培养和使用过程中各级党组织及相关部门之间工作协调的有效性和连贯性需进一步加强;党外代表人士对自身政治身份的认可度不高,因而造成参政议政的主观能动性不强;高校党外知识分子承担

繁重教学科研任务的现实情况使得党外代表人士的选拔、培养、使用工作存在一定的难度等。

三、高校进一步加强党外代表人士队伍建设的建议

1. 各级党组织的高度重视和有效协调是推动高校党外代表人士队伍建设的前提

统战工作历来是党的建设工作的一项重要内容,属于党的建设工作范畴,做好党外代表人士队伍建设工作是一项长期、系统的工作,具有很强的政治性和政策性,离不开各级党组织的高度重视和有效协调。鉴于高校党外知识分子多分散于学院等二级单位,党外代表人士队伍建设工作需结合目前高校的统战工作特点,立足实际,坚持学校党委总揽全局、协调各方的原则,明确学校党委统一领导、统战部牵头协调、各二级党组织及有关部门各负其责的工作体制。增强党外代表人士队伍建设过程中学校党委、组织部、统战部、各基层党组织和相关部门间相互协调的有效性和连贯性,形成有序运作的党外代表人士队伍建设的工作机制,为选拔、培养、使用党外代表人士提供组织保障。

2. 不断提高党外代表人士政治身份认可度和主观能动性是推动高校党外代表人士队伍建设的关键

党外代表人士的队伍建设工作是人的工作,其关键是作为队伍主体的党外代表人士自身作用的发挥。高校中党外代表人士由各级人大代表、政协委员、各党派基层组织负责人及党外处级干部等组成。党外代表人士只有对人大代表、政协委员等政治身份充分认可、认同,并将其视为一种政治责任和荣誉时,方可切实履职,进而发挥主观能动性。因此,在党外代表人士队伍建设过程中,不断提高党外代表人士的政治责任意识,提高对政治身份的充分认同感,将决定着他们参政议政的直接效果及高校统战氛围的有效搭建,且在根本上影响着党外代表人士队伍的层次和影响力。这就要求高校统战工作部门积极引导广大党外代表人士不断提高政治身份认同感,在完成各级统战部门部署的常规工作外,发挥主观能动性,使党外代表人士的高效、切实履职形成一种自发、自觉行为。

3. 程序化的全面选拔是高校党外代表人士队伍建设的源头保障

目前高校承担着越来越多的社会责任,教学和科研任务繁重。有的教学科研成果突出的党外骨干教师由于教学科研任务繁重,无法承担更多的参政议政

工作;有的业务突出、发展潜力较大的党外年轻教师又因受政策、条件等客观因素影响难以脱颖而出,党外代表人士队伍的选拔存在着一定困难。因此,高校要进一步健全党外代表人士选拔工作机制,建立各基层党组织推荐、征求个人意愿、统战部会同组织部等相关部门综合协调考察、校党委常委会审核等程序,从源头上合理选拔一批素质优良、数量充足、结构合理的党外代表人士人选。各级党组织及相关部门应全面考察党外代表人士的人选情况,坚持以政治素养为首要条件,以业务能力为标准,更要突出考察人选对多党合作事业的热心度和参政议政的热情度,真正选拔出政治素质高、业务能力强、热心社会工作且被群众认可的优秀党外代表人士,给予党外代表人士队伍建设工作以源头保障。与此同时,还要有效避免因党外代表人士参政议政热情不高造成的只占位置不发挥作用的情况发生。

4. 针对性的计划培养是高校党外代表人士队伍建设的过程保障

对党外代表人士的培养是一项长期任务,要适应新形势,把握新要求,加强培养工作的计划性和针对性。高校党外代表人士代表着高校统战成员的发展方向,对高校统战氛围的营建和高校统战工作的开展起着引领性作用,因此有计划地加强高校党外代表人士的政治培训是非常必要的。但鉴于目前高校党外代表人士承担的繁重的教学科研任务,很难抽出集中时间进行培训,提高培训的针对性就显得尤为重要。高校应认真研究和把握党外代表人士的成长规律,立足当前,着眼长远,按照"人岗相适"的原则,明确培养目标,确定培养层次,提高培训的针对性;并按照"缺什么、补什么"的原则,适时调整培养计划,落实培养措施,进行全面培养,提高培训的实效性。针对性的计划培养将有助于规划党外代表人士队伍的结构,培养全面发展的旗帜性党外代表人物,适时为党外代表人士的成长提供相关统战理论和实践支持,为队伍建设提供过程保障。

5. 合理使用和综合评价是高校党外代表人士队伍建设的发展保障

党内、党外知识分子都是学校教职员工中的一员,在使用上应坚持党内、党外人士"一视同仁"的原则,既不排斥、又不泛用。高校应积极创造条件,大胆举荐、放手使用一批政治素质高、社会影响大、有热情、肯奉献的优秀党外代表人士担任一定的行政职务,使他们在参政议政的过程中激发热情、挖掘潜力、增长才干、磨练意志,增强他们的政治把握能力和社会责任意识,提高他们解决实际问题和驾驭复杂局面的能力。此外,对党外代表人士的评价应综合考虑。党外代表人士除参与学校日常的教学科研、完成规定的教学科研工作任务外,还需承担参政议政、建言献策、民主监督等大量的社会工作,这在良好履职并推动地方经济社会进步的同时,也占用了党外代表人士大量的时间。因此,在对党外代表人士进行考核评价时,除了考核其在教学、科研和行政履职方面做出的工作外,对他在参政议政方面所承担的社会工作也应予以充分认可并纳入考评体系。全面客观的考评有助于激发党外代表人士参与参政议政等社会工作的热情和积极性,保证党外代表人士队伍建设的可持续性发展。

参考文献

1.《中共中央关于加强新形势下党外代表人士队伍建设的意见》,中发〔2012〕4 号。

2. 杜青林:《扎实推进党外代表人士队伍建设》,《求是》2010 年第 15 期。

3. 薛明扬、王小林:《高校统战与高校发展》,复旦大学出版社,2010 年。

4. 中共中央统战部研究室:《新世纪新阶段统一战线:第 20 次全国统战工作会议精神解答》,华文出版社,2006 年。

高校党外代表人士队伍建设若干思考

——以浙江海洋学院为例

付翠莲　李　松*

高校是党外代表人士最集中的教学科研单位,汇集着党外各方面代表人物,具有职称学历高、专业造诣深、参政意识强、社会影响大等特点和优势。根据新形势下加强对高校党外代表人士队伍建设的新要求,为充分调动广大党外代表人士的积极性和创造性,需要采取更为有效的措施,进一步发挥好高校党外代表人士人才强校的积极作用。

一、新形势下加强党外代表人士队伍建设的重要意义

高校党外代表人士队伍建设,是新时期巩固发展统一战线工作的重要内容,是坚持中国共产党领导的多党合作和政治协商制度的重要"基石",也是高校传播先进文化、凝聚民族精神、创新人才培养的重要依靠力量。切实加强高校党外代表人士队伍建设,对于促进党外代表人士整体素质的全面提高、巩固和发展中国特色政党制度,对于推进我国高校的改革、发展和稳定,都具有重大的现实意义和深远的历史意义。

1.加强高校党外代表人士队伍建设,是完善我国政党制度、巩固统一战线的需要

我国的政党制度是中国共产党领导的多党合作和政治协商制度,在这一制度下形成了一党领导、多党合作的政治格局。高校是统一战线代表人物的汇集地之一,他们通过担任高校领导职务或在人大、政协任职等方式,参与学校管理

---

*　付翠莲,浙江海洋学院副教授;李松,浙江海洋学院研究生。

工作或者国家事务管理。因此,充分发挥高校党外代表人士的群众联系优势,广泛吸纳和反映来自社会各方面、各阶层的意见与建议,对进一步巩固中国共产党领导的多党合作和政治协商制度,巩固统一战线成果,对进一步协调社会关系、实现高校和社会和谐发展有重要意义。

2. 加强高校党外代表人士队伍建设,是党外人士履行政治职能,推动科学执政、民主执政的需要

当前我国正处于从改革开放以来的"普遍受益期"向"利益调整期"加速转型,社会结构发生重大变化,利益格局出现重大调整,既面临重要的战略机遇,又处于社会矛盾凸显期。目前高校中党外人士特别是中青年知识分子思想活跃、信息灵通,这些教师接受新事物能力快,具有较强的政治敏锐性和洞察力,创新精神强,在教学过程和学生工作中与广大学生广泛接触,其中不少人已是青年学生的崇拜对象。因此,他们的思想观念和思想动态对青年学生会产生直接的影响。加强高校党外人士队伍建设对推进高校民主管理、促进高等教育发展、维护高校稳定和谐有着重要意义。

3. 加强高校党外代表人士队伍建设,是充分发挥人才资源优势、推动人才强校战略的需要

高校党外代表人士在教学改革、学科建设方面以及在教书育人、科学研究、技术推广等岗位上发挥着非常重要的作用。加强高校党外代表人士队伍建设,充分发挥高校人才资源优势,是推动人才强校战略的需要。因此,高度重视党外人才资源开发,为优秀党外人才提供更广阔的施展才华、实现抱负的舞台,充分发挥党外代表人士的示范作用,切实做到凝心聚力、集智引才,使他们成为学校改革和发展的主力军,为国家发展和社会进步特别是高教事业发挥更大的作用。

二、我校党外人士队伍现状及作用发挥情况

1. 我校党外人士队伍基本情况

截至 2011 年,浙江海洋学院党外知识分子共有 212 人,其中民主党派成员 119 人,有民革支部、民盟委员会、民进支部、农工党支部、九三学社支部共五个民主党派及知联会等组织。民主党派成员的学历和学位结构都较高,大专及以下 27 人(占总人数的 22.7%)、大学本科 75 人(占总人数的 63%)、研究生 17 人(占总人数的 14.3%);具有学士学位 34 人(占总人数的 28.6%),硕士学位 21

人(占总人数的 17.6%)、博士学位 9 人(占总人数的 7.6%)。职称结构以中高级职称为主,中级职称 43 人(占总人数的 36.1%),副高职称 60 人(占总人数的 50.4%,正高职称 16 人(占总人数 13.4%)。从任职情况来看,现任学校中层领导职务(副处以上)8 人,其中正职 5 人(民盟 3 人、九三 2 人),列入高校副校级后备干部 1 人、推荐为省民主党派后备干部人选 3 人。民主党派成员担任校教职工代表大会代表 16 人,占代表总数 6.7%,担任校学术委员会 3 人、教学委员会 5 人,按有关规定有相应比例的党派成员担任学院教学科研和学术等组织的职务。社会兼职情况:党派成员担任党派市级委员会委员 4 人(民盟 2 人、农工 1 人、九三 1 人)。担任省人大代表 1 人,县区人大代表 1 人,省政协委员 2 人,市政协委员 6 人(其中常委 1 人)。

从无党派人士及其他统战对象基本情况来看,学校现有无党派人士 98 人,现任学校中层领导职务(副处以上)10 人,其中正职 2 人。年龄以 30—45 岁为主(占总人数的 59.2%)。具有研究生学历 24 人(占总人数的 24.5%),硕士学位 33 人(占总人数的 33.7%),博士学位 16 人(占总人数的 16.3%)。副高职称 85 人(占总人数的 86.7%),正高职称 11 人(占总人数的 11.2%)。其他统战对象:出国归国留学人员 14 人,其中 7 人具有博士学位、3 人具有正高职称;少数民族教职工 20 人,侨眷 7 人。浙江海洋学院无党派知识分子联谊会现有会员 48 人,参加知联会的对象均为具有副高以上专业技术人员或博士学位或担任学校中层干部人员。

2. 我校党外代表人士队伍作用发挥情况

近年来,我校各民主党派、党外代表人士在党委的指导和支持下,围绕中心、服务大局,积极履行参政议政、民主监督职能,发挥独特优势,开展教书育人和社会服务活动,为学校发展和当地社会经济建设作出了积极的贡献。

(1)积极履行参政议政、民主监督职能。近几年,统战成员中的各级人大代表、政协委员向省市各级"两会"提交的各类提案议案每年在 30 件左右,不少提案被列为重点提案、评为优秀提案,很多提案议案得到省委市委的充分肯定。

(2)立足本职岗位,争创一流的工作业绩。我校各民主党派、知联会集中了全校各学科、专业领域的一批高学识、高资历、高层次的党外知识分子,他们立足本职岗位建功立业,围绕学校发展目标,积极为创建浙江海洋大学献计献策,为学校发展提出很多建设性意见和建议,有的已被吸纳为学校"十二五"建设发展规划内容。

(3)发挥优势,积极为服务地方经济和社会发展作贡献。民主党派成员和无党派人士积极参与省"两创"战略和学校"百名教授博士下基层行动计划",自2009年9月起,学校分三批共派出70名高层次人才下企业下基层服务,其中民主党派和知联会成员约占50%,高层次人才深入全市船舶、航运、水产、食品、机械、建筑、石化、旅游等行业,大力开展科技攻关、技术培训、政策咨询、志愿服务等工作,与全市及各县区政府、企事业单位开展了有关服务与合作。学校积极组织民主党派成员参与社会主义新农村建设,先后选派多名民主党派成员作为省科技特派员到欠发达地区参加科技扶贫工作,受到当地政府和群众的好评。

三、加强高校党外代表人士队伍建设必须形成良好的工作机制

加强高校党外代表人士队伍建设,必须形成一种良好的长效机制。要与党和国家干部人事制度改革相适应,与民主党派、无党派代表人士的政治交接和新老交替的需要相适应,把工作纳入制度化和规范化的轨道。特别要把握新阶段党外代表人士的成长规律,处理好党外代表人士队伍建设中数量与质量、选拔与培养、理论教育与实践锻炼的关系,努力造就一支坚定不移地走中国特色社会主义道路、具有较强参政议政能力、与党长期亲密合作的党外代表人士队伍。

1.规范化的培养选拔机制

高校党委要加强领导,抓好规划,把党外代表人士队伍建设工作纳入人才和干部队伍建设的总体规划,形成党委统一领导,统战部门牵头抓总,有关部门各司其职、密切配合,社会力量广泛参与的党外知识分子工作新格局。要建立统战部门与相关部门通力合作的机制,统战部应加强同组织部、宣传部、人事处、教务处、科研处等部门的协作,了解掌握党外代表人士的全面情况。尤其要强化统战部与组织部的沟通与合作,就党外干部培养、选拔、使用问题,各负其责,抓好落实。建立党外代表人士举荐和考察责任制,拓宽党外代表人士的选拔渠道,力求把优秀人才全部纳入视野,建好后备人才库。要注意发现政治素质较好,有发展潜力和培养前途的党外优秀年轻人才,尽早把他们纳入选拔范围。加强培养和教育,为他们脱颖而出创造良好条件。统战部会同组织部对遴选的优秀党外人士进行考察、建库、培训,为党外干部走上领导岗位铺路搭桥。

2.一体化的长效培训机制

要把对党外代表人士的培训与选拔使用相衔接,与党外代表人士新老交替相衔接,制定总体培训规划,科学设计培训内容,改进培训方式,实施系统化的培训,提高党外代表人士队伍的整体水平。对党外代表人士的培养目标要突出政治引导,强化参政议政能力为重要内容,提高党外代表人士的政治理论水平、履行职责能力、政治把握能力和合作共事能力。培训内容要科学系统,实效性要强,采取学习、考察、研讨、锻炼等灵活多样的培训方式和方法,坚持政治教育和实践锻炼相结合。党外代表人士学习培训的内容包括中国特色社会主义理论、统一战线和多党合作的理论政策、基本国情和形势政策教育、老一代党外代表人士的优良传统和先进事迹、业务知识培训等。学习培训形式可多样化,如组织党外代表人士参加省、市人大、政协、统战部门以及民主党派省、市委组织的相关学习培训,组织专题培训,邀请专家进行专题辅导报告,召开专题研讨会,组织党外代表人士进行学习考察和调研活动等。要求党外代表人士业余自学,撰写学习体会文章,统战部适时开展优秀论文评选和心得体会交流活动,鼓励民主党派以支部为单位组织灵活多样的形式开展学习讨论。建立党外代表人士学习培训档案,并将党外代表人士参加学习培训情况作为评优的依据之一。

3.平台化的作用发挥机制

高校党外代表人士具有很强的参政意识和热情,高校各级党组织要搭建平台、创造条件,引导和发挥好党外代表人士在服务学校乃至社会发展中的积极作用。建立完善学校重大事项通报制度、征求党外代表人士意见制度、向党外人士传达文件和邀请他们参加教代会等重要会议的制度等。学校举行党代会、教代会、中层干部大会等重要会议或干部民主评议、群众测评等活动,邀请党外人士代表参加,征求他们的提案或意见建议。选用一定数量政治观念强、思想作风硬、专业知识丰富的党外人士担任学校纪检监察员、教学督导员、学术委员会委员、职称评审委员会委员,使他们参与到学校党的建设和教学、科研等实际工作中,及时对学校的重大决策做出反应,为学校改革发展献计献策。

4.完善的服务保障机制

高校各级党组织要强化大服务观念,为党外代表人士提供包括政策服务、思想引导、生活帮助,工作支持等多方面的服务和支持。要积极营造宽松的学术氛围,为广大党外知识分子发挥才干搭建舞台,创造条件,使大家心情舒畅地投入到教学、科研、管理等各项工作中去。建立学校党员领导干部与党外代表人士交友制度,学校领导与联系的党外代表人士谈心、交心、及时了解掌握他们的思想、工作情况。统战部努力建设党外人士之家,定期组织党外代表人士学习、考察、联谊,积极参加各民主党派支部的活动,达到有效沟通的目的。统战部门经常主动到各学院、部门,深入党外代表人士中,通过交友谈心、节日慰问等,及时帮助党外代表人士解决工作生活中的困难,使他们感受党的关心和朋友的温暖。设立民主党派活动室,适时组织适合各界人士需求、形式多样的交流活动,增进党外代表人士之间的了解和友谊。通过真诚服务、建立联系、增进感情、掌握动态,有针对性地做好教育引导工作,将党外代表人士的力量凝聚在一起。

当前,学校正面临新的战略发展机遇期,为国家海洋事业发展,特别是浙江海洋经济发展示范区和舟山市群岛新区建设发挥更大作用,是学校全体教职工共同的奋斗目标。我们将继续深入学习贯彻党的十七届四中、五中全会精神,牢固树立大团结大统战的思想,努力开创高校统战工作新局面。结合高校统战工作的实际,认真学习、思考、实践,不断提高统战工作的规范化、科学化水平,充分发挥民主党派、统战团体和党外知识分子的积极作用,共同为学校的科学和谐发展作出新的贡献。

参考文献

1. 单联民:《关于完善高校培养选拔党外干部工作机制的思考》,《江西科技师范学院学报》2006 年第 5 期。

2. 杨卫军、熊永华、余正琨:《构建社会主义和谐社会视野下的高校党外代表人士队伍建设》,《中央社会主义学院学报》2008 年第 3 期。

3. 王志红:《新形势下高校党外代表人士队伍建设的思考与探索——以河北科技大学为例》,《河北农业大学学报(农林教育版)》2009 年第 12 期。

4. 唐华生:《新时期加强高校民主党派建设的思考》,《四川文理学院学报》2011 年第 1 期。

5. 刘文洁、段建南、周清:《进一步加强高校党外代表人士队伍建设的探讨》,《社科纵横》2009 年第 9 期。

以夯实工作平台为抓手健全高校党外代表人士队伍建设的长效机制

朱维华 *

加强党外代表人士队伍建设是统一战线的一项重要战略任务和基础工程,中共中央颁发的《中共中央关于加强新形势下党外代表人士队伍建设的意见》(中发〔2012〕4 号,以下简称《意见》),以邓小平理论和"三个代表"重要思想为指导,深入贯彻落实科学发展观,深刻论述了加强新形势下党外代表人士队伍建设的重要性和紧迫性。在新的形势下,切实加强高校党外代表人士队伍建设,事关高校统战工作可持续发展的全局,意义重大、影响深远。高校应准确把握《意见》的精神实质,以健全和完善长效工作机制为落脚点,着力打造并夯实党外代表人士的教育培养平台、发挥作用平台和动态管理平台这三大平台。

一、以提高素质为目标,夯实高校党外代表人士教育培养平台

做好高校党外代表人士队伍建设工作,加强日常教育培养至关重要。党外代表人士汇聚了高校党外人才中的精英,他们自身的示范作用、牵动作用和辐射作用直接影响着高校统一战线的整体工作水平。夯实高校党外代表人士教育培养平台,就是要准确把握党外代表人士成长的社会环境、实践基础和自身状况,认真研究党外代表人士教育培养的内在规律,充分整合各种各类资源,多途径、多渠道、有针对性地开展教育培养工作,以不断提高他们政治把握能力、参政议政能力、组织协调能力与合作共事能力,达到增强素质的目的。夯实高校党外代表人士教育培养平台可以采取以下三个有效途径。

---

* 朱维华,江西中医学院党委统战部部长,副研究馆员。

1. 加强党外代表人士的学习培训

根据《意见》要求,党外代表人士的学习培训要坚持政治培训为主,注重思想政治教育,把系统深入开展中国特色社会主义理论体系、中国特色社会主义政治制度和社会主义核心价值体系教育作为理论培训的首要任务。采取送出去学、内部组织学、自觉自主地学等多种学习形式,抓好学习培训工作。一要充分发挥社会主义学院主阵地作用。社会主义学院是民主党派和无党派人士的联合党校,高校要充分利用统一战线教育培训这一独特资源,有针对性地组织推荐党外代表人士入学接受专题培训;二要充分发挥高校自身教学培训资源的优势,把开办党外代表人士专题培训班列入学校党校工作的一项重要内容;三要发挥好高校校园网的信息集散传播功能,在统战部网页上建立学习互动版块,充实学习内容,搭建交流平台,便于党外代表人士自觉自主学习、交流沟通。

2. 强化党外代表人士的实践锻炼

党外代表人士缺乏实践锻炼,是长期制约党外代表人士队伍建设的"瓶颈"。加强高校党外代表人士的实践锻炼,是提高他们综合素质的重要途径。高校党外代表人士普遍具有学历层次高、专业能力强的特点,但在政治把握能力、组织管理能力等方面都有待历练提高。强化高校党外代表人士的实践锻炼,一是要将党外干部的多岗位锻炼纳入高校干部交流总体安排,给予特别重视;二是注重推荐、选派党外干部到地方挂职锻炼或任职,并在高校的对口支援、扶贫开发和校际合作等工作中有针对性地安排党外干部参与项目实施。通过多岗位、多途径实践锻炼,不断丰富党外代表人士的工作阅历,达到开阔视野、增长才干的效果。

3. 发挥好联系交友的思想引导作用

联系交友制度是加强高校党政领导干部与党外代表人士联系的有效措施。联系交友的一项重要内容,就是通过联系沟通、交心、谈心,准确了解并掌握党外代表人士的思想状况,有针对性地加强教育引导,把党的路线方针政策深入人心。通过联系交友,还可以广泛听取党外代表人士的意见建议,解开党外代表人士的思想疙瘩,达到凝聚共识、增强互信和感情的作用。

二、夯实高校党外代表人士动态管理平台,提高科学化管理水平

加强党外代表人士管理,是保障党外代表人士健康成长的必然要求。党外

代表人士是高校统一战线的骨干力量和实践主体,其能力和代表性强弱、作用大小,直接关系到高校统一战线优势的有效发挥。《意见》特别强调,党外代表人士推荐使用后要进行相应的管理。当前,高校党外代表人士管理总体上比较薄弱,工作中重使用轻管理、重服务轻监督的现象还不同程度存在。夯实党外代表人士动态管理平台,就是要做到明晰管理范围,把握评价指标,丰富管理载体。

1. 明确范围,坚持标准

党外代表人士是与中国共产党团结合作、作出较大贡献、有一定社会影响的非中共人士。做好高校党外代表人士管理工作,首先必须明确其范围和基本标准,完善包括身份、职务、学习工作经历、履职情况、主要业绩等多方面基本信息的党外代表人士数据库建设,并实时更新,准确掌握全面信息。根据《意见》中对党外代表人士范围的界定,高校的党外代表人士主要包括各级人大代表、政协委员中的党外人士,担任处级以上校内外领导职务的党外干部,民主党派校级基层组织领导班子成员,在有关社会团体(主要是统战社团和学术团体)担任较重要职务并发挥较大作用的党外人士。政治坚定、业绩突出、群众认同,是党外代表人士的基本标准,也是加强高校党外代表人士队伍建设的根本要求。

2. 突出重点,综合管理

对党外代表人士的管理,不是行政管理,也不是业务管理,主要是政治思想管理。《意见》明确指出,要突出管理重点,了解掌握党外代表人士的政治表现、思想状况、履行职责和廉洁自律情况,特别是在重大原则问题上的政治立场和态度,帮助党外代表人士坚定政治共识,增强大局意识、责任意识和自律意识,树立良好的社会形象。管理的内容主要包括党外代表人士在本职岗位和人大、政协、党派履职情况,遵守国家法律法规和廉政规定情况。结合高校干部人事管理的实际,针对高校党外代表人士的特点,综合运用民主评议、述职述廉、年度考核、诚勉谈话等考核管理方式,并及时将考核结果纳入党外代表人士数据库,作为评价和使用的重要依据。

3. 协调配合,形成合力

由于高校党外代表人士的多重身份,高校党外代表人士的管理需要各单位、部门的密切配合。对担任学校处级以上领导职务的党外干部,党委组织部要在领导班子和干部队伍建设中注重加强管理;对高校的各级人大代表、政协委员,党委统战部还要加强与同级人大、政协的联系,定期了解掌握他们的参政议政情况;对在民主党派、社会团体组织中担任一定职务的党外代表人士,所属党派团体要发挥自我教育、自我管理、自我监督的作用,并向学校通报有关情况。在高校党外代表人士管理工作中,高校党委统战发挥着牵头协调作用,要积极与人大、政协、纪检、组织等部门加强沟通,形成日常联系机制,从总体上掌握党外代表人士的各方面情况。

三、疏通渠道,夯实高校党外代表人士发挥作用平台

高校是党外代表人士的重要源头,是党外人才培养的重要基地。充分发挥高校党外代表人士作用,在实践中物色发现人才并合理安排使用,有利于党外代表人士的不断进步和成长,有利于激发党外代表人士服务社会和学校事业的发展的潜力与活力,有利于带动和引导统战成员树立正确的理想信念、价值观念。为高校党外代表人士发挥作用创造条件、提供舞台,可以从以下三个方面入手。

1. 发挥党外代表人士多层次、多渠道参政议政和民主监督的重要作用

一是坚持党外代表人士情况通报会、党外代表人士座谈会、党外代表人士参加党委中心组理论学习扩大会、党外代表人士特邀代表参加教代会等制度,及时向党外代表人士通报学校的重要工作,广泛听取党外代表人士对学校党政工作的意见和建议,扩大党外代表人士对学校工作的知情范围和参与程度,从而引导党外代表人士有序参与学校的民主管理民主监督,围绕学校改革发展建言献策;二是做好人大代表、政协委员的推荐提名工作,把高校党外代表人士中的佼佼者推荐到人大代表、政协委员的岗位上,让他们在更高的平台和更广阔的舞台施展自己的才华,履行参政议政、民主监督职责;三是协助党外人大代表、政协委员做好提案筹备工作,围绕所熟悉专业领域的热点问题组织调研,提出高水平的建议和提案。

2. 发挥代表人士专业技术特长优势,服务地方经济社会发展

高校党外代表人士队伍人才荟萃,不仅具有人才智力的综合优势,而且在社会上还具有较大的影响,发挥他们推动地方经济社会发展的积极作用,对全面建成小康社会有着重要的现实意义。高校应积极建立信息沟通渠道,加强党外代表人士与社会的联系,大力支持党外代表人士开展科技咨询、科技扶贫、科研转化等服务社会的活动。党委统战部要发挥导向和参谋作用,努力为党外代表人士服务社会提供必要的帮助,便于他们发挥自身学科专业优势,服务社会进步。

3.加大党外代表人士选拔使用力度,不拘一格,广纳群贤

选拔使用是党外代表人士队伍建设成果的重要体现。胡锦涛总书记在庆祝中国共产党成立 90 周年大会上的讲话指出,要"广开进贤之路,把各方面优秀干部及时发现出来,合理使用起来"。加大高校党外代表人士选拔使用力度,主要应做好以下三个方面工作:一是要认真落实《意见》中"高等学校领导班子中一般要配备党外干部,积极选配符合条件的党外人士担任行政正职"的精神,着力培养锻炼优秀的党外代表人士,起到示范作用,更好地激发党外人士投身改革开放和社会主义现代化建设的积极性;二是要稳妥推进高校干部制度改革,加大竞争性公开选拔任用干部的力度,充分调动党外代表人士参与竞争上岗的积极性,创造有利于优秀党外人才脱颖而出的政策环境;三是积极推荐党外代表人士到人大、政协、政府、司法机关及人民团体任职,并支持鼓励他们发挥自身优势,通过公开选拔、竞争择优走上领导岗位。

党外代表人士是党和国家人才队伍的重要组成部分,是推进中国特色社会主义事业和实现中华民族伟大复兴的重要力量。加强高校党外代表人士队伍建设,是做好新形势下高校统战工作的时代命题,也是实现高校统战工作可持续发展的紧迫课题。面对新的形势和任务,高校的统战工作要不断创新思路,探索实践,努力夯实工作平台,健全党外代表人士队伍建设的长效工作机制,推动党外代表人士队伍建设在新起点上实现新发展。

参考文献

1. 中共中央统战部:《〈中共中央关于加强新形势下党外代表人士队伍建设的意见〉学习问答》,华文出版社,2012 年。
2. 赵广君:《关于加强党外代表人士队伍建设工作机制问题的思考》,《黑龙江省社会主义学院学报》2011 年第 1 期。
3. 郑小梅、杜鹏:《论高校统战工作的"五大平台"建设》,《中国科教创新导刊》2012 年第 16 期。

高校党外代表人士队伍建设情况探析

刘明捷　张玉莲*

党外代表人士队伍建设是党和国家工作全局的重要方面,是统一战线的基础性、战略性工作。多年来,各高校认真贯彻落实中央和省委有关精神,建设了一支政治可靠、素质较高的党外代表人士队伍,在参与国家政治生活和推动学校科学发展中发挥了良好的作用。2012 年 2 月,中共中央下发了 4 号文件,对党外代表人士队伍建设工作提出了更高的要求。为进一步推进工作,我们调研了10 所兄弟院校,通过比较分析,对当前高等院校党外代表人士队伍呈现的特点、存在的问题进行分析,并提出工作思路。

一、高校党外代表人士队伍的特点

1. 组织建设普遍得到重视和加强

高校党外代表人士大都集中在民主党派,而高校恰恰是民主党派基层组织较为集中的单位,组织机构比较健全。在调研的 10 所兄弟院校中,有 6 所高校成立了 7 个民主党派组织,4 所成立了 6 个民主党派组织。此外,还有 7 所高校还按照上级要求成立了党外知识分子联谊会。健全的组织机构增加了广大党外代表人士的认同感和归属感,为加强党外代表人士队伍建设提供了抓手和组织保障。

2. 党外代表人士实职和政治安排增长较快

近几年,高校党外代表人士在实职和政治岗位上的比例不断提高。以南京

---

* 刘明捷,南京医科大学党委统战部统战员,助理研究员;张玉莲,南京医科大学党委办公室副主任,统战部副部长。

医科大学为例,实职安排中,2007年学校中层及以上党外干部有13名,经过两轮干部体制改革和调整,截至2012年底,学校中层及以上党外干部增加到21名,占学校中层干部16.3％。政治安排上,全国、省市区各级人大代表、政协委员和参事席位34个,其中各级人大代表12个席位中,党外代表有8席,占67％;各级政协委员20个席位中,党外代表有17席,占85％。

3.党外代表人士任职领域和范围有较大突破

随着党外代表人士政治安排和实职安排比例的不断提高,一大批政治坚定、业绩突出、群众认同的党外代表人士走上了各级专业技术和行政领导岗位,任职领域也逐步向教学、科研、医疗和行政管理等部门拓展。仍以南京医科大学为例,2007年有党外人士任职的实职岗位和部门是12个,2012年底扩大到18个,有13名党外人士由专业技术岗位走上行政领导岗位。

4.党外代表人士队伍逐步年轻化,学历层次高

随着海外留学归国人员的增加以及高校对年轻党外人士有意识的培养,高校党外代表人士队伍正逐步呈现年轻化、学历层次高的特点。据统计,南京医科大学实职安排中层以上党外干部21人的平均年龄是50岁,研究生及其以上学历的有12人,占54％。民主党派和统战团体主要负责人平均年龄49岁,75％以上是研究生学历。全国人大代表和政协委员中,党外人士平均年龄54.3岁;省人大代表和政协委员、政府参事中,党外人士平均年龄49.6岁;市区级代表和委员中,党外人士平均年龄49岁;全部研究生以上学历,其中博士学位占67％。

5.新一代党外代表人士思想观念开放、思维活跃,作用发挥好

高校新一代的党外代表人士学历层次高、知识面广、思想观念开放、思维活跃,积极参与政府科学决策和社会民主管理,参与学校的发展,在参政议政、民主监督和社会服务等方面发挥了积极的作用,已成为学校科学发展的生力军和社会发展进步的积极参与者。仅2011年,南京医科大学就有4位党外人士获国家级荣誉表彰。

二、高校党外代表人士队伍建设工作中存在的问题

1.后备力量不足,结构、层次不够合理

在调研的10所高校中,普遍存在党外代表人士后备力量不足的情况,部分党派成员老龄化严重。这一方面与高校招聘新员工中大多是中共党员,非党人

员逐年减少有关;另一方面,也与高校基层党组织对把一部分优秀人才留在党外培养的意识不够强,对确实优秀、符合入党条件但因工作需要留在党外的干部没有建立有效的激励机制有关。

2.代表性、影响力和认同度不及老一辈,缺乏"旗帜性"人物

调研中我们发现,部分党外代表人士在担负业务重任的同时,在参政议政、传达社情民意的责任承担上不够,与突出的专业业绩相比,参政议政和服务社会的能力稍显不足,代表性、影响力和认同度不及老一辈,缺乏"旗帜性"人物。高校尤其是重点高校的党外代表人士多是所在单位的业务骨干和学科带头人,他们本职工作任务重、压力大,但主观上是否有更为自觉的意识,能否合理地解决好不同领域的时间分配问题,努力扩大知识面,熟悉党和国家的重大政策,深入实际掌握更多信息,这也应被视作有无政治责任感并认真加以思考与实践的重大问题。

3.缺乏科学的考核评价体系和工作机制

目前在党外人士队伍建设中仍存在组织培养缺位的现象,优秀代表人士多属自然成长,一般是在一定岗位或担任一定职务后,才被发现、吸收和纳入队伍。这与缺乏科学的考核评价体系和不完善的考察、培养、交流、使用等工作机制有关。部分高校领导仍把绝大部分注意力放在了党内,对党外代表人士的培养使用重视不够,更有部分高校对党外代表人士的培养锻炼还没有真正纳入议事日程,致使工作出现"断层",存在"备而不用"与"用而不备"的现象。

三、加强党外代表人士队伍建设的思考

党外代表人士的成长具有特殊的规律,高校各级党组织和统战部门除了要高度重视和完善发现、培养、使用、管理等四环节外,更要狠抓落实,加强工作的针对性和实效性,从而不断提升党外代表人士队伍的整体素质和水平。

1.加强党外代表人士后备队伍建设

要把有计划、有组织地广泛物色党外代表人士作为一项基础性工作抓紧抓好。要加强统筹规划、沟通协调,在基层党组织推荐的基础上,建立统一的党外人才信息库,全面了解和掌握代表人士工作和发挥作用等基本情况,有针对性地加强培养教育和考核管理,培育合格的党外代表人士后备队伍。要严格按照中央和上级要求,会同组织部门以不低于10%的比例建立党外中层后备干部库;

按正职 1∶2、副职 1∶1 的比例建立民主党派基层组织领导班子后备干部队伍名单。对纳入后备队伍的党外代表人士,加强培养和锻炼。要进一步强化意识,继续贯彻执行把一部分优秀人才留在党外发挥作用的政策规定,为高校党外代表人士队伍建设提供活力和源泉。

2. 强化理论培训和实践锻炼

要鼓励和引导各民主党派和社会团体开展自我教育;有计划、有步骤地推荐党外代表人士进入中央、省、市社会主义学院学习;加强学校社会主义学院建设,既突出政治引导、增进共识,又科学系统、兼顾特点,围绕坚定走中国特色社会主义道路的主题加强思想理论武装。要根据党外代表人士成长特点和履职经历,积极举荐年纪轻、有潜力的党外干部挂职锻炼和交流任职,积极引导党外代表人士发挥自身特长,围绕国家和地方经济、社会发展以及学校重大课题开展调查研究,建言献策,使党外代表人士在实践中受教育、长才干。

3. 整合资源,扩大影响,引导和支持民主党派和团体发挥作用

高校要扩大党外代表人士的影响力,关键是整合资源。民主党派、党外知识分子联谊会、归国学者联谊会、侨联等组织的成立虽能够增加党外人士的认同感和归属感,但如何充分体现他们的代表性则有赖于打造一个有效实现资源整合的平台。高校党外人才资源丰富,但缺乏系统有效的整合,党外代表人士在参政议政时极易分散力量而且导致重复浪费。以参政议政为例,社会问题、民生问题涉及方方面面,个别党外人士以一己之力提出科学有效的提案或议案并且推进实施难度很大,如果从学校层面由统战部门牵头,有意识地整合各方资源,以党外代表人士团队为单位投入到参政议政和建言献策的工作中,这样既能为国家、社会和学校发展提出更加相对科学有效的意见和建议,也将有效扩大党外代表人士的影响力,而优秀党外代表人士在团队的基础上则更容易脱颖而出。

4. 建立科学的工作机制和完善的考核评价体系

高校要形成党委统一领导,统战部牵头负责,有关部门各司其职,全校上下共同参与的党外代表人士队伍建设工作机制。统战部门要深入调查研究,协助学校党委制定党外代表人士队伍建设的总体规划和政策措施;组织部门要把党外代表人士队伍建设纳入人才和干部队伍建设的总体规划;宣传部门要加强对党外代表人士队伍的宣传报道,营造良好的工作氛围;各基层党组织要根据工作需要主动做好发现、推荐、培养和管理等工作。要把党外代表人士队伍建设工作

纳入基层党组织的考核内容;从政治素质、专业成就、群众基础三个方面,对党外代表人士建立科学的考核评价体系,综合评价和常规考核相结合,从而不断提高选人识才的客观性、全面性和准确性。

参考文献

1. 全华、金江红:《提高高校党外代表人士队伍科学化水平的研究》,《高教研究与实践》2011 年第 12 期。

2. 刘文洁:《进一步加强高校党外代表人士队伍建设的探讨》,《社会纵横》2009年第 9 期。

3. 苏红军:《关于加强党外代表人士队伍建设的思考》,《云南社会主义学院学报》2011 年第 1 期。

加强地方高校党外代表人士队伍建设的对策研究

——以嘉兴学院为例

陈志军　　李玉琴 *

党外代表人士是具有中国特色的政治称谓。2005 年,《中共中央关于进一步加强中国共产党领导的多党合作和政治协商制度建设的意见》对此做出了明确界定,党外代表人士是指"中国共产党以外的各民主党派、无党派人士、民族界、宗教界、新的社会阶层以及港澳台同胞和海外侨胞中具有较大社会影响和一定代表性的人士,而不是指普通的党外群众"。邓小平同志指出:"对党外人士进行安排使用,是坚持共产党同党外人士合作共事的前提,而培养、选拔一大批能够同我们党真诚合作的新一代各界代表人士,建立一支适应形势发展需要的党外干部队伍,是搞好党外人士安排、使用的基础。"培养和造就一支数量充足、结构合理、素质优良的党外代表人士队伍对促进多党合作事业的持续健康发展具有重要意义。

一、地方高校党外代表人士的鲜明特点

在高校,"党外代表人士"主要是指学校各民主党派和无党派人士中有一定代表性的人士。根据学校实际,嘉兴学院把各民主党派主委、副主委,知联会和侨联、留联会会长、副会长、秘书长和市级以上人大代表、政协委员界定为党外代表人士,共有 33 人,其中具有硕士及以上学历的 13 人,具有副高及以上专业技术职称的 28 人,45 岁以下 6 人,46—50 岁 17 人,51 岁以上 10 人。这些党外代

---

　　* 　陈志军,嘉兴学院组织统战部干部,讲师;李玉琴,嘉兴学院党委组织统战部副部长,副教授。

表人士具有鲜明的特点。

1. 政治认同度高，拥护党的领导

嘉兴学院党外代表人士 50 岁以下 23 人，占党外代表人士的 70%，他们出生在新中国、成长在改革开放中、磨练在市场大潮中，带有鲜明的时代印记。他们多年来接受党的思想教育，受到良好的教育环境的熏陶，亲身经历了改革开放带来的巨大变化，见证了中国共产党团结带领全国人民，在妥善应对各种内忧外患、天灾人祸、危机挑战等方面的卓越表现，切身感受到党的路线方针政策的正确性，充分认识到社会主义的优越性，党外代表人士拥护党的领导，赞同中国特色社会主义发展道路，对党和国家的事业发展充满信心。

2. 思想较为活跃，价值取向多元

受社会利益结构分化和人们价值观念多元化的影响，党外代表人士的价值取向也日益多元化，利益诉求方面，义和利都要兼顾。很多党外代表人士思维比较活跃，他们一方面注意把自己的事业和前途同国家的前途、命运联系在一起；另一方面，民主意识、自主意识也在增强，关注本党派内民主权利的实现和民主程序的履行，在一些重大问题上有自己的分析和判断，善于独立思考。在今天互联网信息时代，他们的思维更加活跃，富有敏锐的分析判断新事物的能力和开拓创新的精神，工作热情高涨，同时具有盼望国富民强的社会责任感和促进高校健康发展的义务感。

3. 专业水平较高，参政议政活跃

嘉兴学院党外代表人士大多数专业能力突出，在本行业领域内有一定的学术造诣和影响，这为他们参政议政创造了良好条件。他们中的一部分人，是学校教学、行政、科研管理岗位上的负责人，担负着重要的管理责任，通过学校的各种民主协商制度，为学校的建设和发展，献计献策。另外，一部分人当选为各级人大代表、政协委员，积极参与人大、政协的各种活动，通过各种提案，积极参政议政。在嘉兴学院，既是民主党派、统战团体主要负责人，又是政协委员或人大代表的有 14 人，占党外代表人士的 42%，在参政议政方面也取得了一定成绩，但更多的党外代表人士在担负教学科研任务的同时，对自己参政、议政，传达社情民意的责任承担不够，主动接触社会不多，与他们专业领域的成绩相比，参政议政能力稍显不足。

党外代表人士队伍建设经过坚持不懈的探索和实践，形成了一定的工作思路并有一些突破性的举措,但是仍然面临着诸多困难和问题。

二、地方高校党外代表人士队伍建设现存问题

目前在地方高校党外代表人士队伍建设中尚存在一些突出矛盾,原因是多方面和深层次的,也是值得关注和思考的。

1. 高层次党外代表人士相对缺乏

党外代表人士中的领军人物在其自身建设和履行职能中具有特殊作用。嘉兴学院是省属本科院校,虽然根据学科建设和专业发展的需要,采取了一系列措施培养、吸引和稳定人才,但是由于多方面的原因,与其他高校相比,嘉兴学院党外代表人士在职称结构、学历结构、学科结构等方面与在杭老牌高校相比还是存在相当的差距。党外代表人士中拥有正教授职称的只有 13 人,占 33 人中的 39%;高层次人才中只有一人入选"钱江人才计划";党外代表人士中专业影响和社会影响大、参政议政能力强,能团结带领自己党内成员发挥好作用的人才相对缺乏,直接影响到各民主党派、统战团体新老领导班子交替的顺利进行,直接关系到各民主党派和统战团体参政议政的能力。

2. 行政管理能力、参政议政水平有待提高

高校中党外代表人士大多属于教授从政、专业技术人员从政,主要是凭借专业上的造诣和影响被选拔到代表人士队伍中来的,接受实践锻炼的机会不多,普遍缺乏多岗位特别是不同领导岗位交流的机会,行政管理能力、参政议政水平有待提高。少数党外代表人士缺乏领导方法和领导艺术,虽然他们大多是本领域的骨干和带头人,专业优势和业务能力突出,但是往往由于经历比较单一,作用发挥受到制约。

3. 缺乏学习培养,发展空间不足

由于高校没有坐班制,党外代表人士大部分分散在各院(系),民主党派和统战团体负责人均是兼职,所以高校的党外代表人士日常的政治学习、活动普遍比较少,而且内容也比较单一、缺乏特色。又由于经费限制,对党外干部的培养和学习尚未形成制度性的要求,选派到各级社会主义学院学习、培训的机会也不多。由于学校是省直管,所以能到地方挂职锻炼的机会不多,党外干部能去挂职锻炼的机会就更少。在实职安排方面,校级领导中没有党外人士,在中层干部选拔方面,根据上级有关方面的要求,现在大多采用"公开选拔"和"竞争上岗"的形

式,党外干部往往在理论和实践方面略有不足,造成在竞争性选拔时处于不利地位,要想进入更高一层次干部队伍,较为困难。目前嘉兴学院党外代表人士任中层干部 11 人,占 9.32%,比例偏低。

4. 选拔条件单一,代表性不足

代表性是党外代表人士的根本属性。它是政治性、专业性、群众性的有机统一,政治性是根本、专业性是前提、群众性是基础。党外代表人士与一般党外人士的区别,就在于他们代表性鲜明,能够起到示范、团结和引领作用。在选拔和培养党外代表人士时,有时单从政治角度考虑,主要看人选的政治标准,忽视了个人能力素质和群众基础,造成少部分代表人士选上来时就没有代表性,还有少部分具有代表性的人士选上来后,将大部分精力放在个人学术和研究领域上,不注重与所代表的群众联系,对统战工作关心不够,参与不多,随着时间的推移代表性减弱。

鉴于以上地方高校党外代表人士队伍建设中存在的种种问题,我们要站在统一战线可持续发展的高度,采取有力措施切实加强党外代表人士的培养、使用和管理。

三、加强地方高校党外代表人士队伍建设的对策

对地方高校党外代表人士的培养、使用和管理,要遵循其成长的规律,大胆创新,主动参与,充分发挥统战部门应有的作用。

1. 探寻思想契合点,巩固共同思想基础

高校党外代表人士的成长环境与老一代党外代表人士完全不同,在全球化背景下,他们思想观念和价值取向也在发生深刻变化,主流的与非主流的同时并存,呈现出多元、多样、多变的特点。同时他们实现自身价值的途径也在增多,与统战部门交友的内动力不足。在这种情况下要深交党外朋友,必须探寻思想上的契合点。不仅要加强思想引导,切实照顾同盟者利益,巩固与党外代表人士交友的思想基础,还要了解和掌握党外代表人士的关注点、兴奋点,寻找共同语言。对党外代表人士的培养,关键还是要使其坚定走社会主义道路的政治信念,提升与中国共产党合作共事的能力素养。目前,嘉兴学院的做法是将党外代表人士纳入到中层干部网上学习平台,通过深入学习中国特色社会主义理论体系,牢固树立和践行社会主义核心价值体系,弘扬老一辈党外代表人士与中国共产党团

结合作的优良传统,不断增强走中国特色社会主义道路的政治认同和思想共识;邀请更多的党外代表人士参加学校党委召开的协商会、座谈会以及其他重要活动,让他们积极参与到建设"有特色、高水平"的地方综合性大学的实践中来,并且为更多的党外代表人士提供参加学习培训和考察调研的机会,给他们搭建更多展示才干的舞台。

2. 充分发扬民主,将代表性贯穿始终

有民主才有活力,有竞争才有动力,应当充分发扬选人用人中的民主,积极推行竞争性选拔干部,顺应干部成长规律,让优秀的党外代表人士能有机会脱颖而出。代表性并非与生俱来,是党外人士自身与社会、学校双向选择、后天努力与组织培养的结果。加强党外代表人士队伍建设,必须在培养时提升代表性。把规模化培养与个性化培养相结合,扬长补短,增强教育培训和实践锻炼的针对性,着重提高党外代表的政治把握能力和参政议政能力,帮助他们增强在专业领域和所联系群众中的影响力。选拔时也要注重代表性。以建立健全代表人士综合评价体系为抓手,体现政治标准、专业标准、群众标准相统一的共性要求,兼顾不同层次和专业的个性特点,这样既有利于发现已经崭露头角的党外人才,又有助于挖掘有发展潜力的后起之秀。使用时还要发挥代表性,鼓励支持党外代表人士立足本职工作、展现专业特长、密切联系群众、搞好合作共事。

3. 改善年龄构成,加强高层次人士培养

要着力培养旗帜性党外代表人士,这些旗帜性人物不仅要有学术上的高造诣,还要有相当的社会活动能力,在社会上和行业内有一定的知名度,要有坚定的政治立场、广博的知识、良好的个人形象、卓越的个人品质。目前嘉兴学院党外代表人士年龄层次主要集中在 50 岁左右,46—50 岁 17 人,占 52%,51 岁以上 10 人,占 30%,年龄层次相对集中,没有拉开年龄梯队,给以后的党外代表人士建设的可持续发展造成一定难度。这就要求我们要从多党合作事业的可持续发展的大局出发,把好选拔关,在换届中注重选择那些业务精、能力强、有热情、肯投入,有一定社会活动能力和影响力的代表人物进入各民主党派、统战团体的领导岗位,在年龄结构上注意要有层次性,老、中、青相结合,形成党外代表人士梯队建设的可持续发展。

4. 提供有力保障,拓宽成长成才路径

党外代表人士大多是各方面的专业技术人员,要鼓励他们参与学校改革发

展和地方社会经济建设,为此,要在不影响教学任务的前提下,学校尽可能在时间、经费等方面为他们提供保障,例如设立专项经费、保证参加活动的时间等。要通过多渠道多层次,选派党外代表人士参加研讨和培训,支持他们学习和考察实践等,使他们对党的统一战线理论有更深一步的了解,对中国共产党的领导地位和作用有充分的认识,提高参政议政的自觉性、主动性和积极性,为学校的统一战线工作尽心献力。目前嘉兴学院将党外代表人士纳入到中层干部网上学习平台,充分利用现代远程教育技术,开展在线选学培训,为其成长成才提供良好学习平台。另外,学校在进行中层后备干部队伍建设时,可以加大党外干部挂职锻炼的力度,积极为党外代表人士成长铺设台阶,创造条件,提供实践舞台。在中层干部选拔时,给予适当倾斜政策,选拔思想政治素质好、学术水平高、管理能力强的党外代表人士到二级学院或职能部门的领导岗位,通过压担子锻炼,使他们更多地参与学校的工作,在工作中不断积累经验、增长才干。

5. 突出管理重点,建立科学考核机制

全面了解党外代表人士的德、能、勤、绩、廉状况,着重考察政治表现、思想表现、履职情况和廉洁自律情况,及时发现问题,加强教育引导,引导党外代表人士树立正确的世界观、人生观、价值观和社会主义荣辱观。建立校领导同志与党外代表人士联系制度,健全完善党外代表人士日常管理的制度和机制,并协助各民主党派和统战团体建立监督机制,完善规章制度,制定相应措施。丰富管理形式,坚持正面教育、事前监督为主,健全考察评价监督和激励机制,探索运用个人述职、民主评议、定期考核等多种方式,形成多层次全方位的管理体系。明确管理责任,协助有关职能部门和党外代表人士所属学院建立考察、考核制度,各有侧重、相互配合,共同担负起管理职责。

6. 推进民主监督,发挥党外代表人士作用

民主监督是以民主为前提的,这个民主主要表现为给监督方以知情权、监督权。因而要进一步拓展民主监督渠道和网络。首先,重大决策制定与实施要让党外代表人士有知情权,这样监督才能"有题可做,有的放矢",从而提高针对性和实效性。其次,党外代表人士可以通过深入开展调查研究,广泛收集反映学校建设、社情民意的各种信息来进行民主监督,提出批评和意见,督促领导干部权为民用、情为民系、利为民谋,协助学校协调关系、理顺情绪、化解矛盾、维护稳定工作。要让党外代表人士感觉到他们的意见和建议对学校发展所起的作用是巨

大的,这些意见和建议要放在校领导的办公会议上进行讨论,并给以明确回复,让他们感觉到他们的存在不是点缀和装饰,这样他们中更多的优秀人士才会积极地参与到民主监督中来。再次,要建立健全民主监督的反馈机制,通过建立反馈机制,增强监督的约束力和有效性。目前嘉兴学院已经建立了《嘉兴学院特邀监察员聘任实施办法》,部分党外代表人士作为监察员已经在履行民主监督职能,下一步的目标是要使监察员制度落到实处,真正起到监督作用,为学校的改革、发展发挥积极作用。

参考文献

1. 洪子诚:《问题与方法》,生活·读书·新知三联书店,2002 年。

2. 中国统一战线编辑部:《春潮涌动大调研——党外代表人士队伍建设调研工作纪实》,《中国统一战线》2010 年第 6 期。

3. 樊亚斌:《对做好高校党外代表人士队伍建设工作的若干思考》,《山西社会主义学院学报》2010 年第 2 期。

4. 杨丽丽:《高校党外代表人士后备队伍建设工作刍议》,《华北电力大学学报(社会科学版)》2008 年第 1 期。

5. 毛荣生、曹姝:《高校党外代表人士培养选拔任用机制创新》,《上海党史与党建》2008 年第 3 期。

第五部分

高校民主党派工作研究

社会转型期民主党派基层组织发展问题研究

杨　帆*

民主党派基层组织是民主党派的基本细胞,是民主党派的组织基础和工作基础,是党派成员履行参政议政职能及开展自我教育、交流思想的组织形式,只有基层组织建设搞好了,基本细胞有了活力,组织整体才会不断迸发出旺盛的生命力。当前我国正处于社会转型期,新的社会阶层不断涌现,为了更加深入了解和掌握在此背景下民主党派基层组织发展现状,进一步推动民主党派基层组织健康发展,我们就民主党派基层组织发展这一课题进行了认真调研。整个调研工作为时一年,先后召开专题座谈会 5 次,个别访问(包括电话采访)100 余人次,最终形成调研报告。调研过程中得到了南京大学各民主党派基层组织的高度重视和大力支持,基本上达到了预期调研目标。

一、民主党派基层组织发展工作的总体情况

近年来,民主党派基层组织能够坚持"三个为主"的方针,正确处理好质量与数量、发展与巩固、重点与非重点,发展骨干成员与发展一般成员的关系,使民主党派组织发展工作出现了"稳定、团结、活跃"的局面。主要表现在:(1)民主党派基层组织在发展工作中,注重质量,不片面追求速度。党派成员数每年的净增长均保持在 5% 左右,并能对新成员有计划地进行教育、培训。(2)各党派都能从有利于保持本党派的优势和特色出发,在组织发展中注意新成员的年龄、学科、层次的分布,使基层组织的结构不断趋于合理,注意形成后备人才的梯队。(3)各党派都能把有一定代表性的人士作为主要的发展对象,积极主动做代表人

---

*　　杨帆,南京大学党委统战部工作人员。

士的发展工作,并注重在高层次、旗帜性的代表人士中物色发展对象。(4)在发展新成员的过程中,各党派都能够严格按照1996年各民主党派中关于加强自身建设若干问题座谈会纪要、2004年关于进一步做好民主党派组织发展座谈会纪要中有关规定执行,依靠中共统战部门及有关单位中共党组织对新成员进行考察。

二、民主党派基层组织发展中存在的一些困难和问题

1. 一些组织存在成员年龄老化、离退休人员偏多的问题

如从对南京大学民主党派组织成员调查统计中看,民主党派成员共有471人,其中离退休的有180人,占38.2%。有的党派离退休人员比例甚至接近50%。

2. 新发展成员的政治素质与专业素质不平衡问题

在考察新成员的过程中,专业素质方面由于有较为完备的考核评价体系,比较容易判断其高低优劣;政治素质考察手段比较单一,难以全面准确地把握其参加党派的真实想法。

3. 一些党派中存在"近亲繁殖"的问题

如在高等学校中,民主党派负责人在一定程度上更加倾向于自己所在的院系或自己较为熟悉的学科专业中发展新成员,长此以往,易出现"近亲繁殖"现象,使党派的特色有所"弱化"。

4. 党派意识不强、组织活动不够规范的问题

首先,市场经济的追求个人利益最大化等思想直接影响着发展对象的动机和目的,个别成员由于个人目的没有满足,就会渐渐疏远党派。其次,由于社会多元化发展,个人自我价值的实现途径趋于多样化,使民主党派的发展空间逐步缩小。再次,当前部分党派组织的活动不够规范,成员的政治参与意识不强,开展全员参与的政治活动(如集体学习)难度较大。

5. 在新社会阶层中发展民主党派成员还存在一些亟待解决的问题

无论从政策还是具体操作层面,在新社会阶层中发展民主党派成员还存在不少障碍。主要表现在:(1)2004年纪要中要求民主党派发展新的社会阶层人士要从严掌握,择优、少量发展其中政治素质好、层次高的代表性人士,这与数量急剧膨胀的新社会阶层数量不相适应;(2)在具体操作中,由于大多数非公有制

经济单位没有建立中共党组织，对发展对象进行考察有一定难度；（3）的确有一些新社会阶层人士，参加民主党派的真实目的是为了扩大自身影响，为自己谋取利益。因此，一些民主党派基层组织对于在新社会阶层中发展成员持相对保守的态度。如何解决这些问题，必须认真加以研究。

三、我国社会结构转型对于民主党派基层组织发展的影响

民主党派的传统发展对象大多供职于国有企事业单位、各类学校和科研院所，而改革开放以来，新的社会阶层（即民营科技企业的创业人员和技术人员、受聘于外资企业的管理技术人员、个体户、私营企业主、中介组织的从业人员、自由职业人员）不断扩大，不少人选择通过加入民主党派满足政治参与愿望。这就对如何采取有效措施，正确引导新的社会阶层人士参加民主党派组织，推动民主党派组织健康发展提出了新的挑战。

2004 年纪要指出，民主党派发展新的社会阶层人士的基本要求是，从参政党建设的目标、原则出发，按照《章程》规定的标准，遵循组织发展的基本方针，从严掌握，择优、少量发展其中政治素质好、层次高的代表性人士。2006 年中共中央关于巩固和壮大新世纪新阶段统一战线的意见再次指出，民主党派可根据自身特点，开展有代表性的新的社会阶层人士工作。然而，在实践中，关于民主党派组织吸收新的社会阶层人士方面，还远远不能适应形势发展的要求。

1. 现行"少量发展"之规定与新的社会阶层人数快速增加、参与愿望逐步增强之间的不适应

当前，新的社会阶层人士的数量已经大于民主党派传统发展对象的数量，据不完全统计，"新的社会阶层"总人数约 1.5 亿，他们掌握或管理着 10 万亿元左右的资本，使用着全国半数以上的技术专利，直接或间接贡献了全国近 1/3 的税收，每年吸纳半数以上新增就业人员。而这种情况与"少量发展"的规定形成了矛盾。

2. 现行"择优发展"之规定与新的社会阶层代表性人士相对不足之间的不适应

新的社会阶层虽然人数较多，但一些代表性人士的代表性还不够强，代表范围还不够广；新的社会阶层流动性比较大，代表性人士显现出较大的不稳定性；新的社会阶层人士分布的领域和行业十分广泛，其代表性人士在人生观、价值观

以及政治信仰、利益诉求等方面具有多样性;新的社会阶层六个群体之间差异较大,难以产生代表性人士。

3. 现行"坚持重点分工"之规定与民主党派组织发展的趋同现象之间的不适应

新中国成立后,各民主党派共同协商确定了各自的工作范围和发展对象的重点分工。2004年纪要指出,对私营企业主,民建可适当发展其中符合条件的代表性人士,其他民主党派可个别发展与本党派重点分工范围相关的代表性人士。但在实践中,各民主党派互相争夺发展对象,既没有严格按照上述规定,也没有遵守重点分工,造成了界别交叉、趋同现象严重,进而影响了参政党作用的发挥。

四、在社会结构转型的大环境下做好民主党派组织发展工作的建议和对策

1. 要严格标准、适当有序增加新的社会阶层成员比重

在新的社会阶层中发展民主党派成员,必须坚持"有较高政治素质、有较大社会贡献、有较强参政议政能力、在所联系阶层中有较大影响"的标准。这就要求各级统战部门要大力拓展工作范围,与工商、税务、金融、环保、行业协会等各个涉及企业经营的部门协调一致,配合民主党派组织做好考察把关工作。

2. 要多措并举、注重培育新的社会阶层代表性人士

各级统战部门应尽快加强新的社会阶层代表人士队伍建设,深入开展新的社会阶层状况的调查研究,不断发现、培养代表性人士。可通过举办各种学习班、培训班,不断提高新的社会阶层人士的思想政治素质;通过举办各种社会公益活动,加强对代表性人士的宣传,增强其在所联系群众中的影响力;充分发挥新的社会阶层人士中的中共党员的作用,通过他们带动整个新的社会阶层健康发展。

3. 要保持特色,明确细化新的社会阶层重点分工

一方面要继续遵守1996年纪要和2004年纪要规定的重点分工;另一方面,有必要对现行的重点分工规定进行适当调整,对新的社会阶层进行界别划分,尽量减少界别交叉和重复现象。例如,民营科技企业的创业人员和技术人员、受聘于外资企业的管理技术人员主要归到科技界,中介组织的从业人员、自由职业人

员则根据工作领域和工作内容归属到各个界别。

4.要规范程序、健全制度,保障组织发展工作高效高质

各级统战部门要从各地实际情况出发,把组织发展过程中行之有效的经验和好的做法加以提炼归纳,以条例或规范的形式相对固定下来,这些都是做好组织发展工作的重要保证。

参考文献

1.《中共中央关于巩固和壮大新世纪新阶段统一战线的意见》,中发〔2006〕15号。

2. 中央统战部网:《民主党派组织发展的原则》,[EB/OL](2008-11-21).http://www.zytzb. cn/publicfiles/business/htmlfiles/tzb2010/ddhz/200911/574916.html。

3. 中央统战部网:《新的社会阶层》,[EB/OL](2008-11-26). http://www. zytzb. cn/publicfiles/business/htmlfiles/tzb2010/dwzsfz/200911/574489. html。

民主党派基层组织建设中的新问题及对策探索

许恺恺　　徐汝明 *

民主党派的基层组织是民主党派组织的基本细胞,是民主党派的组织基础和工作基础。基层组织建设是民主党派组织建设的重要内容,是提高民主党派整体素质,更好地发挥民主党派在国家政治生活中参政党作用的一个重要保证。胡锦涛总书记在 2011 年党外人士迎春座谈会上指出:"中国共产党成立以来 90 年波澜壮阔的历史和实践充分证明,思想上同心同德、目标上同心同向、行动上同心同行,是中国共产党领导的多党合作和政治协商制度最鲜明的特质,是我们不断夺取革命、建设、改革事业胜利的有力保证。"在新的形势下,总书记的重要讲话对民主党派的各项工作提出了新的要求,在新的挑战和机遇面前,搞好基层组织建设,发挥好基层组织的基础作用,对增强民主党派的活力、凝聚力和影响力,保证中国共产党领导的多党合作和政治协商制度的贯彻执行,推进社会主义民主政治建设,具有十分重要的意义。

一、加强民主党派基层组织建设的重要性

1. 加强民主党派基层组织建设是夯实自身建设的必然要求

从民主党派的结构来看,它是一个多层次的系统,基层组织把全体成员通过小组、支部、总支、基层委员会等组织起来,使成员通过层级递进的各级组织参加政党活动,使得党派得以科学、合理地运作。当前,党派工作大部分落在基层,党派成员在基层组织中充分发挥作用,只有基层组织建设得力,民主党派才能不断

---

　　* 　许恺恺,上海交通大学医学院统战部统战员,研究实习员;徐汝明,上海交通大学医学院统战部部长,副教授。

地发展壮大。

2.加强民主党派基层组织建设是实现政党职能的必然要求

政党的基层组织,是政党组织结构的基本单位,对于政党职能、目标的实现起着基础性的作用。基层组织是参政党发挥参政党职能的基础所在,使党派成员参加政党的活动与工作,积极履行参政议政、民主监督的职能,是民主党派加强自身建设的应有之义,有利于巩固民主党派发挥参政党职能的组织基础。

3.加强民主党派基层组织建设是发挥政党纽带作用的必然要求

民主党派的一个重要历史使命是联系各自所代表的部分群众,共同维护和巩固爱国统一战线,由于历史和现实的多种原因,民主党派联系群众具有自身独特的优势。党派基层组织建立在社会基层之中,同广大党派成员和人民群众有着广泛而密切的联系,民主党派基层组织在发展党员、发挥作用、联系群众、服务群众等各项工作的有效开展,可以满足人们在政党问题上多样性的需要,增强统一战线工作的群众基础。同时,这种纽带作用也有利于发展和巩固执政党和参政党与人民群众的密切联系,对于巩固和发展共产党领导的多党合作和政治协商制度的基础将起到重要作用。

二、新时期民主党派基层组织建设面临的新问题

1.基层组织管理难度增加

一是在组织管理上,党派成员处在动态环境中,社会角色和社会地位转换频繁,地域流动更为广泛,这种变换和流动增加了党派基层组织对成员管理难度的增加。同时,随着党派成员年龄结构的变化,退休人员和高龄成员人数逐年攀升,也为党派的组织管理提出了新的挑战。二是在思想管理上,由于成员的构成发生了新的历史性变化,因此基层组织成员的思想呈现出特殊性、包容性、多样性、复杂性、开放性和差异性的新特点。这些新特点,一方面为党派注入了新的活力,但另一方面也使得成员在民主观念鲜明、参政意识较高的同时,存在着思想上、理论上、实践上的认识不足,尤其对社会主义民主政治建设进程认识不足。

2.基层组织领导班子作用不明显

一是班子成员能力有待提高。新形势下的民主党派工作要求党派的基层组织发挥应有的作用,而目前基层组织领导多为近年入会的优秀成员,与老一辈领导在政治思想和党派工作水平上存在差距。表现在对多党合作的优良传统缺乏

亲身体验；对马克思主义基本理论学习不够系统；对多党合作方针、政策了解不够透彻；对多党合作的作用、意义缺乏足够认识；缺乏党派工作的实际经验；把握形势、驾驭全局的能力相对欠缺。二是本职工作和党派工作的矛盾。随着民主党派基层班子的调整和改选，班子成员年轻化、知识化趋势明显，班子中一般由具有较高社会威望或基层工作岗位上的中青年骨干组成，但他们大都是某些领域的领军人才，平时忙于本职工作，业余时间有限，没有更多的时间和精力来思索基层组织工作的管理和创新。班子成员分散于各个单位、部门，相互沟通探讨党派工作的机会较少，削弱了发挥集体才智的作用。

3. 基层组织生活缺乏活力

一是在职成员出席率过低。在职成员面临着巨大的工作和生活压力，以及党派基层组织对成员的约束力弱和组织生活缺乏新意，使得基层组织生活的在职成员出席率过低已成为一种常态。与此相反，退休人员对于组织生活，特别是出游类活动的热情高涨，但由于年龄、健康等原因，给此类组织生活的安全性提出了更高的要求，也让组织者望而却步。二是经费限制。党派基层组织生活的创新活力还受到经费条件的限制，党派基层组织的经费有限，没有充足的经费来源，组织活动的设计、创新、开展都受到限制，活力也就无从谈起。三是缺乏计划性。基层组织生活缺乏计划性是影响组织生活效果和质量的一大重要因素，只凭几个领导的临时磋商，缺乏充分准备的组织生活，无论从出席率还是成效来看都难以保证组织活动的成功有效。

4. 基层组织制度建设不完善

从现实情况来看，民主党派基层组织建设相当薄弱，组织松散，各个基层组织在党费缴纳制度、经费使用制度、组织生活制度、学习制度等方面缺乏统一的管理规范，或在某些方面根本没有管理制度，造成了组织工作的随意性和盲目性增强，组织活动无章可循，不利于基层组织建设的规范化、科学化。

三、加强民主党派基层组织建设的对策探索

1. 以文化建设带动基层组织建设

文化是组织"软实力"的体现，文化是组织的"个性"体现。组织文化建设是现代组织建设的重要内容之一，它是指组织领导者有意识地培育组织的优良传统文化而克服不良文化的过程，是组织的"软管理"。民主党派的优良传统是民

主党派历史的一部分,是民主党派奋斗历程中成功经验的积淀和升华。民主党派政党文化建设,要珍惜和发掘这些优良传统,承续文化中的精华。民主党派的优良传统有爱国主义的传统,团结合作的传统,求真务实的传统,追求真理、追求进步的传统,自我教育的传统等。民主党派组织文化资源丰富,与中共在长期合作中所形成的风雨同舟、肝胆相照的优良传统和革命历史承载着厚重的文化标志。面对新时期的新要求和新挑战,民主党派要充分盘点党派组织的文化资源,确定组织的文化差异,科学设计组织的文化个性,构建组织的文化体系,根据党派组织的发展定位、战略目标,结合党派组织的历史传统、界别特点,确立党派组织的文化建设目标,构建理念、制度、形象三位一体的组织文化体系。民主党派要继承、发扬和传播组织文化历史,建立党派成员的共同愿景,达成统一思想,强化统战意识,形成向心力、凝聚力和战斗力,以民主与爱国作为基层组织文化建设的核心,始终坚持中国特色社会主义政治发展道路不动摇,始终致力于中国特色社会主义伟大事业和中华民族伟大复兴,始终坚持推动科学发展、促进社会和谐。

2. 以提高班子综合素质带动基层组织建设

一是配好班子选好人。在民主党派基层组织领导班子的选拔中,既要有专业领域有影响力的专家型人才,也要有热心党派工作的行政管理人才;既要有党派工作经验丰富、交往广泛的老领导,也要注意选拔年轻有为、有发展前途的青年人才,搞好领导班子的梯队建设。二是加强学习培训,提高综合素养。要与统战部等部门加强沟通,争取社会主义学院和区(县级市)党校的支持,动用社会教育资源加强培训工作。通过形式多样的、有系统、有针对性的学习培训,切实提高基层领导干部的政治把握能力、组织领导能力、参政议政能力和合作共事能力,并将学习内化为自身的需求,将知识转化成实践,用实践积累出经验,以积极主动的姿态投身到党派基层工作中去。三是后备人才的发掘与培养。民主党派人才的厚度决定参政党参政议政的深度,没有一定的人才资源,参政议政就很难有深度。民主党派要在统战部等部门的支持和帮助下,注意发掘人才,并有意识地推荐他们加入民主党派,以保证人才资源。同时,在后备干部的培养方面也需要取得执政党的大力支持,通过各种渠道对民主党派后备干部进行培养,如派基层干部到行政部门挂职锻炼等。要以人才促发展,以发展聚人才,要为各类人才脱颖而出、发挥作用铺设台阶、创造条件,实现组织发展与后备干部队伍建设的紧密结合,形成纳才、聚才、育才、用才的良性互动。

3.以组织生活创新带动基层组织建设

组织生活是基层组织建设的一个基本内容,也是联系基层组织成员的重要纽带,在活动中相互熟悉、了解、沟通,通过活动营造凝聚力。"有活动才能有活力",目前,许多党派地方组织都规定了基层支部每年活动的最低次数,做到了量的保证。而如何在保证数量的同时又兼顾质量,让基层成员从"要我来"转变为"我要来",还有一个漫长艰难的过程。组织活动的内容,应该是丰富多彩、富有吸引力的,既不能总是古板的学习开会,也不能流于"吃喝玩乐"的庸俗形式,基层组织要立足于不懈的探索,积极拓展组织生活新的途径。一是组织生活与"热点"挂钩。这里所说的"热点"可以是涉及政治、社会、生活等方方面面的"热点",也会成为大多数基层成员关注的"热点",兴趣是原动力,当组织生活让成员产生了兴趣,参与度必然提高。当然,作为一个参政党的组织生活不是茶余饭后的闲聊,而是有的放矢的交流,"热点"需要正确的引导,在引导的基础上探讨,进而提出意见和建议,为履行参政议政的职能提供最基本的尝试。二是组织生活与"服务社会"挂钩。结合自身优势,整合党派资源,围绕社会服务主题,开展相关咨询、义诊等系列组织活动。社会服务类组织生活的开展往往能取得良好的社会反响和社会影响力,提升党派及党派基层组织的社会形象,营造组织文化,倡导积极的价值观,吸引更多的成员参与到组织生活中来。三是组织生活与成员自身素质的提高挂钩。基层组织成员所涉及的工作领域相对集中,在当前巨大的工作和生活压力下,组织生活可以更多地关照个人的成长。通过专题讲座、专业交叉与互动、网络等各种手段,为组织成员提供学习平台,在成员自身素养提升的同时,实现与基层组织综合实力共同提升的双赢。

4.以制度建设带动基层组织建设

长期以来,各民主党派在制度建设方面积累了不少经验,形成了不少好的制度。但随着形势发展变化,制度建设需要不断加强,好的制度要继承、巩固,不完备的制度要不断完善。一是要建立健全基本制度。民主党派要在贯彻民主集中制的基础上建立健全领导班子工作制度;建立健全日常议事制度,主要是指党派领导层的工作制度,主要有主委会议、常务委员会议、委员会议、机关办公会议、支部主任会议、全体成员(或代表)会议、专委会会议等;建立健全自身建设制度,主要有组织制度、后备干部队伍建设制度、政治学习和思想教育制度、宣传制度等;建立健全工作落实制度,主要有参政议政和民主监督制度、社会服务制度、对外联络制度、联系基层制度等;建立健全考核制度。通过这些制度的建立与完善,不断提高党派自身素质,从而更好地发挥参政党的职能作用。二是要实现制度创新。民主党派要致力于健全党派工作激励机制,明确成员在工作中做出优异成绩的,分等级给予多种形式的表扬或奖励,反之则要按制度规定进行等级处分,做到奖惩严明;民主党派要努力健全党派量化考核办法,并以此作为评优、提级等的重要依据,激发和调动广大成员努力投身于党派工作中来,增强组织的凝聚力与战斗力;民主党派要不断创新党派社会服务制度,以制度规定服务社会的内容、形式、职责、任务等,切实落实民主党派所负担的服务社会的责任与使命。三是制度的执行与监督。有了好的制度还必须抓好落实,只有抓好落实,才能使制度发挥监督、促进和保证作用。制度的执行与监督不仅要坚持不懈,严格要求,同时,制度的执行与监督也要充分体现"人性化"的一面,要根据实际情况,在执行过程中坚持原则的基础上灵活掌握,但绝不能违背原则。

参考文献

1. 天佐:《当前民主党派基层组织建设存在的主要问题及对策建议》,《大连干部学刊》2010 年第 12 期。

2. 田芝健、毛波杰:《加强民主党派基层组织建设》,《江苏省社会主义学院学报》2009 年第 2 期。

3. 宋琳琳:《关于民主党派组织建设的若干思考》,《辽宁行政学院学报》2011 年第 1 期。

4. 刘先华:《民主党派基层组织制度建设与创新》,《团结》2003 年第 5 期。

加强高校民主党派基层组织建设的路径探索

赵文波　傅　彪　王一清[*]

民主党派基层组织是我国参政党的组织细胞,是民主党派发挥政党职能、实现政治任务的基础,是团结广大成员做好本职工作、发挥组织作用的基层单位,也是广大成员交流思想、联络感情的基本单位。民主党派基层组织建设是民主党派建设的重要内容,如何更进一步加强民主党派基层组织建设,积极探索民主党派基层组织建设的新方法、新途径,是当前高校统一战线工作的一个重要课题。

从八个民主党派章程看,民主党派的基层组织一般包括基层委员会、总支部委员会、支部委员会,其任务主要包括:(1)宣传贯彻中国共产党和政府的方针、政策,传达、执行上级组织的决议和布置的任务。(2)充分调动成员的积极性、创造性,围绕所在地区、单位中心任务,鼓励成员努力做好本职工作。(3)组织成员开展调查研究,提出意见和建议,反映社情民意。(4)关心成员的工作、学习和生活,倾听、反映成员的意见和要求,做好所联系群众的工作。(5)遵照政党章程,健全基层工作制度,开展形式多样、富有成效的活动,互相学习、共同提高,增强组织凝聚力。(6)做好组织发展、后备人才的考察、培养和推荐。

一、高校民主党派基层组织建设现状

高等学校历来是统一战线工作的重要领域和传统阵地,是培养选拔党外代表人士的基地和源头。高校民主党派基层组织相对比较健全,党派成员人数较

*　赵文波,浙江大学党委统战部部长,研究员;傅彪,浙江大学党委统战部党派工作室主任;王一清,浙江大学党委统战部干部。

多,层次较高,代表性人物相对集中。高校党委都十分重视民主党派基层组织建设,近年来,高校民主党派队伍稳步发展,成员素质有了较大提高,制度建设逐步规范,参政议政、社会服务已成为民主党派基层组织活动新的活力源泉。

1. 民主党派队伍稳步发展

高校民主党派基层组织按照各民主党派中央《关于民主党派组织发展若干问题座谈会纪要》精神,认真做好组织发展工作,推动了民主党派队伍稳步发展。以浙江大学为例,近 10 年来,民主党派成员年均增长 2.6%。截至 2012 年底,浙江大学民主党派成员数已达 2198 人。

2. 民主党派成员素质有了较大提高

近些年来,各民主党派基层组织都十分重视在高学历、高职称的青年教师中发展新成员,民主党派基层队伍结构得到了较大改善。以浙江大学为例,近 10 年间新发展的 435 位党派成员中,年龄在 31—45 岁之间的占到了 60%,有 2% 的新成员年龄在 30 岁以下,年龄结构大大改善;新发展成员的学历较高,具有博士学位的占到了 45%,目前,在职民主党派成员中具有高级职称的占到了 80% 以上。在 84 位民主党派委员会、总支、支部主委中,年龄在 50 岁以下的占到了 57%;具有硕士和博士学位的分别占到了 28% 和 35%;拥有副高和正高职称的分别达到了 26% 和 67%。

民主党派成员除了具有较高的专业素养外,其思想政治素质也在不断提高。一是广泛认同中国特色社会主义政党制度,自觉接受共产党的领导。二是能够直面社会重大问题,理性思考,并以务实的态度提出自己的看法,有强烈的爱国热情和社会责任感。

3. 制度建设逐步规范

制度建设是基层组织工作经验的升华和规范,在参政党基层组织建设中带有根本性、长期性和保障性。近年来,浙江省各民主党派省委会对民主党派基层组织都提出了明确的制度要求,高校民主党派基层组织在此基础上根据自身实际,正在逐步建立起一套适合自身特点的、适应基层组织运行需要的规章制度,并努力做到科学化、规范化,使基层组织建设有章可循。

4. 参政议政、社会服务已成为基层组织活动新的活力源泉

民主党派的基层组织虽然不具有直接的参政议政的职能定位,但基层组织中的部分成员担任了各级人大代表、政协委员,他们在各级人大、政协平台上发

挥着参政议政的重要作用,同时,民主党派的基层组织通过开展调查研究,收集社情民意,撰写信息,报送意见、建议、调研报告等,为参政党的地方组织或中央组织的参政议政工作提供着基础性的服务。以浙江大学为例,50余位十届省政协委员以饱满的政治热情和高度的社会责任感,围绕我省经济社会发展大局,积极参政议政、建言献策,认真履行职责,五年来共提交提案183件(不含附议件),为促进我省经济平稳较快发展和社会和谐稳定发挥了积极作用。九三学社浙江大学委员会的广大社员积极发挥学科优势,开展调查研究,撰写大量富有价值的调研报告,被九三学社中央采用,并被社中央作为团体提案提交全国政协会议。

高校党外人士为国家、地方经济社会发展服务,是时代赋予高校民主党派工作的一项重要任务,也是新时期高校民主党派组织自身建设的客观需要。中共中央下发的《中共中央关于进一步加强中国共产党领导的多党合作和政治协商制度建设的意见》中指出:"要拓宽民主党派和无党派人士发挥作用的渠道。党委和政府及有关部门要积极创造条件,支持民主党派和无党派人士紧密围绕全面建设小康社会开展各种形式的社会服务活动。"近些年来,高校党派基层组织都十分重视全方位、多层次服务于国家、地方经济社会的科学发展。如农工党浙江大学华家池校区支部以"同心工程"为引领,以新农村建设为中心,以现代科技为支撑,广泛开展社会服务工作,将党派社会服务作为支部工作的一个重要内容。服务内容包括种植业、养殖业、食品加工、规划设计、基地建设等多个方面,服务范围遍及全国24个省(市、自治区),60余个市县,由于成绩突出,支部中有多人荣获中共中央统战部"各民主党派、工商联、无党派人士为全面建设小康社会作贡献先进个人"称号、农工党中央"全国社会服务工作突出贡献奖"。

二、高校民主党派基层组织建设中存在的主要问题

1. 民主党派基层组织发展面临新的困难

近年来,高校民主党派基层组织发展面临新的困难:一是高校发展民主党派成员一般都有高学历、高职称的要求,近些年来符合这一"双高"要求的发展对象相对不足;二是由于现在高校教师的经历都相对比较单一等原因,八个党派组织发展过程中的趋同性日益严重,界别特色逐渐模糊;三是基层组织有重发展、轻培养教育的倾向,新成员的素质提高没有引起足够重视,反过来影响党派的组织发展;四是个别成员参加民主党派不是基于自己的政治选择,而是具有一定的功

利性或盲目性。

2.民主党派基层组织开展学习与活动的时间和经费难以保证

民主党派基层组织开展活动在时间和空间上都存在一些问题。一是民主党派成员都是中高级知识分子,他们中的多数成员本职工作繁重,兼职活动多,参与党派学习与活动的时间难以保证。二是民主党派基层组织不是按行政管理单位设置,其成员相对分散,集中度较低,而且,这些年来高校发展很快,校区分散。另外,大多数基层组织,其成员中退休人员的比例要占到50%,这就使得开展党派基层组织活动的困难加剧。三是基层组织活动经费不足,没有专门办公场所,也没有专职干部。四是"刚性约束"不强。民主党派基层组织成员来自不同的单位、从事不同的工作,平时不在一起共事,成员之间缺乏沟通和了解,没有行政约束力。因此,有些基层组织的工作显得较为松散,也有一些成员长期不参加党派组织活动。组织活动的"不确定性",影响了基层组织功能的发挥。

3.基层组织建设中的政党意识有待增强,组织活动成效有待提高

高校中有相当部分党派成员长期从事专业工作,对民主党派的性质、地位、作用理解不深刻,对参政党如何在中国共产党领导的多党合作和政治协商制度中发挥作用,如何在学校的建设与发展中建有用之言、献务实之策等,缺乏应有的理论认识和实际经验;对如何履行参政议政、民主监督职能,缺乏应有的知识准备和操作训练,政党意识淡化,利益表达功能弱化,这就使得个别民主党派基层组织,更像是一个知识分子社团,而不是政治联盟,缺乏社会影响力、吸引力、凝聚力。一些基层组织活动内容单一、形式单调,缺乏创新,就餐聚会式的联谊活动较多,高(深)层次的学习、研讨较少。少数成员过多注重个人发展,参政议政意识不强。

三、加强高校民主党派基层组织建设的主要路径

加强高校民主党派基层组织建设的路径很多,而最根本、最主要的路径就是中共党委的重视和民主党派自身建设的强化。

1.提高认识,为强化民主党派基层组织建设提供保障

学校各级党组织要加强对民主党派基层组织建设重要性的认识,要从坚持和完善中国共产党领导的多党合作和政治协商制度的高度认识加强民主党派基层组织建设的重要性。对民主党派基层组织建设,学校要思想上重视、工作上关

心、经费和活动场所等方面给予大力支持,确保民主党派基层组织政治上坚定、理念上清醒、工作上有活力。此外,民主党派成员具有分布广及多样化的特点,广大党派成员工作在学院、系、研究所,关系、利益在基层,直接面对的也是学院、学科的发展,因此,必须充分发挥院级党委的主动性和创造性,院级党委对民主党派基层组织建设工作,应做到有专门联系人、有结对交友、有情况通报、有物质保障。

2.畅通渠道,为民主党派发挥作用提供平台

积极发挥高校民主党派基层组织作用既是多党合作事业发展的需要,也是推动所在单位事业发展的需要。一方面,校、院(系)两级党委要为民主党派基层组织及成员发挥作用拓展空间,提供条件,要畅通"五个渠道",即知情明政的渠道、参政议政的渠道、建言献策的渠道、民主监督的渠道和服务社会的渠道。如校、院(系)两级党委要建立情况通报及征求意见制度、邀请党外人士参加重要会议和阅读文件制度、党员领导干部同党外代表人士谈心交友制度、民主党派基层组织与校机关职能部门对口联系制度、《党派建言》制度等,要做好党外代表人士的政治安排,为他们积极参政议政建立平台。而另一方面,民主党派基层组织及成员要努力学习,不断提高自身素质,从而提高参政议政、建言献策、民主监督的能力与水平,为国家、地方经济与社会发展,为学校建设发挥作用、贡献力量。

3.加强党派思想建设,不断提升基层党派成员素质

加强民主党派思想建设,要结合实际,采取诸如正面教育、谈心教育、主题教育等多种形式,深入开展基本理论教育,基本国情和基本路线教育,多党合作历史和优良传统教育,形势、政策和任务教育,爱国主义、社会主义和集体主义教育。通过教育培训,坚定党派成员对走有中国特色社会主义政治发展道路的信心,增强民主党派基层组织贯彻党的路线、方针、政策的自觉性,提高党派成员的政党意识,继承和发扬与中国共产党风雨同舟、荣辱与共的优良传统,树立和践行社会主义核心价值观,做到爱国、敬业、诚信、友善。

4.加强党派组织建设,不断增强党派基层组织活力

(1)进一步做好民主党派的组织发展工作。一是继续完善、规范发展程序;二是建立协助考察制度,统战部门和所在单位中共党组织要协助做好要求加入民主党派的同志的考察工作,重点了解发展对象的政治表现和工作表现;三是加强对新成员的培训教育和管理,保证新成员质量。在民主党派的组织发展中努

力做到：注重质量、保持特色、规范程序、强化培训。

（2）重视民主党派基层组织班子建设。在高校民主党派基层组织中，组织引导广大成员发挥作用，主要靠党派基层组织班子的工作，党委对民主党派的政治领导也主要体现为对其负责人的政治引导。要慎重选拔培养那些政治素质好、熟悉统一战线理论、方针、政策，真心诚意地与中国共产党长期合作，有较大代表性和社会影响、有较强的组织领导能力和参政议政能力、有较强事业性和政治责任感，在本党派有较好群众基础的代表人物为班子成员。要特别重视选拔"政治强，业务精，作风正，有奉献精神，热心党派工作，党派成员信任"的人，作为基层组织的负责人。同时，要从思想、政治、工作、生活上主动关心基层组织班子成员，做好民主党派基层组织班子成员的岗位培训工作，提高班子成员的政治把握能力、组织协调能力、参政议政能力和合作共事能力。此外，要积极探索、推动民主党派内部的民主建设。

（3）增强基层组织的凝聚力。要不断创新工作思路，丰富组织活动内容，改进组织活动方式，激发党派基层组织的内在活力，营造成员乐于参与的良好氛围，以形式多样的基层组织活动对内增强凝聚力，对外扩大影响力。

5.加强党派制度建设，不断规范党派基层组织活动方式

政党组织完善严密的制度不仅能够规范每个党员的行为，而且更重要的是能够对政党自身的活动进行严格的规范，以适应现代国家政治制度的规范化要求，民主党派基层组织制度建设是我国参政党制度建设的重要组成部分。一是要坚持理论学习制度。学习党的统一战线的理论、方针、政策，学习本党派的创立发展史、对中国革命和建设的贡献史，增强自豪感和责任感。学习要做到"三有"，即有主题、有中心发言人、有成效。二是要健全领导班子工作制度。在贯彻民主集中制的基础上建立健全领导班子的会议制度、议事规则、决策程序等。三是要健全基层组织的考核制度。要通过民主生活会、谈心会、座谈会和年终述职会等方式，对基层组织班子成员进行考核，对基层党派成员参与党派活动的情况进行总结交流，开展批评与自我批评。四是要建立人文关怀制度。民主党派基层组织要密切联系基层成员和所代表的那部分群众，主动听取并反映他们的意见和建议。关心他们的工作和生活，帮助解决他们的实际困难。每逢重大节日，特别是成员或家庭遇到困难或重大变故时，基层组织要及时安排走访慰问。五是要实现党派成员基础管理工作的规范化。要按照统一规格，将成员的各种数

据资料分类整理,建立成员动态信息数据库,健全和规范有关管理系统。

参考文献

1. 张继兰:《论当前我国参政党建设面临的问题与对策建议》,《中央社会主义学院学报》2012 年第 4 期。

2. 刘继华:《新形势下高校民主党派基层组织建设存在的主要问题及对策思考》,《重庆社会主义学院学报》2011 年第 6 期。

3. 黄梅:《关于民主党派基层组织参政议政情况的思考》,《中央社会主义学院学报》2010 年第 3 期。

高校民主党派基层组织建设和职能发挥的思考

雷天恩*

民主党派是中国特色社会主义政党制度中的参政党,其基层组织是指各民主党派的支社、支部、总支委员会、基层委员会等组织单位,是民主党派最基本的组织细胞,也是民主党派联系其成员和社会的纽带。高校是知识分子和智力资源集中的地方,也是民主党派成员最多和基层组织集中之地。高校民主党派组织的特点是,高级知识分子多、代表人士多、知识密集度高、思想活跃、政治热情高、参政议政和民主监督意识与能力强。因此,加强高校民主党派基层组织建设,充分发挥其职能作用就显得尤为重要。

一、高校民主党派基层组织职能及作用发挥情况

根据各党派章程的相关规定,结合高校民主党派组织自身特点,高校民主党派基层组织的基本职能大致可概括为以下几个方面:一是贯彻执行各民主党派上级组织的决议和决定,完成上级组织交予的任务,推动党派自身工作;二是结合学校和所在地方的中心任务,推动成员做好本职工作,立足岗位建功立业,具体而言就是搞好教学和科研工作,为落实科教兴国战略作贡献;三是了解成员及所联系群众的意见、建议和要求,通过组织系统反映社情民意;四是组织成员过好组织生活,加强政治学习,提高成员的政治思想觉悟;五是支持党派成员积极建言献策,参与学校和相关部门的民主监督,促进和谐校园建设;六是有计划地做好发展新成员的工作,为组织建设与发展输送人才;七是关心成员的工作、学习和生活,帮助他们维护正当权益;八是维护和执行本党派的章程与纪律;九是

＊　雷天恩,浙江理工大学副教授。

发动成员积极开展社会公益活动,促进社会主义物质文明和精神文明的建设。

这些职能实际上是参政党职能在其基层组织的具体化。基于中国特色社会主义协商民主和政党制度的要求,参政党的职能为参政议政、民主监督、社会服务和自身建设。从理论上说,一个政党(政治团体)的存在有两个基本前提,一是基于社会需求的社会责任,二是保持自身的存在与发展,两者密不可分,没有社会需求就不会有政党的存在,没有组织建设与发展就不能履行社会责任。对于民主党派而言,参政议政、民主监督是其政治职责,社会服务是其社会职责,两者都属于广义上的社会责任。只有搞好了自身建设,才能充分发挥作用,有效履行职能。也可以说前者是民主党派的外部功能,后者为民主党派的内部事务。高校民主党派基层组织作为一个参政党的基层单位,其政治职能只能通过上级组织才能实现,而其社会职能和自身建设任务的完成,则不仅仅依靠上级组织,有些必须通过自身努力实现。只有明了这一定位,才能处理好高校民主党派基层组织自身建设和作用发挥中与上级组织、所在单位及学校中共党组织等各方的关系,也才能正确理解并履行其职能。

就目前来看,尽管高校民主党派基层组织还存在着许多问题,但在没有专职党务工作者,一切需要靠职业以外奉献的情况下,高校民主党派基层组织已经发挥了很好的作用,这一点应当充分肯定。在组织发展上,高校民主党派基层组织吸纳了许多著名科学家和学者的加入,其中不乏中国科学院和中国工程院的院士以及人文社会科学家,为民主党派发展输送了大量优秀人才;在社会问题研究、反映社情民意、建言献策以及撰写政协提案基础材料方面,高校民主党派基层组织所做的工作也特别突出。因此可以说,高校民主党派基层组织在自身发展这一内部功能和服务社会这一外部功能方面都已经发挥了重要作用。

二、高校民主党派基层组织存在的问题及其原因

当然,也应当承认高校民主党派基层组织在组织建设及职能实现方面并未达到理想状态。究其原因,主要是组织生活规范化程度不高,理论学习不足,成员政党意识不强,身份意识不清,工作制度不健全等。这些问题的存在,影响了其作用的更好发挥,也影响了高校民主党派基层组织在学校教职员工中的影响。

第一,关于组织生活规范化问题。许多高校的民主党派基层组织生活一般每年四到六次,而且主题和时间并不完全固定,比较零散。造成这一问题的主要原

因,是民主党派基层组织没有专职党务工作者,所有成员必须首先完成本职工作,在业余时间才能从事党务活动。而高校民主党派成员中的许多人往往是教学、科研和管理骨干,且还有社会兼职,工作比较繁忙,这不仅由其职业角色决定,其中也体现了组织的要求,因而导致他们在党务工作方面的时间和精力必然有限。

第二,理论学习问题。高校民主党派成员,具有很高文化素质和很强的学习能力,也有理论学习的机会,因为高校几乎每周都留有集中学习的时间,并经常组织政治学习。为什么说理论学习不足呢？这里的理论学习不足主要指的是参政党理论学习,包括对民主党派自身历史、主张的了解,对多党合作、民主协商政治制度的深入学习。单位组织的学习一般都不会专门针对这些主题,而学习时间上的冲突和工作上的繁忙以及思想上的松懈,导致了这些方面的学习被忽略了。

第三,政党意识问题。民主党派成员的政党意识一般不强,是普遍现象,高校民主党派成员也不例外。目前民主党派的大多数成员都是改革开放后加入的,经历了整个改革开放历程,他们业务能力很强,思想活跃,但对民主党派的历史了解并不深入,对中国共产党领导的多党合作历史也知之甚少,对多党合作、民主协商的重要性认识不够充分。且随着社会开放程度的提高,民主党派成员的价值观也越来越多元化,他们往往重业务轻政治,对政治学习缺乏兴趣,政治热情尤其是程序化的政治参与的热情不高。

第四,身份意识问题。高校民主党派基层组织成员在工作上是学校教职员工,在政治上是参政党成员,二者在法律上统一于国家公民。不同身份角色在一些场合有不同的定位,尤其在建言献策、履行监督职能时,是以工作职责身份、教职员工代表身份,还是民主党派成员身份来处理事务,必须有明确定位。不同的身份,参与渠道、诉求对象、处理程序是不同的。然而许多成员并没有清楚地意识到这一点,容易混淆。

第五,工作制度问题。高校民主党派基层组织在制度建设上普遍比较薄弱,主要依靠民主党派上级组织制定的相关制度规范和学校中共统战部门支持民主党派基层组织建设的相关制度措施,民主党派基层组织自身成形的制度规范较少,诸如领导班子议事、新成员发展、主题教育活动、参政建言、学习培训等制度都不完善。基层组织自己的一些想法和做法,也很少落实到纸面上形成文件,工作的随意性较大。造成这一问题的原因,除了高校民主党派基层组织领导班子非职业化以外,思想上认识不到位也是重要因素。

三、加强高校民主党派基层组织建设充分发挥其作用的途径

高校民主党派基层组织要想更好地发挥作用,必须要进一步加强思想建设、组织建设和制度建设,在自身建设上下大功夫,花大力气。

首先,思想建设是政党建设的灵魂,每一个党派都必须进行思想建设,民主党派也一样。思想建设的核心是充分认识中国共产党领导的多党合作和政治协商制度的重要性,了解其历史形成机制和现实操作规则,自觉履行并遵守宪政法治条件下赋予民主党派的职责。要增强高校民主党派基层组织及其成员的政治身份意识,使其具有高度的政治责任感和大局观念。高校民主党派基层组织可以在各自上级组织及学校党委的支持下,利用其成员文化素质高、学习能力强的特点,建立政治理论学习尤其是参政党理论学习机制,采取分散学习与集中讨论交流等措施,提高其成员的政治理论素养与政治思想水平。基层组织也要经常了解成员的思想动态,采取不定期的走访和集中培训等措施,加强思想交流与沟通,以增强思想建设的针对性和有效性。

其次,组织建设是基础。任何建设都必须落实到组织上,因此加强组织建设就是发挥高校民主党派基层组织作用的关键。组织建设的重中之重是抓好领导班子建设,基层组织能否发展,职能作用发挥得好不好,领导班子作用很大。领导班子团结、有干劲,班子成员政治素质高,就能凝聚成员,发挥作用,反之,则涣散无力。根据实际工作经验,在配备班子成员时,既要考虑其政治素质、业务能力,还要考虑其党派工作经验和工作热情。高校民主党派基层组织中的一些成员学术地位高、社会兼职多、社会活动多,如果再给他们加上基层组织领导的任务,往往在时间和精力上都难以保证,而对于非职业化和不计酬的党派基层工作来说,选择那些有时间、精力和热情的成员担任更加合适。此外,班子成员的年龄结构、后备干部的梯次培养也必须加以考虑。一般而言,民主党派上级组织、学校党委和高校民主党派基层组织,在领导班子组建过程中都存在一个沟通机制,班子一旦建成,就需要其自身不断完善工作机制,发挥应有作用。组织建设的另一个方面是做好组织发展工作,高校是民主党派发展成员,吸纳优秀人才的重要基地,做好组织发展规划,有序推进组织发展是高校民主党派基层组织的重要职责。要在民主党派上级组织和学校党委的支持下,发展政治素质高、业务能力和社会责任感强,对民主党派历史、主张和多党合作制度有认识的人加入民主

党派。只有有序的组织发展和优秀的人才加入,才能确保高校民主党派基层组织的职能和作用得以充分发挥。

再次,制度建设是保障。制度化建设带有全局性、根本性、稳定性和长期性,对规范组织体系内人们的行为具有很强的约束力,是维系组织存在和发展的根本要素。高校民主党派基层组织之所以大多比较松散、工作上随意性较大,在严谨性方面与中共党组织有明显的差别,其主要原因就在于高校民主党派基层组织的制度建设还很薄弱。建立健全民主党派基层组织的制度建设,对有效提高校民主党派基层组织的建设水平,推动其职能作用的发挥,具有重要推动作用。对已有的制度进行重新修订,使之完善;对未有的制度加以建立,做到有章可循。尤其要在理论学习、组织生活、领导班子会议制度和成员发展规划等方面,建立一整套切实可行的制度。基层组织要主动向上级组织和全体成员报告和传达其工作计划,以便于监督。此外,高校民主党派基层组织还必须取得学校党委的支持,以便于学校工作和民主党基层组织工作的协调,帮助民主党派基层组织创造工作条件。有了制度,还需狠抓落实,使各项制度得以顺利实行。

总之,要使高校民主党派基层组织充分履行其职能并很好地发挥作用,就必须搞好思想建设、组织建设和制度建设,使其具有活力和凝聚力,这不仅仅是高校民主党派基层组织建设的问题,也是保证多党合作和民主协商这一中国特色社会主义政治制度得以长期存在的重大问题。

参考文献

1. 王曦:《试论高等院校民主党派组织在参政议政民主监督中的作用》,《中央社会主义学院学报》1996 年第 2 期。
2. 王娟、李凡:《加强高校民主党派基层组织建设的思考》,《黑龙江社会主义学院学报》2010 年第 12 期。
3. 唐中英:《当下高校民主党派基层组织建设问题及对策》,《重庆文理学院学报(哲学社会科学版)》2009 年第 4 期。
4. 刘继华:《新形势下高校民主党派基层组织建设存在的问题及对策思考》,《统战工作论坛》2011 年第 6 期。
5. 刘继华:《高校民主党派基层组织建设机制研究》,《参政党建设》2012 年第 2 期。

高校民主党派成员参政议政能力建设的实证研究

——以 H 大学为例

范志海　宋晓涛*

参政议政是民主党派履职尽责的第一要务。在新的历史条件下提高民主党派参政议政能力问题是民主党派自身建设面临的重大课题。对高校民主党派成员参政议政能力问题进行实证研究,不仅能够客观真实地了解高校党派成员参政议政的状况,而且能够为进一步加强高校民主党派成员的参政议政能力建设提供对策思路。

本次调查的样本学校 H 大学是国家重点大学,已经成立了包括民盟、九三学社等在内的 7 个民主党派基层组织,党派成员达到 600 余人。因此,H 大学的情况在高校中具有一定代表性。课题组主要通过问卷调查法、个案访谈法、座谈会等形式展开此次课题调研。其中,调查问卷共发放 100 份,覆盖 H 大学 7 个民主党派基层组织,代表性较为广泛。问卷共回收 97 份,有效回收率 97%。问卷的设计和统计均由课题组委托专业人员完成,问卷的发放和回收则通过学校统战部门协调完成。本次问卷共设计了 14 道题,内容涉及调查对象基本情况、参政议政意愿及其影响因素、参政议政途径、参政议政能力等。从填答情况看,绝大多数被访者填答问卷认真负责,调查数据通过 SPSS13.0 软件进行统计分析。个案访谈法和座谈会则主要针对部分有一定代表性的民主党派成员进行。

---

　*　范志海,华东理工大学社会与公共管理学院副教授;宋晓涛,华东理工大学统战部干部。

一、调查对象的基本情况

1. 调查对象样本分布情况

本次调查对象共涉及 7 个民主党派中的 97 个成员。其中,九三学社 25 人,占调查对象总数的 25.8%;民盟 24 人,占调查对象总数的 24.7%;致公党 19 人,占调查对象总数的 19.6%;农工党和民建各 10 人,占调查对象总数的 10.3%;民进 5 人,占 5.2%;民革 4 人,占 4.1%。

2. 调查对象的年龄分布情况

民主党派成员中,30 岁以下、31—40 岁、41—50 岁、51—60 岁、60 岁以上五个年龄段的人数分别占到被调查对象的 2.1%、18.6%、44.3%、26.8%、8.2%。

3. 调查对象加入民主党派的时间

大部分调查对象加入民主党派的时间是在 1990 年以后,其中 1990—2002 年间加入的有 42 人,占调查对象总数的 43.3%;2002 年以后加入的有 50 人,占 51.5%。两者合计占 94.8%。1978—1989 年间加入民主党派的调查对象只有 5 人,占 5.2%。

4. 调查对象的岗位类别情况

大部分调查对象的岗位类别是教师岗位,占调查对象总数的 76.3%;其次是实验教辅人员 11 人,占 11.3%;再次是行政干部 7 人,占 7.2%;其他岗位 5 人,占 5.2%。

5. 调查对象是否担任党政职务

调查对象中,担任党政职务的有 29 人,占 29.9%;没有担任党政职务的有 68 人,占 70.1%。

二、调查对象参政议政状况

1. 调查对象参政议政意愿

(1)调查对象是否愿意参政议政,发挥自己的作用。调查对象中,选择"非常愿意"和"比较愿意"参政议政的比例分别占 40.2% 和 21.6%,两者合计占调查对象总数的 61.8%。这说明半数以上的民主党派成员参政议政热情较高。只有很少部分调查对象对参政议政"不太愿意"(占 2.1%)或"没有兴趣"(1%)。如表 1 所示:

表 1　参政议政的意愿

		频　率	百分比	有效百分比	累积百分比
有效	非常愿意	39	40.2	40.2	40.2
	比较愿意	21	21.6	21.6	61.9
	愿　意	34	35.1	35.1	96.9
	不太愿意	2	2.1	2.1	99.0
	没有兴趣	1	1.0	1.0	100.0
	合　　计	97	100.0	100.0	

(2)调查对象的参政意愿是否得到满足。调查数据显示,调查对象对自己参政议政意愿满足的有 58 人,占调查对象总数的 67.4％;对自己参政议政意愿不满足的有 28 人,占 32.6％。

2.调查对象参政议政途径

(1)调查对象参政议政途径。调查数据显示,调查对象参政议政的途径主要是:向民主党派市委反映(占 27.1％),参加民主党派双月座谈会(占 22.9％),"两会"提交提案(占 14.6％),人大代表、政协委员征求意见会(占 10.4％)。此外,还有很大一部分调查对象(占 50％)选择其他途径参政议政。如表 2 所示:

表 2　参政议政的途径

		频　率	百分比	有效百分比
有效	民主党派双月座谈会	22	22.7	22.9
	"两会"提交提案	14	14.4	14.6
	向民主党派市委反映	26	26.8	27.1
	人大代表、政协委员征求意见会	10	10.3	10.4
	其　他	48	49.5	50.0

(2)调查对象是否曾经以党派身份跟学校或院系的领导提出过建议。调查数据显示,大部分调查对象(占 60.8％)没有以党派身份跟学校或院系的领导提出过建议,只有 39.2％的调查对象曾经提过。

(3)调查对象认为自己参政议政的渠道畅通程度。调查数据显示,调查对象中有 16.5％的人认为自己参政议政的渠道"非常畅通",有 36.1％的人认为"比较畅通",两者合计占 52.6％。只有 15.5％的调查对象认为自己参政议政渠道

"不太畅通"或"很不畅通"。如表3所示：

表3　参政议政的渠道是否畅通

		频　率	百分比	有效百分比	累积百分比
有效	非常畅通	16	16.5	16.5	16.5
	比较畅通	35	36.1	36.1	52.6
	畅　通	31	32.0	32.0	84.5
	不太畅通	13	13.4	13.4	97.9
	很不畅通	2	2.0	2.0	100.0
	合　计	97	100.0	100.0	

3.调查对象提高参政议政能力

调查数据显示，调查对象认为需要提高的参政议政能力依次为提高建言献策能力（占55.8%）、提高调查研究能力（占51.6%）、提高沟通协调能力（占24.2%）、提高开拓创新能力（占21.1%）。

4.调查对象参政议政效果

调查数据显示，调查对象对自己参政议政提出问题的解决效果的评价：认为"非常好"和"比较好"的比例分别为4.4%和46.2%，认为"一般"的比例为47.3%，认为"比较差"和"很差"的比例分别为5.5%和1.1%。可见，参政议政的效果还有待加强。

三、影响民主党派成员参政议政意愿的因素分析

对影响民主党派成员参政议政意愿的因素的分析，课题组主要通过两种方式进行：一是调查对象自我评价；二是把调查对象个人资料，如党派身份、年龄、加入民主党派的时间、岗位类别、是否担任党政职务等，与参政议政意愿进行交叉分析。这两种方式得出的数据可以相互印证。

1.调查对象认为影响自己参政议政意愿的主要因素

调查数据显示，党派成员认为影响自己参政议政意愿的主要因素依次为：自身工作繁忙、时间和精力有限（占62.8%）、缺乏掌握信息的渠道（占36.2%）、对民主党派在中国政治生活中发挥作用的信任程度不高（占22.3%）、所在民主党派社会影响力不大（占20.2%）、自身参政议政积极性不高（占14.9%）、参政议政渠道不通畅（占13.8%）和民主党派人才培养制度不健全（占13.8%）。这说

明,党派成员认为自身工作繁忙、政党意识不强、自身参政议政积极性不高等主观因素是影响自己参政议政意愿的主要因素,但缺乏掌握信息的渠道、所在党派社会影响力不大、参政议政渠道不通畅、民主党派人才培养制度不健全等客观因素也有重要影响。

2. 不同党派身份对参政议政意愿的影响

调查数据显示,党派成员中"非常愿意"参政议政的比例以九三学社成员为最高,占该项调查对象总人数的 30.8%,其次是民盟成员(占该项调查对象总人数的 23.1%)和民建成员(占该项调查对象总人数的 17.9%);党派成员中"愿意"参政议政的比例仍然是以九三学社成员为最高,占该项调查对象人数的 33.3%,其次是致公党成员(占该项调查对象总人数的 28.6%)和民盟成员(占该项调查对象总人数的 14.3%)。上述数据说明,党派规模与党派成员参政议政意愿似乎没有必然联系,但党派的活跃程度和影响力对党派成员的参政议政意愿有正面影响。

3. 年龄对民主党派成员参政议政意愿的影响

调查对象中,年龄在 31—40 岁、41—50 岁和 51—60 岁三个年龄段的民主党派成员参政议政意愿较高,分别占调查对象总数的 18.6%、44.3% 和 26.8%。相对而言,30 岁以下和 60 岁以上两个年龄段的党派成员参政议政意愿较低。这说明,年龄因素对参政议政意愿有正反两方面的影响:一方面,年龄偏大或偏小者参政意愿相对较低;另一方面,年龄中等者,正是年富力强的时候,参政意愿也相对较高。

4. 加入民主党派的时间对党派成员参政议政意愿的影响

调查数据显示,党派成员中"非常愿意"和"比较愿意"参政议政的比例以在 1990—2002 年间加入民主党派的人为最高,分别占该项调查对象总人数的 51.3% 和 42.9%;其次是 2002 年以后加入民主党派者,分别占该项调查对象总人数的 43.6% 和 47.6%;1978—1989 年间加入民主党派者参政议政意愿则相对较低。这说明,并非加入民主党派时间越长,参政议政意愿越强。世纪之交加入民主党派的人表现出较强的参政议政意愿。

5. 岗位类别对民主党派成员参政议政意愿的影响

调查数据显示,教师岗位的党派成员"非常愿意"和"比较愿意"参政议政的比例最高,分别占该项调查对象总人数的 82.1% 和 76.2%;其次是实验教辅人员岗位的人员,分别占该项调查对象总人数的 7.7% 和 19%。造成这样一个结果的原因,一方面是由于教师岗位的党派成员占绝大多数,另一方面也与不同岗位的人员有没有时间和精力参政议政有关。

6.职务对民主党派成员参政议政意愿的影响

调查数据显示,党派成员中担任一定党政职务的人员"非常愿意"和"比较愿意"参政议政的比例较高,分别占该类调查对象人数的 58.6% 和 31%;相对而言,没有担任党政职务的党派成员"非常愿意"和"比较愿意"参政议政的比例较低,分别占该类调查对象人数的 32.4% 和 17.6%。这可能与担任党政职务的党派成员有参政议政要求和职责有关。

四、结论与对策建议

1.主要结论

通过对以上调查数据的分析以及根据个案访谈、座谈会资料,课题组就高校民主党派成员参政议政状况得出以下几点结论。

(1)高校民主党派成员参政议政意愿普遍较强烈,但参政议政满意度有待提高。调查数据显示,绝大多数(96.1%)高校民主党派成员愿意参政议政,发挥自己的作用。其中,61.8%的民主党派成员"非常愿意"或"比较愿意"参政议政,参政议政热情很高。但是,参政议政的满意度仅有 67.4%,有 32.6%的党派成员的参政议政意愿没有得到满足。究其原因,与参政议政效果差强人意,以及部分党派成员缺少参政议政的平台有关。

(2)高校民主党派成员参政议政途径日益增多,但参政议政渠道尚需进一步畅通。调查数据显示,民主党派成员参政议政的途径日益增多,如参加民主党派双月座谈会,向民主党派市委反映,"两会"提交提案,人大代表、政协委员征求意见会。此外,还有担任特约"四员"(审计员、监察员、检察员、教育督导员)、课题调研、撰写社情民意等途径。但是,在访谈和座谈过程中,仍有相当一部分党派成员反映从来没有参政议政,这既可能与缺少合适的参政议政渠道有关,但更可能与参政议政渠道畅通不足有关。

(3)高校民主党派成员专业技术能力普遍较高,但参政议政能力有待加强。高校是知识分子集中的地方,党派成员普遍学历、职称层次比较高,很多人是本单位的业务骨干或学科带头人,学术造诣深厚。但是,党派成员的专业技术能力并不能完全与参政议政能力画等号。新时期新阶段,民主党派参政议政能力建设不仅要求党派成员在本职岗位上有突出贡献,还必须具有政治鉴别能力、合作共事能力、开拓创新能力、调查研究能力等。

(4)高校民主党派成员参政议政意愿受主客观因素的交互影响,但以主观因素的影响为主。党派成员参政议政意愿受主观因素与客观因素、个人因素与社会因素的交互影响。但总起来说,主观因素对党派成员参政议政意愿的影响是主要的,这一点从调查数据中也可以得到证实。党派成员认为自身工作繁忙、政党意识不强、自身参政议政积极性不高等主观因素是影响自己参政议政意愿的主要因素。

2. 加强高校民主党派成员参政议政能力建设的对策建议

根据调查数据和访谈资料,针对党派成员参政议政中的问题和不足,课题组提出以下几点对策建议。

(1)将参政能力建设提升为高校民主党派加强自身建设的核心。民主党派加强自身建设,过去通常都从加强思想建设、组织建设、作风建设、制度建设等几个方面来说。事实上,在新的历史条件下,民主党派参政能力建设是一个更高的、更具包容性的概念,它包括提高政治把握能力、合作共事能力、建言献策能力、开拓创新能力、调查研究能力等,是涉及民主党派人员、组织、思想、制度、机制、能力等诸多方面的一个系统工程。在这个意义上,参政能力建设应当被提升为高校民主党派加强自身建设的核心。民主党派参政能力建设作为一个时代命题还远远没有破题,需要包括高校民主党派组织在内的基层组织大胆进行探索实践。

(2)增强高校党派成员的参政党意识,着力培养建设性思维。共产党领导的多党合作和政治协商制度是具有中国特色的政党制度。坚持共产党的领导,并不意味着参政党无所作为。参政党成员一方面要秉承与共产党风雨同舟、荣辱与共的光荣传统,处理好主角与配角的关系,做到"帮忙不添乱、尽职不越位";另一方面,要调整参政策略,着力培养建设性思维。所谓建设性思维,就是一种在"参政为民"理念指导下,立足解决问题、促进发展,以实现各方最大价值为目的的思维方式。

(3)进一步拓展高校民主党派成员参政议政的平台。根据访谈资料,我们发现高校民主党派成员参政议政的实际参与面还比较窄,仅限于党派领导、党派中的人大代表和政协委员等少数精英。似乎越到基层,党派成员参政议政的机会就越少。因此,应当充分发挥高校党派基层组织和党派基层成员参政议政的积极性,扩大参政议政的参与面,为高校民主党派成员,尤其是普通成员建立便捷的参政议政平台,努力拓宽参政议政的领域和渠道,并保持渠道畅通。

(4)建立健全民主党派参政议政机制。建立健全参政议政的工作机制,提升参政议政的组织化水平。一是培训机制,把如何开展参政议政工作明确规定为新成员和骨干成员培训的主要内容之一,并定期选送党派骨干成员到党派市委、市社会主义学院等参加学习和培训活动;二是考核机制,把能否注重发挥广大成员在参政议政中的作用和能否较好地完成参政议政、调研工作,作为考核基层组织负责人工作业绩的主要标准;三是人才培养机制,把参与参政议政、调研工作作为培养骨干力量和后备干部的主要途径;四是激励机制,定期举行参政议政专项评比,评选出优秀获奖课题和先进个人、先进单位,给予精神表彰和物质奖励。

(5)探索把专题调研作为基层支部活动的有效载体和组织生活的重要内容。专题调研可以作为基层支部活动的重要载体。专题调研一般在年初确定选题,选题来源既可以是上级组织委托的课题,也可以是组织成员“头脑风暴”后产生的课题。选题确定之后,接着开展广泛深入的调查研究,并对调查情况进行分析整理,将具有时效性的社情民意及时报送上级组织、统战部或政协机关,最后形成有分量的调研报告或提案素材,作为支部参政议政的成果报送。专题调研形式有利于提高基层成员参加支部互动的兴趣和参政议政的热情,成员的调查研究能力、建言献策能力、合作共事能力等也在此过程中得到了训练。

参考文献

1. 汪梦军、郝俊严:《新时期高校统战工作方法探析》,《湖北省社会主义学院学报》2010 年第 1 期。

2. 方振敏、李萍、宋晓涛:《聚众智、构和谐、促发展——高校统战工作服务科学发展的思路与载体研究》,《上海市社会主义学院学报》2010 年第 1 期。

3. 王彩玲:《挑战与回应:论民主党派参政议政的专业化》,《湖北社会科学》2009 年第 10 期。

4. 陈大明、曾昭富、鲁昌宏:《从“参政议政三件大事”看民主党派参政能力建设》,《湖北省社会主义学院学报》2009 年第 3 期。

5. 何筑霞:《新时期民主党派参政议政的实践与探索》,《贵州社会主义学院学报》2009年第3期。

6. 陈文正:《民主党派参政议政能力的实证研究——基于浙江省台州市的考察》,《福建省社会主义学院学报》2009年第2期。

7. 姜天麟:《试论参政党参政议政和自身建设的运行架构》,《中央社会主义学院学报》2008年第4期。

8. 孙萍:《关于参政党参政议政工作机制建设的思考》,《中央社会主义学院学报》2007年第5期。

9. 杨健:《对新时期基层民主党派参政议政工作的思考》,《江苏省社会主义学院学报》2007年第2期。

深化民主党派"共识教育"的实践研究

上海中医药大学党委统战部

致公党上海市青浦区支部联合课题组

在 2011 年中共中央召开的党外人士迎春座谈会上,胡锦涛总书记指出,希望党内外的同志在思想上同心同德、目标上同心同向、行动上同心同行,把智慧和力量凝聚到推动科学发展上来,围绕牵动全局的主要工作、事关长远的重大问题,深入开展专题调研,为破解发展难题、提高发展的全面性协调性可持续性多建良言、多献良策;引导统一战线广大成员继承和发扬光荣传统,坚定中国特色社会主义理想信念,坚持和完善中国共产党领导的多党合作和政治协商制度,坚持同中国共产党的亲密合作,确保中共中央大政方针和工作部署得到贯彻落实。

新时期民主党派成长的社会环境、实践基础和自身状况都有了不同程度的变化,民主党派成员的结构特点和思想状况呈现出多样化的趋势,由此,民主党派思想建设是摆在我们面前的一项急迫任务。只有结合实际,不断开拓创新,深化民主党派的共识教育,才能增强思想建设的针对性、时效性和实效性,才能真正做到"思想上同心同德、目标上同心同向、行动上同心同行"。

一、关于民主党派开展共识教育的内涵及意义

1.共识的含义

共识,是指一个社会不同阶层、不同利益的人所寻求的共同认识、价值、理想、想法。民主党派作为具有政治联盟特点的政党,其成员是在达成一定共识的基础上加入各民主党派组织的。各民主党派在历史发展中不断实践积累总结形成共识,都有着各自的纲领、章程。随着经济、政治、社会等的变化发展,民主党派成员在不断更新,不断形成新的共识。民主党派思想建设的主旋律就是要用

这些不断形成的新的共识来指导工作、教育新老成员。

2.共识教育的内涵

(1)思想共识。思想共识包含着责任认同和信念认同,两者相互联系,相互促进。责任认同具有矛盾的两个方面,参政党和执政党一方面具有共同的责任,另一方面又具有其特定的责任,因此我们应该以实事求是的态度对待。共同责任是在同一社会关系的基础上形成的,是由绝大多数社会成员的共同利益决定的。发展是我国的第一要务,无论是执政党还是参政党都要牢牢把握这个根本任务,树立和落实科学发展观,紧紧围绕经济建设这个中心,自觉服务于改革发展稳定的大局。这是国家、人民的至高利益,也是共产党、各民主党派和无党派人士应有的共同责任。但是,我国的基本政治制度是中国共产党领导的多党合作和政治协商制度,因此参政党的责任主要是认真开展民主监督,深入参政议政。

信念认同是思想共识的核心,但共同的信念是建立在共同的责任基础上的。离开责任空谈信念,思想共识只能成为无本之原,落进理论的虚无中;离开信念只谈责任,思想共识只能是无原之本,走向狭隘的实用主义。信念是政治成熟转化为持久性动力的精神支柱,是对事业成功的信念,也是对党的路线方针和价值观的认同。因为有共同的信念,党领导的统一战线事业才能汇聚人心,达成共识,促使统一战线不断巩固、发展和壮大。

(2)实践共识。实践共识本身也有两个层面的含义:一是政治实践认同,二是经济实践认同。政治实践认同的核心就是要坚持中国特色社会主义道路,坚持和完善中国共产党领导的多党合作和政治协商制度,这是民主党派、无党派人士和共产党实践共识的根本。我国的政党制度是由我们的国情决定的,有不可替代的优越性。始终坚定不移地坚持中国共产党领导的多党合作和政治协商制度是实践认同的政治准则,必须在实践中坚持和遵循。经济实践认同的本质就是要充分发挥民主党派、无党派人士在国家建设中的主人翁作用,是实践共识的主题。民主党派成员、无党派人士,在30多年的改革开放进程中,围绕经济建设这个中心,最大限度地发挥了力量,自觉地服从和服务于改革发展稳定的大局,推动经济社会发展。这是经济实践认同的成果,也是共识教育的重要内容。

(3)思想共识和实践共识的关系。思想共识是核心,实践共识是关键。思想共识是实践共识的基础,没有深入的认识,就没有实践的能力,两者相辅相成。

实践共识是思想共识的载体,没在生动的实践,就没有思想的升华。两者相互影响、相互促进,构筑了共识教育的内涵。

3.共识教育的意义

思想建设的目标是统一思想,凝聚人心,而要达到预期效果,关键就在于达成思想共识。思想共识保障民主党派组织的凝聚力和向心力,进而在其履行参政党职能的时候才能做到实践共识;而通过具体实践则能进一步达成新的共识,再充实思想共识的成果。共识教育作为民主党派思想建设的一种重要方式方法,在促使广大民主党派成员在追求价值认同、信念认同的过程中达到"思想上同心同德、目标上同心同向、行动上同心同行"的效果方面具有重要意义。

现代社会是一个价值多元的社会,多元思想、多元文化交流交融交锋,我们更有必要树立共识观念。只有在这一观念的指导下,达成共识所付出的成本和代价就会少很多。这就要求民主党派必须树立共识观念,努力求同存异,在民主党派思想建设中形成良好的氛围。只有这样,新时期民主党派思想建设才能取得良好的效果。

二、深化民主党派共识教育的几条原则

1.以人为本,体现人文关怀

进入新世纪以来,民主党派成员出现了年轻化和思想观念、价值取向的独立性、差异性、多样性等特点,这是民主党派要做好思想建设工作必须正视的。正因为每个民主党派成员都有自己的个性特点、学历经历背景以及思维方式,民主党派在开展思想教育时就要以成员为本,给予每个成员足够的尊重,开展具有针对性和差异化的思想教育,以理服人、以情感人,追求自觉接受、充分理解、达成共识。

2.求同存异,力求达成共识

"和而不同"是中国的传统文化价值理念,在现代社会乃至未来仍具有重要意义。和而不同,求同存异,这是一种共识观念。以共同责任和公共理性为基础,以科学发展观为指导,在求同存异中达成共识,解决主要矛盾,保留适当差异,共识教育的核心理念就在于此。

3.动态关注,共识循序渐进

经济、政治、社会建设不断发展,政策、理论、知识不断更新,大环境始终是动

态变化的。对于民主党派来说,新成员的不断加入是动态的,成员的思想观念也是随着环境变化以及个人经历的变化而不断变化的。因此,民主党派思想教育就要随机而动,及时调查了解成员的思想动态,在不同时期、不同环境下采取不同的形式方法,不求立竿见影,只求"春风化雨,润物无声",在循序渐进中达成共识。

三、民主党派开展共识教育的主要对象和方法

1.民主党派开展共识教育的主要对象

(1)对党外代表人士开展共识教育。2012 年 2 月,中共中央印发了《关于加强新形势下党外代表人士队伍建设的意见》,这是新中国成立以来第一次以中共中央名义制定的关于党外代表人士队伍建设的专门文件,在统一战线发展史上具有里程碑意义。《意见》的出台,体现了中国共产党推进国家人才发展战略的高瞻远瞩,反映了巩固壮大爱国统一战线的深谋远虑,昭示了坚持走中国特色政治发展道路的坚定决心。民主党派是我国人才资源的重要组成部分,而思想建设是民主党派自身建设的核心和中心环节。只有首先对党外代表人士做好共识教育,才能对各民主党派的共识教育的推进起到引领和示范的作用,确保思想建设的针对性、指向性、时效性和实效性。

(2)对新成员开展共识教育。民主党派老成员在接受中国共产党的领导、坚持走中国特色社会主义道路方面已经形成共识。但新成员思想活跃,新老交替、政治交接就成了民主党派对新成员进行思想建设的重点。让新老成员有更多的机会进行更好的交流,在交流中达成共识,形成以老带新、尊老敬贤的良好传统,对于民主党派思想建设有着重要作用。时代不同,经历不同,新老成员之间会有一定的"代沟",但老一辈的光荣传统和高尚精神也是一种价值共识,是民主党派对新成员开展思想教育、政治交接的宝贵财富。要让新成员正确认识民主党派不仅仅是一个政治身份,要使其充分认识作为民主党派一分子的光荣使命和历史责任,努力使其达成坚定不移地走中国特色政治发展道路的政治共识。

(3)对积极分子开展共识教育。随着中国共产党领导的多党合作和政治协商制度不断完善以及民主党派作为参政党价值的不断展现,越来越多的有识之士加入了民主党派,同时又有不少的高学历高层次的青年人才想要成为民主党派一员。他们作为想要加入民主党派的积极分子,在思想上、动机上是否成熟是

一个问题,这需要做好思想教育。然而,各民主党派在发展新成员方面各有各的形式和程序,一些地方民主党派组织在发展一些高学历高层次人才时往往忽视思想教育。对此,民主党派应该注重对积极分子的共识教育,了解他们的心态和思想状况,细致入微地答疑解惑,让他们充分了解本党派的纲领、章程以及多党合作制度和相关政策,自觉接受和坚持中国共产党的领导,坚定走中国特色社会主义道路的信念,逐渐形成信念共识。

2.民主党派开展共识教育的主要方法

(1)加强理论学习,深刻认识共识教育的目的意义,在思想上形成共识。首先,以民主党派历史为主题开展共识教育。历史是一面镜子,历史与现实对照,可以让人更清楚地看清前进方向。民主党派的历史就是中国共产党领导的多党合作和政治协商制度从无到有的发展史,通过对历史的回顾和学习以及思考总结,更有利于民主党派成员形成思想共识,也使得民主党派成员更明确自己现在的定位与责任。对于民主党派历史客观全面的认识,能够使广大民主党派成员自觉接受中国共产党的领导,坚定中国特色社会主义制度、道路和理论体系的共识。如上海中医药大学党委以民主党派组织换届为契机,开展以合作共事优良传统为主要内容的政治交接教育活动。校党委积极支持学校党派组织在党派市委举行学习报告会,就“继承党派优良传统履行参政党职能”、“党外干部的基本素质要求”等问题,党派市委领导和上海中医药大学党委领导分别进行了讲座,以加强老一辈党外代表人士与中国共产党“肝胆相照,荣辱与共”合作共事的优良传统教育,提升党外干部的政治素质、道德素质、心理素质及知识素质等。其次,以改革开放新成就为主题开展共识教育。新中国成立以来,特别是改革开放30多年来,我们国家在各方面都取得了巨大的成就,综合实力、人民的生活水平都得到了很大的提高。这些鲜活的事例和内容可以成为共识教育的最好材料。可以通过各种形式的学习方法,让民主党派成员体会和感受祖国的巨大变化和成就,进而能够更好地坚定中国特色社会主义理想信念,坚持中国共产党领导的多党合作和政治协商制度,坚持同中国共产党的亲密合作。再次,以新形势新政策为主题开展共识教育。当今,国际形势复杂多变,国内改革开放向纵深发展,党和政府也会根据不同形势制定不同的政策。面对各种复杂的形势和相应的政策,民主党派成员会有自己的视角和思考,有些专业领域的民主党派成员还会向党和政府提出一些具有可行性的建议。民主党派应该注重就认识和分析新形势新政策请专业人士、权威人士作报告,甚至可以是开放性、互动性强的交流、座谈或辩论,让民主党派成员在学习、讨论中形成正确的认识,达成对新形势的共识,进而理解、支持新政策,达到自我教育的效果,出色完成新任务。

(2)开展具有特色的实践教育活动,将共识教育渗透到党派工作中,在行动中实践共识。首先,发挥榜样的力量开展共识教育。发挥典型、榜样的激励作用一直是开展思想政治教育的一种重要形式。2010年以来,民主党派各级组织积极开展学习践行社会主义核心价值体系活动,以优秀民主党派成员为榜样的思想共识,进而形成向其学习,认真做好本职工作,积极发挥民主党派成员参政议政的职能,为国家、为社会作贡献的实践共识。其实,就在我们民主党派成员身边,就在其所在的基层组织里可能就有值得学习的榜样。在开展学习践行社会主义核心价值体系活动中,各民主党派特别是基层组织中都有一批榜样人物,他们分散在社会各行各业。这些身边的榜样,为民主党派成员亲眼所见,可亲、可敬、可学,更易起到激励的作用,更有助于形成一种思想共识。如致公党青浦支部开展的"说说我的工作"活动,就是通过介绍那些敬业爱岗的优秀党员,达到激励成员学习进步的目的。榜样的激励作用也是一种个人魅力,而作为民主党派各级组织的领导,其言行魅力也容易让民主党派成员达成共识。所以,民主党派各级组织的领导应该在各种活动的言行中为成员起到示范作用,利用好个人魅力,努力使民主党派成员达成共识,这也是民主党派各级组织领导需要注意的问题。其次,在参政议政的实践中开展共识教育。参政议政是民主党派的重要职能,参政议政是所有民主党派成员共同的事情,这是一种共识。但是,在现实中,由于种种原因,确实有一些民主党派成员没有在参政议政中发挥自身作用、贡献个人力量。民主党派各级组织应该开拓各种建言献策的渠道,让每个成员都有机会参与其中。特别是每年各级"两会"的议案、提案,应该进一步完善工作机制,让民主党派成员都有机会参与其中,让其切身体会到自己发挥了参政议政的作用,履行了民主党派成员的职责。为了让广大成员能够写好提案,提高参政议政的能力,各级组织可以组织和开展各类针对性的活动。如上海中医药大学党委两次委托市委党校举办"上海中医药大学党外干部培训班"。通过培训,帮助民主党派成员树立正确的世界观、人生观、价值观,自觉把自己以及民主党派的前途命运与中国特色社会主义事业结合起来,与党同心同德,肝胆相照。除传统的政治理论学习外,还增加了管理学、经济学、文化学、社会学、心理学等方面的培训,拓展了党外干部的知识面,帮助他们增强适应更广泛更复杂工作的能力,为更好地发挥参政议政、民主监督作用打下扎实基础。让民主党派的成员在不断学习中逐渐形成一种积极建言献策、参政议政的实践共识。再次,在学习研究中开展共识教育。在开展共识教育的实践中,要深入系统地制定规划,确定学习的内容、方向和预期目标,还可以预设一些研究小课题,可以在学习中研究、在研究中学习。这样学习才是扎实的,能够达成效果的。如致公党青浦支部就是以课题带动成员学习,他们通过课题申报的形式,把支部学习研究方向形成课题,并且向区里申报立项。然后按照要求扎扎实实推进支部全体成员的学习和研究。如关于假期青少年思想道德建设的实践研究、中学生现状的调查和分析、举办学生夏令营等项目,全体成员群策群力,共同协作,顺利完成了课题的研究工作,成员们在实践研究中体会、感悟、提高。整个课题研究的过程,就是一个很好的学习过程,能够让成员在学习中提升认识、学会关爱、促进理解、达成共识。

(3)规范学习纪律,从制度上保障共识学习。首先,在共识教育的培训活动中要避免随意性。要把参加共识教育培训放在一个重要的位置上,把握思想,不要出现共识教育为其他工作"让路"的不良现象,否则,会直接导致共识教育的低效率,成为一种"走过场"的现象,直接影响到培训的数量和质量。其次,在共识教育时间的设置上要避免随意性。一般我们安排的学习以短期集中式的学习为主,这样的培训所学内容比较单一,往往容量大不易内化吸收,往往是学员对学习内容还没有完全理解,对学习资料还没有认真学习的情况下培训班就已经结束了,这样的培训效果差强人意,随后在忙碌的工作中把学习的知识消失殆尽,无助于共识教育的效果。我们可以建立一种长效的、系列化学习机制,可以在学习中不断加深学员对共识教育的理解和认同,从而达到内化吸收的学习效果。再者,建立学习的考评机制,确保共识学习效果。由于学习过程中缺乏约束机制,学员学习的积极性存在很大的随意性。因此,要对学习过程制定规范制度,考评注重过程性的评价。很多学员也深知共识教育的必要性,但是由于实际的问题所限,最为突出的是平时工作较为繁忙,学习和他们的专业工作时间会产生冲突,因此只有进一步完善评价制度,才能确保共识教育真正落到实处。

(4)搭建交流平台,创新学习内容。首先,在进行共识教育时一定要避免学习形式的单一化,现在一般都是以听报告、听讲座为主,这种学习形式下党员在短时间内往往不能内化学习内容。即使有会后交流的时间,但是由于时间上的限制往往不能充分发表自己的想法。因此,可以考虑搭建一个大家可以充分、自由交流的平台,如网络平台、简讯平台、论坛交流等。通过搭建这些多样化的平台,提高成员的学习兴趣,能够让学员在他们喜欢的平台上深入学习和体会,充分发表自己的学习感受和建议。其次,在学习内容的呈现上,要避免单一性。可以考虑创新化的学习内容,让学习过程更具时效性和新鲜感。因此,除了文本性的学习材料,还可以考虑结合本地区的鲜活事例进行学习和宣讲,由于是发生在身边的事例,因此在学习中更加能够引起学员的共鸣,就会产生良好的学习效果。民主党派思想建设是一项长期的系统的任务,在新时期、新形势下,共识教育不失为民主党派思想政治教育的重要尝试。只有达成共识,凝心聚力,全力履职,共谋发展,民主党派自身建设的核心作用才能充分体现。

参考文献

1. 蔡永飞:《论参政党的政党意识》,《中央社会主义学院学报》2001 年第 6 期。

2. 肖云贵、康云峰:《高校党外知识分子工作与构建和谐校园》,《井冈山学院学报(哲学社会科学)》2007 年第 1 期。

3. 张国栋:《党外知识分子工作与和谐校园构建研究》,《内江师范学院院报》2007 年第 3 期。

新形势下协助民主党派加强思想政治建设探索

宋贵欣*

在新民主主义革命时期，民主党派的社会基础是民族资产阶级、城市小资产阶级和同这些阶级相联系的知识分子，以及其他爱国民主人士。它们不是单一阶级的政党，而是带有阶级联盟性质的组织。其政治主张与中国共产党民主革命时期的政治纲领基本一致。20 世纪 50 年代对民族资本主义的社会主义改造，民族资产阶级不复存在，民族资本家就逐步成为自食其力的劳动者。进入社会主义现代化建设的新时期以后，各民主党派的性质亦随之发生根本变化，成为各自所联系的一部分社会主义劳动者和拥护社会主义的爱国者的政治联盟，是接受中国共产党领导的、同中国共产党通力合作，共同致力于社会主义建设的亲密友党，是为社会主义服务的政治力量。

在新的形势下，统战部门协助民主党派切实加强思想政治建设，有利于提高民主党派的参政议政能力，有利于巩固中国共产党领导的多党合作和政治协商制度；有利于引导广大民主党派成员走中国特色社会主义政治发展道路。统战部门要结合《中共中央关于加强新形势下党外代表人士队伍建设的意见》（中发〔2012〕4 号）精神，正确认识和对待当前民主党派思想政治建设中存在的问题，认真研究和探索新形势下协助民主党派加强思想政治建设的措施。

* 宋贵欣，青岛大学党委统战部部长，副研究员。

一、新形势下协助民主党派加强思想政治建设的重要性

1. 加强民主党派思想政治建设是推动民主党派适应新形势和新任务变化的需要

当前,政治民主化、经济全球化、文化多元化的发展态势日渐明朗,统战部门协助民主党派加强思想政治建设需要回答政治、经济、文化领域的新课题,应对政治、经济、文化领域的新挑战,完成政治、经济、文化领域的新任务。另外,我国正处于社会转型的关键时期,生产方式和交换方式的变革逐步加快,社会分配方式和利益格局发生急剧变动,利益关系的矛盾和冲突日益增多,"经济发展——利益变动——社会矛盾"的因果链条初现端倪,这些变化给人们带来思想的困惑,给民主党派的思想政治建设带来实践的难题。统战部门协助民主党派加强思想政治工作,是适应上述形势变化发展的需要。

2. 加强民主党派思想政治建设是坚持和完善中国共产党领导的多党合作和政治协商制度的需要

中国共产党领导的多党合作和政治协商制度是我国一项基本的政治制度,是有中国特色的社会主义民主政治的重要组成部分,是我国政治制度的一大优势。为继续坚持和完善这一制度,统战部门必须协助民主党派加强思想政治建设,努力提高民主党派成员的思想政治素质,增强其政治鉴别能力和政治敏感性,使其树立正确的政治观、政党观和价值观,清醒地把握我国政党制度与西方政党制度的差异,认清社会主义民主与西方资本主义民主的本质区别,警惕和粉碎西方敌对势力对我国的"西化"、"分化"图谋,从而在错综复杂的矛盾和斗争中保持清醒的头脑和坚定的政治立场,确保各民主党派坚持正确的政治发展方向。

3. 加强民主党派思想政治建设是保障民主党派更好地履行参政议政职能的需要

统战部门协助民主党派加强思想政治建设,能够在促进改革、加快发展、维护稳定方面发挥独特的作用。协助民主党派加强思想组织建设,有利于化解矛盾、理顺情绪、统一思想、凝聚人心,有利于增强民主党派成员的政党意识和参政议政意识,提高成员的政治责任感和历史使命感,调动广大民主党派成员的积极性和创造性,以干事创业的热情认真履行参政议政的职能,积极投身到建设中国

特色社会主义、全面建设小康社会的伟大事业中去。

4.加强民主党派思想政治建设是促进民主党派领导班子建设,巩固和发展同中国共产党的长期合作的需要

搞好领导班子建设是加强民主党派自身建设的重要内容,是完成领导班子新老交替的历史任务,是加强同中国共产党团结合作的客观需要。统战部门采取有力措施推动民主党派领导班子学理论、讲政治、讲大局,不断增进对中国共产党基本理论、基本路线的共识,增进对多党合作的共识,增进对党和国家工作大局的共识;推动民主党派领导班子从政治上观察问题,判断形势,在事关大局、事关政治方向以及根本原则问题上,是非分明,立场坚定,始终保持清醒头脑,有利于扩大民主党派的政治影响,丰富其政治经验,提高其领导水平和参政水平,为民主党派各级领导班子巩固和发展同中国共产党的长期合作提供有力保证。

二、新形势下协助民主党派加强思想政治建设的目标任务

1.引导民主党派成员增强对中国共产党领导的多党合作和政治协商制度的认同

统战部门要协助民主党派成员努力学习马克思列宁主义、毛泽东思想、邓小平理论、"三个代表"重要思想以及科学发展观,牢固树立辩证唯物主义和历史唯物主义世界观和方法论,牢牢掌握中国特色社会主义理论体系,自觉践行社会主义核心价值体系,提高民主党派的思想政治觉悟。

协助民主党派加强思想建设的重要任务是引导民主党派成员对我国改革开放的成就给予高度评价和肯定,对国家未来的发展前景充满信心,普遍认同中国共产党领导的多党合作和政治协商制度。首先,引导民主党派成员形成接受共产党领导的共识。民主党派成员要立场坚定、旗帜鲜明地拥护中国共产党的领导。其次,引导民主党派广泛认同中国特色政党制度。要让民主党派成员认识到中国共产党领导的多党合作和政治协商制度符合中国国情,是我国政治制度的特点和优点。再次,要让大多数民主党派成员对我国多党合作的历史有所了解,认识到加入民主党派是进步的表现,加入党派能够提高自己政治地位和社会地位,增加参政议政的机会,提高自己的民主意识和责任意识。

2.引导民主党派成员增强社会责任感和历史使命感

统战部门协助民主党派加强思想政治建设,要着重加强对民主党派成员行

为方式的引导,提高其批评意识和独立思考的能力,让其勇于直面社会重大问题、关注弱势群体,以强烈的社会责任感和使命感,在围绕中心、服务大局中发挥应有的作用,并为维护社会稳定作出积极贡献。要引导民主党派成员从参与所在单位民主管理、民主监督做起,锻炼自己参政议政的能力。统战部门要积极引导民主党派充分发挥人才荟萃、智力密集、联系广泛的优势,形成合力,在参政议政、建言献策等履职过程中有效地发挥作用,让他们对当前我国经济社会发展的就业问题、三农问题、环保问题等社会问题建言献策,同时对影响中国稳定和谐的祖国统一、社会治安、执政党建设、腐败问题、通货膨胀、社会保障、民族宗教等问题出谋划策。

3.引导民主党派成员顺应社会变革,努力实现自我价值和社会价值

当前,我国正处于社会大变革的时代,社会经济成分、组织形式、就业方式、利益关系和分配方式日益多样化,各种利益矛盾错综复杂地交织在一起,使民主党派成员的思想受到一定的影响。不同的党派成员在思想认识、思考问题的方式方法上存在较大差异,对许多问题的看法也趋向多样化。统战部门协助民主党派加强思想政治建设,就是要引导民主党派成员发挥知识面广、思维活跃、富有改革创新精神的优势,凡事多从政治、经济、社会、文化等多个角度考虑问题。在现实生活中理性地思考问题,以务实的态度提出自己的看法,为国家发展贡献才智,为民生问题建言献策,将个人的命运与国家和民族的命运联系在一起,坚持自我价值和社会价值的统一。

4.引导民主党派成员克服自身缺陷,提高参政议政的热情

毋庸置疑,有些民主党派成员在自我修养、思想认识方面存在这样或那样的问题,观念相对滞后,思想相对落后,不能全面客观地看待多党合作,往往提出一些不切实际的想法和要求。同时,个别民主党派成员政治立场还比较脆弱,当自己的观点得不到广泛认同、参政议政遇挫时,容易产生抱怨情绪、退却思想,认为多党合作是"花瓶",甚至个别人后悔加入民主党派。长此以往,这些成员的政治热情有所减退,对组织缺乏关心和支持,甚至不参加组织活动,极个别成员还产生了退出民主党派组织的念头。协助民主党派加强思想政治建设,克服民主党派成员思想脆弱的缺陷,提高其政治热情,是不容忽视的重要目标。

三、新形势下协助民主党派加强思想政治建设的实践探索

民主党派思想政治建设的主要内容包括:(1)进行马克思主义思想政治理论

体系教育;(2)进行中国共产党的路线、方针、政策教育;(3)开展社会主义核心价值体系教育;(4)开展民主党派同中国共产党长期合作的优良传统教育;(5)开展形势与任务教育。通过开展上述教育,提升民主党派成员的思想政治素质,自觉地接受共产党的领导,坚定社会主义信念,为社会主义服务。统战部门支持和协助民主党派加强思想政治建设,是巩固和发展民主党派与中国共产党长期合作的思想基础。协助民主党派加强思想政治建设,要从以下几个方面的工作入手:

1.协助民主党派积极开展思想政治主题教育活动

统战部门应当积极引导民主党派利用专题研究、座谈讨论和支部(支社)交流等形式,教育和引导广大民主党派成员联系中国的发展实际,正确认识中国特色社会主义的内在实质,努力学习马列主义、毛泽东思想、邓小平理论、"三个代表"重要思想和科学发展观,广泛深入地进行党的基本路线的教育,重视爱国主义和社会主义的教育、国情教育以及民主党派同共产党长期合作的优良传统的主题教育。通过这些教育,深化对参政党地位、性质和历史使命的认识,自觉接受共产党的领导,坚定走建设有中国特色社会主义道路的信念,正确把握我国的基本国情和民主党派政治联盟的特点,划清社会主义民主与资本主义民主的界限,划清共产党领导的多党合作和西方多党制的界限,坚决抵制西方政党制度的影响。

2.协助民主党派创新思想政治教育方式方法

统战部门要按照"参政为民、服务为本"的思想政治教育总要求,从理论学习、建章立制、组织帮带和个人自学等方面,协助民主党派全方位多角度地创新思想政治教育方式,做到目的与形式相统一、引导与鼓励相统一、教育与娱乐相统一、组织与自发相统一。在组织民主党派成员理论学习过程中,采取读书看报与座谈交流相结合、学习笔记与心得体会相结合、理论研讨与政策建议相结合的方式,着力在学懂弄通、吸收消化上做文章,使理论学习得到深化,有效地提升理论学习的层次和效果,增强广大民主党派成员的思想政治素质;建立健全各类学习制度,拟订学习交流计划和议事规定;要善于运用新兴媒体作为思想政治建设的有效平台和重要阵地,各民主党派基层组织要关注网络舆情,结合各自实际有针对性地及时开展思想引导。

3.协助民主党派开展思想政治自我教育活动

统战部门应当协助民主党派围绕加强和提高政治把握能力、参政议政能力、组织领导能力、合作共事能力的目标,着力在政党理论体系、干部队伍建设、坚持和完善多党合作和政治协商的政治制度意识和政党制度意识等方面开展自我教育活动。思想政治自我教育活动采取互动式教学、集中研讨热点问题等交流形式,对个别民主党派成员在政治思想上的模糊认识进行层层剖析,理清思想根源和问题实质,使他们对中国特色社会主义政治发展的基本原理、基本模式和基本要求有更加系统、完整和科学的认识,有效地提升他们的政策解读能力,进一步增强其自觉运用科学理论指导工作实践的主动性和积极性。

4.协助民主党派加强思想政治教育的组织领导

统战部门要按照"坚持自愿,促进自觉"的原则,协助民主党派发挥集体和团队的启发与引导作用,促进民主党派成员自身内在因素的变化,深入挖掘他们内在的积极因素,提高其参加思想政治教育活动的自觉性。

一是协助民主党派在政治理论专题学习中"把脉",不断增强思想政治教育活动的针对性。统战部门应把督促各民主党派认真贯彻全国统战工作会议精神,开展"两会"精神等专题学习活动,作为巩固和强化思想政治理论学习成果的关键环节。采取摸底、问卷调查、情况收集等多种形式,主动查找民主党派成员中存在的模糊认识,对有关问题进行梳理,有针对性地开展思想政治教育活动。

二是协助民主党派纠正思想政治建设活动中的偏差,为增强政治敏锐性和政治鉴别力服务。统战部门要引导民主党派在重大政治事件和重要活动中,及时、鲜明地表达自己的态度,作为检验参政议政能力强弱的重要尺度,不断加大对基层组织的引导力度,及时纠正在思想政治建设活动中可能出现的弱化主题、偏离方向等问题,坚定政治方向,提高思想觉悟,切实保证基层组织具备较强的政治敏锐性和政治鉴别力。

三是协助民主党派搞好思想政治专项培训活动,不断增强广大民主党派成员在参政议政活动中的思想政治素质。统战部门应当引导民主党派大力开展思想政治专项培训活动,不断总结培训的成功经验。在培训之前,组织专门人力,采取多种方式,了解掌握民主党派组织建设与队伍建设的现状和工作情况。针对存在问题,组织施训的有关专家和培训工作领导小组集中商讨培训的主要内容、方式方法和预期目标,力争实现在培训中充分挖掘民主党派成员个人潜能,全面提高个人思想素质和政治水平的目标。

5.协助民主党派做好思想政治教育的典型宣传工作

榜样的力量是无穷的,可以转化为强烈的思想渗透力和工作影响力。统战部门要利用新闻媒体、报纸杂志、广播媒介等宣传平台,大力宣传思想政治工作的先进典型,采取宣讲、评比、交流等多种形式在基层组织和民主党派成员中广泛宣传、深入发动,努力形成"争创先进支部、争当优秀成员"和"整体联动、个人争优"的生动局面,切实提高广大民主党派成员参与思想政治建设的自觉性、主动性和积极性。可采用个人专访、通讯纪实、观点诠释等形式,对思想政治建设成绩突出的基层负责人进行专题报道;对民主党派成员支持当地经济建设、参与扶贫济困、捐资助学等社会服务的先进事迹进行多方位、多视角宣传;对关心支持民主党派成员工作生活、乐于无私奉献的基层支部负责人给予通报表彰,进一步激发各基层组织参与思想政治建设的高昂热情。

参考文献

1. 王国成:《新中国统一战线 50 年》,台海出版社,1999 年。

2. 王继宣、王国成:《统一战线理论研究综述》,华文出版社,2002 年。

3. 石光树:《要重视和加强参政党思想理论建设》,《中央社会主义学院学报》2012 年第 2 期。

关于加强高校民主党派基层组织凝聚力的思考

邱高兴 *

高等学校承担着人才培养、科学研究、社会服务、文化传承等方面的职责,是一个人才汇聚之地。"高等学校、科研院所党外知识分子人数众多,思想活跃,是知识分子成长的摇篮,是高层次人才培养的基地。"中国各民主党派是以知识分子为主体的政党,党派成员多数都是各行业的专家学者。因此,高校也是民主党派相对集中的地方,八个民主党派现任中央主席都来自或曾在高等院校和科研院所任职。高校中的民主党派成员,在做好本职工作的同时,积极参政议政,充分发挥了民主党派作为参政党的政治作用,为国家发展建言献策,促进了我国中国共产党领导下的多党合作制度的发展,是学校发展中不可忽视的一股政治力量。高校民主党派作为各党派省级及中央机构的基层组织,同各党派在其他单位的基层组织相比有自己的特点,基层组织的建设除了一些共性问题外,也有自己的特殊之处。特别是在如何加强民主党派基层组织凝聚力方面,高校民主党派也有自己所面临的独特问题。本文拟就高校民主党派基层组织如何增强凝聚力进行初步的探索和思考。

一、高校民主党派基层组织建设的现状与问题

高校民主党派基层组织的现状,可以从成员吸收方式、组成结构、组织形式等几个方面来概括。从高校民主党派基层组织成员吸收的方式看,首先具有学科群体性特征,即民主党派成员往往会集中在某个学科领域中,造成这种现象主要有两方面原因:一是如果本学科的学科带头人属于某党派,在学术领域具有较

---

* 邱高兴,中国计量学院教授。

大影响力和号召力,会对本学科中某个党派组织的发展起到推动作用;二是某个学科中的民主党派成员比较热心和积极,也会吸引成员加入。其次,高校民主党派在吸收成员的过程中,通过朋友和熟人介绍、推荐的情况比较多,带有一定的联谊性特征。从成员的组成构成的角度看,高校同其他单位相比,具有高学历、高职称、高职务的特征,在高校工作的教师基本上都是本科以上学历,很多都拥有硕士及博士学位,以中高级知识分子群体为主,具有较高的知识层次。在各自的研究领域中,高校民主党派成员也都有比较深入的研究,不少是本学科的学科带头人,在国内外的学术界具有比较大的影响力。从组织形式上看,高校中民主党派的基层组织相对比较健全,成员比较多,基本上所有的民主党派在高校中都有成员或组织,这也是高校民主党派基层组织的一个特色。

当然,在高校民主党派拥有自己的特色和优势的同时,高校民主党派基层组织存在的问题也是显而易见的。首先,基层组织成员党派意识不强,政党认同感不强,不少人对所在民主党派的历史和章程不了解,对多党合作制度中民主党派作为参政党的政治地位没有充分认识,因此没有明确的党派意识,对参政议政的认识也不到位。其次,基层组织的党派活动局限性强。同共产党相比,各民主党派基层组织对成员的约束力比较弱,很少或无法通过组织纪律来对成员提出要求,这就造成了很多基层组织的活动得不到有效开展,出席人数少、纪律涣散是较为常见的现象。即使能够组织起活动,往往会流于喝茶聊天,类似于朋友聚会,没有党派活动的特色。再次,基层组织无法对成员产生足够的吸引力。民主党派的基层组织的领导和成员是"业余办党"、"业余参政",在当前高校普遍存在的教学与科研压力下,本职工作必然是成员关注的第一要务,党派工作在业务工作繁忙时,就无法开展,造成了基层组织无法产生向心力,成员缺乏归属感。

二、提高高校民主党派基层组织凝聚力的路径

高校民主党派基层组织是民主党派的组织基础和工作基础,"担负着宣传教育、反映情况、壮大队伍、输送人才的重要职能"。高校民主党派作为重要的智力资源,在民主党派自身建设、参政议政等方面发挥着重要作用。针对基层组织建设过程中出现的种种问题,如何进一步凝聚力量,重塑队伍,是摆在高校各民主党派面前的重要任务。

1. 加强党派认同是增强党派基层组织凝聚力的前提条件

政党认同是"一种心理认同,即对于某一政党或其他政党的依恋之情"。高校民主党派成员大多从事某一专业领域的教学与科研工作,虽然成为了某一个党派的成员,但除了基层组织的领导班子成员外,多数人对于统一战线理论、中国多党合作的政党制度、民主党派的参政党地位以及本党派的发展历史与现状不甚了解。加上高校民主党派成员大多思想活跃,不少有在国外留学的经历,受西方思想影响较深,常常用西方的多党制来看待中国特色的多党合作制度,造成了一些认识的混乱,认为民主党派只是"摆设"、"花瓶",弱化了党派成员对于本党的党派认同。同时由于本职工作的繁忙,无意中也会把党派当成可有可无的一种政治身份,没有形成比较坚定的党派信仰。

从高校民主党派基层组织建设的角度看,加强党派认同是增强党派凝聚力的前提条件。要做到这一点,就要做好高校民主党派基层组织的思想政治建设。思想建设看似抽象和空洞,但却是提高民主党派成员政治把握能力的重要途径,也是加强民主党派基层组织成员党派认同的重要因素。第一,在入口关做好党性教育。目前高校民主党派普遍面临组织成员老化,发展新成员比较困难的问题,常常会出现几个党派竞相发展一个对象的现象。这造成了在入口把关不严,只重量不重质,该履行的组织程序没有切实去做,造成成员入得容易和随意,后果就是对党派的认识模糊。新加入的党派成员往往只有对介绍者和推荐者的个人情感,缺乏对党派组织的认识和心理归属。针对这个问题,在新成员加入时,除了要求参加上级组织安排的对新成员的培训外,还要以基层组织的形式,安排一定的时间进行学习教育,包括对统一战线理论、多党合作制度和本党党章的学习,使新成员在刚加入时对于政党组织就有比较明确的认识,对于本党的性质和作用也有初步的了解。同时,重视加入民主党派的仪式,突出加入组织的庄重和严肃,强化党派意识和归属感。从表面看,加入仪式似乎仅仅是一种形式,但是通过这样一种仪式化的过程,可以增强加入党派组织的神圣性,强化成为民主党派的归属感和身份转换的成就感。第二,定期组织各种形式的思想政治学习,了解国家的大政方针,强化党派的政治属性。鉴于很多党派成员对于思想政治学习的热情不高,兴趣不大,可采用灵活多样的方式,比如民主党派知识竞赛等,将严肃的政治学习落实于活泼的形式中,吸引成员的参加。第三,高校民主党派可以发挥人才库和智囊团的作用,积极引导成员参政议政。在参政议政中实现党派成员的价值,加强党派认同。参政议政是民主党派作为参政党的重要政治责任。2005 年颁发的《中共中央关于进一步加强中国共产党领导的多党合作和政治协商制度的意见》,对民主党派参政议政的主要内容和形式有明确的规定,即参加国家政权,参与国家大政方针的协商与决策,参与国家事务的管理;参与对国家方针、政策、法律、法令执行情况的检查和监督。对于高校民主党派基层组织而言,结合成员的专业领域和兴趣,组织两到三个调研小组,提出一些具有前瞻性、政策性的问题,深入实地进行调研,最后形成调研报告,作为政策参考或政协提案。在提案形成过程中,党派成员紧密配合,结合专业,将党派活动与专业研究、自身兴趣紧密地结合起来,不仅有助于提高参政议政的水平,而且也促进了民主党派成员对于自身价值和作用的感知。第四,高校民主党派思想政治素质的提高也离不开所在高校中共党委的支持。落实中共领导下的多党合作制度,在基层更需要中共党委的大力支持和指导,特别是统战部的支持和指导,真正把民主党派作为亲密友党,设身处地为民主党派的政治安排、组织发展、活动开展提供便利,让高校民主党派基层组织的成员切实感受到作为参政党一员的政治存在。

2. 加强领导班子建设是增强党派基层组织凝聚力的制度保障

高校民主党派基层组织的核心是主委、委员等组成的领导班子,民主党派是否有凝聚力,关键在于领导班子建设。强化领导班子建设,必须从两个方面着手:

第一,加强后备人才的培养、选拔,做好民主党派领导班子的政治交接。就目前情况看,高校民主党派普遍面临后备人才不足,青黄不接的局面。尤其是在学术领域内有一定影响,同时又具备组织领导能力的人才更是凤毛麟角,而且这种状况短时间内不可能得到根本改变。因此,从民主党派自身来讲,要注意选拔有学术潜力、有政治素质的成员,大胆安排党派职务,积极推动他们参与党派工作。创造政治历练的机会,积累经验,为将来从事党派工作奠定基础。从学校统战部门来讲,可以从做好学校的统战工作这个大局出发,在学校层面积极地为民主党派物色人才,协助民主党派发现和培养人才。从工作机制来讲,建立民主党派后备干部的选拔和培训制度。以学院为单位,选拔确定合适的人选,动员个别有入党意愿的人才留在党外,作为民主党派的后备人才。定期举办民主党派后备干部的培训,提高他们参政议政能力。在学校中层干部选拔中,同等条件下适当优先考虑民主党派后备干部的任用。

第二,做好高校民主党派基层组织领导班子成员的思想建设。就目前情况看,高校民主党派的主要负责人和领导班子成员多数都是学校的中层干部和骨干力量,既有教学和科研工作,又有所在岗位的行政工作,还要肩负民主党派的各项任务。特别是作为民主党派的领导班子成员都是利用业余时间来从事党派工作,没有报酬,完全是义务地为党派的发展尽心尽力。因此,要能够凝聚党派成员,首先就要求领导班子的成员要有高度的思想政治觉悟,有比较高的为人处世境界,不计名利,为所在党派成员服务好,建设好党派的基层组织。其次,领导班子成员之间要和谐相处,同心同德,齐心协力为民主党派的发展贡献自己的力量。最后,领导班子成员要有热情,能够积极组织、策划并参与党派的各种活动。

3. 利用新媒介是增强党派基层组织凝聚力的新形式

高校知识分子群体的职业特征使得很多民主党派的成员之间在工作单位很少碰面,相互之间平时交流的机会也比较少,加上本职工作都比较忙,因此过多地组织开展党派活动不太现实,也不容易组织。但作为同属一个党派的成员,如果一年之中只是在很少的几次活动中能够聚到一起,互相之间很多并不熟识,不利于增强党派的凝聚力。因此,可以利用当前比较发达的各种媒介手段,比如QQ群、微信等,让党派成员之间实现随时随地的沟通和交流。在这里既可以传达各种通知,发送各种学习材料,就党派事务进行交流,就参政议政的课题进行沟通,也可以随意聊天,联络感情。充分重视这些平台,引导和利用这些平台,可以为民主党派开展活动创造很多便利条件,将原来的不利因素转化为积极因素。高校知识分子具有较强的接受新鲜事物的能力,很多人已经在使用这些新的通讯方式,这也有助于在党派基层组织中推行这种新的沟通方式,为凝聚党派力量提供便利的工具。

三、正确引导,充分发挥高校民主党派基层组织的凝聚力

高校民主党派基层组织,通过思想组织建设,不断地提升领导班子成员的政治把握能力、组织领导能力、参政议政能力、合作共事能力,提升高校民主党派基层组织的凝聚力,强化组织认同,使得高校民主党派真正成为有理想、有目标的参政党基层组织,使高校党派组织的组织和活动真正具有政党性质。当然,正确引导民主党派发挥党派作用,充分发挥其凝聚力量还需要注意以下几个方面的

问题。

第一，全面认识民主党派作为参政党的政治地位。中国的基本政治制度是中国共产党领导下的多党合作和政治协商制度。在多党合作的实践中，民主党派和共产党"思想上同心同德、目标上同心同向、行动上同心同行"，共同为民族和国家的繁荣富强而奋斗。民主党派作为参政党，起到民主监督、政治协商、参政议政等多方面的作用。正确认识民主党派的定位，一方面有助于防止把民主党派看成是反对党的错误观念，另一方面也有助于消除那种认为民主党派无所作为的片面看法。

第二，高校民主党派基层组织的凝聚作用的发挥不能与学校发展割裂开来。高校民主党派基层组织的成员同时又是各学科中的骨干分子，在党派凝聚力形成的同时，一定要注意不能形成小集团、小的利益群体。作为学校中的党派组织，首先一定要和所在学科、专业、学院、学校形成一个目标一致，有共同理想的发展整体，把学校的发展、学科的发展和党派基层组织的发展结合起来，为学校的发展献计献策、为学科的发展出谋划策，以广阔的视野、正确的党派观念，来发挥党派的凝聚作用。

第三，高校民主党派基层组织的发展要协调好和中共党委以及兄弟民主党派的关系。高校民主党派基层组织的发展离不开所在学校中共党委的支持，因此，民主党派的参政议政、民主协商等活动要积极主动地和统战部沟通、协调，并取得共识。同时，也要协调和兄弟民主党派的关系，相互学习，共同成长，发挥各自党派的凝聚作用，团结各种力量，为我国高等教育事业的发展，为我国多党合作制度作出贡献。

参考文献

1. 中共中央统战部：《〈中共中央关于加强新形势下党外代表人士队伍建设的意见〉学习问答》，华文出版社，2012年。

2. 黄梅：《关于民主党派基层组织参政议政情况的思考——以云南省为例》，《中央社会主义学院学报》2010年第3期。

3. 金勤明：《高校民主党派成员的政党认同研究》，《上海市社会主义学院学报》2012年第4期。

加强新时期高校民主党派基层组织建设

赵 伟 郑 锋*

高校民主党派基层组织。它汇集了大量学历高、素质好的优秀教师,是民主党派的基本细胞,是联系广大高校民主党派成员的桥梁和纽带,也是树立党派形象的根本所在,其建设的好坏直接关系到民主党派整体职能的发挥和党派成员参政议政的积极性。面对高校民主党派自身的发展和变化,支持民主党派基层组织加强自身建设,增强参政议政意识,不断提高民主协商和民主监督能力,更好地为高校建设和社会发展服务,是当前高校民主党派工作的重中之重。因此,加强新时期高校民主党派基层组织的建设不仅可以团结人心汇聚力量,促进高校统一战线工作,而且能够确保党外教师为学校中心工作积极建言献策,推进高校的改革与发展。

一、加强新时期高校民主党派基层组织建设的重要意义

高校民主党派教师是实施科教兴国战略中的一支生力军,而高校民主党派基层组织是这支生力军的重要机构。民主党派基层组织是民主党派的组织基础和工作基础,是发现人才、培养人才的重要组织载体,也是民主党派实现参政议政的组织平台。面对实施科教兴国战略的重要任务及西方分裂势力的渗透与影响,切实加强高校民主党派基层组织建设显得尤为重要。

1.思想建设是高校民主党派基层组织建设之核心

中国共产党在长期的执政实践中,始终坚持把思想建设放在首位。作为与中共合作的亲密友党,加强民主党派基层组织建设是建设新时期高素质参政党

---

* 赵伟,江西教育院教务处,副研究馆员;郑锋,江西教育学院党委统战部副处级统战员。

的需要,要保持成员的进步性,就应始终坚持以思想建设为核心,不断提高民主党派的政治把握能力、参政议政能力、合作共事能力。加强高校民主党派基层组织的思想建设,有利于民主党派成员自身政治把握能力的提高,有利于提高民主党派成员政党意识、责任意识,更好地参与学校的民主管理,为学校中心工作出谋划策,促进学校教学、科研和管理上台阶。高校肩负培养社会主义现代化建设者和接班人的重任,充分发挥民主党派的优势,有利于最大限度地调动党外知识分子的积极性和创造性,教书育人,做学生的良师益友,甘于奉献,勇于服务,为学校的改革发展建设服务,为国家的经济社会发展服务。

2.组织建设是高校民主党派基层组织建设之关键

加强高校民主党派基层组织建设,要积极稳妥推进组织发展工作。民主党派后备干部队伍建设是民主党派基层组织建设的一项重要工作。加强党派领导班子的组织建设,建设一支素质高、能力强及结构、数量合适的后备干部队伍,将为各民主党派组织的人才储备和政治交接奠定良好的工作基础。各民主党派基层组织应根据自身实际情况,科学预测、合理规划,科学制定民主党派后备干部培养工作规划,明确后备干部队伍发展目标,并要为他们的成长锻炼积极创造条件。要积极稳妥地做好组织发展工作,一些政治素质好、业务素质高、参政议政能力强的有代表性的优秀党外知识分子是组织发展的重点。抓好组织发展工作,不仅是保证多党合作制连续性的重要前提,而且也是不断提高基础组织的凝聚力和战斗力、充分发挥民主党派特有的政治优势不可或缺的一项重要工作。

3.制度建设是高校民主党派基层组织建设之保障

加强高校民主党派基层组织制度建设,特别是设计好科学合理便于操作的党外干部考核测评体系,从根本上把好干部选拔关,有利于合理运用制度资源,从而能够更加有效地支持、鼓励各民主党派人士积极建言献策、开展民主监督,促进基层组织整体职能作用的有效发挥,更好地为学校的改革与发展以及地方经济建设服务作贡献。由此可见,有的放矢地做好高校民主党派基层组织建设工作有着十分深远的重要意义。随着高校民主党派基层组织的迅速发展,不断有新的成员加入,使得高校民主党派的基层组织结构、知识层次结构,党派成员的责任意识、参政议政的积极性都发生了变化,也暴露出了一些新的问题。因此,对于高校民主党派组织建设中所出现的问题,进一步健全制度建设、完善制度机制具有重要的现实意义。

二、新时期高校民主党派基层组织建设的现状及存在的问题

高校民主党派基层组织比较齐全,组织建制较为健全。以我院为例,我院现有民主党派成员 102 名,有农工、民盟、民进、民革四个院级委员会。高校民主党派基层组织不断将高校中众多层次高、影响大的民主党派代表人士输送到各级人大、政协、政府等职能部门,充分发挥了高校民主党派"人才源头"的作用。改革开放以来,我院民主党派基层组织在学校党委的支持和领导下,为各级人大、政协推荐并当选人大代表、政协委员 62 人次,其中有 1 人担任省政府副省长、民主党派省委主委,12 人担任省政协常委,28 人担任民主党派省委常委或委员。

存在的问题,概括起来,有以下几点:

(1)集中学习和开会难的问题依然存在,直接影响高校民主党派基层组织的思想建设。从目前情况看,各高校往往分散设有多个校区,呈现成员布局分散化。在社会转型期,其党派成员亦呈现思想多元化、结构多样化以及成员流动性增大的趋势,使党派组织思想建设面临新的挑战和机遇。此外,随着信息传播技术的不断发展,各种新媒体不断涌现,各种渠道获得信息更加快速便捷,使得传统的集体学习教育活动难以有效开展,甚至有些党派一年也难得组织一次集体学习活动。在实际工作中,对于如何有效开展民主党派基层组织的集体学习教育活动,普遍觉得老方法不灵、新办法不多。这种现象的存在,不仅影响党派基层组织的思想建设工作,而且也不能体现党派基层组织的应有特色和活力。因此,集中学习和开会难的问题已成为高校民主党派加强思想建设工作的一个难点。

(2)吸引力、凝聚力不强和对民主党派认识不足,成为制约民主党派组织建设发展工作有所滞后的根源。我院对民主党派新成员发展情况做过一次调查,结果显示,以我院为主的民盟新成员年增长率更是低于 1%,有的民主党派几年都没有发展新成员,成员发展处于不平衡的状况。许多统计数据还表明,高校党外知识分子占半壁江山的格局并未发生大的变化,民主党派基层组织发展的空间仍然较大、高素质的党外人才依然不少,关键原因还是在于民主党派对于党外知识分子的吸引力问题。比如,宣传不够,有的党外知识分子对民主党派的历史、地位、作用认识不足;意识不强,有的党派成员对参政党的应有权利、责任义务也认识不足。这些都在一定程度上造成民主党派对党外知识分子吸引力的弱

化。此外,要增强民主党派的吸引力,高校基层组织就必须要有较强的凝聚力,有的党派基层组织长期缺乏工作活力,党派组织成员自身也都难以感受到来自组织的关心和帮助,别说吸引党外知识分子了。

(3)高校民主党派基层组织应有的基本职能的发挥未得到足够重视。围绕中心、服务大局,参与民主管理,开展民主监督、建言献策,是高校民主党派基层组织履行职能的基本要求。随着新时期高校统战工作不断加强,各高校党委都越来越重视为民主党派等统一战线力量履行职能、发挥作用积极创造条件。但从目前情况来看,相当一部分高校民主党派基层组织包括骨干成员,他们的履职积极性和主动作为的意识还有待提高。由于缺乏深入全面的调研和思考,许多意见建议的提出甚至是被动式的应付,高质量水平的不多。就内容而言,他们往往更多地关注于关乎教职员工切身利益的公平机制建设,而在集群智、策群力推动大局发展的建言献策方面作为不多。就意见表达渠道而言,大多还是各自为阵,而通过自下而上的组织体系,将基层广大成员的意见和建议加以整理,提供上级组织作为参政议政内容,通过本基层组织中的人大代表、政协委员把意见、建议反映到各级政权组织,通过党派基层组织或代表性人士的名义为学校的发展积极建言献策,这些做法甚少。

三、加强新时期高校民主党派基层组织建设的建议

高校民主党派基层组织建设是一项系统工程,需要高校党委、民主党派基层组织及其成员自身的共同努力。

1.重视思想教育

理论思维的成熟是一个政党政治上成熟的重要标志。一个政党要想持续发展就必须有强大的理论作为支撑。政党的建设,首先是理论建设,政党的变革,首先是理论的变革,政党的发展,首先是理论的发展。因此,加强政治引导,夯实统一战线共同的思想政治基础,创新开展学习教育的载体,积极开展中国特色社会主义理论体系的学习教育活动,不断提高党派成员的思想政治素质,是加强民主党派基层组织思想建设的重要工作任务。民主党派基层组织要有计划地组织党派成员深入学习邓小平理论、"三个代表"重要思想、科学发展观和十八大精神,系统掌握中国共产党的统一战线理论,进行党派章程、党派历史以及多党合作理论和优良传统教育,自觉增强政党意识,进一步深刻理解"长期共存、互相监

督、肝胆相照、荣辱与共"的内涵和意义,不断提高党派成员的政治觉悟和思想水平,继承和发扬与中共风雨同舟的优良传统。

2. 建设优良的后备干部队伍

民主党派后备干部队伍建设是民主党派基层组织发展建设工作中的一项重要工作。为了保证各党派领导班子的健康发展,需要各党派组织早动手准备,花费足够的时间切实加强民主党派后备干部队伍建设,为各民主党派组织的政治交接和人才储备奠定坚实的基础和有力的人才支持。各基层组织应根据自身实际情况,科学预测、合理规划,把有发展前途的成员放在特定的岗位上去锻炼。第一,科学制定民主党派后备干部培养工作规划,明确后备干部队伍发展目标、要求后备干部应具备的能力,对党务工作、参政议政所需领导干部进行科学的调查预测,确定后备干部总数。第二,要坚持标准,扩大视野,拓宽渠道,积极建立一支具有不同层次、不同年龄、不同专业类别的后备干部队伍。在层次构成中,既有拟任较高级别领导职务的后备人才,还要有拟任一般级别领导职务的后备人才。在梯次构成中,既有短期即可使用的较为成熟的"应用型"领导人才,又有面向长远的"储备型"人才。第三,要结合实际,逐年滚动调整后备干部队伍,做到有进有出,始终保证后备干部队伍数量足、结构好、活力强。高校党委尤其是党委统战部应主动与民主党派后备干部交往。通过谈心、拜访、联谊等多种形式,与后备干部建立真诚的友谊和密切的联系,做到政治上关心、工作上支持、思想上帮助、生活上照顾,促使他们不断提高能力,尽快成长。高校中共党组织应将党外后备干部纳入学校干部队伍建设的总体规划之中,重视抓好党外后备干部的选拔、培养和使用,在换岗交流、挂职锻炼等方面给予一定的政策倾斜,不断提高他们的综合素质和实践能力。

3. 完善制度体系

高校民主党派基层组织应在上级组织部门的制度框架内,结合自身实际,逐步建立一套行之有效的运行制度。要制定基层组织领导班子议事、工作、考核制度,不断提高基层民主党派工作制度化规范化的建设水平。在基层组织领导班子民主生活会方面,规定每年至少召开一次支部支委以上领导成员的民主生活会,总结工作、交流思想,开展批评与自我批评,增强党性修养。关于领导班子考核制度,主要规定领导班子的考核程序、考核办法、形式等。如可以规定考核采取成员的民主生活会、年终述职、届中评议等形式,对领导班子成员的工作情况和领导能力进行监督和考核。

　　总之,统一战线是凝聚各方面力量,夺取中国特色社会主义新胜利的重要法宝。我们要按照十八大精神要求,巩固和发展最广泛的爱国统一战线,加强新时期高校民主党派基层组织的建设,为我国的社会经济及学校的建设发展作出应有的贡献。

参考文献

1. 江华丽:《加强高校民主党派基层组织建设的有效途径》,《产业与科技论坛》, 2012 年 11 月 10 日。

2. 梁晓宇:《新时期民主党派基层组织发展现状研究》,《实践与探索》2012 年第 8 期。

3. 林秋生、高磐、庄莉:《关于高校民主党派基层组织自身建设的思考》,《泉州师范学院学报》2012 年第 5 期。

第六部分

高校统战文化研究

协同视角下统战文化创新能力
提升机制和路径研究

黄 彬[*]

协同创新的精神实质就是突破以往各自为政、互不相通所造成的体制机制瓶颈，释放创新能量产生高质量成果，为统战文化创新发展寻找一条新的路径和方式，努力做到文化精神层面的形态与其物质层面的载体相融会贯通。

一、统战文化的多元特性是提升协同创新能力的基础

文化发展过程必然伴随着文化转型，由单一的竞争模式向协同创新模式的过渡或兼容，在传承中提高竞争力、在协同中提高共生力、在创新中提高生产力，传承协同与创新是提高国家文化软实力的必由之路。

1. 统战文化的多元系统化特征

统战文化源于统一战线发展壮大的历史积淀，萃取统一战线的理论精华和实践智慧，集文化的基本特质与统一战线的独特理念于一体，具有独特的多元系统化特征。

（1）统战文化内容的多元性。统战文化是以"和"为核心，以"团结、合作、互助、关爱、和谐"为基本准则，以民族团结文化、党派合作文化、宗教融合文化、新阶层"信义"文化和炎黄"根"文化等为基本内容，通过争取人心，凝聚力量，构筑和谐共融、团结友善的生产生活环境，为建设社会主义和中华民族的伟大复兴提供智力支持和精神力量保证。它作为先进文化的一个单元，是促进统一战线工作的重要手段，是中华传统文化精粹同现代文明之间的结晶。

＊ 黄彬，福建师范大学化学与化工学院党委副书记，讲师。

(2)统战文化结构的多样性。统战文化也是一种组织文化,其结构包括:一是精神文化。是指统战工作在长期的工作实践中逐渐形成的基本信念、价值观念、道德标准和精神风貌。二是制度文化。主要是指对党在统战工作中形成的各项规章制度,以及统战工作系统内部成员和各组织产生规范性、约束性的影响的部分,它规定了组织成员在共同的工作生活中所应当遵循的行为准则。三是物质文化。它一般反映出统战组织的宗旨、工作作风和外界对相关组织或个人的判断认知,主要包括组织名称、组织成员来源特征等内容。

(3)统战文化历史形成的动态性。统战文化发源于中华民族传统优秀文化,来源于我国长期统一战线工作的实践,与党的统一战线相伴而生。从党的统一战线建立起,就有了党的统战文化实践,统一战线工作实践是统战文化产生的源头活水。从"民主联合战线"到最广泛的"爱国统一战线",在不同的历史阶段,随着统一战线性质、特点和任务的变化,统战文化被赋予不同的时代内涵,统战文化也在统战工作中以不同的内容和形式得以体现。

(4)统战文化功能的辐射性。统战文化通过导向、约束、激励、凝聚、辐射等功能,引导统战工作及各组织成员个体思想行为的方向作用,反映了统战工作整体的共同追求、共同价值观和共同利益,进而最大限度地激发积极性和首创精神。自觉接受文化的规范和约束,在共同价值观的指导下进行自我管理和控制,能够使成员朝着确定的目标而努力。统战文化一旦形成较为固定的模式,就不仅在组织内部发挥作用,还可以通过公共关系与外界公众进行双向交流,把自身文化的丰富内涵昭示于众。

(5)统战文化影响的复杂性。统战文化的形成既受到国家文化、政治、经济、法律、教育等外部环境的影响,也受到成员素质、教育程度、民族成分、领导者的价值观以及群体的社会心理状态等内部因素的影响。

2.统战文化创新能力形成和构建的协同论描述

(1)协同论是一种复杂自组织系统理论,统战文化的多元特性完全符合协同论对研究对象的要求。统战文化中各子文化系统由于合作关系的开展,各个子文化在行为上、制度上与精神层次上发生物质、能量与信息的交换,久而久之,这种磨合促成了统战文化各系统间形成一种新型的文化体系,指引着统战工作的发展方向,它所发挥的作用是单个子文化所无法达到的。

(2)协同论研究的是开放系统,在非平衡的状态下产生非线性作用,之后通过涨落的推动,使系统跃迁到一种新的结构状态的过程。统战文化的演化也是这样一个过程。统战文化系统是开放的,开放性是统战文化的本质要求;与此同时,在统战文化系统内,各子文化间的相互融合、碰撞共同对统战文化的合作绩效产生协同效应。

综上可见,通过协同论可以解释统战文化创新能力的形成过程,即统战文化创新能力源于各子系统之间竞争与协同的动力作用。同时,当为获得差异优势资源而彼此进行合作时,如何与众多异质性文化更融洽地相互配合、协调发展则成为统战工作管理者和研究者亟须解决的重要问题。

二、统战文化创新协同体的构建

创新是一项复杂的工程,它涉及多种创新要素,涵盖了组织内外部良好的合作以及部门间良好的协同。然而,创新系统的协同效应并不会自发产生。首先,协同建立在合作基础之上,不同主体之间合作需要一定条件才能发生,需要特定机制保障才能维护和持续。其次,能够产生协同效应的合作必须对不同创新主体的任务目标、资源等进行有效协调,同样需要一定的机制来实现。再次,创新系统的协同要求其与社会环境实现良性互动,需要建立超越系统自身的管理体制和机制。

1. 统战文化协同创新过程中面临的问题

统战文化包含的内容由于制度不同、规模不同、所在地域不同等原因,会导致主体思想、价值观念、工作风格、管理方式等方面存在差异。这些差异势必导致在行为、规范以及观点上产生分歧与矛盾,从而影响创新绩效,现实中因文化问题无法解决而四分五裂的情况大有可数。另外,在统战文化创新过程中也存在很多现实问题,如统战文化供应链体系不完整、缺乏协调机制、信息共享技术较为落后、缺乏整体评价系统等,这些无疑是影响统战工作运作效率的重要因素。

2. 统战文化协同创新的影响因素

大部分研究表明,组织文化对组织创新的影响并不是直接的,而是通过中介变量的缓冲效应机制来实现的。如果单纯强调从管理层面来推进全员创新,那么创新往往局限于整个工作规划的过程中,就无法发挥个体与集体层面创新,促进每个成员投身渐进性和根本性的创新过程中。只有解决了创新动力问题,统战文化才可能积极培育自身的创新能力,整合不同层面的创新主体,解决好创新活动中的一系列问题。

3.统战文化创新能力协同体的提出

创新协同体作为一种基于跨主体层面的全员创新模式,将更多因素纳入到创新体系中,通过创新过程中个体与集体、内部与外部的有效协同,提高组织创新水平。通过战略化、社会化、结构化的运作,将更多组织或个人有效纳入到创新过程中实现全员创新是提高创新绩效的有效途径。

统战文化创新能力表明的是统战文化创新行为的一种综合能力,依据创新的基本过程及其他行业创新的启示,同时在综合前人对创新能力的相关研究成果的基础上,将统战文化创新能力逐步分解为研发能力、资源投入能力、协同能力、生产能力、推广能力和社会综合效益六个要素。研发能力、生产能力与推广能力是创新能力的支撑构成因子,而创新资源投入能力、协同能力与社会综合效益则是创新能力的辅助构成因子。

基于前人对于组织文化内涵、构成与层次的研究,本文将统战文化创新指标分为三个层次:创新价值观、制度体系与行为模式。创新价值观是指包括管理者、参与者和成员在内的组织内外全体人员所共同认可的价值观念。制度体系是指组织中关于流程、激励等各项制度的总和。组织的制度体系是对成员最直接的引导与规范。因此,创新价值观只有通过组织的制度体系才能真正群化为全体成员的价值规范,从而上升为组织的核心价值观。行为模式是指组织中看得见或者听得见的行为方式,行为模式不仅包括现实中各组织间、上级与下级之间的行为方式以及各级人员处理创新问题的行为方式以及组织内与组织外部交流沟通的行为方式等,行为模式是组织文化与个人价值观综合作用的结果。如果组织拥有强文化,行为模式就更多地受到组织文化的影响,也就更加符合组织的预期。

三、统战文化创新协同体的实证分析

1.问卷设计、抽样与调查

遵照组织企业文化影响因子构建的原则,同时借鉴前人研究的成果,具体指标如表1和表2所示。

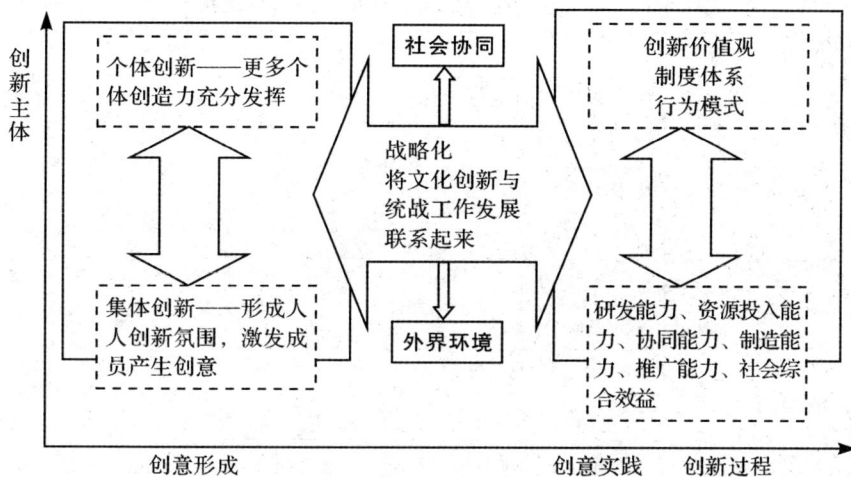

图 1 统战文化创新协同体的理论框架

表 1 统战文化创新性特征关键因子和具体指标

关键因子	具体指标
创新价值观	创新在统战价值观中的地位
	统战成员对创新的认同度
	统战系统外成员对创新的认同度
	统战工作内容的创新要求
制度体系	统战各组织对创新的授权程度
	统战内部对创新行为的鼓励程度
	组织间成员对失败与错误的包容程度
	团队合作的程度
行为模式	创造精神
	合作精神
	事业心
	敬业精神

表 2 统战文化创新能力关键因子和具体指标

创新能力指标	具体指标
研发能力	独立研发项目数
	技术改进项目数
	技术引进项目数
	专利项目数
创新资源投入能力	科研经费投入
	设备资源投入
	科研人员投入
协同能力	部门之间的沟通
	与外部之间的沟通
	统一的技术平台及信息化水平
生产能力	设备水平
	人员素质
	产品质量
推广能力	市场分析调研能力
	产品营销能力
	产品满意度
社会综合效益	经济效益
	社会效益

2. 问卷及统计方法说明

由于研究内容的特殊性,需要问卷填写者对统战组织及其文化有比较深刻的感受,同时需要对统战工作的创新活动和创新绩效有很好的认识。因此,问卷的对象选择了在统战工作上有较长工作年限的,或者是统战组织内中层管理人员及以上级别的人员。此次发放问卷共 200 份,回收问卷 183 份,其中有效问卷 145 份,有效问卷回收率达到 79.24%。

3. 问卷的描述统计分析

(1)问卷的可信度分析。对问卷进行了较规范的可信度检验,问卷中统战文化创新能力的测量系数与统战文化的测量系数分别为 0.951 和 0.938,都超过了最小可接受值 0.70,表明了本研究修正后的问卷具有较高的可信度。

（2）关于统战文化创新能力的描述性统计分析。

表 3　统战文化创新能力的描述性统计

Descriptive Statistics

	N	Min	Max	Mean	Std. Deviation
研发能力	145	1.00	5.00	1.9840	0.9108
创新资源投入能力	145	1.00	5.00	1.9572	1.0002
协同能力	145	1.00	5.00	2.5868	0.8935
生产能力	145	1.00	5.00	2.3524	0.9055
营销能力	145	1.30	5.00	2.2913	0.8266
社会综合效益	145	1.75	5.00	2.1128	0.7045

由表 3 我们可以看出，目前统战文化创新能力总体上来说还比较薄弱。从均值来看，研发能力和创新资源投入能力相对较为薄弱，而在协同能力方面则表现出相对较强。在抽取的样本中，研发能力的技术改进项目数得分最高，表明统战文化能够顺应时代潮流，吸收新技术；创新资源投入能力得分最高，表明统战工作对于文化创新还是较为关注的。在社会综合效益方面，两个指标均得分较高，表明国家对于文化创新的鼓励政策已逐渐显现出其功能。

（3）关于统战文化创新性指标的描述性统计分析。

表 4　统战文化创新性指标的描述性统计

Descriptive Statistics

	N	Min	Max	Mean	Std. Deviation
创新价值观	145	1.00	5.00	3.4913	0.9143
创新氛围	145	1.00	5.00	3.4547	0.9758
创新精神	145	1.00	5.00	3.9051	0.8573

由表 4 我们可以看出，创新价值观、创新氛围及创新精神均得分较高，其中最高的是创新精神，相对来说创新氛围则稍微偏弱。这可能是统战文化创新还不太被社会认同的一种表现，但是从样本总体的抽样来看，统战文化已经形成了较强的创新理念与创新风格。

(4)统战文化创新性指标与创新能力的回归分析。

表 5　统战文化创新性指标与创新能力的回归分析结果

统战文化创新能力	统战文化创新指标
研发能力	创新氛围
	创新精神
创新资源投入能力	创新价值观
	创新氛围
协同能力	创新氛围
	创新精神
生产能力	创新氛围
	创新精神
推广能力	创新价值观
	创新精神
社会综合效益	创新氛围

通过对统战文化创新指标与统战文化创新能力的回归分析得出,创新氛围对创新能力的影响范围最广、影响程度也最深,其次是创新价值观和创新精神。

四、基于协同论提升统战文化创新能力的机制和途径

1.强化创新价值观并深化创新观念深入人心,促进对创新观念的认同以达到提升统战文化创新能力的目的。从回归分析我们可以看出,创新价值观对于创新资源投入能力及推广能力有直接的影响。因此,我们要提高统战文化创新能力就必须要充分加强对创新价值观的学习和宣传。

(1)扩充载体、广泛宣传,将统战文化深入社会各个层面。统战文化的理念体现在统战工作中,也体现在政治和社会生活的各个方面。要以统战文化的核心理念推进我国社会主义市场经济、民主政治、先进文化与和谐社会建设;加大对各级领导干部的统战文化宣传与培训,把统战文化作为提升领导干部修养、素质、能力的重要方面,引导创新统战文化所蕴含的工作理念、工作方法、工作艺术来开展工作;通过扎实有效的丰富多彩的文化活动把统战文化引向基层、深入群众,使广大群众认同和传播统战理念,形成统战文化创新能力建设的强势。

(2)寻找扩大统战文化创新能力建设的各种参与面,丰富统战文化内容。文

化的繁荣发展,关键在人,作为人才库、智囊团的统一战线,要充分调动广大统战成员的积极性、主动性、创造性,推动培养一大批在统战文化领域创新型、复合型的人才。鼓励广大文化领域的知识分子不断创新、丰富文化的载体,弘扬主旋律,提倡多样化,创作出更多富有时代意义的文化精品来满足群众的精神文化需求,展示中华文化的魅力和实力。

(3)支持鼓励和引导非公有制经济发展文化产业,有利于增强文化的多元化供给能力,满足多样化社会需求。作为联系非公有制经济人士的部门,统战系统应积极推动非公有制经济以多种形式参与和投入文化事业和文化产业的发展,配合有关部门抓紧制定非公经济发展文化产业的有关政策和法规,努力形成多元投入、协力发展的新格局。

2.营造统战文化的创新氛围,使战工作对越来越变动的环境保持充分的适应弹性。从回归分析我们可以看出,创新氛围对于创新型企业创新能力的六项指标都有着直接的影响。因此,我们要提高统战文化创新能力的核心任务是充分营造创新氛围。

(1)形成协同创新的文化自觉。打破重成果轻应用的思想文化藩篱,把重视成果应用确立为统战文化研究的价值导向,以激活协同创新的内驱力。加强统战信息宣传,反映统战工作新成效。加强与新闻媒体的联系,充分利用广播、电视、互联网、微博等平台,宣讲统战工作辉煌历史及统战工作的政策和知识。精心打造统战文化栏目,通过网站上精心打造统战文化知名栏目,深入挖掘统战文化资源,宣传统战领域的各类先进事迹和先进典型,让广大人民群众逐步了解、认识和支持党在新时期的统战工作。

(2)建立重视科研成果应用的体制和机制,以增强协同创新的外驱力。机制包含组织结构、组织职能和岗位责权为主要内容的体制,以及政策和规定等制度两个方面的内容。在统战工作内部体制建设方面,通过设立的专门机构,统筹研究成果转化与合作工作。

(3)加强与宣传部门、社会之间的联系和沟通,聚合组织内外创新力量和创新资源,鼓励多学科之间开展协同创新。根据统战成员的关切点,与时俱进地调整相关的政策和制度,鼓励和支持统战成员自觉参与协同创新项目,不断优化协同创新的制度文化机制,以制度文化建设促进协同创新。

3.统筹制订提升统战文化创新能力计划,创新方法,整合资源,切实形成统战文化建设合力。

(1)建立有效的沟通协调机制,强化提升统战文化创新能力的工作目标。可持续发展的价值理念是打造协同创新的根本保证,要把可持续发展作为贯穿协同创新的基本价值理念,在实事求是中求得新发展。通过各个创新主体之间的交流和互动、科学家在前沿的自由探索、文化产业的开发逐利策略、政府的长期战略目标和研究型创业型高校之间的良性竞争,使得相关创新各方能够有机结合和高效互动。

(2)通过"五个大力提高"和创新链各环节的协调发展,实现协同创新贡献度的大力提高。一是大力提高统战文化方面科研创新与需求和问题的对接度;二是大力提高统战文化创新方向的凝聚度;三是大力提高统战文化创新资源的集成度;四是大力提高创新成果的成熟度;五是大力提高创新活动的组织程度,坚持知识创新、理论创新、技术创新和成果转化的协调发展。

(3)维护与控制统战文化创新能力建设成果。利用涨落机制维持统战文化发展活力。系统的涨落机制是实现系统持续不断发生革新的推动力,然而并非每一次涨落过后,系统都是向着良性积极的方向发展的。因此,要定期分析统战文化各方面的具体情况,有目标有计划地对其引导与控制。如开展统战文化专题研讨,组织文化专家、学者、统战组织成员、社会相关人士进行沟通讨论,对文化冲突进行分析并给予相关意见。

(4)选择合适的文化协同模式,培育统战文化供应联盟共同价值观。引导各子系统对统战工作的作用,更好地实现差异文化下的协同效应,这也是统战工作的最终目标。发挥民主党派参政议政、建言献策作用,促进文化繁荣发展。围绕中心、服务大局,积极发挥参政议政的政治优势,做好挚友和诤友,是民主党派的重要功能。要积极引导民主党派成员围绕文化建设中发展方针政策的制定、路径方式的选择等深入实际调研,积极建言献策;引导他们加强对文化体制改革的研究,在正确认识和处理好文化软实力与经济硬实力、改革创新与发展繁荣等关系上发挥积极作用。

参考文献

1. Akman G. Innovative Capability, Innovation Strategy and Market Orientation: An Empirical Analysis in Turkish Software Industry.

International Journal of Innovation Management,2008，12(1).

2. Christensen C. M.,Raynor, M. E. *The Innovator's Solution*：*Creating and Sustaining Successful Growth*. Boston,MA：Harvard Business School Press，2003.

3. 陈锋、张素平、王莉华:《全员创新提升创新能力研究》,《管理工程学报(增刊)》2009 年第 3 期。

4. 陈衍泰、何流、司春林:《开放式创新文化与企业创新绩效关系的研究——来自江浙沪闽四地的数据实证》,《科学学研究》2007 年第 3 期。

5. 戴布拉·艾米顿:《知识经济的创新战略——智慧的觉醒》,金周英译,新华出版社,1998 年。

6. 李怀祖:《管理研究方法》,西安交通大学出版社,2004 年。

7. 李金明:《企业创新能力的分析模型》,《东华大学学报(自然科学版)》2001 年第 2 期。

8. 马庆国:《管理统计:数据获取、统计原理 SPSS 工具与应用研究》,科学出版社,2005 年。

高校文化统战的内涵、特点、基础及其实践路径

周能寿　　高宇列*

中国共产党领导下的统一战线历程中,文化统战的概念早已有之,早在 1938 年,毛泽东同志曾指出:"在文化的特殊领域和特殊问题上,也可以建立文化统一战线。"新形势新阶段,随着文化在人类社会发展中的地位日益凸显,开展文化统战工作,可以更有效地整合、优化各类文化资源,使统战工作更加深入人心。高校统战工作在全党统战工作格局中,具有特殊的地位和作用,高校是知识分子聚集地,具有数量多、层次高、影响大等特点。以中华优秀传统文化为依托,结合高校发展积淀的校园文化,积极探索高校文化统战工作的实践路径,对于丰富高校统战工作内容与形式,对于凝聚人心,汇集力量,推进高校文化事业的发展具有不可替代的积极作用。

一、高校文化统战的内涵及特点

1.高校文化统战的内涵

文化统战不同于政治、经济、社会统战,"文化统战是'从文化视角切入'的一种工作途径,是利用文化资源来开展统战工作",有其自身特有的属性。从概念来说,文化统战是开展统战工作的一种方式和手段;从工作载体来说,文化统战是以文化为资源和载体,以文化形式达到凝聚人心、汇聚力量的工作过程。因此,文化统战的特殊性在于,它是统战与文化的结合,具有政治和文化两重属性,且在这种新的统战形式中,文化的内化影响力则显得更为重要。

---

* 周能寿,浙江农林大学党委组织部、统战部干部,讲师;高宇列,浙江农林大学党委组织部、统战部副部长,副教授。

（1）政治属性。政治属性是文化统战的本质特征。文化统战虽然是以文化为手段开展的统战工作，但文化统战具有浓厚的政治色彩和明显的阶级属性，这是文化统战区别于其他文化现象的本质所在。"统一战线是党的事业的重要组成部分，统战工作是一项政治工作。"文化统战作为统战工作的一种手段，其最终目的是为党的事业凝聚人心、汇聚力量，具有明显的政治性特征。

（2）文化属性。文化属性是文化统战的特有属性。与政治、经济、社会统战不同，文化统战往往超越政治、经济等范畴，是以文化活动为平台，运用文化的力量对党的统一战线思想进行宣传、普及，影响人的世界观、价值观和人生观，从而实现最广泛的文化认同，增强民族的凝聚力和统一战线成员的向心力，最终实现最广泛的统一战线。文化统战及文化活动本身被赋予统战主体的思想、意志、情感等主观因素，当统战对象参与文化活动时，必将从中受到潜移默化的影响，这就是文化统战的特殊价值所在。

高校文化统战是文化统战的特殊领域，同样具有政治、文化属性，而且高校具有文化传承与创新的功能，使得高校文化统战的文化属性更加凸显。充分利用高校文化传承与创新的文化职能，更有利于以文化的手段创新高校统战工作的内容和形式。

2.高校文化统战的特点

改革开放以来，我国的经济社会结构发生了深刻变化，人们的生活方式、思维方式、价值观念等呈现多样化趋势。高校是党外知识分子的聚集地，则这些特点更为明显。利用文化统战的文化属性开展高校统战工作，可充分发挥文化的柔性特征，使得高校文化统战在工作中具有明显的优势。这种优势主要体现在：内容的鲜活性、形式的生动性、手段的接受性和作用的持久性。

（1）内容的鲜活性。一直以来，高校统战工作是一种自上而下的政治活动，政治性强，一定程度上导致统战工作内容的单调、呆板、乏味。依靠文化力量的高校文化统战，是充分挖掘中华文化资源的人文内涵，从满足广大统战对象的精神文化生活需求出发，吸取中华优秀传统文化资源，以大家喜闻乐见的形式展现出来，内容鲜活，易被吸收。中国是一个历史悠久的文明古国，拥有灿烂的民族文化及丰富的文化资源，高校在长久的发展历程中凝聚着深厚的文化底蕴，为高校文化统战的开展提供了雄厚的文化资源，使得高校统战工作的开展具有丰富而深刻的文化内涵及民族特色。

（2）形式的生动性。高校文化统战旨在以文化为平台，通过声音、图片、符号等形式来展示中华文化的思想、信念及精神，并以人们喜闻乐见的形式出现在统战对象面前，寓统战工作的团结与教育功能的实现于文化活动之中，形式多样，丰富多彩。如利用元旦、春节、中秋、国庆等特殊节日，举办各类体现高校文化特点的文化活动，丰富文化生活，活跃统战工作氛围，在增加统一战线成员对学校及中华文化认同的同时，实现统一战线的大团结、大联合。

（3）手段的接受性。手段的接受性是高校文化统战与其他统战方式不同的核心所在。开展高校文化统战，统战对象是文化活动的参与者，亦是作为文化活动的主体，在满足统战人士精神文化需求的过程中，通过自我教育的提劲实现统战教育引导功能。此外，高校文化统战的文化柔性特征，使广大统战人士在接受中华优秀文化熏陶的过程中，更易受到文化的感染，产生心理上的归顺感，具有"润物细无声"的效果，易被接受。

（4）作用的持久性。高校文化统战利用文化资源开展文化活动，还具有鲜明的意识形态属性。文化活动本身烙下了各文化主体的思想、意志和情感等主观因素。统一战线成员参与文化活动的过程，就是在文化熏陶的同时对文化主体的思想、意志和情感的融合的过程，从而对自我的思想观、意识和行为习惯产生潜移默化的影响。这种文化力的影响往往具有持久和广泛的意义。"文化对人的影响力很适宜于'做人的思想工作'的统一战线。由于文化统战注入了文化因子，因而在工作中可以释放巨大的文化能量，其功力之强和功效之大，虽不易被察觉，但却更坚强、更加持久。"

二、高校开展文化统战的基础

高校统一战线工作不同于其他领域的统一战线工作，高校的统战对象基本是从事人才培养、科学研究和社会服务的高级知识分子，具有较强的主体意识、独立人格和批判思维方式。这样特点的存在更突显开展文化统战的重要性和必要性，且高校组织文化的特征为实施文化统战奠定了良好的工作基础。

1.党委领导下的校长负责制为高校开展文化统战提供了组织保证

高校是我国各民主党派组织比较齐全、成员比较密集的地方，在整个统战工作中占有重要位置，历来是培养党外领导和骨干的重要基地。高校文化统战工作作为高校统战工作的重要内容，必须确保文化的政治方向。为此，在新的历史时期,坚持党对高校文化统战工作的领导,对切实做好新形势下的高校统战工作意义重大。1989 年,中央决定在高校实行党委领导下的校长负责制。1998 年颁布的《中华人民共和国高等教育法》第三十九条明确规定"国家举办的高等学校实行中国共产党高等学校基层委员会领导下的校长负责制",以法律形式明确了这一领导体制,确保了高校文化统战工作始终能在党的领导下运行,为广大统战人士始终与我党同心同德、同心同向、同心通行,共同促进社会主义建设事业提供了坚强的组织保证。

2.高等院校的文化积淀为高校开展文化统战提供了精神支撑

校园文化是展现学校治校理念、办学特色的窗口,也是学校文化积淀的表现形式。历年来,高校结合自身办学特点及区域特色,总结、凝练学校的核心价值与精神追求。高校的办学定位、办学理念、价值趋向及人文气息等都形成了独特的文化风采,并通过高校广大师生的共同传承及延续向社会传播,逐步形成相应的独具特色的文化积淀。这种文化积淀是学校全体师生内心的文化认同,亦为高校开展文化统战工作提供了强有力的精神支撑。如北京大学经过近百年的发展,在深厚的人文底蕴和学术积淀的基础上凝练的北大精神,历经代代传承,始终本着"爱国、进步、民主、科学"的传统,与祖国同呼吸、共命运、同发展。

3.高等教育的文化功能为高校开展文化统战提供了逻辑基础

文化传承与创新,是高等教育的基本功能之一。人才培养和社会服务不仅是高等教育的基本职能,而且也是文化传承的基础。高校通过教书育人使得人类的文明得以延续发展,通过服务社会将人类文化向社会传播并被社会所接受,实现对社会的影响和辐射作用。科学研究不仅是高等教育的基本职能,而且也是文化创造的基础。高校通过自然科学、人文科学和社会科学的研究及创造性活动,不断创新文化内容并向社会传播。高校统战人士作为高校教师的一部分,自然而然地从事文化传承与创新工作,为实现高等教育的文化功能作出了重要贡献。为此,高校党委应高度重视高校的文化功能,团结广大统战人士从事文化传承与创新活动,为高校文化统战工作的开展奠定逻辑基础。

三、高校开展文化统战的实践路径

高校统战是中国共产党统战工作的重要组成部分,在党的统一战线工作全局中具有特殊的地位和作用。围绕高校中心工作开展文化统战,是丰富高校统战工作内容与形式,提升高校统战工作实效的重要环节,高校党委应高度重视,正确认识高校文化统战工作的重要意义,统一思想,加强研究,积极引导,形成高校开展文化统战的良好局面。

1. 强化文化统战引导,确保高校统战工作方向

文化统战不能就文化而文化,必须坚持正确的政治方向。上下五千年,中华民族的历史文化资源极为丰富,但不是所有的文化资源都能为我所用。此外,当前国际环境中,一些敌对势力企图对我实施"西化"、"分化"的图谋没有改变,我们必须保持清醒头脑,把握正确的舆论导向,牢牢占领思想文化阵地,坚持用马克思主义占领高校意识形态领域,使文化统一战线阵地牢牢地掌握在党和人民手里。为此,高校党委要切实加强对文化统战工作的领导,围绕学校中心工作,努力形成学校党委统一领导、统战部牵头、各有关部门积极参与配合的文化统战工作机制,确保高校文化统战工作的正确方向。

2. 加强文化统战研究,开阔高校统战工作视野

"要搞好文化统战工作,首要的是搞清文化统战是什么、为什么、干什么、怎么干的问题。"高校可根据实际情况,设立文化统战工作专项课题,召开文化统战工作专题座谈会等,鼓励广大民主党派组织、党群部门、统战工作者及相关学科的教师参与高校文化统战工作的理论研究,积极探索高校文化统战的内涵、特点、载体、形式、实践路径等,着力把握高校文化统战的基本工作规律,开拓高校文化统战工作视野,不断提高文化统战工作的针对性与实效性。

3. 创新文化统战载体,丰富高校统战工作形式

高校文化统战工作是在高校文化积淀的基础上,以文化的手段开展统战工作的新形式。要充分利用高校文化统战工作的形式生动、内容鲜活、易于接收、作用持久等特点,积极探索、不断创新高校文化统战工作载体。利用春节、端午、国庆、中秋等中华民族传统节假日,组织广大统战人士开展"叙友情、增团结、谋发展"等为主题的文艺晚会、主题征文、座谈会、茶话会等活动,回顾祖国发展成果,畅谈祖国发展未来;结合地方红色资源,组织广大统战人士参观革命圣地、访问老红军老党员、观看红色电影,学习革命先烈战胜千难万险、获取革命胜利的献身精神和崇高理想,坚定永远跟党走的理想信念等。

4. 打造文化统战品牌,提升高校统战工作层次

企业要有发展前景需要打造企业文化及产业品牌,文化统战也不例外,需要

打造品牌。高校文化统战工作不只是简单的文化呈现,高校党委在开展文化统战工作中应树立品牌意识,以中华民族的悠久历史及文化资源、地域文化历史、高校深厚的人文底蕴及文化积淀为资源,精心策划、精心打造,加大对统战文化品牌的扶持力度,努力打造一批具有高校文化特色的统战文化品牌,提升文化统战的影响力和辐射面。

参考文献

1. 广西社会主义学院编:《文化统战概论》,华文出版社,2009 年。

2. 伏来旺:《漫谈文化统战》,华文出版社,2010 年。

3. 杨毅:《关于文化统战的思考与建议》,《河北省社会主义学院学报》2011 年第 10 期。

4. 李占和:《文化统战问题初探(上)》,《内蒙古统战理论研究》2011 年第 3 期。

5. 裴立宁、曾庆波、谢树坤:《发挥中医药文化统战优势,创新高校统战工作》,《广东省社会主义学院学报》2011 年第 7 期。

6. 刘岩:《我国高校统战文化问题研究》,沈阳工业大学马克思主义中国化研究专业,2009 年。

7. 高磊:《科学发展观下的高校统战文化路径选择》,《福建省社会主义学院学报》2009 年第 4 期。

8. 叶文龙:《统战文化与和谐社会》,华文出版社,2009 年。

9. 叶文龙:《统战文化建设实例》,华文出版社,2009 年。

10. 胡秋娇:《浅谈高校统战文化与和谐校园建设》,《江西科技师范学院学报》2009 年第 10 期。

论高校统一战线在大学文化建设中的作为

吴　萍　郑蔚颖*

　　如何运用自身的优势传播和辐射中国特色社会主义文化,进而发挥文化的软实力来凝心聚力,是新世纪新时期统一战线工作部署中需要考量的重要课题。对于高校统一战线而言,要用好文化的纽带,扩大"中国精神"的辐射和影响,进而实现凝心聚力,则必须介入大学文化建设,并在大学文化建设中拓展功能。本文以此为视角,论证高校统一战线在大学文化建设中的角色定位,并探寻高校统一战线在大学文化建设中实现凝心聚力功能的作为空间。

一、大学文化释义

　　大学文化包括大学精神文化、大学制度文化、大学环境(物质)文化和大学行为文化。其中,大学精神文化中最主要的是科学精神和人文精神,科学精神倡导求真、先进性和创新性,而人文精神则鼓励以人为本,科学精神与人文精神共同构成大学精神的最基本内容,此外大学精神文化还包括认同精神、创新精神以及治校精神等。

　　大学文化彰显民族性、方向性、包容性、教育性、人本性、凝聚性等特点。第一,民族性。文化是民族的根本,民族性是文化最大的个性。在五千多年的发展中,中华民族形成了以爱国主义为核心的团结统一、爱好和平、勤劳勇敢、自强不息的民族精神。我们党领导人民在长期实践中不断结合时代和社会发展的要求,丰富着这种民族精神,使之成为中国社会主义现代化建设的精神支柱。大学

　　*　吴萍,福建中医药大学党委统战部部长,副教授;郑蔚颖,福建中医药大学党委统战部干事,讲师。

文化根植于中华民族优秀传统文化,维系民族文化血脉,彰显民族文化活力。第二,方向性。大学的主要功能是人才培养、科学研究、社会服务、文化传承,而这四个功能的终极目标都应归结于为建设有中国特色的社会主义事业服务。因此,中国的大学文化是以马克思主义为指导思想、以社会主义核心价值体系为引领、以中国特色社会主义共同理想为主题的中国社会文化的重要组成部分,遵循构建社会主义和谐文化的要求。第三,包容性。从宽泛的方面来说,在经济全球化、社会信息化的推动下,在国际文化教育交流频繁的氛围下,中国大学文化不断吸收和借鉴国际大学文化精髓,确保本土文化在与各种异质文化相互激荡、相互碰撞、相互融合过程中,形成兼容并蓄的国际化氛围。从狭义方面来说,各种学术观点、理念、科学研究在这里百家争鸣,百花齐放,无不彰显她博大与包容的气度。第四,教育性。文化本身具有教育的功能,大学文化独特的教育功能体现为既教人做事,更教人做人;既教人学习,又教人生存;既教人发展,还教人成长。在教育的过程中,"爱"字贯穿始终。"没有爱就没有教育",以博爱为主线的教育活动,构成了大学文化的又一主要特征。第五,人本性。大学文化的本真意义,不在"器",而在"道"。故有"大学之道,在明明德,在亲民,在止于至善"之说。故以人为本、群体本位、尚中求和是现代大学文化尤为鲜明的特点。第六,凝聚性。大学文化是一种粘合剂,可以把大学人紧紧地粘合、团结在一起,使他们目的明确、协调一致。大学文化发挥凝聚功能的根本在于能够以科学的大学发展理念和目标把大学长远发展的利益与广大师生员工的利益统一起来,在此基础上形成强大的凝聚力,保证大学在激烈的竞争中立于不败之地。

二、大学文化是高校统一战线凝心聚力的重要载体

欲凝聚力量,须凝聚人心,欲凝聚人心,则须文化,欲以文化凝聚人心,又首推精神,"文化是通过某些民族的活动表现出来的一种使这个民族不同于其他民族的思维和行动方式。"中国精神以及以中国精神为核心的中国特色社会主义文化就是凝聚中华儿女的重要纽带。因此,文化应成为统一战线凝心聚力的重要新载体,大学文化则应成为高校统一战线凝心聚力的重要载体。

如前文所述,大学文化具有民族性、方向性、包容性、教育性、以人为本的精神本质和凝聚功能,与统一战线的大联合、大团结这一永恒主题,努力践行"同心、民主、包容、共赢"的核心理念,凝心聚力,为中心服务的思想,有着密切的内

在逻辑联系,既有共通之处,又可相互渗透相互促进。统一战线和大学文化在目标、理念和精神取向上的密切相关性,为统一战线在大学文化中的作为提供了有力的理论依据。第一,两者具有一致的目标和价值理想。高校统一战线的目标和任务是,团结一切可以团结的力量,调动一切积极因素,化消极因素为积极因素,充分发挥党外知识分子的作用,实现最广泛的爱国统一战线,为构建和谐社会,为我国的社会主义现代化建设服务,为实现新世纪党和国家的三大任务服务。大学文化的功能和建设目标在于作为社会主义文化建设摇篮,发挥教育、激励、导向、创造等功能,构建和谐校园,既实现自身的持续发展,又为社会主义文化大繁荣起到示范和辐射作用;既增强大学自身的核心竞争力,又为中国的繁荣与发展服务。和谐校园是相对于社会主义和谐社会而提出的。我们可以这样认为,就"和谐校园"这个"小环境"和"和谐社会"这个大环境来说,两者的终极目标和价值理想是一致的,都是坚持社会主义方向,为中国特色的社会主义建设这个中心服务。第二,统一战线和大学文化皆是"同"和"异"的辩证统一体。两者都体现和追求的是一种和谐,在本质上是一致的,并且相互促进。如前所述,包容性是大学文化的精神本质,这与统一战线求同存异的思想不谋而合。追溯其思想根源,皆体现在"和合"及"和而不同"两个思想文化渊源。作为中国文化的精髓,"和合"思想始终贯穿在中国历史的各个时代,对中国的政治、经济、教育乃至整个社会具有重大的影响。孔子的"礼之用,和为贵"、老子的"万物负阴而抱阳,冲气以为和"、孟子的"天时不如地利,地利不如人和"等思想,在几千年的文化传承中,逐步成为了民众普遍认可的文化价值取向——"和合",这也是统一战线形成与发展的有根之源。同样,没有传统"和合"文化的依托与滋润,也就没有大学文化。大学文化无论是精神文化、制度文化、环境文化和行为文化建设,无非是要构建一个师生员工之间即人与人之间融洽相处、民主公平、安定有序、学术自由、充满活力且环境优美的和谐校园。高校统一战线目的就是为了凝聚党内外的力量,团结好党内外教师员工为中心发展服务。"和合"文化是两者共同的文化渊源。"和而不同"是两者共同的价值追求。"和而不同"出自《论语》:"君子和而不同,小人同而不和。"先承认不同,然后求同存异。统一战线强调"和而不同",团结不同党派、不同群体、不同阶层,有着不同宗教信仰的人,引导和坚定他们的政治信念,为大局服务。同样,"和而不同"的文化理念与大学所追求的政治平等、尊重个体、因材施教、因地制宜、各要素协调发展是一致的。和而不同、多元一体是统一战线和大学文化共同的价值追求。第三，两者相互联系，相互促进。一方面，统一战线所倡导的团结、合作、互助、关爱、和谐的理念，始终坚持"聚人心、暖人心、得人心"的工作思路，能够为大学文化建设所借鉴，同时在此过程中统一战线人士能够发挥优势，能够为大学文化建设献策出力，做大学文化建设的践行者和表率者。另一方面，高校统一战线是大学的重要组成部分，要搞好大学文化建设，必然也要搞好统战文化建设，统战文化建设，也离不开大学文化的滋养。

因此，大学文化成为高校统一战线凝心聚气之载体，不仅必须，而且可能。

三、高校统一战线在大学文化建设中的若干作为

1. 发挥高校统一战线人才荟萃、智力密集、联系广泛的优势，充实大学文化建设的力量

以福建省高校为例，据统计，截至 2011 年 9 月，福建省高校民主党派成员中具有高级职称的有 2079 人，占成员总数的 58.67％。就福建省来看，高校民主党派成员中有 290 人分别当选或担任了各级人大代表、政协委员和中央、省一级民主党派领导职务以及省、市（设区市）、校级行政领导职务，占高校在职民主党派成员的 8.19％。他们关心政治、追求事业、社会责任感强，有较高的理论水平和政治远见。因此，高校统一战线应该合理组织这些智囊团为大学文化建设出谋划策，并激励其积极投身大学精神文化、制度文化、环境文化、行为文化的全面建设中去，使大学文化建设力量越来越充实，越来越强大。为此，高校统一战线要加强组织，并拓宽渠道。比如，创造环境，让其知情明政；制定统一战线成员建言献策的组织机制和工作条例，由学校党委统战部负责组织和实施建言献策工作，负责收集、审核建言献策书，分类转送有关承办单位；及时向建议人通报建议办理情况，并征集建议人对办理结果的意见；对建言献策先进个人进行表彰鼓励。

2. 发挥高校统一战线文化引领的优势，拓展大学文化建设的主流意识形态阵地

统一战线的根本目的是在党内外团结凝聚各方面力量，传承优秀思想道德，实现以先进文化引领思潮的功能，其根本途径是通过情感尊重、价值认同，形成维系广大成员关系的牢固精神纽带。统一战线的感召力来自于她与党肝胆相

照,同心同德,干事创业的信念,来自于她和风细雨的工作作风。这种工作作风有助于统一战线于无形之中实现有效引领。周恩来总理曾经说过,统战工作就是一杯茶、一壶酒。众所周知,周恩来总理是极其出色的外交家和政治家,"一杯茶、一壶酒"其实传达的是统战工作通过善交挚友、乐交诤友的工作方式,以亲民、平等的工作姿态,从单纯依靠行政权力影响到注重非权力影响,从简单的"上传下达"到注重互动交流的工作策略,不断增强党外人士的认同感、归属感、向心力和凝聚力,调动党外人士的积极性,最终实现党外人士与中国共产党"同心同德、同向同行"的愿景。正如中央统战部副部长陈喜庆所言,"统一战线具有凝聚共识、汇集人才、整合资源、协调关系等多重优势,有利于营造良好环境,发挥社会主义先进文化的引领作用"。这一功能拓展到大学文化建设领域,有利于社会主义主流意识形态在大学文化建设中有效占领阵地。

3. 发挥高校统一战线和谐包容的优势,强化大学文化建设的和谐主旨

当前,高校正处在深化改革、加快发展的关键时期,随着高校现代大学制度的逐步建立和高校依法办学自主权的落实,管理体制、人事制度和分配制度等一系列改革必然导致校园原有利益关系格局的突破与调整,从而引发一些新矛盾、新问题。由于统一战线"照顾同盟者利益"的工作理念,坚持求同存异、体谅包容、讲求实效、协调各方、分类指导、教育疏导、立足大局、谋求共识的工作原则,联系广泛的人际优势,决定了他们能够以理智、清醒、温和的协调沟通的方式来消解各种不稳定、不和谐的因素。落实在实际工作中,应发挥党外人士、人大代表、政协委员所在党派、界别及与相关人群的联系和交友,关心师生的工作、生活,以民主的方法和尊重师生的表达自由,引导师生以理性、合理的形式表达利益诉求,倾听师生呼声,强化服务功能,在沟通交流的过程中,宣传和解释党和国家的方针、政策,争取师生员工对学校改革和发展采取的一系列措施的理解,同时通过各种建言献策的渠道为师生员工代言,反映困难与诉求,帮助解决师生的实际问题。实现理顺情绪、化解矛盾,从而凝聚人心,能为构建和谐大学奠定可靠的群众基础。

4. 发挥高校统一战线民主监督的优势,深化大学文化建设的民主走向

"新形势下高等学校深化改革要求加强高校民主政治建设,这是构建和谐校园的内在要求,是当代大学文化建设的必要组成部分。"统一战线成员中有许多学术造诣较深、有一定代表性的专家学者,有许多是各级人大代表、政协委员,调

查研究和语言文字能力强,勤于总结和善于凝练。充分发挥他们在学校重大事务中参政议政、民主监督的作用,对学校健康发展的隐性作用,对学校民心民意的显示作用,对学校凝聚力的加强作用,对学校和谐的促进作用,是其他力量不可替代的。以"党委领导、校长负责、教授治学、民主管理"为学校内部构架的现代大学制度需要通过一定的载体和形式来实现。要实现民主管理除完善教代会等制度外,还必须做好以下两个方面:第一,要建立党外人士参与民主管理和民主监督的制度。比如,要坚持定期通报情况、征求民主党派意见的制度,高校重大决策,要事先听取民主党派意见;要健全向民主党派传达文件的制度,使他们及时了解党的方针政策;要建立民主党派参加高校有关会议的制度;要完善党员领导干部同民主党派人士交友联谊的制度,高校每位党员处级及以上干部要主动结交民主党派朋友,定期进行走访谈心;要建立党委出题,党派调研、形成方案、部门落实的制度,发挥民主党派"智力库"的作用;要落实和完善安排适当比例党外人士担任学校各级领导实职的制度和推荐校外安排的制度,充分发挥其民主管理职能;要建立党委统战部与民主党派、统战团体一起研究工作的制度,真诚相待,合作共事,共同促进,使统战部为党外人士参与民主管理和监督出谋、鼓劲、解难、服务。第二,要畅通党外人士参与民主管理和监督的渠道。如建立党外人士信箱、设立领导接待日、邀请党外代表人士参加高校重大活动、安排党外代表人士担任教代会主席团成员,学术委员会委员、纪检监察员、教学督导员等,发挥他们的专业特长和积极作用。

参考文献

1. 夏仕武、刘术娟:《浅析大学文化建设中三种对立统一的关系》,《教育探索》2010 年第 3 期。

2. [美]露丝·本尼迪克特:《文化模式》,王炜等译,社会科学文献出版社,2009 年。

3. 杨伯峻:《论语译注》,中华书局,1980 年。

4. 陈喜庆:《对统一战线与社会主义文化建设的几点认识》,《重庆社会主义学院学报》2012 年第 1 期。

5. 李凯灿:《加强高校统战工作,为构建和谐校园服务》,《安徽工学院学报》2006 年第 6 期。

映照、共通与契合:浅谈统战文化与大学文化

李春家*

 文化是民族的血脉、人民的精神家园,对于民族凝集力、创造力的形成和综合国力的提升具有重要作用。一般而言,文化,"就其广泛的民族学意义而言,是那种包括知识、信仰、艺术、道德、法律、习俗以及人们作为社会的成员而获得的其他能力和习惯的复合体"。统战文化源于统一战线发展壮大的历史积淀,萃取统一战线的理论精华和实践智慧,既具有文化的一般属性,又体现统一战线特色,是独特风格和气质的文化形态。大学是文化传承与创新的重要载体和源泉,中国现代高等教育从萌芽到发展、壮大,在保存中华民族文化传统和建设现代新文化方面,始终扮演着不可替代的角色。本文经由社会主义核心价值观语境下对"统战文化"和"大学文化"各自构成元素的分析,阐释了二者意涵的相互映照;基于"统战文化"和"大学文化"各自功能的分析,论述了二者在核心价值元素存同基础上的功能共通;并以做好高校统战工作任务为切入点,分析了"统战文化"和"大学文化"的内容契合。同时,以青岛科技大学传承"科大精神"塑造"橡胶品格"为实例,对"统战文化"与"大学文化"两者的"映照"、"共通"与"契合"进行了佐证,以管窥"统战文化"和"大学文化"的有机联系。

一、社会主义核心价值观语境下"统战文化"和"大学文化"意涵映照

 马克思在其《1844年经济学哲学手稿》中第一次明确提出了人类劳动的"两个尺度"思想:"动物只是按照它所属的那个种的尺度和需要来构造,而人懂得按照任何一个种的尺度来进行生产,并且懂得处处都把固有的尺度运用于对象;因

---

* 李春家,青岛科技大学党委统战部干事。

此,人也按照美的规律来构造。"此种尺度即价值观。社会主义核心价值观主要由坚持马克思主义指导思想,坚持中国特色社会主义共同理想,坚持以爱国主义为核心的民族精神和以改革创新为核心的时代精神和坚持社会主义荣辱观组成。党的十七届六中全会提出,社会主义核心价值体系是"兴国之魂"、"文化精髓",对建设中国特色社会主义具有"决定作用"。

统战文化是中华民族具有凝聚力和生命力的优秀文化之一,它形成于新民主主义革命时期,直接来源于党的统战工作实践,并在社会主义现代化建设的实践中得到不断丰富和完善。新时期的统战文化以"和合"为基础,大团结与大联合是统战文化永恒的主题。统战文化是党的统一战线理论、中国传统文化和中国共产党统一战线工作实践的有机结合体,政治性是统战文化的本质特征,实现祖国的完全统一是统战文化的历史使命。它作为先进文化的一个单元,是促进统一战线工作的重要手段。"社会主义核心价值体系是兴国之魂,是社会主义先进文化的精髓。统一战线在长期实践中高举爱国主义、社会主义旗帜,坚持科学理论指导,坚持共同理想信念,坚持共同价值追求,凝结而成的统战文化,与社会主义核心价值体系相一致。"[1]

大学文化是社会主义先进文化的重要组成部分。雅斯贝尔斯说过:"真正的教育应先获得自己的本质。教育须有信仰,没有信仰就不成其为教育。"[2]大学是最高层次的教育机构,必须有自己的信仰、自己的理念和价值追求。大学精神、办学理念和校园文化是广义的大学文化概念中的三个层面。大学精神是人们对大学的理性认识、理想追求;办学理念是办学者确立的独特的办学指导思想;校园文化是以师生的价值观为核心的特有的文化现象。大学精神是构建办学理念的基础,校园文化是贯彻办学理念的手段和措施,大学精神则通过办学理念作为中间环节渗透到校园文化之中,对校园文化形成质的规定性和导向性。在此,社会主义核心价值体系也是大学文化建设的根本。大学文化建设在传承创新、以文化人过程中,必须以社会主义核心价值体系为引领,弘扬爱国主义精神、科学精神和人文精神,培育以社会主义核心价值为主体的,符合时代要求、富含深厚底蕴、秉持博大胸怀、具有恢宏视野、彰显学校办学特色的文化。

---

〔1〕 杜青林:《大力加强统战文化建设》,《求是》2012 年第 7 期。
〔2〕 雅斯贝尔斯:《什么是教育》,邹进译,生活·读书·新知三联书店,1991 年。

"意识在任何时候都只能是被意识到了的存在,而人们的存在就是他们的实际生活过程。""统战文化"和"大学文化"意蕴在社会主义核心价值观语境下的映照是与当前文化建设的社会生活实践紧密相连的。青岛科技大学在60余年的奋斗历程中,积淀形成了"明德、笃学、弘毅、拓新"的校训和"自强、务实、竞合、创新"的校风,凝练出了"团结自强、艰苦奋斗、敢为人先、开拓创新"的科大精神,锻造出了"吃苦耐劳、坚韧不拔,朴实无华、甘于奉献,同心协力、勇承重载"的橡胶品格。正是多年来在"科大精神"和"橡胶品格"等元素的浸蕴和影响下,青岛科技大学成长起来了一大批党外代表人士,他们在不同的岗位上以自己卓越的成绩诠释了大学文化的鲜活内涵。

二、"同心"思想指导下"统战文化"和"大学文化"的功能共通

"思想、观念、意识的生产最初是直接与人们的物质活动,与人们的物质交往,与现实生活的语言交织在一起的。人们的想象、思维、精神交往在这里还是人们物质行动的直接产物。表现在某一民族的政治、法律、道德、宗教、形而上学等的语言中的精神生产也是这样。"所以,在对"统战文化"和"大学文化"基本意涵澄清的基础上,我们需要做的是如何确定二者的基本功能。2011年初,胡锦涛总书记提出了以"思想上同心同德、目标上同心同向、行动上同心同行"为核心内容的"同心"思想。"同心"思想精辟概括了统一战线建立的根基、目的和价值所在,既体现共性要求,又包含不同层次,需要全面准确地认识、理解和把握。

"同心"是统战文化的思想根基,保证了统一思想的引领、一致目标的激励、根本利益的维系。"同心",是目标一致和道路认同,更是心理认同和群体归属,形成不可分离的命运共同体、事业共同体、利益共同体和情感共同体。"统战文化集文化的基本特质与统一战线的独特理念于一体,在发挥感召力、增强凝聚力、激发创造力、提升软实力等方面大有作为。"[1]统战文化具有鲜明的导向性,主要体现为在多元中立主导、在多样中谋共识,团结引导统一战线成员为共同理想而努力奋斗。统战文化以团结联合为鲜明主题、以凝心聚力为根本任务、以兼容并蓄为品质基调,在统一意志、增进共识、提振精神方面作用突出。统战文化秉承改革创新精神,具有开放包容的特点,在促进活力增长方面功能独特。

〔1〕 杜青林:《大力加强统战文化建设》,《求是》2012年第7期。

统战文化既继承优良传统又与时俱进,既保持精神内核又吐故纳新,在发展民族文化、提升国家软实力方面作用明显。

从大学文化的主要功能来看,大学文化的功能主要表现在教化人、熏陶人、指导人和规范人等几个方面。在一定意义上大学的一切活动都是一种文化活动,即一种继承文化、传播文化、创造文化,并由此促进人的文明化、个性化和社会化的活动。通过这种活动来教化、熏陶、指导和规范人与自然、人与社会以及人与人之间的和谐相处,进而造就出拥有健全人格的人。文化引领是大学文化的突出功能。大学的文化引领作用,主要体现在两个方面:一是对大学自身的文化引领。即将社会主义核心价值体系融入办学全过程,用马克思主义指导思想武装师生头脑,用中国特色社会主义共同理想凝聚力量,用民族精神和时代精神鼓舞人心,用社会主义荣辱观引领道德风尚,促使大学师生形成科学的思想观念、价值取向、行为方式。二是对社会的文化引领。即创造更多优秀的思想文化成果,以优秀文化产品的生产与传播来服务社会,通过创造更多优秀的思想文化成果引领社会进步潮流;充分利用自身的人才优势和文化资源,通过文化讲座、文化培训、文化展览等多种形式,直接为社会提供文化服务,在服务的过程中传播社会主义先进文化、提升人民文化素质。由此我们不难看出,“统战文化”和“大学文化”在功能上有着许多共通之处。

青岛科技大学在其大学文化构建中在强调竞争、奋斗、创新的同时把“合作”、“团结”等作为重要内容,其“科大精神”明确提出要“团结自强”,其“橡胶品格”提出要“同心协力”,这些精神元素也都处处体现了“同心”思想的重要内涵,在感召广大党外人士,增强凝聚力、激发广大党外人士的创造力等方面也是发挥了积极的作用。

三、高校统战工作任务视阈下“统战文化”和“大学文化”的内容契合

进入新时期,高校统战工作作用日益重要。做好高校统战工作,调动广大党外知识分子的积极性,关系到人才的培养,关系到统一战线事业的兴旺发达,关系到共产党领导的多党合作和政治协商制度的长期存在和发展。高校统战工作本质上是做团结人的工作。把各方面统一战线成员团结起来,为学校中心工作服务,是高校统战工作的重要任务。加强与党外代表人士的团结合作,充分发挥统一战线协调关系、沟通思想、理顺情绪、化解矛盾的优势,对于推进高校改革、

发展和稳定,具有重要作用。

"统战文化"的主要着眼点是处理好五大关系:一是正确处理政党关系,促进多党合作。中国共产党领导的多党合作与政治协商制度反映了中华民族的"多元一体"、"和而不同",这种中国特色的社会主义政党制度根植于中华文化的土壤,符合中国国情。二是正确处理民族关系,实现民族团结。统一战线以团结和睦为目的,积极引导各民族之间团结互助、共同友爱,牢固树立"汉族离不开少数民族、少数民族离不开汉族、少数民族之间也相互离不开"的思想观念,进一步推进各族之间的和谐,实现共同繁荣,共同进步。三是正确处理宗教关系,维护社会稳定。中国是一个有多种宗教的国家,信教群众有一亿多人。在充分尊重宗教信仰的基础上,积极发掘和运用宗教主义、教规里的各种积极向"善"的思想文化,促进宗教和顺,引导宗教与社会主义相适应。如佛教中的"六和敬"、道教中的"清静无为,天人合一"以及基督教中的凡事包容、凡事相信、凡事忍耐等,都是来劝人向善、教人向上的。四是正确处理阶层关系,倡导奉献。新的社会阶层是党的政治上的同盟者,社会主义市场经济的推动者,中国特色社会主义的建设者,他们多数集中在企业界,是非公有制经济的创造者和领导者。大力挖掘与弘扬阶层"义"文化,传播中华民族无私奉献精神,可以引导社会各阶层之间义利兼顾,积极投身社会主义建设,自觉把企业自身发展与国家发展结合起来,把个人富裕与人民共同富裕结合起来,做优秀的社会主义建设者。五是正确处理海内外同胞关系,推进海外联谊。深入挖掘"根"文化,密切与他们之间的联系,大力弘扬爱国主义精神,增进海内外中华儿女同祖同宗的认同感和归属感,提高海内外同胞热爱祖国、建设祖国的自觉性,为实现民族伟大复兴作出积极贡献。

高校统战工作的主要对象包括民主党派成员,无党派高中级知识分子,台湾同胞、港澳同胞、国外侨胞及其眷属,少数民族知识分子,名人遗孀、后裔等。特别是有成就、有影响的党外代表性人士,如各级人大代表、政协委员,民主党派组织负责人,中国科学院、中国工程院院士,学科带头人或重要业务骨干等。

由上观之,"统战文化"主要处理的五大关系在高校里都有涉及。

近年来,青岛科技大学在统战工作中开展了以"同心"系列为主基调的各类主题教育和主题实践活动,以奠定统一战线共同思想政治基础。支持和引导学校各民主党派基层组织、统战团体搞好自身建设,增强活力和凝聚力;构建和谐的政党关系,开展民族团结进步教育活动,积极做好港澳台侨工作,做好海外统战工作,促进和谐校园建设。

　　在社会主义发展的新时期,构建以社会主义先进文化为内容的"中华民族共有精神家园",增强统一战线的凝聚力,是统战文化的首要责任。肩负传播知识、培养人才、科学研究和服务社会功能的大学应该以创新求和谐,确立其恰当的校园文化定位;应以特色创和谐,培育其大学文化品牌,发挥好文化引领作用,统战文化和大学文化有机互动,共同建设"中华民族共有精神家园"。

参考文献

1. Edward B. Tylor. *Primitive Culture*：*Researches Into the Development of Mythology*,*Philosophy*,*Religion*,*Language*,*Art and Custom*. Boston：Estes and Lauriat,1874.

2.《马克思恩格斯文集》第 1 卷,人民出版社,2009 年。

论高校统战文化对校园文化发展的影响

胡秋娇　　王宝山*

高校统战文化是校园文化不可或缺的重要组成部分,又因其资源的特殊性、联系的广泛性和社会的包容性[1]、强大的凝聚性,对校园文化主流意识形态的发展和巩固产生深远的影响。因此,要充分发挥高校统战文化优势和作用,为促进校园文化发展作出贡献。

一、高校统战文化与校园文化的关系

1.高校统战文化与校园文化的内涵

近年来,在理论界,人们对"高校统战文化"与"校园文化"进行热烈的探讨,可是"高校统战文化"、"校园文化"究竟是什么,仍然是"仁者见仁、智者见智"。结合高等院校自身发展的规律及特点,笔者认为高校统战文化是以社会先进文化为主导、以"和"为核心、以"团结、合作、互助、关爱、和谐"为基本准则,是高校统一战线成员在长期的统战工作实践中共同创造形成的所有活动和文明成果,是高校全体统一战线成员形成的共同价值观和行为准则。[2]校园文化是指第一课堂以外的以社会先进文化为主导、由校园内的师生员工共同创造的精神财富和物质形态,以及这些精神财富和物质形态的创造过程,包含校容校貌、学校舆论风气、人际关系、校园环境、管理制度、活动过程、活动结果、全校师生的共识

---

　　* 　胡秋娇,泉州师范学院党委统战部,副研究员;王宝山,泉州师范学院美术与设计学院副研究员。

　　〔1〕　许道权:《以统战文化建设为抓手 强力助推社会主义文化大发展大繁荣》,《河北省社会主义学院学报》2012 年第 1 期。

　　〔2〕　胡秋娇:《浅谈高校统战文化与和谐校园建设》,《江西科技师范学院学报》2009 年第 5 期。

及所遵循的价值观念与行为准则,以及由此而产生的一种浓烈持久的精神氛围等。[1]

2.高校统战文化对校园文化影响的基础

(1)高校统战文化与校园文化的功能作用相吻合。高校统战文化和校园文化都属于社会文化系统中的亚文化,两者都是利用先进文化的导向、凝聚、激励、教育等功能,在一定的组织中用一种无形的力量对人的行为准则、价值观念和道德规范起着潜移默化的作用。具体而言,高校统战文化和校园文化都是通过文化知识、职业道德、人文修养、人际关系、工作方法与能力等元素影响成员的成长的。

(2)高校统战文化与校园文化的思想内容相契合。高校统战文化和校园文化的指导思想是相同的,都是以社会主义核心价值体系为根本。社会主义核心价值体系是社会主义制度的内在精神、意识形态主题和高校统战文化、校园文化建设的方向。在建设高校统战文化和校园文化中,必须以马克思主义、毛泽东思想、邓小平理论、"三个代表"重要思想和科学发展观为指导,坚持以社会主义核心价值体系为引领,将马克思主义的最新成果和中国特色社会主义理论贯穿始终,不断提高包括统一战线在内的广大师生的思想道德水平,不断增强广大师生坚持走中国特色社会主义道路的信心和决心,夯实多党合作的政治思想基础。

3.高校统战文化与校园文化的价值追求相融合

新时期高校统战文化、校园文化有着共同的价值追求,都以"和"为核心,有着"和谐"的共同的理想追求,有着"和合"的共同的思维方式,二者都是和谐文化的组成部分。具体表现在:社会主义和谐文化的性质、内涵、功能等与高校统战文化"和合"的思想、"和而不同"的价值观、提倡的"求同存异、体谅包容、民主协商、平等尊重"理念,大团结大联合的本质,争取人心、凝聚力量的根本任务,和衷共济的价值取向以及政通人和的目标追求相契合,具有高度的一致性。高校校园文化的核心是大学精神,当代的大学精神,以"和"、"和谐"为思想内核和价值取向,充分反映和平发展的时代特征与和谐的时代主题,为和谐校园建设提供有力的思想保证和精神支撑。

---

〔1〕　胡秋娇:《新建本科院校校园文化与大学生创新人格》,《泉州师范学院学报》2007年第5期。

二、高校统战文化对校园文化发展的影响

1. 以民主协商为鲜明特色的多党合作文化对高校校园文化的影响

党的十八大报告指出,要坚持长期共存、相互监督、肝胆相照、荣辱与共的方针,加强同民主党派和无党派人士团结合作,促进思想上同心同德、目标上同心同向、行动上同心同行。在很多高校,倡导团结和谐、民主协商的多党合作文化在学校办学历史上有着鲜明的体现。如校长是民主党派成员,其治学思想、学术品格会对校园文化产生显著影响;与党委书记合作办学期间,他们之间团结、和谐、民主的浓厚氛围会给校园文化增添多党合作办学的统战文化特质。学校整个管理干部队伍,洋溢着团结合作、民主协商的统战文化气息。学校各民主党派组织紧密团结在校党委周围,始终与校党委肝胆相照、荣辱与共,真诚合作、共谋发展,各党派之间和谐共生,特色鲜明。比如泉州师院党外人士约占全体教职工的47%,有7个民主党派;有党外处级干部11名,占全校处级干部人数的14.3%。总之,坚持和发扬多党合作的光荣传统,形成的多党合作文化已经成为民主党派和高校党委合作共事的高强度"粘合剂",在服务校园文化发展中发挥了重要作用。

2. 以同心奋进为鲜明特色的侨海文化对高校校园文化的影响

近年来,高校非常重视做好海内外乡贤、侨亲、校友的统战工作,充分调动海内外乡贤、侨亲、校友来校捐资办学的积极性,为学校发展服务,这使高校逐渐形成了同心奋进、独具中华民族特色的侨海文化。对于全球华人来说,都存在着共同点:崇尚和认同中华文化的精髓和优秀成分,保持着浓厚的民族感情和延绵不绝的文化情结。统战文化就是通过求传统文化之认同,存意识形态之异,运用中华民族文化这条精神纽带,高举爱国主义旗帜,增强海内外中华儿女对同祖、同宗、同文的认同感。同时,随着改革开放的不断深入以及高校对外学术交流、人员交往和出国深造机会日益频繁,高校中来自港澳台侨的师生人数越来越多,出国归国留学人员也日益增多,这使得侨海文化在校园文化发展中的作用更加凸显。广大归侨侨眷、归国留学人员自觉接受侨海文化,对祖国、家乡以及学校具有高度的情感认同、价值认同,是学校精神的丰富者和实践者,更是学校学术文化的传承者和创新者。

3. 以团结和睦为鲜明特色的民族文化对高校校园文化的影响

随着高校扩招和高等教育的发展,高校招收的少数民族学生越来越多,高校为此要巩固和发展平等、团结、互助的社会主义民族关系,弘扬团结和睦文化,推进各民族之间的和谐,这使得高校校园文化中的民族特色日益突出。高校重视民族工作,尊重少数民族的风俗习惯,切实维护保障少数民族师生的权益,不同民族文化背景的师生能够和睦共处,以丰富多彩、各具特色的少数民族文化共同形成独具特色的"你中有我,我中有你"的文化氛围,将有利于校园文化的建设,有利于形成汉族师生与少数民族师生和睦相处、和衷共济、和谐发展的氛围。少数民族师生沐浴着校园文化积淀,顺势而为,团结奋进,成为推进学校文化建设的一支重要力量,丰富了学校校园文化。

4. 统一战线是校园文化建设的积极支持者和大力促进者

统一战线成员分布在学校的各个领域,长期奋斗在高校教学、科研第一线,其思想和行为中承载的文化因素是校园文化建设的重要资源,也是影响校园文化形成的重要因素。统一战线的存在本身就是一种特有的文化现象,汇集了大量高中级知识分子和专家学者,他们通过建言献策为文化建设贡献智慧,通过人才培养为文化建设输送人才,通过岗位贡献为文化建设提供服务。因此,统一战线既是校园文化建设的支持者和促进者,又是校园文化的传播者和实践者。

三、发挥统战文化作用 拓展高校校园文化建设

1. 树立"和合"的统战文化理念 提升校园文化的凝聚力和引领力

在建设校园文化时,以何种文化理念来引导人们对文化构建显得尤为重要。统一战线成员在政治理念、价值追求、利益追求上具有一定的差异,片面追求有同无异是不现实的。统战文化有着教化、规范的功能和引导行为的作用,它通过树立"和合"的理念,使和谐的观念内化为统一战线成员的准则和内在信念,引导他们共同致力于学校的发展,从而增强统战文化的政治凝聚力和向心力,不断为校园文化建设提供思想道德基础和精神支柱。树立"和合"统战文化理念,应该注意做到:一是以社会主义核心价值体系主导多元价值,建立共同的价值观。党的十八大报告指出,要深入开展社会主义核心价值体系学习教育,用社会主义核心价值体系引领社会思潮、凝聚社会共识。在高校统战文化建设的过程中,要用社会主义核心价值体系引领全校师生特别是统一战线成员的思想,在具体实践

和精神升华的过程中将其内化为自身的精神需求、价值取向、政治理念,团结一切可以团结的力量,打牢共同的精神支柱,形成鲜明而强大的文化软实力,与校园文化建设在共识上达到高度契合。二是充分发挥统战文化"稳压器"的作用,自觉践行校园精神。统战文化具有理顺情绪、协调关系、化解矛盾的特殊优势,它通过广泛传播"和"的理念,对多元的利益主体和不同的利益关系进行协调,使矛盾得到缓解,从而引导不同的利益主体自觉践行校园精神,最大限度地减少学校建设中的阻力与不和谐因素,为学校发展增助力、聚合力,以高度的文化自觉提升校园文化的感召力、凝聚力。三是在树立"和合"统战文化理念的同时,应积极把握好"和而不同"这一原则。既要充分尊重不同党派、团体、民族的多样性、差异性,同时也要努力寻找目标、利益的一致性和共同点,通过协调和引导,最终求得和谐统一。

2. 重视民主党派组织建设 促进校园文化的向心力、调适力

高校校园文化建设离不开民主党派,高校民主党派成员智力结构具有多学科、多领域的特点,相当一部分是教学、科研、管理岗位的骨干,是建设校园文化的重要力量。因此,要加强与各民主党派的合作共事,保持宽松稳定、团结和谐的校园环境,将民主党派成员的文化内涵激发出来并形成合力,为校园文化发展贡献力量。一是发挥民主党派领导班子的核心示范作用。高校民主党派的凝聚力、向心力体现在领导班子能力建设上。要发挥民主党派在校园文化建设中的作用,必须努力建设好民主党派基层组织的领导班子,构建一支包括高级职称民主党派人士、中层民主党派干部、优秀的民主党派后备干部等民主党派队伍。要发挥民主党派领导班子的积极性和核心示范作用,才能汇集主要力量、整合分散资源、凝聚基层组织的战斗力,有效发挥统战文化的引领、协调关系的作用。二是活跃民主党派基层组织生活,增强党派成员的向心力。促进校园文化的向心力需要全校全体成员的集体意识与共同认知。针对当前高校民主党派的组织生活形式单一、内容简单、存在涣散的现象,要帮助民主党派加强组织建设,过好组织生活,积极营造团结、平等、互谅、互助的文化氛围,通过有形的活动塑造无形的合力,从而提升校园文化的向心力、凝聚力。三是要充分发挥民主党派参政议政、民主监督的优势,积极引导党派成员围绕校园文化建设中发展方针政策的制定、路径方式的选择等深入实际调研,并对大学精神、办学理念、教学思想、校园文化特色等问题展开讨论,为校园文化建设积极建言献策,在提供决策和理论咨

询过程中服务校园文化发展。要鼓励党派成员积极参与丰富多彩的校园文化活动，认真指导学生开展各种社团活动；引导学生参与健康向上的校园网络文化，举办各种文化学术沙龙和讲座，凝练校园文化的特色，努力营造学校良好的精神环境和文化氛围。

3. 开展统战文化进校园活动 提升校园文化的渗透力和感召力

当前，高校统战工作的文化内核的发展相当不充分，校园文化成果中所占分量不大。为此，要开展"统战文化进校园"活动，弘扬统战文化，让广大师生充分感受中华民族传统美德，提升整体素质，推进校园文化建设。一是广泛开展"爱党、爱祖国、爱社会主义"为主题的多党合作知识教育、拥护民族团结反对分裂、正确认识宗教信仰、港澳台及海外、西藏问题等专题教育，因势利导地开展统一战线理论学习，引导广大师生坚定建设中国特色社会主义的信心，坚定不移地走中国特色社会主义政治发展道路。二是开展传承中华文化活动，增进大中华文化同心理念。要挖掘、整理、弘扬中华文化，通过搭建文化平台，为少数民族师生、侨海成员搭建展现风采的舞台，鼓励他们接受民族传统文化，增进中华文化同心理念，引导校园文化朝着和谐共生的轨道发展。三是加强统战理论研究和信息传播。目前高校对统战理论研究较少，要组织统一战线成员围绕统战工作和学校改革发展重大理论课题积极开展研讨，邀请统一战线相关专家、学者开展统战论坛、管理论坛、文化论坛，营造良好的统战理论研究氛围，以理论创新促进统战文化的发展。要进一步加强统战宣传工作。建立统一战线成员参政议政情况、教学科研成果及受表彰、获奖励情况数据库，全面、准确、及时地掌握学校统战工作的基本情况。及时通过各种媒体、网络报送统战活动信息，办好学校统战部网站，积极宣传统战政策、统战事迹，使统战文化融入到各种文化艺术和学术活动中，营造统战工作的良好氛围。

4. 发挥统战文化主体人才荟萃优势 提升校园文化的辐射力和影响力

校园文化的影响力不仅表现为对内的引领和感召，更重要的是对外的传播和影响。高校通过服务社会来实现一部分文化的传播功能，并通过服务社会来实现对社会的影响力和辐射力。统一战线具有联系广泛、人才荟萃、智力密集的优势，在拓宽校园文化传播渠道，增强校园文化对外影响力方面责无旁贷。要充分发挥高校各级人大代表、政协委员联系社会各界的作用，积极搭建高校与地方政府沟通联系的桥梁，扩大学校外界影响，推进校园文化对外的传播和影响。党外专家学者要发挥学科专业优势,通过参与国内外学术研讨、业务交流、校地校企合作等活动自主自觉地传播学校文化,尤其要增强学术文化传播。要充分发挥统一战线人才智力资源优势,引导统一战线成员深入偏远山区和贫困落后乡村开展服务"社会主义新农村"活动,积极主动地输出学校科技文化,直接或间接地服务于地方经济社会发展。要发挥高校统一战线广泛的海外资源优势,积极开展对外联络工作,增强港澳台同胞和海外同胞对中华文化的认同和传承,弘扬中华民族的海内外联谊文化,从而提升校园文化的影响力。

参考文献

1. 胡锦涛:《坚定不移沿着中国特色社会主义道路前进 为全面建成小康社会而奋斗——在中国共产党第十八次全国代表大会上的报告》,人民出版社,2012年。

2. 张秉文:《论统战文化力资源构成与作用机理》,《广西社会主义学院学报》2010年第3期。

3. 黄子响:《转变文化发展方式背景下的高校文化统战工作创新探索》,《黑龙江教育学院学报》2012年第5期。

4. 张木林:《传播统战文化理念 推进统战文化建设》,《贵州社会主义学院学报》2010年第1期。

"系统"的"要素":统一战线成员在"统战文化"和"文化统战"中的角色与使命

丘德珍*

党的十七届六中全会发出了推动社会主义文化大发展大繁荣的号召,全党、全社会的各个领域甚或每一个炎黄子孙都增添了一份发展、繁荣文化的责任。在这重要背景下,全国统一战线把统战文化发展繁荣和如何弘扬中华文化推进统一战线事业发展问题(以下简称"两个重要问题")摆在了十分突出的位置,因而也使参与统一战线事业的每一位统一战线成员在这两项工作中的角色与使命问题更加凸显出来。

一、对解决"两个重要问题"的基本判断

1. 解决"两个重要问题"的意义

"统一战线成员在统战文化中的角色与使命问题"是统战文化主体的历史担当问题;"统一战线成员在文化统战中的角色与使命问题"是其作为中华文化的践行者在我国统一战线工作中的地位和作用问题。两者虽然不是同一"文化"层次的概念,却同是我国统一战线工作中的两个相互联系、紧密相关且承担共同统战历史责任的问题。厘清统一战线成员在"统战文化"和"文化统战"中的角色与使命对于促进其"文化自觉"和"历史担当",推动我国广大统一战线成员积极投身统战文化建设、主动参与文化统战工作具有重要的理论和实践意义。

2. 解决"两个重要问题"的方法

系统是物质世界存在的方式,它作为一个标志事物整体的哲学范畴,揭示了

---

* 丘德珍,福建农林大学党委统战部助理研究员。

任何事物都是由其内部相互联系相互作用的要素按一定的方式组成,并同其周围环境相互联系相互作用构成一个整体。"统一战线"也是一个复杂的社会系统,有关统战范畴内的任何事物都被指定在统战系统里按一定的方式来组成和运行。统战文化是统战系统内部变化发展和外部联系过程中所有信息的总和,而自然地,统一战线成员作为系统的要素,其思想和行为则必然承载着统战文化孕育、生产、传播、发展的责任,因而也天然地成为统战文化系统的基本要素。因此可以认为,统战文化是统一战线成员在统一战线工作中的思想与行为的集中反映,统一战线成员对其起着孵化器和发展载体的作用。文化统战是通过中华文化的"统合力"来达到统战目的的行为,是统一战线成员以统战文化系统要素的身份与系统外界发生联系的重要形式。统战文化系统是统战系统的子系统,"统战文化"和"文化统战"是统战文化系统的重要内外部关系,同属统战文化系统的范畴,所以研究统战文化系统的要素——统一战线成员在统战文化和文化统战中的角色与使命,应该把它放在统战文化系统的整个坐标体系中加以分析与定位。

二、统一战线成员在统战文化系统中的角色与功能

系统论认为,任何一个完整的系统都需要通过要素、结构、功能和与系统环境的关系来描述。统战文化系统作为一个复杂的统战系统的子系统,也一样需要由其内部组成要素、结构方式、功能特性以及与外部环境的相互影响关系来表达。下面,试从系统的这四个维度讨论统一战线成员在统战文化建设和文化统战工作中的角色与使命问题。

1. 统战文化系统要素的维度

系统是由两个以上要素组成的整体。系统具有层次性,层次的划分又具有相对性,低一级系统是高一级系统的要素。因此,要素是系统的基本结构单位,是系统构成的基础,没有要素不成系统。统一战线成员是统战文化系统的要素,是统战文化系统构成的基石。一个稳定发展的统战文化系统对统战文化要素的要求至少有两个方面:一是统一战线成员本身的稳固性。统一战线成员的稳固性源自于其本身的纯洁性和革命性,也就是说统一战线成员必须对统一战线工作的性质、目标具有清醒的认识,具有较高的统战文化觉悟,愿意为统战文化工作承担系统内的相应职责。二是统一战线成员的忠诚性。忠诚性是对统一战线

成员对于统战文化工作职责认识度的反映,即统一战线成员对统战文化岗位操守和个人认识态度,就是是否具备和愿意为统战文化发展繁荣承担相应的义务。总结一句话,就是统一战线成员在为统战文化建设的工作中,只有牢固树立起统战文化建设的信念,用忠于职守的精神一以贯之,才能汇聚统一战线成员强大的力量,撑起统战文化建设事业的大厦。

2.统战文化系统结构成分的维度

构成系统的诸要素之间存在着一定的有机联系,这种有机联系使要素集合成一个整体,这就使系统内部形成一定的结构和秩序,体现出诸要素相互作用、相互影响所构成的组织形式,这种组织形式就是系统的结构。可见系统的结构更侧重于内部组成的排列方式或秩序安排,更倾向于要素之间的组织形式问题。事实上,要素相同结构不同,系统功能就不同,系统强调的是要素之间相互联系和作用的方式。联系方式不同,体现的力量就不同。所以,要素之间的联系方式成为维系系统的整体力量,是系统存在的内部决定因素。统一战线成员之间的相互关系是维系统战文化系统的决定性力量,这种关系不管是紧密还是松散,都由其整体构成方式决定并呈现系统的全貌。统战文化系统要稳定持久发展,必须建立起由庞大数量的统战文化要素之间的有机联系。统一战线成员之间的有机联系相对于整个统战文化系统的重要作用,体现在如何实现统一战线成员精神力量的统一和行动力量的整合,使力量的矢量和着力于系统的健康、稳定和持续发展。而这种联系的建立和维系却有赖于两大因素:一是依据统战文化建设目标而设定的联系方式,即统战文化系统的内部制度设计;二是广大统一战线成员对内部制度设计的认同和履行程度。可以说,这两者是统一战线成员之间相互联系的纽带,也是他们为统战文化建设目标传输和积蓄力量的肌腱。因此,统战文化系统要求广大统一战线成员必须摒除私心杂念,具备相互团结的精神,在系统的制度框架内,树立起不懈奋斗的决心,朝着既定的目标同向同行,共同使广大的力量之源汇聚形成合力,让彼此间的有机联系成为推动共同的统一战线文化事业发展的强大引擎。

3.统战文化系统特性承担者的维度

整体性是系统最基本、最核心的特性。一方面,具有相对独立功能的系统要素以及要素间的相互关联,是根据系统功能依存性和逻辑统一性的要求,协调存在于系统的整体之中的,也就是系统的构成要素和要素的机能、相互间的联系要服从系统的整体目标和功能,在整体功能的基础上进行诸要素及相互间的活动。而另一方面,作为系统的整体性,其最大的特征是出现了系统的整体层次上才出现的而各部分所不具有的新特性,这个从系统整体上表现出来的新特性就是系统的整体涌现性。这两方面从相对的两个向上描述了要素作为系统的基本结构单元所具有的功能,即系统的整体目标或功能的实现是通过要素及要素之间的相互作用、关联形成的协同关系来实现的。所谓协同,其中包含的两个层面的意思能够完整地表达要素对于系统的重要作用:一是"协调"关系,就是系统要素之间的一种和谐的互动关系;二是"同合"关系,就是所有的系统要素的观念、行为与目标必须是同一的,行动方向必须是一致的,这就是系统作为整体对要素的必然要求。这两种关系的有机结合,不但使系统的整体性得到充分的展现,而且要素之间的协同关系又产生出各单个要素和各要素代数之和所不能达到的新功能,从中反映出要素之间相互作用产生的重大效应。这从两个不同方向的路径说明了要素在系统中的重要地位。

统战文化系统的整体性是由统一战线成员来承担的。一方面,按照系统整体目标实现和系统功能的依存性和逻辑统一性要求,统战文化系统对统一战线成员的机能、相互间的联系、发生的作用及相应活动提出了明确指向,统一战线成员在系统内的一切行为必须围绕整体目标来进行;另一方面,统一战线成员相互协同所产生的整体涌现而形成的效应也要围绕整体目标的实现方向来产生。所以,统一战线成员在统战文化建设工作中,一是必须具备紧密协作的精神,人人都明确统战文化建设的共同任务,人人都积极参与统战文化建设;二是必须具有分工协作、相互支持的品格,在各自做好份内工作的基础之上相互照应,涌现出相互协同所产生的更大创新成果,开创出统战文化事业的新局面。这也反映出,统战文化建设工作对统一战线成员不但提出了加强全局观念、提高自身修养、增进合作共事能力的要求,而且提出了增强创新能力、提高人格魅力、提升示范效应的要求。

4. 集中体现统战文化系统整体与对外关系的维度

要素的集合之所以能构成一个系统,是建立在各个要素之间、要素与整体之间以及整体与环境之间有一定的相互联系,即相互作用、相互影响、相互渗透、相互制约,这就是系统内部或外部的联系。这其中的内部联系包含要素之间的联系和要素与整体之间的联系,两种联系都突出了要素在"整体"中的核心地位;外部联系指的是系统作为一个整体与外界所产生的联系,其实就是各要素与外界发生关系时的综合效应。

系统论认为,系统结构具有开放性。统战文化系统与外界也总要进行物质、能量和信息的交换,而统战文化系统整体与外部环境的交流交换是通过统一战线成员作为系统要素的身份与外部环境施加的作用和影响来实现的,这其中一个非常重要的作用和影响方式就是文化统战行为。统战文化系统与环境之间其实是一个相互作用、相互影响的动态交换过程,统一战线成员对文化统战工作的主动性强弱与力度大小决定着相互作用的方向,其作用状况也就是文化统战工作的成效则取决于统一战线成员的思想、行为状态和外部环境的状态之间的力量对比。所以,统一战线成员参与文化统战工作,展现的是统战文化系统的内部与外界的信息交流和所施加的影响,是通过对中华文化的"统合"功能进行充分利用以达到统战系统共同目标的重要体现。在实际工作中,一要加强自身的能力锻炼,增强文化统战工作环境的分析与把握;二要提升勇气,抓住时机,主动作为。

三、统一战线成员在促进统战文化建设和加强文化统战工作中的应有作为

综上所述,统一战线成员在促进统战文化建设和加强文化统战工作当中,应当认清自己的角色,明确自己的担当,并在统战文化系统的相应维度上积极作为。

1.明确身份,忠心履职

统一战线成员是统一战线工作的一份子,首先要明确自己的统战身份,坚决拥护党的统战方针政策,树立强大的统战思想意识,时刻用自己的思想和行动来证明自己对统一战线事业的理想。其次要时刻坚守自己的工作职责,按照统一战线工作方针,立足本职,积极建言,参政议政,积极投身社会服务。

2.明晰目标,精诚团结

统一战线成员作为统战工作的结构成份,承担着支撑整个统一战线组织系统的重大任务,所以在工作中要十分清晰自己的工作目标,要坚定地沿着建设中国特色社会主义事业的前进方向不断努力;在统战工作实践中,要更清醒地认识到统一战线各个党派、组织、团体以及统战领域的先进人士之间的团结与合作的

重要性,让统一战线内的各种正面力量合流,形成为统一战线事业共同奋斗的强大动力。

3.提升素质,行为示范

统一战线工作的成效集中体现在其整体性上。统一战线成员要时刻维护统一战线的工作大局,不断提高政治素质、业务素质和创新素质,不断提升政治修养、人格魅力,不断增强和谐相处的能力、合作共事的能力,在参政议政工作中友好合作、平等协商;在建言献策中立言为公、兴利除弊;在服务社会中相互学习、相互借鉴,从而形成全国统一战线各系统团结、友好、协作的良好局面,发挥出更加强大的涌现效应,推动整个统战事业不断前进。

4.提高能力,乘势而为

统一战线成员是文化统战工作的重要力量。统一战线成员参与文化统战工作是代表统一战线向外拓展统战领域的主要表现形式。在文化统战工作中,统一战线成员要加强对中华文化的理解,深刻把握博大精深的中华文化中所蕴含的统战特性和无穷魅力,不断提高中华文化认同能力,并加强对其凝聚人心、统筹力量功能的实际运用,积极提升统战文化的理论勇气和实践勇气,紧紧抓住建设中国特色社会主义文化大发展大繁荣的重大机遇,积极主动地参与文化统战工作,把文化统战工作推向一个新的高度,共同为中华民族的伟大复兴夯实更加牢固的文化基础。

参考文献

1. 汪应洛:《系统工程》,机械工业出版社,2003 年。

2. 顾凯平等:《系统科学与工程导论》,中国林业出版社,2008 年。

高校在统战文化建设中的作用浅析

张　骐*

统一战线作为党的"三大法宝"之一,其内容十分丰富,除了政治和经济方面,还有文化方面。高校历来是作为文化发展与繁荣的主阵地之一,深入挖掘高校在文化建设中的优势,在统战文化建设中发挥高校的应有作用,成为当前做好高校统战工作的重要内容。

一、统战文化是社会主义文化的重要组成部分

统战文化源于统一战线不断发展壮大的历史积淀,作为一种政治文化,是社会主义文化的重要组成部分,是新中国成立以来特别是改革开放以来,不同社会政治力量在为实现共同目标而结成联盟过程中创造的精神财富的总和,既具有文化的一般属性,又体现统一战线特色,是独特风格和气质的文化形态。统战文化建设既是社会主义文化建设的有机组成,又是社会主义文化建设的重要动力,特别因其资源的特殊性、联系的广泛性和社会的包容性,对主流意识形态的发展和巩固有着巨大的影响力和渗透力。

1. 统战文化根植于中国传统文化,与社会主义文化一脉相承

统战文化追求"大团结,大联合",其核心就在于"和","和而不同"是统战文化建设的重要原则。这些与自古形成的"重义轻利"的主导价值观和"天下为公"的社会理想,和集体主义价值观完全吻合。

2. 统战文化奠基于中国阶层文化,与社会主义文化同源同质

统战文化就是在社会主义文化的平台上,从文化的独特视角,多管齐下、多

---

*　张骐,山东财经大学党委统战部部长,教授。

元并举、多方努力来开展统战工作,从而展示出统战文化的政治优势,特别是从政党关系、民族关系、宗教关系、阶层关系、海内外同胞关系等"五大关系"入手,把社会主义核心价值体系作为核心灵魂,尊重差异,包容多样,努力扩大社会认同,不断增进思想共识,建设和发展新形势下的各阶层文化,更好地服务服从于国家经济建设和社会发展的大局。

3.统战文化升华于中国先进文化,与社会主义文化浑然天成

统战文化与社会主义文化在价值取向上完全一致,爱国主义、集体主义是一致的、本质的要求。爱国主义是中华民族的核心凝聚力量,是中华儿女希望祖国昌盛、民族富强的共同追求;集体主义要求公而忘私、顾全大局、诚实守信、遵纪守法,是全体公民共同的道德要求。新时期新阶段的统一战线的目标就是通过增进统一战线广大成员的共同认识,促成统一战线成员的共同行动,努力促进城乡社会各阶层和睦相处、和谐共生、共谋发展局面的形成,共同为实现祖国统一、民族团结和中华民族伟大复兴而努力奋斗。所以,统战文化既是和谐文化又是先进文化,统战文化建设的主要任务就是弘扬中国传统文化,发展阶层文化,推进中国先进文化建设。

二、高校在社会主义文化建设中的引领作用

高等教育是优秀文化传承的重要载体和思想文化创新的重要源泉,始终肩负着推进文化传承和创新的光荣传统和使命,在传统文化与现代文化、本土文化与外来文化中处于中心地位,能借助其优越的条件和独特的地位在文化传承与文化创新中发挥引领时代的作用。胡锦涛总书记在清华大学百年校庆大会讲话中,首次提出了新时期文化建设的主题,并指出当代高校要发挥"文化传承创新"职能。这一论断,既是对近代以来大学在中华文化传承创新发展中杰出贡献的回顾和总结,又是对当前我国高校责任和使命的新要求。高校"文化传承创新"职能的提出,是对高校在新时期文化建设中的责任的进一步明确。

高校是杰出人才汇集的高地,人类智力交汇的场所,承载着社会文化创新的职责。在促进民族进步的进程中,现代大学越来越成为一个国家的智囊团和思想库,越来越成为社会主义文化的风向标和引领者,承担着引领整个社会精神层次提升、推动人类文明进步的重要使命。通过高校的自身人才优势、科研创新优势,不断探索文化的发展规律,在文化建设理论和教育创新中发挥带动作用,引

领社会文化的发展前行。

高校是未来人才培养的基地,社会栋梁孕育的温床,肩负着传承优秀文化、陶冶高尚情操的培育一代新人的使命。传承文化是教育的本义。高等教育根据建设社会主义和谐社会的要求,将古代文明的辉煌、现代文明的精粹内化为青年学生的思想道德品质、审美追求、科学文化素养和工作能力,从而使优秀文化遗产得以传承和保留,在大学多元文化的交融中营造富有生机和创造活力的中国大学文化精神,奠定大学生思想品质的扎实基础,用和谐思想打牢大学生道德根基,培养出更多高层次文化领军人物和大批高素质文化人才,为社会主义文化大发展大繁荣提供坚实的发展基础和强有力的人才支撑。

从近百年前北京大学等高校发起的五四运动及其文化启蒙,到清华大学国学研究院"国学"的传承和创新;从新文化运动,到马克思主义的传播及中国第一个共产主义小组的出现;从传统学术文化体系的确立,到现代中外文化的交流等,这些当代中国文化的先声,无不萌动并最终完成于我国大学的校园,成为高校传承与创新文化、引领文化的历史印记。我国高校通过对传统文化的继承和弘扬、中国特色的学术体系的创建、人才的培养和思想引领,始终立于社会文化发展的潮头,并因此在中华文化的传承、近代中国的社会进步乃至现代社会的文化发展中发挥了无可替代的引领作用。

三、充分发挥高校在统战文化建设中的作用

统战文化是社会主义文化组成部分的特性,高校传承与创新的文化引领作用,决定了高校在统战文化建设中的作用不容忽视。

近现代以来,我国高校作为统战工作的重要阵地,汇集了大量的党外知识分子、专家学者、出国和归国留学人员以及其他有识之士,他们为祖国的发展献计献策,也有力地担负起建构新统战文化和巩固发展统一战线的重要使命,从而决定了统一战线理论的发展、实践的收获,始终离不开高校的引领和创新,以高校为背景开展的统一战线是我国统一战线的重要组成部分,甚至成为整个统战工作的缩影和窗口。

当前,高校是我国各民主党派组织比较齐全、成员比较密集的地方,是培养新一代统一战线党外代表人士的"源头";同时,高校越来越成为新的社会阶层人士的重要发源地,也是海外留学人员的输出源和归国留学人员的汇聚地,在培养

和引导他们做合格的中国特色社会主义建设者方面担负着重要责任。因此，某种意义上高校统战工作的好坏，关系到统一战线事业的兴旺发达，关系到共产党领导的多党合作和政治协商制度的长期存在和发展。在全面做好高校统战工作中，调动和发挥高校在统战文化建设中的引领和创新作用，既是重要的工作内容，也是必须的工作路径。

1. 高度重视高校的文化引领作用，加强统战理论的研究与创新

高校本身就处于文化、学术和科技发展的前沿，是新思想、新观念、新文化、新风尚的倡导者，拥有一大批专业理论人才和专项研究基地，属于社会文化与教育体系的高层次。依托高校的教育和科研平台，加大引导和扶植力度，结合教学科研活动，加强党在新形势下统一战线理论的宣传、政策的研究，不断丰富统战理论，不断拓展统战实践，既是做好高校统战工作的需要，也是加强统战文化建设的需要，有着十分重要的意义和作用。

2. 充分调动高校统战成员的积极性和创造性，增强统战文化的吸引力和感染力

随着高等教育体制改革的深化，高校越来越成为统战成员云集之地，通过全面的组织和引导，充分调动高校统战成员的积极性和创造性，发现和培养代表人士并发挥其带动作用和社会影响，体现高校统一战线在沟通党内外、联系海内外、团结社会各界人士方面的重要地位作用，实施人才强国战略和实现学校发展。

3. 高校和谐校园建设与统战文化建设相互融合、相得益彰

新时期统战文化是以"和"为核心，以"团结、合作、互助、关爱、和谐"为基本准则，以民族团结文化、党派合作文化、宗教融合文化和炎黄"根"文化等为基本内容。其精髓是求同存异、体谅包容，其目的是争取人心，凝聚力量，构筑和谐共融、团结友善的生产生活环境，为建设社会主义和中华民族的伟大复兴提供智力支持和精神力量保证。高校和谐校园建设是指高校内部各种要素处于一种相互依存、相互协调、相互促进的状态，就是要把学校建设成最适宜学生成长发展的良性生态系统，具备民主、科学、人文、开放的育人环境，体现教育对人的关怀、对知识的尊重；就是把学校建成一个能实现师生和谐相处，学校和教师、学生共同发展的，理想、稳定、融洽的团队；就是以科学发展观为统领，促进人的全面发展及人与自然的均衡发展。可见，和谐校园建设与统战文化建设都是社会主义和

谐社会的建设要求,同样体现着"民主法治、公平正义、诚信友爱、充满活力、安定有序、人与自然和谐相处"的中国特色社会主义的本质属性。因此,在高校开展和谐校园建设的理论研究与实际践行中,融合着对统战文化建设的理论丰富与实践提升,二者的相互融合、相互促进,必然相得益彰。

　　总之,"要在思想上同心同德,目标上同心同向,行动上同心同行",以"同心"思想指导当前的统战文化建设,对统战成员进行价值整合、强化其对中华文化的认同、增强其对社会主义核心价值观的认同感,高校在这一过程中既承担着必然的历史责任,也发挥着重要的历史作用,任重而道远。

参考文献

1. 杜青林:《加强统战文化建设 把握统战文化核心灵魂》,《人民政协报》,2012年4月16日。

2. 陈喜庆:《对统一战线与社会主义文化建设的几点认识》,《重庆社会主义学院学报》2012年第2期。

3. 易银珍:《大学的文化定位与文化功能》,《人民日报》,2012年3月22日。

高校统一战线弘扬传统文化研究

陈科频 *

传统文化是中华民族赖以形成和发展的强大精神支柱,也是全人类宝贵的精神财富。它不仅在历史上起过积极的作用,而且在我们今天的现代化建设中也起着不容忽视的重要作用。现代化进程中要保持民族性,任何一个国家的现代化都是在继承传统的基础上进行的,否则,就是无源之水。割断历史的现代化是不可能的。高校统一战线要发挥优势,在建设优秀传统文化传承体系和弘扬中华优秀传统文化中作出积极贡献。

一、中华传统文化及其现代价值

中华民族在五千年的历史发展过程中,能够生生不息、代代相承,毫无疑问,必定有一个维系中华民族发展与繁荣的精神支柱,这就是中华传统文化。文化承载着人类活动的信息,弘扬传统文化就是为了发展现代文化。传统与现代是相对的,传统是以前的现代,现代是以后的传统。更为重要的是,现代化离不开传统文化,传统文化是根,是民族之魂。

党的十七届六中全会指出:"优秀传统文化凝聚着中华民族自强不息的精神追求和历久弥新的精神财富,是发展社会主义先进文化的深厚基础,是建设中华民族共有精神家园的重要支撑。"中华民族在五千年的历史长河中,形成了自己独特的传统文化,内涵丰富,其精华部分所蕴涵的价值观念是今天制定各类章法和道德规范的价值尺度。中华传统文化虽经时间的洗礼,仍不失时代光芒。改革开放以来,我国经济快速发展,成效卓著,令世人赞叹,这其中有对传统文化的

* 陈科频,福建工程学院统战部秘书,讲师。

保护和弘扬。中华传统文化所积淀的民族心理的深层结构是一种无形且巨大的力量，每时每刻都影响着我们的思想和行为。因此，在现代化进程中，要不断弘扬民族传统文化，充分展示中华民族传统文化的现代价值。

二、高校统一战线在弘扬传统文化中的优势

何谓统一战线？简要而言，就是指一定社会政治力量的联合。具体而言，是指不同的社会政治力量（包括阶级、阶层、政党乃至国家等）在一定的历史条件下，为了实现某个特定的共同目标，在一些共同利益的基础上组成的政治联盟。毛泽东同志曾经指出，党的领导、统一战线、武装斗争是革命胜利的三大法宝。随着高等教育大众化的到来，高校越来越为社会所关注，高校的统战工作也愈来愈受到重视。高校是党外知识分子相对集中的地方，各民主党派的组织也较为健全，更是培养选拔党外代表人士的主渠道，高校统一战线在弘扬传统文化中有着独特优势。

一是队伍不断壮大，有利于增强弘扬传统文化的主体力量。随着经济的全球化和改革开放的深入，新的阶层不断涌现，统一战线的范围不断拓展，队伍不断壮大。如今，高校统战工作的范围除了民主党派成员、党外知识分子，还包括出国和归国留学人员、港澳台地区到大陆高校就读的青年学生等。近年来，大量高素质的优秀党外知识分子纷纷加入民主党派，高校统一战线队伍不断壮大，成为弘扬传统文化的强大力量。

二是思维活跃，有利于促进传统文化的现代转换。当前，高校统一战线不断吸收大批留学归国任教的学者教授，他们接触面广，思维活跃，已成为联系海内外华侨、华人并与之交流的重要力量。为我们带来先进的管理经验、科技信息和价值观念。此外，高校其他党外知识分子，也有较多机会到国外学习交流，国内外交流的广度和深度远远超过以往任何时候，这大大地促进了传统文化的现代转换。

三是参政渠道畅通，有利于弘扬传统文化政策的出台。统战工作的一项重要使命就是参政议政。高校的党外知识分子正在通过各种渠道和平台，积极参政议政，建言献策，不少党外人士在充分调研的基础上，提出了弘扬传统文化的意见建议，得到了各级政府的重视。而一些有代表性、专业性和影响力的优秀党外知识分子由三尺讲台步入政治舞台，他们通过全国和地方人大、政协等途径，

参政议政,直接参与制定弘扬传统文化的各项政策。

四是影响深远,有利于营造弘扬传统文化的氛围。一方面是校内影响,高校民主党派成员呈现出高学历、高职称、年轻化的趋势,他们基本素质高,科研能力强,已成为高校教学和科研的中坚力量。他们的新思想、新理念,必将对高校的学风、学术气氛以及学生的世界观、人生观、价值观产生重要影响,进而把传统文化融入大学精神建设,营造弘扬传统文化的校园氛围。另一方面是校外影响,如前所述,一些有代表性、专业性和影响力的优秀党外知识分子由三尺讲台步入政治舞台,在政府机构担任实职或在人大政协有政治安排,通过参政议政,营造弘扬传统文化的社会氛围。

三、高校统一战线弘扬传统文化的工作思路

中国传统文化是维系中华民族的纽带和基础,也是做好统一战线工作的重要载体。我们要紧紧抓住中国传统文化这个中华民族的根,珍惜这份宝贵的遗产,并充分运用和挖掘,进一步提高整个中华民族的认同感、归属感和凝聚力,进而促进统一战线工作。反过来,统一战线工作中要旗帜鲜明地弘扬传统文化,在宣传与转化传统文化中不断加强自身建设。高校是国家高级知识分子的汇集地,也是培养人才的主阵地,高校统一战线应当发挥优势,勇挑重任,为弘扬传统文化而不懈努力。

1. 融入教学,广泛传播

课堂教学是传播知识的主渠道,高校统一战线成员大多在教学一线承担着不同程度的教学任务。凭借见多识广、思维活跃、信息灵通等优势,再加上高职称、高学历、有威望、有经验,很容易为大学生所接受,即使是一般的课堂教学,也可能在潜移默化中传播传统文化。高校统一战线在弘扬传统文化过程中,要紧紧抓住课堂教学这个辐射源。

2. 优化立项,专题研究

常言道,理论是行为的先导。要弘扬传统文化,必须对传统文化及其如何弘扬进行理论上的研究。高校统一战线成员人才济济,不乏有传统文化研究的专家及其团队。因此,高校统一战线可以针对在传统文化研究中碰到的难点问题,组织研究团队,并提供资金支持,进行专题立项,加强攻关,破解难题,为统一战线的理论研究与创新作出更大的贡献,也为实现学校发展目标创造良好的社会

政治环境。当然,理论研究的最终目的是回归实践,要把研究成果转化为弘扬传统文化的实际行动。

3.投身实践,建言献策

除了课堂教学和理论研究,高校统一战线要投身实践,积极建言献策。只有通过参政议政,才能使理论研究成果上升为国策,才能为党和国家制定有关弘扬传统文化的措施提供依据,并变为全社会参与的现实行动。高校统一战线成员,通过组织参观考察、调查访问、联谊交流、知识竞赛等各类活动,促使成员扩大视野、开阔眼界,增加对传统文化的感性认识,并从中得到有益的启迪,进而提高有关弘扬传统文化的统战政策水平。

参考文献

1. 刘思红:《论高校统战服务学校中心工作的有效机制与实现途径》,《宁波大学学报(教育科学版)》2007 年第 3 期。

2. 马雁:《对高校统战工作为教学服务的职能探析》,《重庆社会主义学院学报》2007 年第 2 期。

3. 余文好:《论大学精神与师德互动效应中的高校德育工作》,《石家庄经济学院学报》2012 年第 2 期。

4. 叶华青:《新世纪新阶段高校统战工作的新形势、新任务、新对策》,《中央社会主义学院学报》2011 年第 4 期。

第七部分

高校民族宗教及侨务工作研究

新形势下高校侨务工作创新研究

金勤明 *

    侨务工作是党和国家一项长期的战略性工作。胡锦涛同志指出,在凝聚侨心、发挥侨力,为实现全面建设小康社会的宏伟目标作贡献方面,侨务工作大有作为;在反对和遏制"台独"分裂势力,推动祖国和平统一进程方面,侨务工作大有作为;在开展民间外交、传播中华优秀文化、扩大中国人民与世界各国人民友好交往方面,侨务工作大有作为。2011年,国务院颁发了《国家侨务工作发展纲要(2011—2015年)》;2012年,上海市委、上海市政府、上海市委办公厅先后下发了《关于加强新时期上海侨务工作的意见》、《上海侨务工作发展纲要(2011—2015年)》和《关于加强和改进新时期侨联工作的意见》三个重要文件。高校侨务工作是侨务工作的重要组成部分,胡锦涛同志的"三个大有作为"重要讲话和国务院、上海市下发的一系列文件为做好新形势下高校侨务工作指明了方向。

一、充分认识加强新形势下高校侨务工作的重要性

    高校是开展侨务工作的重点单位,高校的侨务工作也是高校党委统战工作的重要组成部分。当前正是我国全面建成小康社会的关键时期,也是侨务工作乘势而上、大有作为的重要时期。高校的归侨侨眷人数多、层次高,学术上有造诣,社会上有影响,海外联系广泛,是促进高校改革发展、维护学校稳定和构建和谐校园的一支必不可少的依靠力量。

    1.加强新形势下高校侨务工作是适应侨情发展变化的需要

    随着上海国际化程度的不断提高,上海日益成为华侨华人和归国留学人员

---

* 金勤明,中共上海市教育卫生工作委员会统战处处长,副教授。

回国服务的首选地之一。高校作为知识的高地、人才的高地、创新的基地，与海内外联系交往、合作交流越来越密切，因而也成为华侨华人和归国留学人员的主要选择的地方。加强高校侨务工作，有利于适应高校侨情的变化。

2. 加强新形势下高校侨务工作是适应高校人才队伍建设的需要

随着我国人才强国战略重大决策的实施，高校在不断加大海外人才引进力度的同时，还积极将教学、科研、管理上业绩突出的教学科研人员和管理干部送到海外学习，为各类优秀人才施展才华搭建了广阔的舞台，也壮大了海外人才队伍。加强高校侨务工作，有利于高校人才队伍建设。

3. 加强新形势下高校侨务工作是适应高校提升对外交流水平、扩大影响的需要

高校的侨界人士、归国留学人员与海外华侨华人有着天然的联系，在开展对外学术交往、文化交流中具有灵活多样、沟通便捷的优势。通过合作、交流、开展海外华文教育等形式，有利于不断扩大高校在海外的影响。

二、新形势下高校侨务工作存在的主要问题

改革开放 30 多年来，高校的侨情发生了深刻的变化。高校作为归侨侨眷和归国留学人员相对集中的地方，各高校在侨务工作方面进行了积极的探索和实践，取得了一些成绩，也积累了一定的经验。

但是，我们也应清楚地看到，高校侨务资源、侨务工作对象的结构、价值取向、思想观念等都发生了变化，原有的侨务工作方法、措施等出现了明显的不适应。其主要表现在：

第一，高校侨务工作对象不断增加，高校侨务工作机构不健全。随着经济全球化和高等教育国际化进程的不断加快，侨务工作对象大量增加，而且增加的速度越来越快。一方面，国内公民大量出国定居或创业发展；另一方面，大批新华侨华人回国、回乡。他们中除了投资创业外，大量的新华侨华人、归国留学人员进入了高等院校。他们的加入，使得华侨华人与归侨侨眷人数骤增。目前高校侨务工作机构基本没有，在上海，仅有一所大学设立了侨务办公室，而仅此一家也是与统战部合署办公的。

第二，高校侨务工作任务更加繁重，高校侨务干部队伍力量薄弱。改革开放初期，高校侨务工作的对象主要是老归侨侨眷，以及少部分出国留学人员在国内

的亲属,人数不多。但随着大量归国留学人员的加盟,侨务工作的对象、任务发生了较大的变化,由原来的以老侨工作为主,转向老侨、新侨、归国留学人员并重,而且,老侨和新侨(包括归国留学人员)的需求各有不同,老侨的需求主要是生活上的照顾、精神上的安慰、物质上帮助居多,而新侨的需求则呈现出多样化,有事业发展上的需求,有利益上的诉求,也有子女就学的要求等,从而使高校侨务工作任务更加繁重。由于绝大多数高校没有设立侨务工作部门,因此,从严格意义上来说,高校侨务干部队伍基本没有,绝大多数的侨务工作是由统战部工作人员完成的。高校是民主党派成员、无党派人士和党外知识分子的重要源头,仅就这一点而言,统战部本身的工作量就已经很大,任务繁重。而高校统战部门除了一部分是独立设置外,大量的是与组织部或党办或宣传部等部门合署办公,统战干部大多数是兼职的。即使是独立设置的统战部,其工作人员也就 2—3 人,往往无暇顾及侨务工作。由于是统战干部而非严格意义上的侨务干部,因此,对侨务法律法规政策、侨务理论知识、侨务业务工作等都不够熟悉,也缺乏有效的工作方法和措施;而上级侨务部门由于与高校统战部门没有隶属关系,因而也很难有效地对这些兼职干部进行业务培训和工作指导。

第三,高校侨联组织的工作力度、范围、影响有限。虽然不少高校成立了侨联组织,但高校侨联组织大多是属于"三无"组织,即"无专职干部"、"无专门办公场所"、"无活动或工作经费"(即使有也是统战部下拨的非常有限的一点点活动经费,很难开展工作)。因此,高校侨联是否能够"活跃起来"、"活动起来",很大程度上是依靠统战干部或侨联兼职干部的责任心和热情。有些高校的侨联组织长时期不活动或不换届,出现侨联干部队伍老化、侨联组织名存实亡的现象。所以,归侨侨眷对侨联组织的归属感、认同度很弱。同时,高校侨联开展的活动大多以联谊性活动为主,与学校工作的关联度不大,对于新侨的需求又很难予以满足或解决。另外,高校侨联为侨服务的内容和形式比较单一,为侨服务的手段不够新,服务领域不够宽,服务涉及面不够广。因此,高校侨联在开展活动时很难吸引新侨、归国留学人员参加,这也使得高校侨联在新侨、归国留学人员中影响十分有限,难以开展实质性的工作。

第四,高校的侨务资源没有得到充分的挖掘。由于高校缺乏相应的侨务工作部门和侨务干部,因此对高校的侨务资源的了解和掌握很不全面,特别是如何发挥高校归国留学人员和新华侨华人的智力优势、资源、作用值得研究。

三、新形势下创新高校侨务工作的思考

面对新的形势、新的发展，如何创新高校侨务工作是我们必须认真思考和研究的课题。我们应该看到，高校做好新形势下的侨务工作有其优势：一是高校党委和行政对侨务工作越来越重视，不少领导本身就是新侨或归国留学人员；二是海外新移民大多是各高校自己的毕业生或教职工子女，与高校保持着密切联系，大多具有较高学历和专业知识，有的已进入国外重要学术领域，在开展海内外学术交流、促进国内高校发展方面有其特殊的优势；三是高校本身的海外交流日益频繁，具有结识更多海外华侨华人、留学人员的有利条件，可以不断扩大海外统战工作；四是高校统战、人事、外事等部门积累了较为丰富而有效的工作方法和经验，有较好的侨务工作基础。因此，我们要以科学发展观为指导，以创新实践为手段，将高校的侨务工作和为大局服务、为高校发展服务、为侨界人士服务结合起来，不断开创高校侨务工作的新局面。

1.强化意识，树立高校侨务工作新观念

侨务工作是推动高校教育改革与发展的重要动力之一。一要强化"大侨务"意识。提高高校各级领导干部的侨务意识，改变"就侨务工作抓侨务工作"的现象，把高校侨务工作与教学科研、人才培养、构建和谐校园结合起来，从学校的全局出发，围绕中心，服务大局，发挥优势，彰显作用。二要强化统筹意识。高校侨务工作必须从高等教育事业的发展、科教兴国的角度来思考问题，谋划工作，通过整合资源、凝聚力量、协调联动、推动工作。三要强化创新意识。这是侨务工作的生命，是做好高校侨务工作的重要条件。要实现工作内容、方法、途径等各个方面的创新，焕发高校侨务工作的生机和活力，推动高校侨务工作的发展和繁荣。四要强化沟通意识。侨务工作是做人的工作，交流沟通、联情联谊是涵养高校侨务资源、发挥高校侨务优势的重要途径，工作中要提升与人交流沟通的能力和艺术，广交海内外朋友，扩大高校侨务工作的影响。五要强化宣传意识。侨务工作需要高校各级组织的关心支持，才能使高校侨务事业健康可持续发展，侨务工作要大家做，其社会效应才能充分得以彰显，因此要加强在校园内宣传侨务工作，营造良好的侨务工作氛围。

2.加强基础，探索高校侨务工作新举措

根据高校侨情的变化，要积极探索工作中的新思路、新方法。一要加强组织

建设。建立组织是开展高校侨务工作的基础。随着高校海外人才引进工作力度的加大、速度的加快、人数的倍增，以及高校与海外合作办学、合作研究、学术交流的不断深入，在高校中建立侨务工作部门的时机已日益成熟，因而有条件的高校可以单独设置侨务工作部门或与统战部门合署办公。同时，虽然大多数高校建立了侨联、欧美同学会等组织，但随着归国留学人员人数的不断增长，他们有需求，也希望有一个机构或团体把他们组织起来。因此，建立归国留学人员联谊会也是一个很好的选择。通过建立机构和团体，不仅可以为广大侨界人士开展联情联谊、沟通交流、增进感情搭建舞台，而且也可以为他们解决困难、自身发展、实现社会价值和自我价值提供平台。二要加强品牌建设。建立品牌是开展高校侨务工作的保证。不仅要扎实、规范地做好日常侨务工作，更要积极、努力地创建侨务工作的品牌。多年来，高校在开展侨务活动方面做了大量的工作，也积累了一些经验，但这些经验没有很好地加以提炼和总结，总体上说有影响的品牌活动还不多见。所以，既要下工夫长期开展侨界人士欢迎的活动和工作，也要积极创新思路，不断推陈出新，逐步形成一系列的品牌活动。三要加强联动互动。做好高校侨务工作绝不只是统战部门的事情，更需要其他部门、院系共同的努力和合作，做到部门互动与上下联动相结合。要跳出统战部门的框框，主动与组织、宣传、人事、外事、科研等职能部门加强沟通交流，不断完善协调机制，形成工作合力；同时还要发挥侨务系统的整体效能，加强与院系等基层组织的上下联动，沟通信息，通力协作，做好侨务工作。四要加强理论研究。侨务工作涉及面广、政策性强、要求高，这就要求我们必须加强侨务理论研究。开展高校侨务理论研究，既要认真总结高校侨务工作的历史经验，也要深入探索和把握高校侨务工作的规律，更要注重对高校侨务理论、工作机制、工作载体创新的研究，注重对高校侨务工作全局性、战略性、前瞻性问题的研究。开展侨务理论研究其关键在于及时将侨务研究成果转化为决策、措施和制度，指导高校侨务实践。

3. 开阔思路，拓展服务侨界人士新项目

高校的侨务工作要随着高校侨情的发展变化做出相应改变，开拓思路，不断推出落实新的服务项目，满足高校侨界人士的不同需求。一要帮助高校侨界人士排忧解难。对新、老侨界人士的服务要有所侧重。对老归侨的服务要体现在精神上安抚、生活上帮困等，特别要关心侨界独居和"空巢"老人。广大新归侨、归国留学人员怀着报效祖国的愿望回国服务，他们中的很多人由于在海外学习、生活、工作的时间较长,回国后会在工作、生活、人际关系、子女就学等方面出现不适应的现象和问题。因此,对于新归侨、归国留学人员的服务更多地体现在为他们营造良好的工作环境,帮助他们度过不适应期,尽早适应新的环境,融入新的群体,同时,也要尽力为他们的诸如子女就学、利益诉求等实际问题予以关注和帮助,解除他们的后顾之忧,让他们能够集中精力在事业上做出一番成就来。二要加强高校与地区侨务合作共建。上海高校已普遍与其所在的地区、社区建立起了统战(侨务)合作共建的关系。高校既要利用地区、社区丰富的资源为高校的侨界人士和归国留学人员服务,同时也要发挥高校的特长和优势,为地区、社区的侨务工作和侨界人士服务,做到资源共享、优势互补、合作共赢。三要加强高校侨务工作宣传。不仅要加强在校内媒体(校报、有线台、学校网站、宣传栏)上的宣传,而且还要加强与校外媒体的联系,如在《上海侨报》、《上海侨务》、《联合时报》、《浦江同舟》等刊物和统战、侨办、侨联、欧美同学会等网站上宣传高校的侨务工作和优秀的侨界人士、归国留学人员,扩大高校的影响力。四要建立高校侨务工作信息库。要加强与学校人事、师资部门及院系的联系与沟通,及时掌握引进人才的个人信息,建立健全侨界人士和归国留学人员数据库,为重点的、有影响的侨界人士建立专门的档案。

总之,高校侨务工作任重而道远。广大高校统战干部和侨务干部要以更为开放的、战略的眼光和务实的、富有实效的工作,努力寻找高校侨务工作新的生长点,建立新机制,实现新突破,凝聚侨心、汇集侨智、发挥侨力、维护侨益,切实服务科学发展,努力开创高校侨务工作的新局面。

参考文献

1. 薛明扬、王小林:《高校统战与高校发展》,复旦大学出版社,2010 年。

2. 上海市侨务办公室:《在"科学化"理念下拓展侨务工作的新思路》,《侨务工作研究》2011 年第 3 期。

3. 刘秉贤、李亮:《略论开展高校侨务工作的意义及措施》,《辽宁省社会主义学院学报》2011 年第 3 期。

着力构筑五大平台,开创高校留学归国
人员统战工作新局面

胡胜友　刘　卫[*]

高校留学归国人员的统战工作是新时期新阶段统一战线工作的重要内容。如何充分发挥好统战工作的优势,更好地引导和发挥好留学归国人员在创建世界一流大学中的积极作用,是高校统战工作必须认真思考和努力实践的一项重要任务。

一、构筑组织领导平台,保证留学归国人员统战工作执行力

留学归国人员是国家宝贵的人才资源,是创建一流大学的强有力推动者。引导和发挥好留学归国人员的积极性、创造性,为建设创新型国家和世界一流研究型大学创建提供智力支持,是高校统战工作服从大局、服务中心的职责所在。一是高校党委要充分认识做好留学归国人员统战工作的重要意义,树立留学归国人员是统战工作对象的新观念,切实加强对留学归国人员统战工作的领导,把留学归国人员的统战工作纳入校党委的议事日程,定期研究解决主要问题,为留学归国人员统战工作创造必要的工作条件,并给予人力、物力、财力支持。二是建立和完善由学校党委书记牵头的留学归国人员统战工作领导机制,建立党委领导,行政支持,统战部协调,各部门密切配合,运转有力的工作机制,形成留学归国人员工作大统战工作格局。三是建立校领导与留学归国人员联系制度、定期走访制度、座谈会制度、决策咨询制度、情况通报会制度、联谊会制度等,实现留学归国人员统战工作的规范化、科学化。四是要通过多种形式和渠道,宣传国

＊　胡胜友,中国科技大学党委统战部干部;刘卫,中国科技大学党委统战部部长,教授。

家关于留学人员的一系列方针政策,增强统战部门对留学人员的认同感、吸引力和凝聚力,增强留学归国人员统战工作意识。五是要重视发挥留学人员联谊会的作用,指导联谊会加强组织建设,形成纵向到底、横向到边的工作网络,保障留学归国人员统战工作的有效开展。

二、构筑思想塑造平台,夯实留学归国人员信仰基石

受中西两种文化熏陶和政治制度影响,大多数留学归国人员在政治理念、价值取向和行为方式等方面,具有多样性、兼容性、开放性和务实性的特点。因此,做好他们的统战工作,需要正确的教育引导。一是开展有针对性的思想政治工作。鼓励、引导留学归国人员立足本职工作,自觉地将个人的理想抱负同祖国的前途命运紧密结合起来,把自己在国外所学与本职工作结合起来,在实现全面建成小康社会和创建一流研究型大学的伟大实践中,奉献自己的才智、实现自己的人生价值。二是高校统战部门可采取培训以及有针对性的考察、参观活动等形式,加强国情教育、多党合作历史教育,帮助他们正确认识国情、省情和校情,使他们尽快融入到创建一流大学的伟大实践中。三是采用多种形式宣传老一代留学归国人员爱国爱校、不为名利、报效祖国的感人事迹,影响、教育新一代留学归国人员政治上坚定地跟党走,以他们的业绩激励后来者努力工作,建功立业。2006 年 4 月开始,中国科技大学党委正式启动了以“科教报国 50 年”为主题的“科大精神”系列报告会,先后邀请了 20 多位老院士、老归侨和老教授给全校师生做报告,以弘扬科大传统,激发爱国心与报国志,1 万多人次师生现场接受了教育,受到良好效果。四是要坚持统战思维,抓好留学归国人员的政治意识教育、政党意识教育、形势政策宣传与教育,积极开展广泛的爱国主义、集体主义和社会主义思想教育,引导他们从根本上把握好政治方向,坚定走中国特色社会主义道路信念,进一步提高对中国特色政党制度的认识和信心。

三、构筑干事创业平台,让留学归国人员实现自我人生价值

留学归国人员放弃海外优越的物质条件、生活条件和科研条件回国,目的就是想为国家的经济社会发展贡献力量,他们最关注的是能否成就事业、实现人生价值。因此,我们要坚持事业留人、感情留人、待遇留人,营造一个“拴人留心”的学术氛围和人文环境,善于用事业来凝聚人才,千方百计为各类人才提供发挥学

术专长和优势的舞台,鼓励他们干事业、支持他们成事业。要通过科研启动经费,加强实验室建设,支持做好重点实验室、工程中心、重点学科申报和科研项目申请等相关工作,帮助他们组建、打造学术科研团队等,鼓励他们在各自的教学科研岗位上建功立业,有所作为。中国科技大学为留学归国人员提供不少于120平方米的实验和工作用房,购置仪器设备,配备科研助手,安排住房或提供住房补贴,让他们可以尽快开展工作,并通过多种途径和方式让他们和海外高层学者和顶尖学术机构紧密保持联系和交流,使他们保持与世界先进科技前沿的密切接触。

同时,还要建立健全的、科学的、公正的人才评价体系和激励机制。对于成绩突出的归国人员,学校应给予相应的奖励,包括在岗位津贴、科研经费、住房方面实行鼓励政策,让他们发挥更大的聪明才智,为学校的科学发展提供智力支持。为了鼓励教师多出高水平的科研成果,中国科技大学设立了"杰出研究校长奖",每年颁发一次,奖金10万,目前获奖的6人都是学成归国人员。中国科技大学目前有两院院士、千人计划、青年千人计划、长江学者、国家杰出青年、中科院百人计划学者共计296名(不重复计算),他们基本都是学成归国人员或是有留学经历的。在科研上,以他们为核心已形成众多的研究群体。

四、构筑汇智献策平台,畅通留学归国人员参政议政渠道

许多留学归国人员都有参政议政和参与民主管理、民主监督的愿望。高校党委要关心他们的政治诉求,将留学归国人员纳入参政议政的群体,努力营造宽松健康的政治氛围,为他们积极参政议政创造良好环境。一要做好留学归国人员代表人物的举荐工作。学校党委要有计划地选拔各方面条件较好、有一定代表性的留学归国人员,通过培训和其他方式的引导、教育,不断提高留学归国人员代表人物的政治把握能力、参政议政能力、组织领导能力和合作共事能力,逐步形成一支留学归国人员党外代表人物队伍,并适时地举荐一些参政议政能力较强的留学归国人员担任各级人大代表、政协委员、政府参事或参加民主党派组织等,为留学归国人员搭建参政议政、服务社会的工作平台。目前,中国科技大学现任28名各级人大代表、政协委员中,有24位是留学归国人员。2009年底,中国科技大学两位安徽省政府参事通过书面报告,建议安徽省政府推动量子通信产业化进程,并在政策方面给予支持,得到了省政府主要领导的高度重视,目

前量子通信产业化正有序向前推进。二是高校党委应将归国人员纳入干部统一管理体系,把党外干部的培养使用与党内干部的培养使用结合起来,通过干部制度改革,把具有行政管理能力的优秀留学归国人员选拔到学校中层以上管理岗位,充分信任并委以重任,为他们参与学校管理搭建工作平台。目前在国内,有一种流行的观点:担任行政管理、社会事务等工作,对优秀人才的成长不利。而我们认为,优秀人才的培养,不外乎两个目标:业务专才和带头人。对前者而言,学校要为他们提供一切方便,让他们埋头做学问;而后者则不同,学科带头人不仅仅是学术上的领衔者,还要在团结、凝聚队伍,调动学术团体的积极性,发挥他们的创造力等方面有较强的才能,所以要敢于给他们压担子,敢于让他们在各种岗位上锻炼能力,敢于让他们"双肩挑"甚至"三肩挑"。目前,中国科技大学院系处领导中的 80% 是留学归国人员,校级领导以及科研、教务、人事等主要行政部门负责人中有 2/3 是留学归国人员。三是聘请留学归国人员中的优秀分子担任学校顾问,鼓励他们参加中国共产党组织或民主党派,举荐他们参与竞聘进入政府管理层,参与政治活动及社会事务的管理。

五、构筑服务协调平台,优化拴人留心的发展环境

事业就是感召力,环境就是凝聚力,服务就是吸引力。因此,高校要为留学归国人员营造良好的工作环境、人际关系环境和生活环境。一是要建立与留学归国人员的联系制度,经常性与同他们加强联系,沟通感情,认真了解他们的意见建议和工作、生活中的实际问题,积极主动地协调有关方面帮助解决。二是以校友会、留学生联合会、海外联谊会、无党派知识分子联谊会等群众性组织为载体,定期召开恳谈会、交流会和联谊会,使这些组织真正成为党委联系广大留学人员的桥梁和纽带,成为学校做好留学人员工作的助手,真正建设成"留学人员之家"。三是要充分发挥海外联谊会、留学归国人员联谊会、党外知识分子联谊会等团体海外统战工作的优势,利用欧美同学会·中国留学人员联谊会等留学生平台,创新工作载体,延伸工作领域,支持他们开展有关活动,邀请留学归国人员参加学术会议、研讨活动,为政府提供咨询服务等。四是要完善归侨侨眷和留学归国人员服务机制。党委统战部有接受归侨侨眷和留学归国人员咨询服务、投诉和协调有关部门解决问题的职能,要发挥统战部化解矛盾、协调关系的优势,在掌握政策、更好地落实留学归国人员待遇方面,做好协调工作,帮助解决他

们在工作、学习和生活中遇到的困难。统战部门要着重围绕留学归国人员队伍在工作、学习和生活中存在的普遍性问题，深入开展调查研究，提出有价值的政策性建议，为学校完善留学归国人员的政策当好参谋和助手。五是要建立留学人员网站、制作留学人员网页、健全海外联络网络，进一步提高工作成效。

　　做好留学归国人员工作，是时代赋予高校统战工作的一项重要任务，学校要充分认识做好留学归国人员统战工作的重要性，积极探索高校留学归国人员统战工作的新思路、新方法、新途径，扎实有效地开展统战工作，不断开创高校留学归国人员统战工作新局面。

参考文献

1. 胡丽娟、杨恩华:《高校发挥留学归国人员的优势作用及其工作载体和机制研究》,第十五次全国高校统战工作研讨会论文。
2. 陈文武、何慧:《高校发挥留学归国人员的优势作用及其工作机制研究》,第十五次全国高校统战工作研讨会论文。
3. 邵明石:《高校留学归国人员情况调查、分析与对策》,第十四次全国高校统战工作研讨会论文。
4. 马泽生:《高校留学人员统战工作初探——以聊城大学为例》,2009年华东地区高校统战工作研讨会论文。

高校青年教师宗教信仰问题研究

常子龙　滕勇前　彭家璇*

党的十八大报告明确指出："全面贯彻党的宗教工作基本方针,发挥宗教界人士和信教群众在促进经济社会发展中的积极作用。"全国教育工作会议指出："教育大计,教师为本。"随着高等教育大众化的发展,青年教师成为我国高校教师队伍的生力军。当代高校青年教师是高校教师中的重要群体,其思想状况、精神境界、宗教信仰等对我国高等教育的发展有着非常重要的影响。因此,如何正确对待高校青年教师的宗教信仰问题,已经成为当前高校统战工作者面临的重要课题。

一、高校青年教师宗教信仰的现状和问题

1. 相关概念

宗教信仰是指人们对所信仰的神圣对象(包括特定的教理教义等),由崇拜认同而产生的坚定不移的信念及全身心的皈依。这种思想信念和全身心的皈依表现和贯穿于特定的宗教仪式和宗教活动中,并用来指导和规范自己在世俗社会中的行为。它属于一种特殊的社会意识形态和文化现象。宗教信仰是一种独特的信仰形式。

2. 青年教师宗教信仰的现状

青年教师信仰呈多元化趋势。虽然有明确宗教信仰的青年教师不多,但宗教在青年教师中存在着广泛影响,这种影响不可小视。具体表现在:部分青年教

---

　　*　常子龙,南昌大学党委统战部,讲师;滕勇前,南昌大学党委统战部部长;彭家璇,南昌大学党委统战部,副教授。

师对信仰宗教并不反感,持宽容的态度,甚至有潜在的宗教认同和需求倾向。佛教和民间信仰对青年教师影响最大。这与我国民众信教传统相吻合,也反映了青年教师受社会环境影响较大。

3.青年教师信教的原因

分析青年教师信教原因,主要有以下三个方面:

第一,家庭的信教气氛或家族信教传统是青年教师宗教信仰的重要原因。宗教徒家庭的宗教传统气氛对其成员会产生深刻的影响,父母往往希望下一代接受与其相同的宗教信仰。多数青年教师对于宗教知识的了解,是通过家人、朋友等途径。他们参加的宗教活动,大部分是逢年过节与家人烧香、拜佛,或参加村里的游神活动。

第二,宗教的社会氛围日趋浓厚,传播途径多样化。传统宗教典籍等纸质传播仍是影响青年教师的主要途径。在网络信息高度发达的今天,互联网因其广泛的传播面、强大的互动性、灵活多变的传播形式,日益成为宗教扩大影响的重要工具。此外,一些宗教人士用各种方法吸引青年教师入教堂。出于自身对宗教的兴趣与好奇,通过与教职人员的接触来了解宗教知识。

第三,自身对宗教文化的认可或因现实生活对宗教的心理需求。宗教对于个人来说,它所宣扬爱的理论及对人生的终极关怀有其独特的魅力,在漫长的历史发展中,中国各宗教文化已成为中国传统思想文化的一部分。各宗教都倡导服务社会,造福人群,如佛教的"庄严国土,利乐有情","诸恶莫做,众善奉行",天主教、基督教的"荣神益人","博爱、感恩",道教的"慈爱和同、济世度人",伊斯兰教的"两世吉庆"等,这些理论对青年教师相当有吸引力。由于刚刚进入工作岗位,有些青年教师感到极大不适,陷于苦恼和迷惑之中,从而产生了获得心理帮助的需求。

4.青年教师宗教信仰管理存在的问题

(1)对宗教问题认识片面。由于长期以来对宗教缺乏关注和深入的思考,总体而言,目前高校部分教师,包括管理者对宗教的理解存在很大的偏差。宗教被视为异质于社会的存在,因而对宗教抱持着恐惧或好奇的心理。同时,当代宗教的发展,存在着与西方政治势力、与民族问题等的结合因素,国家相关部门对高校宗教问题的关注客观上又使宗教的异质性成为高校宗教工作的前提性认识。

（2）对青年教师信仰宗教认识简单。当代青年教师群体的宗教信仰现象，存在着多层次、多原因、不稳定等特点。青年教师参加宗教聚会、阅读宗教书籍，有宗教信仰的成分，也有好奇、求知、社会交往等的因素。然而，部分管理者，既不区分宗教接触、宗教朦胧、宗教信仰、参加宗教组织等青年教师与宗教信仰关系的复杂层次，又不区分社会性因素、心理性因素、宗教性因素等在青年教师参加宗教活动抑或归信上的不同作用，大而化之地对青年教师信仰宗教问题简单归类，并采取抑制性的措施，反而放大了青年教师对宗教的好奇和同情。

（3）对高校宗教问题的处理措施单一。当前，有些高校对青年教师的宗教信仰问题，往往采取简单的措施，或放任不管，或采用灌输的方式进行思想教育，出现问题则以"堵"、"禁"作为主要手段。这也是近年来高校宗教工作虽然得到一定程度的重视，但问题却仍未得到有效处理的重要原因。

二、高校青年教师宗教信仰管理的对策

1. 正确看待和善待宗教，团结信教青年教师共同奋斗

1982年3月31日，中共中央印发了《关于我国社会主义时期宗教问题的基本观点和基本政策》（以下简称19号文件）。19号文件阐明了党对宗教问题的基本观点和基本政策，标志着我们党开始全面落实宗教信仰自由政策。

为纪念19号文件印发30周年，中国民族报（1123期）《宗教周刊》开设了专题，进一步探讨其在新的历史条件下的重大理论和实践意义，推动党的宗教工作不断迈上新台阶。在专题中，评论员指出，19号文件基于马克思主义青年教师观，认为信教青年教师也是"青年教师"，信教青年教师和不信教青年教师在政治、经济利益上是一致的，信教青年教师与不信教青年教师在思想信仰上的差异是比较次要的差异。为了防患于未然，有必要冷静、清醒、全面、智慧地思考。社会应以平常、正常之心态来看待和善待宗教，让其参与社会及文化建设，理直气壮地参与社会慈善和文化事业，净化人们的心灵，使宗教成为社会大众安身立命、和谐生存的精神支柱之一。这种对社会的积极推动与和谐构建作用的形成及扩展，应该是社会及其宗教理应实现的双赢。

2. 促进宗教法治建设

随着社会结构的深刻变动，我国信教人数持续快速增长，信教青年教师结构发生明显变化，国际国内相互影响更加突出，宗教矛盾日益复杂和激化，原

有宗教格局面临巨大冲击,意识形态更加多元等一系列新情况、新问题,使宗教事务法治化研究变得尤其迫切。通过多年的探索与建设,目前已经初步建立以《宗教事务条例》为基础,多个配套法规、规章为补充的法律、法规体系。但客观地说,宗教事务管理法制化、规范化水平仍有待提高。促进宗教法治建设,应完善宗教法律体系,积极贯彻落实宗教政策,适时制定宗教基本法;提高执法人员的素质,培养严格依法管理宗教事务的干部队伍;明确宗教团体定位,依法落实教职人员的权益及社会保障;大力打击利用宗教进行非法活动行为,维护社会整体利益。

3. 挖掘宗教信仰中促进社会和谐的积极因素

在我国的宗教当中,除了人们熟悉的五大宗教(佛教、道教、伊斯兰教、天主教和基督教)以外,尚有广泛存在的民间宗教(民间信仰)。民间宗教因为其庞杂和"非制度性"的特点,迄今为止,尚没有专门研究和统计表明它究竟有多少信仰者,但它与五大宗教一样,应该而且也能够为社会和谐起到积极作用。实际上,民间信仰总的来说是与社会发展潮流相适应的,经过适当调整,完全可以达到与社会进步同步,乃至相辅相成、促进社会和谐的效果;民间信仰有助于建立起共同的道德伦理,调节与整合社会;民间信仰对自然的敬畏和神圣感,有助于促进人与自然的和谐;民间信仰是华人团结和谐的纽带,是促进祖国统一不可替代的精神力量;民间信仰博大的宽容精神,有助于宗教和谐。因此,应挖掘民间信仰中的积极因素,促进社会和谐。

4. 充分认识新形势下宗教工作的重要性,进一步增强责任感和使命感

一是坚持以马克思主义宗教观统一思想。切实加强马克思主义宗教观的宣传教育,引导青年教师正确把握宗教问题的长期性、复杂性,让青年教师充分认识宗教在经济社会发展中的重要地位和作用,充分认识宗教界人士在促进经济社会发展中的特殊重要作用,充分认识广大信教青年教师在建成小康社会中的积极作用,使思想认识的高度、领导重视的程度、综合投入的力度,跟上形势任务发展变化的新挑战、新要求。

二是坚决贯彻执行党的宗教工作基本方针。把贯彻执行党的宗教工作基本方针,作为党性培养、党性锻炼的重要内容,作为党员干部必备的基本政治素养,确保党的宗教信仰自由政策落到实处,防止和纠正处理宗教事务简单粗暴的行为,杜绝采取行政手段、以强迫命令方式干涉公民宗教信仰自由的行为,把团结

争取宗教界和信教青年教师的工作做好做扎实。

5.突出抓好高校宗教问题调查研究工作

着力抓好事关全局的基础性调研工作。抓好高校现行基本宗教政策执行情况调研,认真总结近年来宗教工作实践中的成功经验,系统归纳梳理工作成果,使之上升为经验推广,切实增强工作的针对性、实效性和可操作性。与有关部门联系协调,搞好宗教相关工作部门机构、人员、经费和执法队伍建设调研,提出对策建议。

突出抓好影响安定团结、改革发展大局的热点难点问题综合调研。高校宗教工作相关部门应结合自身实际,针对需要关注解决的重点问题,扎实搞好抵御渗透调研工作,提出有层次、有质量,对策建议针对性、可操作性强的调研报告,结合实际,着眼解决热点难点问题,开展专题调研,总结交流经验,有力推进工作。

做好高校青年教师宗教信仰状况调研工作。高校青年教师作为具体的研究对象,具有思维活跃、对社会信息反映敏感且身份相对单纯的特点,但具体到每一个人的教育背景、主要生活环境、民族等又是有所不同的,这些因素是研究中需要考虑的,也是做好不同区域的青年教师思想教育工作的前提。

6.引导信教青年教师诚信友善、热心公益、服务社会

按照中央统战部和国家宗教局统一部署和具体要求,高校与地方宗教事务局联合开展相关宗教活动讲座、培训等活动,扎实开展一系列和谐稳定的创建活动。始终高举爱国爱教旗帜,开展"宗教政策法规讲座"、"宗教知识培训"等活动,教育引导信教青年教师认清敌对势力利用宗教分裂祖国、破坏团结、危害人民的本质,把信教青年教师紧密地团结在党和政府周围。引导信教青年教师为经济社会发展作贡献,发扬宗教的慈善传统,积极主动地服务社会,开展力所能及的公益慈善事业,引导信教青年教师诚信友善、热心公益、服务社会,更好地为中国特色社会主义事业贡献力量。

参考文献

1. 李婉莹:《马克思恩格斯选集》第 3 卷,人民出版社,1972 年。

2. 王之波:《马克思主义哲学与时代科学精神》,四川民族出版社,2004 年。

3. 王莲芳:《正确对待高校思想政治教育中的宗教信仰问题》,《思想工作探索》

2008 年第 3 期。

4. 李星光:《努力寻求青年教师对社会主义核心价值体系的认同和选择》,《新西部(下半月)》2008 年第 20 期。

5. 秦龙:《马斯洛与健康心理学》,内蒙古人民出版社,2005 年。

6. 孙丽娟:《论教师信仰》,《河南大学学报》2008 年第 5 期。

高校归国留学人员统战工作探索

——以东华理工大学为例

武莉娜　刘顺祥*

高校是归国留学人员的主要集中地,归国留学人员已成为高校统战工作的重要对象。近年来,随着归国留学人员在高校人才队伍中的比重越来越大,如何做好新形势下高校归国留学人员统战工作,成为高校党委统战部门探索和实践的一个重要课题。中共东华理工大学党委统战部在上级统战部门和学校党委的正确领导下,认真贯彻落实《中共中央关于加强新形势下党外代表人士队伍建设的意见》文件精神,紧密联系学校实际,对做好学校归国留学人员统战工作进行了有益探索,取得了积极成效。

一、学校归国留学人员的群体特征

1. 具有较高的学历和专业素养,发展潜力大

目前,我校归国留学人员大多具有博士学位,年龄以三四十岁者居多。他们主要留学于欧、美、日等发达国家,谙熟国际惯例,了解学术前沿,掌握先进的科学技术,具备较强的管理经验。归国留学人员具有国际化背景和全球化视野,比较容易接受新事物、新知识,对社会具有比较敏锐的洞察力,是高校知识分子队伍中充满活力的一个特殊群体,他们大多数已成为各自所在学科领域教学、科研和管理上的生力军,发展前景良好。

2. 参政议政热情高,但对行政运作了解不够

我校归国留学人员普遍具有较强的社会责任感,热爱祖国,热爱高等教育事

---

　　*　武莉娜,东华理工大学党委统战部副部长,副教授;刘顺祥,东华理工大学党委统战部办公室主任,馆员。

业,关心国家大事,关注社会重大问题,希望利用自身的专业知识去推动学校建设和社会发展,为中国特色社会主义事业贡献力量。但同时,由于部分归国留学人员长期在国外学习工作,他们对国内外在国情国策、思想观念、工作环境、生活条件等方面的差异认识不够,对地方政府和高校行政运作流程了解不多,在思想上容易产生困惑。

3. 崇尚自由,价值取向理性多元

归国留学人员由于受到西方文化熏陶,比较注重维护自身尊严,崇尚学术自由。在价值取向上理性务实与个人本位主义功利化倾向并存,渴望参与政治活动与政治信仰虚无并存。部分归国留学人员对国内环境和学术生态缺乏了解,适应能力偏弱。

二、学校开展归国留学人员统战工作的主要举措

针对当前归国留学人员的思想特点和实际情况,学校采取切实有效的措施,认真做好归国留学人员工作,切实做到政策留人、事业留人、感情留人。

1. 提高认识

东华理工大学正在加快推进特色鲜明的高水平核工业大学建设步伐,而高素质人才队伍是实现学校发展愿景的重要支撑。学校党委行政牢牢抓住归国留学人员这个高素质人才队伍中的"富矿",从战略高度认识开展归国留学人员统战工作的必要性和重要性。工作中,学校认识到归国留学人员统战工作是服从和服务于学校发展大局的需要,是党的知识分子工作的重要组成部分,也是新形势下高校统战工作自身创新发展的需要。

2. 完善制度

学校注重加强归国留学人员统战工作制度建设,做好顶层设计,成立了归国留学人员工作领导小组、"东华理工大学留学人员联谊会",建立了归国留学人员工作联席会议制度、定期走访制度、学习培训制度等规章制度,使学校归国留学人员统战工作有章可循。同时,学校建立了归国留学人员数据库,对他们进行动态实时管理与服务。

3. 搭建平台

学校结合自身特点,努力为归国留学人员搭建项目平台、参政议政平台和沟通交流平台,充分发挥他们的学术优势,鼓励引导他们积极投身服务于学校改革

发展和中国特色社会主义建设。在项目平台建设方面,学校拨出专款,大力支持归国留学人员实验室建设、创新科研团队建设;在参政议政平台建设上,学校积极向各级人大、政协、政府和有关团体举荐优秀归国留学人员,为他们参政议政创造条件。学校将归国留学人员纳入干部统一管理体系,鼓励他们通过公开竞聘,担任学校实职,参与学校管理工作。在沟通交流平台建设方面,学校设立了专门的工作服务机构,每年定期举办归国留学人员沙龙活动,积极做好归国留学人员之间以及归国留学人员与学校之间的交流和交往,从而使统战工作做到有的放矢。

4. 主动服务

学校各基层党组织和有关职能部门强化服务意识,加强协调配合,开拓绿色通道,创新服务方式,提高服务水平,努力为归国留学人员在日常工作、学习、生活方面提供便捷、周到的服务。同时,学校注重营造宽松自由的人文环境,为归国留学人员个性发展做好个性化服务,不断提高服务工作的针对性和有效性。

几年来,学校归国留学人员在学校建设发展中发挥了不可替代的生力军作用,为建设特色鲜明的高水平大学贡献了积极力量。同时,归国留学人员自身也不断锻炼成长,他们中涌现出一批优秀代表人士,如国家杰出青年科学基金获得者、国际制图协会(ICA)数据质量委员会主席、学校高级管理人才等。

参考文献

1. 冯颖红:《关于广东归国留学人员统战工作的调研报告》,《广东省社会主义学院学报》2004 年第 2 期。

2. 黄新颖:《高校归国留学人员工作中存在的问题及对策》,《华北电力大学学报》2008 年第 6 期。

高校归国留学人员现状及工作对策研究

——以 F 大学为例

鄂世举*

归国留学人员是近年来高校人才队伍中特殊而重要的群体,他们把国外先进的科学技术、管理手段应用于国内教学、科研或新技术开发当中,在高校教学、科研、统战、对外联系等方面发挥着越来越重要的作用。特别是在当前各高校普遍实施"人才强校"战略的背景下,各高校越来越关注和重视归国留学人员工作,积极推动和加强引进工作,归国留学人员数量不断增加。高校作为海外留学人才归国的主要集中地,如何进一步做好归国留学人员的引进和培养工作,充分发挥归国留学人员优势和作用,成为高校在新时期改革发展中面临的重要课题。

一、高校归国留学人员基本情况

本文中高校归国留学人员系指学成回国后在高校工作的、在国(境)外取得硕士及以上学位或在外访学一年及以上的在职教职工。本文以 F 大学的 141 名归国留学人员作为研究样本,研究分析归国留学人员的工作状态,以期为做好归国留学人员工作提供有效策略。本次研究的样本对象,其留学国家遍布世界各地、留学时间不等、留学方式多样,具有广泛的代表性。

1.年龄分布

从近年来 F 大学引进的归国留学人员的年龄结构看(参见图 1),大多处于 31—45 岁这个年龄段,他们正处于事业上升期和实现自我价值的高峰期,他们普遍思想活跃、思维敏捷、精力旺盛,接受新鲜事物的能力比较强,吸引他们来校

---

　　* 鄂世举,浙江师范大学侨联、留联会秘书长,教授。

工作,能够引进他们在国外接触到的先进的学术思想和科研方法,可以有力带动相关学科的发展和科研水平的提高。

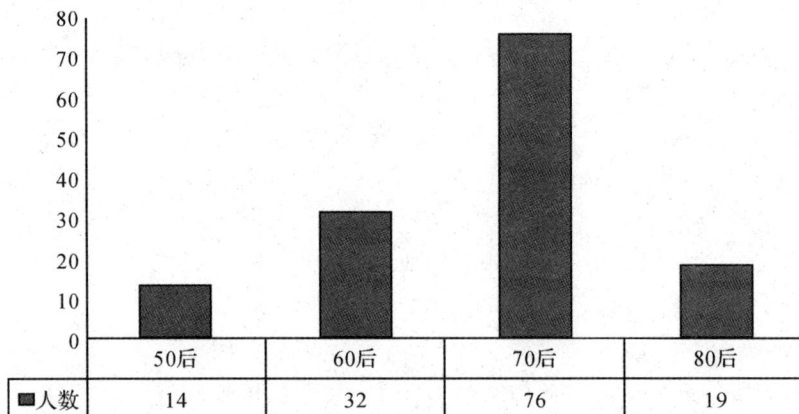

图 1   年龄分布图

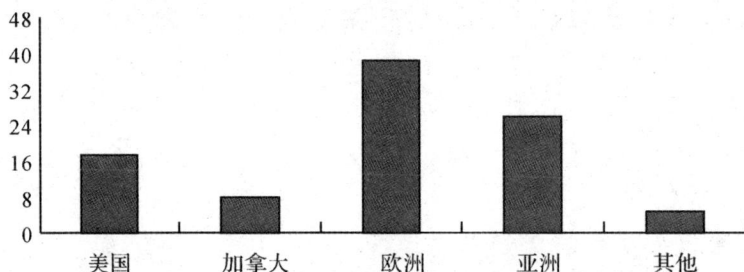

图 2   留学国家及地区分布图

2.留学国别分布

F 大学归国留学人员主要来自北美,欧洲大陆(主要集中在英国、法国、德国等传统科技、工业强国)以及日、韩等亚洲国家。留学美国的占总数的 17.7%,留学日本的占 17.7%,留学欧洲诸国的占 38.7%。其中有多名归国留学人员具有在多个国家留学的经历。以他们为纽带,可以使高校对本校某个学科领域的发展形成明确的认知。

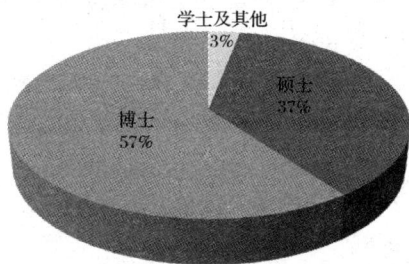

图 3　学位分布图　　　　　　　图 4　职称分布图

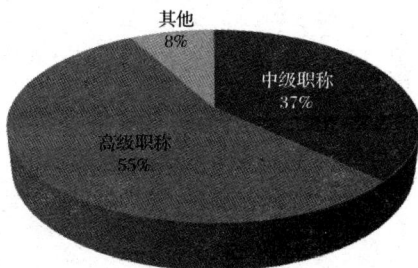

3. 学历学位分布

调查显示,通过赴国外留学,取得博士学位 35 人,占总数的 57%,取得硕士学位 23 人,占总数的 37%。针对不同学科的需求及特点,F 大学在引进归国留学人员时,对于学位层次的要求有所区分。这种引进政策及方法有效满足了学校优势的再提升及相对弱势学科的加强,具有很强的针对性和实效性。

4. 职称分布

归国留学人员中,目前具有高级职称的有 30 余人(其中省特聘教授 3 人、校特聘教授 8 人),且多为中青年学者。在 F 大学归国留学人员引进方面,职称分布与学科发展现状及特点相对应:在优势学科中适当提高中级职称人员的引进比例,以加强学科发展的可持续性;在相对弱势学科中适当提高高级职称人员的引进比例,以引领学科的快速发展。

5. 专业分布

归国留学人员的专业分布一定程度上是基于高校学科、专业的发展历史、学科基础及布局情况。这反映在主要以文科见长的 F 大学的归国留学人员引进过程中,文科专业的留学归国人才引进的时间先于理工科,以致文科专业引进数量大于理工科。伴随着很多高校的综合性发展趋势,其他学科也不断发展,近几年,F 大学明显加大了对理工科专业人才的引进,引进强度和力度已逐步超过文科专业。当然,从归国留学人员的专业分布,也反映出人才引进的情况受到学科发展现状的制约,弱势学科对国外人才的吸引力还不足。

二、问卷调查结果

为全方位了解归国留学人员的状况,本研究专门设计了调查问卷,调查内容

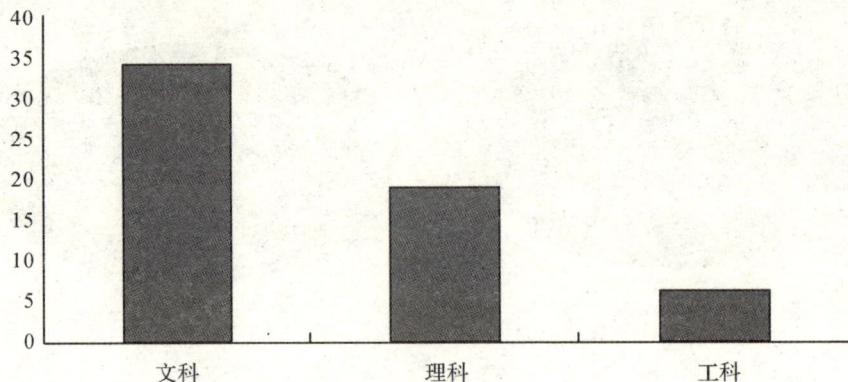

图 5　专业分布图

涉及工作、学习和生活等各方面,发出问卷 108 份,收回 92 份,有效率达 97%。

1. 归国留学人员的工作状态

从调查的总体情况看,大多数归国留学人员对目前工作岗位表示认同,"非常满意"和认为"还可以"的占 88%。有近 50% 的人希望通过努力在工作上得到升职,他们热衷于在自己岗位上辛勤努力,有理想有目标,体现出较强的事业心。还有 30% 左右的人员满足于当前的工作岗位,心态平和,希望在自己喜欢的工作岗位上保持工作的愉悦感。而工作状态比较好、工作比较紧张的人数占到 70% 以上。这一方面反映了学校对归国留学人员的重视,为这个群体提供了较好的工作环境,同时也反映了归国留学人员对环境的较好的适应能力,反映了他们积极工作以取得较好工作业绩的渴望。而在科研工作中遇到困难时,归国留学人员的看法比较客观,大多从主观上努力克服。以上反映了归国留学人员对学校工作环境的认可,同时体现了他们具有较好的工作潜力。

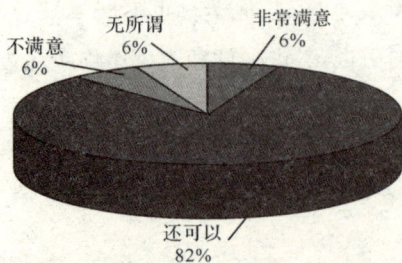

图 6　对目前工作岗位的满意度　　图 7　目前的工作状态情况

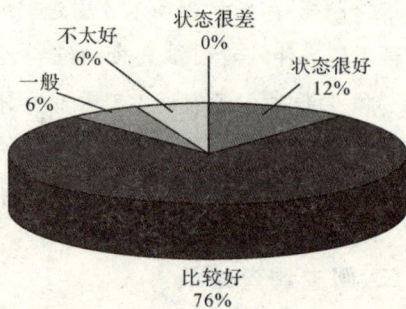

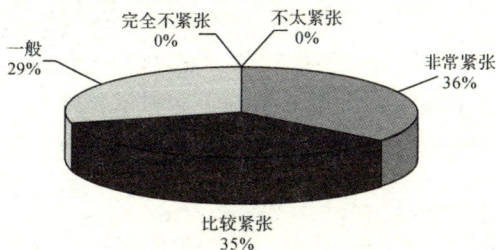

图 8　工作的紧张程度

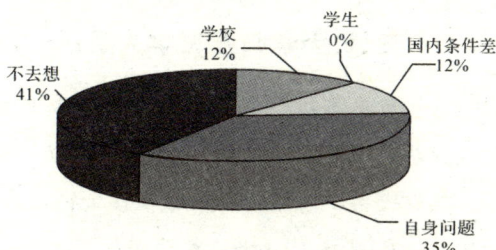

图 9　在科研上遇到困难时的想法

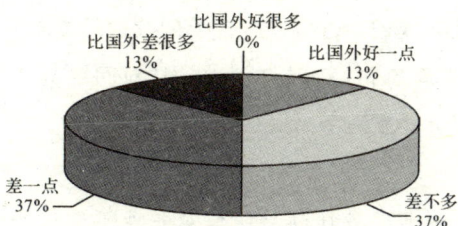

图 10　对生活的满意度

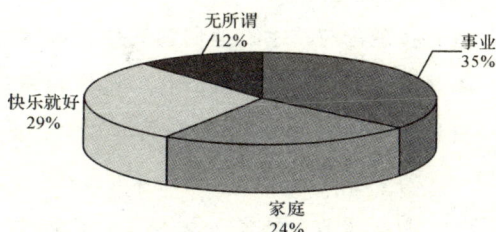

图 11　对人生的态度

2. 归国留学人员的生活状态

针对"您认为目前在国内的相对生活条件(家庭、工作和生活的整体比例)与国外相比怎样?"的问题,回答满意或比较满意的人员占绝大多数,这反映 F 大学为归国留学人员创造了较好的工作平台,重视关心留学人员的生活状况,为其创造了良好环境,让优秀归国留学人员可以安心于教学与科研。

3. 归国留学人员对教学工作的认识

面对"您认为我校的学习氛围如何?"的问题,有老师这样回答:"学校的科研和课题申报走上正规,并不意味着教学质量和办学水平的提高。教学质量是学校生存的根本,教学质量的整体提高需要进一步营造勤奋读书、独立思考的氛围,进一步培养学生独立的社会人格。"这体现了国内高校教学、教育思想与国外的较大差异。

4. 归国留学人员对人生的态度

面对"在您的人生计划表中,哪一项相对来说更重要?"的问题,以事业和家庭为重的回答占了大多数。而快乐就好的回答体现了 F 大学归国留学人员积极、良好的工作、生活心态。

三、F大学归国留学人员的一般特征

从总体趋势而言,归国留学人员的数量不断发展壮大,尽管目前相对学校师资总数比例不大,但绝对数增长较快,有越来越多的海外留学人员愿意回国寻找发展机会。具体体现出以下几个特点:

1. 普遍年轻化、高学历

年轻化、知识化、国际化,是F大学归国留学人员最为明显的特征。目前F大学的归国留学人员中以三四十岁者居多,他们学历高、外语强,同时掌握了先进科技理论与技术。他们朝气蓬勃,思想活跃,善于独立思考,富于创造性思维,不迷信权威,不喜欢随波逐流,比较容易接受新事物、新现象、新知识,对问题具有比较敏锐的洞察力,是F大学知识分子队伍中充满活力的一个特殊群体。

2. 具有较高的专业素养

归国留学人员多在发达国家留学,在归国前多数在高等院校及企业等单位工作过,有的甚至是尖端学科的领军人物,他们不仅具有多重文化和学习背景,而且也接触和掌握了各种新思想、新信息、新技术及发达国家的先进经验,对于西方世界的政治、经济、文化等各个层面具有较为深刻的感悟和理解。他们具有很强的创业精神和开放兼容的胸襟,思维能够拓展到国际领域,眼光始终盯在世界先进水平,在观察社会现象时高度敏锐,分析问题角度新颖、独特,富有见解和说服力。懂得国际惯例,知晓国际规则,具备国际化人才特质。与国内同龄人相比,在机遇意识、竞争意识等方面具有明显优势。他们已成为各自所在专业、学科、部门职能的主要承担者之一,是活跃在教学、科研和管理工作上的生力军。

3. 具有强烈的事业心和责任感

归国留学人员追求精神上的满足,对所从事的高等教育事业、对真理有执着的追求,具有无私奉献精神和强烈的社会责任感和历史使命感。他们心存忧患,这些忧患意识主要来自于他们自觉不自觉地对国与国、地区与地区、城市与城市、工作制度和方式方法等多方面的比较。很多归国留学人员学历层次较高,年龄也处在30—45岁,年富力强,思维活跃,正处在创业的黄金时期,他们渴望学有所成,学有所归,他们怀有强烈的建功立业愿望,在实际工作中勤奋敬业,表现出较高的职业素养和道德水准。

4. 具有较强的平等独立意识

受留学国家主流思想的影响,大部分归国留学人员重视自我价值和人格尊严的体现与追求,不喜欢不公平待遇。

四、做好归国留学人员工作的对策与措施

1. 着力理顺归国留学人员的管理机制

归国留学人员工作涉及学校人事、组织、后勤等多个方面,是一个系统工程,需要高校加强统筹、认真对待,建立、健全相关管理机制。比如对于归国留学人员最关心的科研工作条件,包括工作场地、设备条件、人员配备等,需要加强对涉及的各职能部门的协调工作,精简相关工作程序。要进一步加强对归国留学人员的跟踪管理,如在必要的科研条件支持、如何处理好引进人才与原有人才的关系、服务支撑体系的支持力度、科学的人才评价考核机制等方面还有大量的工作要做,特别是要有针对性地做好归国留学人员的思想政治工作,鼓励、支持归国留学人员找准位置,发挥作用。

2. 努力为归国留学人员拓展发展空间

要提供必要的研究条件,包括增加科研立项和科研经费的投入,重视解决归国留学人员在图书资料、科研用房、实验设施等方面存在的问题,为归国留学人员提高教学质量和科研水平创造良好的工作环境和条件。要加大对学术交流的支持,使归国留学人员有机会经常参加国际学术会议、进行学术研讨。要建立多种形式的归国留学人员激励机制,除把提高年收入、论文科研奖励等作为激励机制的主要内容外,还应寻求其他符合归国留学人员需求的激励形式,以提高归国留学人员的工作积极性。

3. 充分发挥归国留学人员的作用

归国留学人员具有独特的外联优势和广阔视野,高校要充分发挥这一特点,服务学校事业发展和社会进步。要通过建立归国留学人员联谊会,为广大归国留学人员与学校的沟通、互相之间的交流、资源和技术的联合、资金和项目的整合提供平台和渠道。要为专业论坛搭平台,利用归国留学人员与海外人员建立的联系邀请相关领域的专家学者到学校,与校内专业教师和学生进行学术交流;围绕地方经济建设和社会各项事业的发展,以及海内外共同关心的重点、热点问题举办专题论坛。要发挥归国留学人员国际沟通的桥梁作用,提升学校对外交

流的广度和深度,不断提高学校的开放程度和国际影响力。要引导归国留学人员为高等教育事业和经济社会发展积极献计献策。对于其中的合理化建议,要予以高度重视,认真反馈建议的落实情况。

4.做好归国留学人员的服务工作

目前,除了学科、自身专业发展和潜力发挥之外,住房、子女入学、配偶安置等都是吸引优秀留学人员来高校工作的重要条件之一,高校要切实重视关心归国留学人员的生活状况,积极争取地方优惠政策,协调解决好归国留学人员的后顾之忧,为其创造一个良好的生活环境,让优秀归国留学人员可以安心教学与科研。要着力优化学校内部的软环境,加强与归国留学人员感情上的联系与沟通,做好教学业务咨询、科研项目申请指导、生活安置协助等方面的服务,使归国留学人员来校后能充分感受到学校的关怀和支持,帮助他们尽快进入角色,适应高校环境。

参考文献

1. 苏一凡、罗嘉文:《高校统战工作与留学归国人员能力发挥的关系研究》,《江西社会科学》2012年第8期。

2. 海群:《发挥留学归国人员优势做好党的统一战线工作》,《河北省社会主义学院学报》2012年第4期。

3. 戈芝卉:《高校留学归国人员服务政策分析》,《杭州电子科技大学学报(社科版)》2008年第3期。

完善引进海外高层次人才政策的建议

——以浙江省为例

夏凤珍*

中国社会要转型、经济结构要转型、产业结构要转型、体制要转型。转型过程中急需人才,尤其是高层次领军人才,在海外,我国有 5000 万华侨和 130 多万留学生,他们是我国宝贵的人才源泉。因此,探讨我国海外引才的经验、教训,分析海外高层次人才[1]回国(来华)创业创新动因及他们的发展趋势,有助于完善我国从海外引入高层次人才的政策,实现国家、社会、个人多赢局面。

一、我国海外高层次人才引进政策及其成效

1.政策及简评

(1)形成了较为完善的海外引才政策体系。近年来,据不完全统计,我国出台的影响较大的人才法规政策已超过 360 项。具有转折意义的政策如:2000 年 7 月,国家人事部印发《关于鼓励海外高层次留学人才回国工作的意见》,公布了海外留学生回国(以下简称"海归"[2])的任职条件、工资津贴水平、科研经费等优惠政策,并对"海归"家属就业、子女入学等方面做出政策规定。2003 年,公安部、外交部等九部委共同制定《关于为外籍高层人才和投资者提供入境及居留便利的规定》,为海外高层次人才进出中国创造了方便之门。2008 年 12 月,中央

---

* 夏凤珍,浙江工商大学副教授。

[1] 海外高层次人才主要包括海外华侨、海外留学生以及无中国血统的外籍人士中,拥有研究生及以上学历,硕士以上学位,在海外经过严格系统的学习培训,并掌握当代科技前沿知识,或有专门技能,或有自主知识产权、创造发明和世界先进管理经验,并对社会有贡献的人士和团队。

[2] 海归是相对于在国内学习、工作的人而言,它指有海外学习和工作经验的留学归国人员。

办公厅下发《中央人才工作协调小组关于实施海外高层次人才引进计划的意见》（以下简称《意见》），决定实施"千人计划"。即从 2008 年开始，用 5—10 年时间，在国家重点创新项目、重点学科和重点实验室、企业和金融机构、以高新技术产业开发区为主的各类园区等，引进并有重点地支持一批海外高层次人才回国（来华）创业创新。该《意见》把我国向海外引才战略提到前所未有的高度。2010 年，我国发布《国家中长期人才发展规划纲要（2010—2020 年）》（以下简称《人才发展规划纲要》），在 12 项重大人才规划的第七项专列"海外高层次人才引进计划"，向全球发出人才征集令。

为引入海外高层次人才，2003 年，浙江省召开了第一次全省人才工作会议；2011 年 3 月，出台《浙江省海外高层次人才居住证管理暂行办法》和《实施细则》，持证人可在创业、投融资、购房、子女就学等方面享受本地居民待遇。2012 年 3 月 5 日，浙江省委人才工作领导小组召开新闻发布会：2012 年，浙江计划引进海外高层次人才 200 人左右。引进的重点方向是：新能源、生物医药、新材料、物联网、先进装备制造、节能环保、新能源汽车、海洋开发、核电关联产业等战略性新兴产业和现代服务业发展紧缺急需的高层次创业创新人才，以及重大创新项目、重点学科、重点实验室等重大研发平台紧缺急需的领军人才。

至 2011 年底，浙江省内 11 市、90 县（市、区）全部制定实施了人才规划。

（2）构建了较为灵活多样的海外引才渠道。目前，回国（来华）创业创新的海外高层次人才既有全职型"海归"，也有国门内外两头飞的"海鸥"。他们既有创业型、短期技术援助型，也有企业聘用型和合作型。为进一步拓宽海外引才渠道，浙江省建立了"海外高层次人才浙江大学工作驿站，进站的海外高层次人才关系挂靠在浙江大学，可选择自主创办企业、到地方或企事业单位工作"[1]。至 2011 年底，浙江省设立海外引才联络站 141 个，聘请引才大使、顾问 165 人。

（3）设立了诸多海外高层次人才创业创新平台。以"千人计划"为标志，针对海外高层次人才的创业创新平台相继成立。至 2011 年 8 月，全国已建成各级各类留学人员创业园（以下简称"留创园"）150 多家，入园企业超过 8000 家，2 万多

---

[1]　浙江省政府网：《我省每年引进硕士以上海外人才 2000 多名》，http://www.zj.gov.cn/gb/zjnew/node3/node22/node168/node370/node2922/userobject9ai130416.html［2012-01-31］。

名留学人员在园内创业。[1] 2011 年 1 月，浙江省首只主要投资"海归"创办的高新企业为主的股权投资基金——浙江海邦人才创业投资基金在杭州宣布成立，首期募集资金 1.5 亿元。同年底，在宁波、嘉兴等市成立基金分会，基金规模达到 25 亿元，2011 年投资总额 3 亿元。[2] 杭州市成立"海归"创业创新的帮扶组织——海外留学归国人士创业发展促进会（简称"海创会"、"留创会"）。至 2011 年底，浙江省建有"留创园"23 家。

2. 政策成效

（1）海外高层次人才纷纷归来。良好的政策、配套的服务工作，吸引了海外高层次人才。至 2010 年底，中央级"千人计划"已分六批共引进专家 1510 名。至 2011 年底，浙江省"千人计划"引进人才 383 人，其中，入选第六批国家"千人计划"27 人，累计达 93 人，新增人、总和均居全国第四。[3]

（2）海外高层次人才成为推动产业升级的原动力。海外高层次人才大多具有较高的学历学位。如嘉兴市，在 2011 年 5 月 31 日前，共有 562 位海外人才申报项目 580 个，其中 544 人有博士或硕士学位，占申报总人数的 96.8%，比 2010 年同期高出 4.2 个百分点。[4] 海外人才年纪都比较轻，创业热情高，他们的专业领域主要是电子商务、信息软件、生物医药、新能源、节能环保、生命科学等国家重要产业领域。因此，有的人才一经引入就孵化出了新兴科技项目，带动了一批新兴科技产业。在纳斯达克上市的中国高科技企业中，八成是留学人员回国创办的企业，总市值达 300 多亿美元。[5]

二、海外高层次人才回国（来华）创业创新的动因

1. 理论依据："二种范式"

美国著名科学哲学家库恩（T. S. Kuhn）在《科学革命的结构》（1962）一书中提出"范式"理论。认为"范式"具有范例、模式、模型等意义。海外高层次人才回

---

[1] 新华社：《我国已建成各级各类留学人员创业园一百五十多家》，http://www.gov.cn/jrzg/2011-08/22/content_1930187.htm[2011-09-05]。
[2] 资料来自作者于 2011 年 11 月对浙江省杭州市归国华侨联合会对外联络部的访谈。
[3] 资料来自浙江省侨办。
[4] 资料来自作者于 2011 年 8 月赴浙江嘉兴侨办访谈。
[5] 新华社：《我国已建成各级各类留学人员创业园一百五十多家》，http://www.gov.cn/jrzg/2011-08/22/content_1930187.htm[2011-09-05]。

国(来华)创业创新,从其产生的影响看具有人口流动的特点,这就决定了对他们须采取一定的观察视角和研究范式:由内向外流动、由外向内流动。

由内向外流动是指由中国国内向国外的人口流动,包括由国内向海外移居的华侨华人和留学生(含公费生、自费生)。目前,中国有海外华侨5000多万。从1978年到2008年,我国各类出国留学人员总数达到13亿9115万人。留学回国人员总数达到3亿8191万人。30年中,以留学身份出国,目前仍然在外的留学人员有10亿124万人。其中7亿3154万人正在国外进行本科、硕士、博士阶段的学习以及从事博士后研究或学术访问等。[1] 2008年以后,中国出国留学人员更是急骤增长。据美国国际教育研究所在华盛顿发布的年度报告数据显示,2010—2011年,中国已是连续第二年成为美国海外留学生最大来源国,在美的中国留学生已达到15亿7558人。

由外向内流动是指海外华侨、留学生在中央引才政策的召唤下,从海外带资金、带项目、带技术、带人才回国(来华)创业创新。从海外吸引高层次人才推动本国社会全面发展,是世界发达国家惯用的模式。这种模式进一步强化了人才内外流动范式。进入21世纪,中国人由内向外移民、定居、留学的规模扩大,跨境移动、迁徙的空间全球化,趋向常态化。1974年,诺贝尔经济学奖获得者缪尔达尔(Gunnar Myrdal)在《经济理论与欠发达地区》(1957)一书中将这种人口流动现象定名为"循环累积因果关系"。他认为"第一次迁移导致以后不断的迁移和对相关经历的积累。每一次迁移都不断调整动机和预期,引发下一次迁移行动。对其他人而言,认识的移民越多,移民倾向就越大"[2]。同时,海外高层次人才是"经济和技术全球化的产物","迁徙"对他们来说是一种可以接受的生活方式,也"意味着家的概念和国籍是不定和随时都会变化的"[3]。这就是说,海外高层次人才在全球化背景下的跨国流动是呈增强趋势,而不是趋弱。

2. 客观依据:政策、环境

(1)较完善的政策。如前述,从中央到地方为吸引人才,留住人才,密集出台优惠政策,职能部门一把手主抓海外引才工作,并把海外高端人才纳入党管人才

---

〔1〕 教育部2009年第6次新闻发布会实录,http://www.edu.cn/fa_bu_hui_xin_xi_906/20090325/t20090325_368283_2.shtml[2011-01-30]。

〔2〕 任柏强、方立明、奚从清:《移民与区域发展》,人民日报出版社,2008年,第15—16页。

〔3〕 王赓武著,程希译:《留学与移民:从学习到迁徙》,《华侨华人历史研究》2004年第4期。

的范畴。浙江省提出了"以一流的环境吸引一流的人才,以一流的人才创造一流的事业"的口号。

（2）厚实的经济资助。如中央"千人计划"的人才,中央政府和所在省、市分别给予每人100万元资助。浙江全省仅在2010年,对重大人才工程项目总投入35.13亿元。

（3）较好的创业创新环境。近年来,各地入驻"留创园"的企业项目结构得到明显改善,项目档次、企业产品的科技含量不断提高,逐步形成了以电子信息、生物医药、节能环保、先进制造、新材料等为主体的企业群,即企业自身在由数量扩张型向科技质量型转变。"留创园"随之"升级"。如浙江的高新区"留创园"成为国家级海外高层次人才创业创新基地。

3. 主观依据:人文情感

海外高层次人才中的大多数人在国内接受基础教育,在家乡有亲朋好友。他们清楚地认识到中国在科技、经济、教育等方面与发达国家的差距,因此,以己所学报效祖国、寻觅更好的创业场所施展才华,实现抱负都是他们回国（来华）创业创新的原因。

4. 机遇依据:中国经济的发展

随着国际环境复杂多变,西方经济持续低迷不振,中国经济运行也出现一些矛盾和问题。但是,这一切没有改变中国经济的基本面,中国仍然是全世界最有吸引力,最有创业机会,最有创业成功机遇的国度。海外人才可以凭借他们东西方文化背景条件与中国市场开发的多重优势结合,在中国成就一番事业,实现他们的"中国梦"。

三、海外高层次人才引进政策亟待完善的问题

1. 多部门引才,易政出多门

中央发出海外引才冲锋号,各级政府部门、机构迅速掀起热火朝天的引才行动。可是,多部门同做一件事,容易政出多门。有的地方为争取引才政绩排名,暗中较劲引才人数的数量,"一哄而上"争抢生物医药、新能源、新材料等前沿领域的人才。一些地方互相攀比、"大跃进"式引才,导致个别地方注重引才数量而忽视质量,甚至出现某海外高层次人才既入选甲地"引才"人选,又入选乙地"引才"人选的现象。

2. 管理人才、使用人才有欠缺

海外高层次人才引进中存在重引进，轻管理现象。许多引才计划基本没有严格、系统的考评办法，退出机制也无从谈起。有的地方对人才的资助、优惠只对应某位人才或某个项目，没有公开。引入的人才中创业型人数比例相对较低。至 2010 年，总共六批 1510 人国家级"千人计划"人选，"完全搞科研工作的，一共是 1161 人，进入企业创业的 349 人"，[1]创业型人才占 23.11%。第五批 318 人国家级"千人计划"人选，"创新人才 260 名，创业人才 58 名"，[2]即创业型人才只占 18.24%。

3. 保护支持机制不足

以个案为例："海归企业'讯强'遭遇美国'泰科'专利打压。"[3]

"讯强"[4]公司研发广泛用于零售商家的电子物件监视防盗声磁防盗技术成功，打破了美国"泰科先讯"[5]对该项技术 20 年的垄断，并在技术上有新突破。"泰科"以专利侵犯为由，向广东佛山中级人民法院起诉"讯强"。

"讯强"组织应诉，并于 2010 年 10 月 19 日，在国家知识产权局专利复审委的口头审理和 2011 年 4 月 27 日的司法鉴定听证会上，提供了对方专利数据严重造假的铁证。国家知识产权局专利复审委的口头审理结论事关诉讼胜败。一般口头审理后如期给出复审结果的平均结案时间为六个月，但宁波"讯强"却耗时一年多也未等来复审结果。期间，"泰科"利用美联社驻新加坡分社的舆论渠道，在当地中文财经网络上刊发了许多诋毁侮蔑"讯强"的文章，并用雅虎、MSN 等高排名方法使得该消息在网上搜索宁波"讯强"词条时长期被排头条。它还不断向全球客户发函，称其专利覆盖世界各大洲（实际上只涉及七个国家），并说两

---

〔1〕 吴江：《对海外人才引进的评估调查及对策》，《国际人才交流》2011 年第 12 期。

〔2〕 李亚杰、隋笑飞：《千人计划吸引海外专才》，《浙江日报》，2011 年 5 月 31 日，第 5 版。

〔3〕 感谢浙江省侨联朱小敏部长对本课题调研的支持。

〔4〕 "讯强"：浙江宁波讯强电子科技公司（以下简称宁波"讯强"），创始人李霖，留美博士，浙江省级第一批、国家级第三批"千人计划"人选。"讯强"研制成功软磁偏置声磁防盗（矫顽力小于 10 Oe）标签，突破了以往公认的必须采用半硬磁偏置（矫顽力 10-55Oe）的局限，具有更优越的解码性能和简单易行的工艺制造方法，产品性能超越了美国"泰科"的 DR 标签，先后获得美国发明专利 1 项，南非发明专利 1 项，中国发明专利 4 项，实用新型专利 16 项，制订企业标准 1 个。由此，"讯强"快速成为全球声磁防盗标签领域的第二大供应商，并入选国家科技部科技型中小企业技术创新基金优秀典型案例。

〔5〕 美国"泰科先讯"（简称美国"泰科"）独家垄断零售商家的电子物件监视防盗声磁防盗技术 20 多年。

家的技术差异十分明显,使一些海外客户对"讯强"产品采取了观望态度,导致其海外订单减少,发展举步维艰。

该案件反映出两大问题:第一,国内保护海外人才知识产权的机制不完善,部门协调不够。第二,利用海外媒体进行保护式宣传的力度不够。

四、完善海外高层次人才引进政策的建议

《中长期人才规划》中指出:"服务发展、人才优先、以用为本、创新机制、高端引领、整体开发",这应该是我国海外引才的指导思想。

1. 树立"大人才观"

第一,部门协调配合引才,减少因部门争才造成的人、才、财内耗,使海外人才回国(来华)创业创新时,在选择上少些困惑。对他们遇到的各类困难,多些关心支持,少些拖延。第二,突破高层次人才的身份界限,即引才不必拘泥于原籍与原民族。第三,加强引入基础性研究人才,即引进有全球创新意识、基础性研究的高端人才。第四,辩证对待理、文人才。许多海外人才创办的企业(包括国内企业)有技术,有资金,却缺少有管理经验会管理的人才。有时,管理比资金更重要。第五,重视引进科研团队。

2. 加强为人才的服务工作

引进人才是为用,"引"、"用"关系"用"为本。第一,进一步完善营造良好的创业创新环境。第二,完善服务体系。海外人才创办的企业异军突起带来全球企业利益分配的变化,难免引起一些贸易摩擦。因此,国家有关部门特别是"千人计划"主管部门、国家知识产权主管部门应适时建立健全专门针对海外人才企业的专利维权服务平台。他们的企业出现法律诉讼时,应帮助他们聘请富有经验的律师积极应诉、反诉以提高他们合法维权的胜诉率,或启动专利无效程序。要联合司法机关建立沟通协调机制,定期派出专门监督工作小组监督规范司法行为,保证他们的企业得到公开、公平、公正的司法审理。第三,建立知识产权纠纷舆论引导机制,提高新形势下的涉外舆论引导能力。前述宁波"讯强"案中,跨国公司在知识产权纠纷中善于利用海外媒体资源制造舆论,侮蔑抹黑海外人才企业的做法,国家有关部门应与外宣部门加强沟通联系,建立知识产权纠纷舆论引导机制,充分利用外宣部门和新闻媒体的综合优势,加强与境外主流媒体、新兴媒体间的交流协商,积极引导海外舆论客观公正报道,必要时可启动对境外违

规新闻的屏蔽、遮盖工作。发挥华侨、海外留学人员的特殊作用,使传播内容直达境外普通受众,增强海外舆论引导能力,为海外人才创业创新提供有利的舆论支持。第四,解决海外人才的现实问题。

3. 健全考核评估机制

人才引入前须甄别,引入后须考核。既注重高端领军人才学历、学位,又注重他们的实践能力、实干精神和对科学研究的始终不渝的热爱奉献精神。对已引进人才,按合同规定对他们所做的研究及产生的绩效进行目标考核。对履职情况优秀的高端人才,要兑现条件,更应给予重奖,反之则视情况可停发奖金、撤销荣誉称号等。

4. 以实际需要引入人才

中央精神是引才方向,地方实际是引才基础。近年来,浙江省海外新移民多,海外留学人员倍增。2011 年,国务院正式批复《浙江海洋经济发展示范区规划》;舟山群岛新区正式写入国家"十二五"规划纲要,舟山成为我国首个群岛新区;国务院批复《浙江省义乌市国际贸易综合改革试点总体方案》,这是浙江省第一个国家级综合改革试点,也是全国首个由国务院批准的县级市综合改革试点。这些都预示着浙江省既有吸引海外高层次人才的各种条件,现实也迫切需要引入大量高端人才,有新思想新观念的管理型人才,有技术的人才,有创业创新精神、有干劲的其他人才。浙江民营经济占 70% 以上,这为海外人才来浙江借助民企解决融资难题,尽快实现项目产业化,民企借助海外人才的科技优势推进产品升级、企业转型,实现"人才＋项目＋资本"的模式创造了条件。因此,浙江省向海外引才应抛弃急功近利、相互攀比的做法,而应以本省需要为前提条件。

文化适应视域下的少数民族大学生
统战工作的实践与思考

——以上海大学少数民族大学生为例

李　红　陈　皇　何　茜　尚彩伶　李　青　叶泰和*

自 2009 年国务院新闻办公室颁布《中国的民族政策与各民族共同繁荣发展》白皮书以来,高校招收少数民族大学生的步伐逐步加大,生源的民族构成也日趋多元化,这在一定程度上促进了不同民族间的文化交流与互通。然而,当少数民族大学生从熟悉的母体文化进入以汉文化为主的环境时,不同文化间的差异便可能带来文化适应方面的问题。怎样才能营造出和谐共融的校园文化环境,引导和感染少数民族大学生成长成才,这是高校统一战线工作要致力于研究和解决的课题。本文以上海大学为例,通过对上海大学新疆、西藏少数民族大学生实证调研,对文化适应视域下的少数民族大学生统战工作进行研究。

一、文化适应与少数民族大学生统战工作

1. 少数民族大学生统一战线中的基本任务

高校要通过开展统战工作,引导各民族学生相互尊重彼此的民族习惯,了解和适应彼此的文化,促进各民族的团结、包容与和睦。

(1)引导少数民族大学生树立正确的国家观、民族观。高校少数民族大学生统战工作的重要任务之一,就是要引导少数民族大学生正确地看待国家的民族政策和民族问题,并在这个过程中向他们传授有关国家和民族方面的知识,使他

---

　　*　李红,上海大学统战部部长;陈皇,上海大学生命学院辅导员;何茜,上海大学管理学院辅导员;尚彩伶,上海大学党校干部;李青,上海大学统战部副部长;叶泰和,上海大学统战部干部。

们明白我国幅员辽阔，各民族很早就已经融合在中华民族这个大家庭之中，虽然各民族、各地区在经济发展上还存在差异，但这只是发展中遇到的问题，只有各民族彼此团结，互帮互助，才能实现共同的进步和发展。在此基础上，激发少数民族大学生的爱国热情和民族感情。

（2）引导少数民族大学生树立坚定的理想信念。"平等、团结、互助、和谐"是社会主义民族关系的本质特征，而培养教育好少数民族人才是解决民族问题、做好民族工作的关键，是长远、根本的大事。高校统战工作要实现维护祖国统一、稳定的任务，就要培养少数民族大学生坚信中国共产党的领导，坚定民族团结的立场，自觉维护祖国统一，在政治上不断进步，学习上不断努力，以实际行动报效祖国和人民。

（3）引导少数民族大学生立志成才、饮水思源。在高校统战工作中，一方面，应在了解少数民族大学生学习、生活等各方面情况的基础上，为他们学习、生活提供更多更好的外部条件，从根本上满足他们合理、急切的需求，同时发扬各民族互帮互助、友好相处的优良传统，维护团结稳定，促进各民族的共同发展与进步；另一方面，也应教育引导他们爱国明理、饮水思源，并将他们培养成文化传承的使者，让他们能够学以致用，建设家乡，并成为民族团结的模范。

2. 文化适应与少数民族大学生统战工作的内在关联

本文中所谓的"文化适应"指的是：少数民族大学生在新的文化环境中，经历文化变迁，接触不同文化，在心理和行为上所发生的改变。这种改变的理想状态应该是少数民族个体获得与本族文化和汉文化的和谐关系，即实现文化适应理论中所提出的"整合"[1]模式，既保持对本民族文化的认同和参与，也积极发展对汉文化的认同与参与。

（1）文化适应深刻反映了少数民族大学生统战工作的本质。"统一战线的本质就是在共同利益基础上的团结合作。"[2]要实现各民族的共同发展和共同进步，需要将统一战线建立在和谐的文化基础之上。要通过文化适应来实现民族

---

〔1〕 Berry 认为处于文化适应过程中的个体面临两个基本问题：(1)是否趋向于保持本族群的文化和传统身份。(2)是否趋向于和主流群体接触并参与到主流群体活动中。通过个体对这两个问题的回答可以把个体在文化适应过程中采取的文化适应方式分为四类：整合(integration)、同化(assimilation)、分离(separation)和边缘化(marginalization)。整合，即个体既保持自己的原文化认同，又保持与其他群体的日常交往。

〔2〕 罗振建、吴文华：《统一战线学研究》，重庆出版社，2005 年，第 34 页。

文化的发扬进步和民族关系的和谐。一方面,在内地求学的少数民族大学生数量的增加对于少数民族地区社会、经济、文化等各个方面的发展都具有积极的促进作用,也担负着继承、发扬本民族文化和促进民族关系和谐的重任;但另一方面,少数民族大学生在人数上仍然是学校总人数的少数,在比例上还相对较低,在新的文化中学习、生活总会遇到一定的困难。从这个意义上来说,少数民族大学生的文化适应问题与统战工作促进民族和谐、维护祖国统一的根本目的是一致的,因为"民族文化的传承和民族关系的和谐靠的并不是隔离性的保护,而是在彼此了解、相互融合基础上的发扬和进步"[1]。因此,文化适应对于推动民族统战工作的发展,也就具有十分重要的意义。

　　(2)文化适应契合了少数民族大学生统战工作中求同存异的基本规律。"求同存异规律是统一战线的基本规律。"[2]在民族统一战线求同存异的矛盾运动过程中,文化适应理论契合了这一基本规律。其一,文化适应理论内涵是"求同"的基本要求。对于少数民族大学生文化适应来说,获得与本民族文化和汉文化的和谐关系,在个体层面上有利于自身的身心健康和社会适应的良好发展,在社会层面上则对于促进民族团结、中华民族的和谐发展以及社会稳定与和谐也有积极意义,这也契合了统一战线的求同存异思想。其二,文化适应在内涵上也十分注重存异的客观方面。对于少数民族大学生的文化适应来说,一方面,我们要在统一战线工作中看到这种差异,另一方面又应避免将其绝对化,少数民族大学生的文化适应不是完全被汉文化同化,而是在融入包容、广博、纷繁的汉文化的同时,保持其独特的民族个性。同样,在少数民族大学生的文化适应中,理想状态中的"和谐",也必须牢固建立在不同民族文化的多样性基础之上。

二、少数民族大学生文化适应状况的实证分析

　　上海大学从 2004 年开始少量招收来自新疆、西藏地区的少数民族大学生(以下简称"少数民族大学生")入学。截至 2012 年 7 月,在校少数民族大学生已达 1917 人,共涉及少数民族 36 个,占在校学生总人数的 5.1%。其中专科少数民族大学生 92 人,占在校专科生总人数的 2.8%;本科少数民族大学生 1487 人,

〔1〕 张劲梅:《西南少数民族大学生的文化适应研究》,西南大学,2008 年博士论文,第 34 页。
〔2〕 罗振建、吴文华:《统一战线学研究》,重庆出版社,2005 年,第 55 页。

占在校本科生总人数的 5.8%;研究生少数民族大学生 209 人,占在校研究生总人数的 2.4%;此外,我校还承担了 128 名来自新疆叶城县的少数民族未就业大学生的岗前培训任务。

1. 适应阶段:"兴奋"与"不适"

少数民族学生虽有是否上过"内高班"的区别,但总体上看,受访的少数民族大学生表示,入校初期,上海国际化大都市和学校全新的学习环境,让他们有新鲜感和兴奋感,但是也伴随有诸多的不适应,这种不适应多和生活、学习直接相关。一是气候环境,部分同学表示"不习惯上海的天气,夏天闷热,冬天湿冷,而且室内不取暖,到现在还是感觉不大舒服";二是饮食习惯,因宗教信仰关系,饮食上有不方便;三是学习上,感觉学习有难度,不适应学校的学期安排,学习节奏快等。总的来说,由于本身宗教信仰、民族语言以及基础教育的差距,使得这些少数民族同学在初到学校时就表现出剥离的趋势,一定程度的适应性障碍普遍存在,需要给予针对性的引导和帮助。

2. 交往阶段:"分离"与"整合"

人是一切社会关系的总和,人际交往和参加团体活动与社会活动的社会适应是文化适应的典型表现。在人际交往上,客观的轻度"分离"与主观的"整合"意愿并存。在与同学的交往关系上,少数民族大学生认为与汉族同学在思维方式、语言、饮食习惯、生活习惯等方面不一样,交流会有困难、有不便。同时,因为其自身比较敏感,自尊意识强,比较在意汉族同学的反应,有时难免出现理解错误,甚至有发生不愉快的可能,有时对有些同学的行为也不是很能接受。于是在交往过程中,偏向于和本民族同学进行团体行动,认为这样才会有舒适感。在和教师的交往关系上,缺少主动,怯于提出问题,主要是"怕自己问出来的问题很傻,所以不敢问"。但是在主观上,却有强烈的整合意愿,希望能够有"机会"结识更多的非本民族同学,很想尝试和汉族同学住在一起,能和更多的汉族同学成为朋友,同时他们普遍反应内心很"尊重老师"。

3. 实践阶段:"想要"与"不能"

参加校内外实践阶段的文化适应主要问题表现在主观的"想要"与客观的"不能"之间的矛盾。一方面,在参加团体活动上,由于少数民族大学生一般多才多艺,"只要听到节奏就知道该怎么跳舞",有积极参加班级、学校文艺活动的主观意愿,但是由于教育背景的不同,少数民族大学生的文化学习起点较低,因而在一定程度上挫伤了他们参与活动的积极性。另一方面,这些少数民族大学生的经济条件相对较差,大多来自新疆、西藏的经济不发达地区的多子女家庭,虽然他们主观上想多参加一些兼职减轻家庭经济压力,但是客观上因民族身份、学习压力、自身综合素质等原因,或不能如愿、或不能持续进行。此外,也由于帮扶政策的相对宽松也使部分少数民族大学生失去了积极参加各类实习活动的动力。

4.再思考阶段:"不适"与"认同"

虽然,少数民族大学生在异文化环境中产生了种种的"不适"现象,但通过实证分析我们可以发现,这些"不适"并没有使他们对自己民族身份产生"不适",反而进一步强化了对民族身份的认同,部分学生表示"学校专设了少数民族奖学金,在大多数同学都没有资格而自己可以申请的时候,更加清楚自己的民族身份"。但是在文化适应中,这种认同往往形成"分离"认同,即少数民族学生希望保持原认同,有意无意限制自己与新文化的良性互动,把自己封闭在自己独特的民族文化中,形成文化适应的思想认识障碍。比如,由于文化背景和成长环境的差异,少数民族大学生在校园中常以民族或地区为纽带和依据形成一个个有特色的小团体,在这个小团体中他们互帮互助、有礼有节,这在一定程度上有利于大学生良好道德品质的构建,但也带有较深的民族色彩。

三、少数民族大学生统战工作促进文化适应的实践与思考

少数民族大学生对于文化适应的选择模式直接代表着其民族的文化适应方向。近年来,中央不断加强文化建设,由此也为高校统战工作者促进少数民族大学生文化适应提供了重要思路,即文化统战。所谓高校少数民族大学生文化统战,就是高校统战部门通过春风化雨、润物无声的教化作用加强感化功能,团结凝聚少数民族大学生,并不断提高少数民族大学生的文化适应能力,帮助他们学会从其他民族文化的角度来观察本民族文化,尽快获得适应汉文化和全球社会化所需的知识、技能和态度等。

1.以精神文化为抓手,引导少数民族大学生对社会主义核心价值观的认同

社会主义核心价值观主要由坚持马克思主义指导思想、坚持中国特色社会主义共同理想、以改革创新为核心的时代精神和坚持社会主义荣辱观组成。党

的十八大报告提出:"倡导富强、民主、文明、和谐,倡导自由、平等、公正、法治,倡导爱国、敬业、诚信、友善,积极培育社会主义核心价值观。"可见社会主义核心价值体系的建设是以民族团结、国家安定和谐为前提的,是以各民族群众对社会主义核心价值观的高度认可为基础的。而精神文化反映一所大学的核心价值观,对于少数民族大学生来讲能潜移默化地影响着他们的思想观念、价值判断、道德情操,能有力地促进核心价值体系的建设。

因此,针对少数民族大学生在文化适应上出现的问题,高校统战工作者应不断加强对少数民族传统文化的了解,在充分尊重其民族传统和生活习惯的基础上,通过多渠道积极开展少数民族大学生的思想教育,引导其坚定正确的政治方向和理想信念。如在每学期的首日教育中,加强大学文化和大学精神教育,结合青年节、国庆节、劳动节等重大节日,通过联谊、座谈、参观等活动形式,开展爱国主义教育;发挥各级党团组织作用,积极做好少数民族大学生党团员发展、教育工作等。切实把社会主义核心价值体系融入少数民族大学生教育的全过程,并将其转化为他们的自觉追求。此外,高校统战部门在注意团结和尊重少数民族信教学生的同时,应该运用学校良好的文化教育氛围,引导少数民族大学生自觉培养健康的心理意识,树立正确的世界观、宗教观。

2. 以制度文化为抓手,引导少数民族大学生对高校管理的认同

制度文化指的是将刚性的制度管理与柔性的文化管理相结合,对于少数民族大学生统战工作来讲就是既要用规章制度去规范少数民族大学生的行为,同时又要体现以人为本,弘扬人文精神,通过关心人、激励人、教育人的潜移默化的效应,使少数民族大学生自觉服从高校的管理。因此,高校统战部门应充分认识少数民族文化与汉文化的差异,主动关心少数民族大学生的文化需求,主动协调学校教务、学生事务、后勤、就业等部门,加强沟通联系,对学校有关规章制度、管理办法进行耐心的宣传、解读,避免由于理解和认识上的差异,引起不良影响或造成制度执行上的困难。如上海大学在新疆未就业大学生来校培训的第一天就将有关的学籍管理、教学管理、宿舍管理等制度手册发到每位学生手中,并安排相关部门管理老师进行详细解读;并附上"致学员的一封信",告之少数民族大学生当其遇到何种困难时,可以找哪个部门的老师获得帮助,使他们感受到学校的规章制度既有约束和规范行为的一面,同时更体现"以人为本"的人文管理理念,使学校管理转化为学生努力学习的动力。

　　另外,更要积极调动少数民族大学生主动参与管理的积极性,并贯穿制度的制订、执行、贯彻等各环节,真正做到"以人为本"、"以生为本"。如在奖学金评定、优生优干选拔、先进集体评选等过程中,让少数民族大学生参与各类评奖评优办法的制订,并及时公开评定信息,调动他们民主参与、民主管理、自我管理的积极性。对少数民族大学生的管理,既有严格的管制制度,又要管而不死,体现对少数民族大学生的政策,如建立专门面向少数民族大学生的奖学金、助学金。要使制度为少数民族大学生的成才服务,让他们在心情舒畅、民主和谐、尊重个性、开放包容的学习环境中不断成长。

　　3. 以物质文化为抓手,引导少数民族大学生对育人环境的认同

　　物质文化是大学文化最直观、最表象的部分,是大学的外部育人环境。良好的物质文化能兼顾集体利益和个体需求,促进少数民族大学生对学校的认同感和归属感。目前,由于少数民族大学生具有不同的专业,一般在不同的学院进行培养,所遇到的文化适应问题也涉及高校的不同部门。因此,作为统筹解决少数民族大学生文化适应问题的高校统战部门,为了更好地帮助每一位少数民族大学生成长,应充分调动各个部门的工作积极性和针对性,在相关部门、相关学院设立统战委员,集中全校之力构建满足多元文化需求的物质环境,全员育人、全方位育人,帮助他们解除后顾之忧。如针对新疆学生普遍存在的饮食不适应问题,聘请当地厨师,对本校后勤人员进行培训;针对他们在人际、情感等方面遇到的问题,提供专业的心理咨询团队给予帮助;针对他们学习基础较弱的实际情况,适当地加强他们的课上学习与课下辅导。

　　此外,学校各有关部门也可以通过与地方各部门的合作,为少数民族大学生提供考察、实习和锻炼的实践机会。如上海大学与闸北区大宁路街道党工委共建的上海大学—大宁街道少数民族大学生社会实践基地,连续 14 年使来自 25 个少数民族的 121 名优秀大学生获得了锻炼。通过在大宁街道的定岗挂职,对他们加深切实了解上海文化、融入社会、提高人际交往能力并树立正确的择业观有较大帮助。上海大学—新疆高校毕业生培训班与宝山区政府合作交流办合作,大力投入,每个月组织少数民族大学生参观、考察上海富有内涵和意义的景点,让他们切实感受到大学博大精深的文化底蕴和上海的国际都市文化,并为他们融入大学生活、融入国际大都市、实现文化适应起到了很好的作用。

四、结语

少数民族大学生是少数民族中的文化精英,他们担负着建设少数民族地区社会经济的重任,也是沟通少数民族之间、少数民族和汉族之间的桥梁。因此,高校统战部门和工作者要倾注更多的耐心、关心和包容心,通过各种方式,鼓励他们树立信心,帮助他们融入内地城市和大学文化,在不断的适应和融合中,实现自我的不断提高,为民族团结、祖国建设和家乡发展贡献力量。

从某种程度上说,本文探索的也是一种文化育人的少数民族大学生培养模式和高校统战工作方式,旨在通过以人为本的理念确立、开放有序的教育管理和全员育人的资源整合,帮助少数民族大学生实现由被动接受到主动融合的成长与蜕变。并且,在各民族大学生的接触与互动中,促进民族间的理解交融和民族文化的和谐共生,为和谐校园与和谐社会建设奠定坚实的基础。

参考文献

1.《中共中央关于加强新形势下党外代表人士队伍建设的意见》,中发〔2012〕
   4 号。

2.《中国的民族政策与各民族共同繁荣发展》白皮书。

3. 哈力娜、和红燕:《从心理适应角度探析少数民族大学生的教育管理》,《新西
   部(下半月)》2008 年第 8 期。

4. 雷诗锋:《试论少数民族大学生心理问题的调适对策》,《科学咨询(决策管
   理)》2008 年第 3 期。

5. 罗晓蓉:《文化差异视阈下对少数民族大学生的调适》,《贵州民族研究》2011
   年第 3 期。

6. 谢瑶:《跨文化背景下的少数民族大学生文化适应调查分析》,《兰州工业高等
   专科学校学报》2011 年第 4 期。

大学生宗教信仰问题研究及
高校宗教事务管理的思考

安徽大学统战部

一、我国在校大学生宗教信仰的现状与特征

1. 信教人数比例虽不高,但呈逐年上升趋势

有调查显示,在校大学生中明确表示信仰宗教的占调查总数的比例大约为5%。[1] 综合各种资料,对同一区域分别进行调查,从相隔一年多的调查数据来看,两年中大学生宗教信仰的比例呈上升趋势。[2] 研究中发现,在校大学生在信仰选择上,主要以信仰佛教、基督教、天主教、伊斯兰教等为主。

2. 以被动介入为主

人的生活离不开周边社会环境,在信息网络发达的今天,大学生们对宗教问题的认识必然会深受社会环境和家庭环境的影响,这就给宗教渗透校园提供了契机。

3. 对宗教信仰的盲目和不成熟

在高校大学生群体中,有一部分宗教信仰者存在着不能正确辨别宗教功能的现象,他们缺乏基础的宗教知识,对宗教的认识不透彻,对宗教的理解还比较肤浅。还有一部分大学生宗教信仰者只要觉得宗教教派的名字比较有吸引力和诱惑力,或者觉得其具有神秘感,就会选择该宗教教派作为自己的信仰。这种思想上的不成熟,导致他们在宗教信仰的选择上存在盲目性。

---

〔1〕 赵宗宝:《大学生宗教观现状分析及良性变化对策》,《河北科技师范学院学报》2007 年第5 期。

〔2〕 谈宗凡:《在校大学生宗教信仰现状及对策分析》,《新西部》2007 年第 8 期。

二、在校大学生宗教信仰的成因分析

1.民族及家庭环境的影响

个人宗教信仰与民族家庭情况密切相关,在校大学生同样也不例外。调查显示,少数民族大学生信教比例较高,其中回族学生特别高,远远高于汉族大学生的平均水平;而在有家庭成员信教的学生当中信教比例也较高。

2.社会外部原因

改革开放以来,随着国际政治一体化和经济全球化的不断深入和发展,国家政策日益开放开明,我国社会的包容性大大增强。各种思想相互激荡,部分学生开始动摇对马克思主义的信仰,转而从其他方面寻求精神寄托;再加上我国改革开放的深入和社会主义市场经济的确立,经济成分和经济利益多样化等因素,这对涉世不深、缺乏社会经验的大学生来说容易导致信仰选择上的困惑。

3.高校思想政治教育不当因素

在我国高校的教学管理体制中,通过思想政治教育传授更多的是"正面"的抽象的理论,不容易被学生所接受。目前一些高校的思想政治教育存在着针对性不强、实效性不好以及重在灌输和"填鸭"、方法简单化、缺乏亲和力等现象,不能很好地发挥引导学生建立牢固的马克思主义科学信仰的作用。

4.宗教自身存在某些积极方面的作用

宗教作为意识形态的一种,对人生、世界、自然有独特的诠释,它还具有一定的心理调适功能,能给人一种安全感和归属感,这使大学生易于接近宗教,甚至皈依宗教。

鉴于以上现状,我们要重视对大学生宗教信仰问题的研究,采取有力措施加以引导、规范,努力让更多的青年大学生坚定马克思主义的科学信仰。

三、加强高校宗教事务管理以及树立大学生科学信仰的对策建议

1.加强科学无神论教育,普及宗教文化知识

针对大学生对宗教有兴趣但又缺乏了解的状况,要做好正面引导工作,疏导胜于堵塞。我们要大力加强科学无神论教育,同时,要普及宗教文化知识,从而满足大学生对宗教文化的浓厚兴趣和强烈的好奇心,除去大学生对宗教的神秘感、摆脱盲目性,使大学生对宗教的认识更全面深入、更理性。这样,他们在面临

周围现实的宗教现象时才能冷静地作出理性的判断和选择。

2.加强科学精神的培养

长期以来,我国注重知识和技术的传播,但是对科学精神的培育相对滞后。科学知识是驱除非理性信念的有力武器,人们对自然规律和社会规律了解得越广泛深入,对外部力量的恐惧和由此产生的迷信就会越少。大学生不仅要有科学知识,而且要有科学精神。世界观上的神灵论,必然导致人生观上的宿命论,从而认为人的一切皆命中注定,这不利于培养大学生的创新精神和实践能力,高校要利用各种行之有效的形式培养大学生的科学精神。

3.开展切实有效的大学生思想政治工作

高校思想政治理论课是引导大学生树立正确的世界观、人生观、价值观的主渠道、主阵地。从当前大学生信仰的现状来看,我们必须要加快思想政治理论课的改革,从大学生的实际和需要出发增强针对性和说服力,引导他们树立坚定的共产主义信念;同时,在日常的思想政治工作中,要把深入细致的思想政治工作与解决大学生实际问题结合起来。学生思想问题的产生多与物质利益和精神需求有关。我们一定要深入到学生中去,多倾听学生的心声,了解学生的困难和需要,真心实意地为学生办实事,积极营造一个充满爱心的校园。

4.加强领导依法管理,建立健全高校宗教事务管理工作机制

高校宗教事务管理不是某个部门单独的职责,作为学校的重要工作内容之一,需要在学校党政的重视和统筹下,建立健全高校宗教事务管理工作机制,多方协作共同开展。建立健全高校宗教事务管理工作机制就要有依法管理宗教事务的机构,因此,要成立民族宗教工作领导小组,建立健全相应制度,规范职能,明确职责。高校的宗教事务管理应由院系学生处(团委)、保卫处和统战部共同协调配合,依法管理。

5.加强大学生的心理健康教育,培养健康的心理素质

随着高校的扩招,大学生"天之骄子"的优越感越来越淡漠,随之而来的是,学业和就业的竞争压力越来越大,因而,大学生在学习生活中遇到的困难与问题就越来越多,心理压力会越来越重。有一部分同学会产生无力感、无望感、孤独感,很有可能因此产生心理问题或厌学厌世情绪,当一些宗教主动接近他们时,很可能就被捕获。因此,我们必须根据大学生的心理特点,有针对性地讲授心理健康知识,开展辅导或咨询活动,帮助大学生培养健康的心理素质,增强心理调

适能力和社会生活的适应能力。

6.尊重保护合法的宗教活动,坚决抵制非法宗教活动

高校要切实贯彻党的民族宗教政策,尊重少数民族师生的民族习俗和宗教感情。比如:随着我校办学规模的不断扩大,少数民族师生人数也逐年增加,校党政领导及有关部门十分重视这个问题,为做到生活上的照顾,学校专设清真食堂,给予少数民族学生专项补助;在少数民族传统节日举办庆祝活动;在学习上给予更多帮助等。要尊重大学生的信仰选择,在依法维护其宗教信仰自由和合法的宗教活动的同时,坚持教育与宗教相分离的原则,坚决制止非法宗教活动。

参考文献

1. 左鹏:《当代大学生宗教信仰问题解析》,《思想理论教育》2006 年第 17 期。

2. 杨晓慧:《大学生宗教信仰问题及德育对策研究》,《思想教育研究》2006 年第 12 期。

感恩教育在高校民族学生教育引导中的作用机制研究

孙宇伟　徐丽云　郝　振[*]

一、研究背景

高校民族教育是我国高等教育事业的重要组成部分,也是民族工作的重要内容。认真做好内地高校少数民族大学生的管理工作,不仅有利于培养少数民族地区人才,也有利于促进地区间经济的平衡发展,维护国家稳定和民族团结。

以往的少数民族大学生教育研究,研究视角往往偏向于将少数民族大学生视为一个被动的客体,从不同的学科角度来探讨他们在目前生活中所存在的问题,以及如何营造有利于他们生存和发展的外部环境。这种纯粹关怀、照顾的理论与实践出发点,一方面忽视了少数民族学生的主体能动性,降低了他们的主动意识,使其习惯于被动接受的角色;另一方面,少数民族学生在一系列的被动接受过程中,也容易使得他们倾向于将国家和学校所提供的各项少数民族优惠政策视为理所当然,进而降低了他们的挫折耐受力和应有的感恩意识。

因此,选取在高校中更常受到优惠政策照顾的少数民族大学生群体,深入探讨他们的感恩意识,通过感恩教育引导其识恩、知恩,并将感恩意识转化为行动,以实现人与人、人与社会、人与自然的和谐,不仅有利于塑造他们健全的人格,培养他们的社会责任感,提升他们在高校中的适应能力,也能够使他们在今后的工作和生活中学以致用,真正实现用自己的专业知识建设自己的家乡和促进社会

---

　　*　孙宇伟,上海外国语大学党委统战部部长;徐丽云,上海外国语大学英语学院党总支副书记;郝振,上海外国语大学英语学院学生辅导员。

发展。因此,高校少数民族学生感恩意识的培养不仅影响到少数民族学生个人未来的发展和成长,也影响到各少数民族素质和国家的兴衰,有着重要的理论和实践价值。

二、感恩与感恩教育的内涵

感恩是不同民族文化所共同认同的行为规范,是中华民族的传统美德,也是世界上各种文明所推崇的美德。"滴水之恩,当涌泉相报"、"谁言寸草心,报得三春晖"、"知恩图报,善莫大焉"等至理名言蕴含着中华文化的精髓,而西方许多国家也通过"感恩节"等形式来表达对大自然和世界的感恩之情。马克思认为:"人的本质并不是单个人所固有的抽象物。在其现实性上,它是一切社会关系的总和。"人是生活在整个社会关系中的人,是不能脱离社会和他人而独立存在的。在实践中,个人接受他人、社会的馈赠、援助、支持等是不可避免的,而感恩意识则是个体在接受这种恩惠时所产生了一种积极情感认知和行动倾向,它促使人们做出对他们或社会有益的亲社会行为。

公元 5 世纪罗马哲学家塞尼卡在其《论利益》一书中认为,理解感恩首先要搞清楚的是施惠者和受惠者之间的关系,包括施惠者的意图、双方的地位、是否自愿等。此后,不同学科的学者对感恩有着不同的理解:心理学者认为感恩是基于同情与爱的美好情感;社会学者认为感恩是"人—自然—社会"关系的理性维系;宗教学者认为感恩是对生活真义的感悟和对生命的尊重;教育学者认为感恩是责任感和义务观的浓缩。总结来看,感恩包括了三个层次:一是认知层次,认识到主体自身从外界获得的恩惠并产生认可;二是情感层次,在认知基础上,诞生出一种喜悦的情感,进而转化为一种自觉的感恩意识和报恩的冲动;三是实践层次,将感恩的意识和回报的冲动转化成为感恩的实践行为,并养成习惯,即回报恩情、乐善好施、甘于奉献等。

在国内,有关感恩教育的内涵得到较多认可的理解是:感恩教育是针对学生的感恩意识,运用一定的教育方法和手段,通过一定的感恩教育内容对受教育者实施的知恩、感恩、报恩和施恩的人文教育,是一种以情动情的情感教育,是一种以德报德的道德教育,也是一种以人性唤起人性的生命教育。根据感恩教育的具体内容,我们又可以将感恩意识的培养细分为:对待自身的感恩意识的培养,塑造健全的人格品质,保持健康的身心状态,实现人与自身之间的和谐共处;对待他人的感恩意识的培养,对父母亲人养育之情的感恩,对老师教诲之情的感恩,对同学同伴朋友之谊的感恩,实现人与人之间的和谐共处;对待社会的感恩意识的培养,树立公民意识,强化社会责任感,实现人与社会的和谐共处;对待自然的感恩意识的培养,尊重生命,爱惜资源,保护环境,提升对自然之美的鉴赏力,实现人与自然的和谐共处。

三、感恩教育在少数民族大学生成长成才过程中的作用机制

感恩意识的缺乏是部分少数民族大学生产生各类问题的重要诱因之一。当代少数民族大学生虽然具备非常多值得同龄群体学习的优秀品质,但由于较多来自偏远落后的地区,在大学中由于受到了学校和社会太多的关爱和给予,部分少数民族同学在接受真诚帮助和关心时,仅仅将人们的资助视为他们跳出“家门”的推动力,是改变个人前途和改善生存环境的物质保障,将学校的一些助学政策视为偷懒敷衍的借口。由于习惯于接受各类帮困助学政策,又缺乏感恩,反而导致部分少数民族学生融入学校和社会的过程变得缓慢而曲折。因此,深入探讨感恩教育在少数民族大学生成长成才过程中的作用机制便显得尤其重要而迫切。

1.感恩教育有助于培养少数民族大学生健全的人格,实现人与人之间的和谐

古罗马哲学家西塞罗曾经说:“感恩并不只是一种美德,而是所有美德之源。”有关感恩与个体人格特质之间的关系已经得到了越来越多学者的广泛关注。根据现有的研究结论来看,绝大部分研究表明,感恩与一些积极的人格特质(如外倾性、宜人性、开放性、责任感等)存在显著的正相关,而与消极的人格品质(如神经质等)呈现显著负相关。通过对一些感恩意识的干预研究可以看出,感恩意识可以提高大学生处理各种负面情绪问题的能力、扩大大学生的交际交往,进而有助于建立起积极向上的人格品质。因此,对高校少数民族大学生感恩教育的开展,并不仅仅只是针对感恩意识的培养,它还会在更深程度上影响他们良好人格品质的形成,使其能够更好地接纳自我,包容他人,养成较强的挫折耐受性,掌握较好的人际沟通能力,从而真正实现人与人之间的和谐共处。

2.感恩教育有助于增强少数民族大学生的"四个认同"观念,实现人与社会之间的和谐

"四个认同"包含着"对祖国的认同、对中华民族的认同、对中华文化的认同、对中国特色社会主义道路的认同",是马克思主义国家观、民族观、历史观、文化观的具体体现,也是民族团结教育所要达到的根本目的。然而真正意义上的认同,并非强制也并非一味地单方面施以恩惠便能形成。认同是一个双向选择的过程,如"对祖国的认同"正如孩子对父母的认同一般,如若只是父母单方面对孩子无条件的爱和付出,孩子不懂感恩与回馈,就谈不上孩子对父母深厚的爱和认同,充其量只是将父母当作提供物质条件的保障,仅对父母存有依赖关系。同样,对中华民族、中国文化以及中国特色社会主义道路的认同也是需要建立在少数民族同学的感恩意识基础之上。认同感包含了认知和情感两部分,认知部分是对祖国、中华文化等的理性思考,而情感部分则意味着深刻的归属感与感恩意识。唯有深入地培养少数民族学生的感恩意识,加强感恩教育,才能真正内化他们的"四个认同",实现人与社会的和谐。

3.感恩教育有助于提升少数民族大学生的生活满意度,实现人与自然之间的和谐

目前高校内自杀、虐待动物、浪费资源等事件的频发,深刻反映出当代大学生对现实生活满意度的缺失。在这一背景之下,探讨感恩意识与生活满意度的关系已经受到了越来越多学者的关注。已有的研究结果一致表明,感恩能有效地提高学生对学校和其他方面的满意度,提高学生的幸福感,并促进个体产生更多的亲社会性行为,是个体体验各种正面情绪和幸福感的重要基础。感恩意识的培养有助于大学生将自己所拥有的一切,包括生活本身看作是一种恩赐。因此,大学生不会因为美好事物的频繁出现而变得熟视无睹,能长时间地维持一种内心的幸福感,减少负面情绪的体验。同时,这种内心的满足感也会使个体对大自然的美好与恩赐怀有敬畏和感激之情,从而减少对环境的破坏、资源的浪费以及对其他生命的漠视,实现人与自然的和谐。

四、高校培养少数民族大学生感恩意识的对策分析

感恩意识并非是与生俱来的天性,它需要教育来点拨和引导。因此,高校要对少数民族大学生进行有目的、有计划的感恩教育,丰富感恩教育的内容,拓宽

感恩教育的手段与方法,改善校园的感恩环境,对大学生的感恩意识进行指导与熏陶,来发挥高校感恩教育的引导作用。

1. 整合高校教育资源,培育校园感恩文化氛围

首先,将感恩教育纳入到大学课程体系建设。学校教育根本在于"育人",任何一门学科都承担着育人的责任,而各学科中也蕴含着感恩教育的理念。所以,要充分挖掘各种课程中的感恩资源,培养大学生的感恩情怀,增强大学生的感恩意识。这样,学生在课堂上不仅学到了专业知识,感恩意识也得到了的良好培养。其次,丰富以感恩为主题的校园文化建设。如利用"母亲节"、"父亲节"、"教师节"以及环境保护日等契机开展征文、演讲或者各类实践活动,帮助学生树立合理的消费观,培养勤俭节约的精神,增强大学生的社会责任意识。让大学生感受到尊重和感谢关爱自己的人的重要性,以此来培养学生关心他人、关爱社会的良好习惯,珍惜今天的美好生活。最后,开拓不同的感恩教育载体,除了在高校中开展面对面、书面或者实地的教育方式之外,还可充分发挥网络的教育和导向作用,建立融思想性、知识性、趣味性于一体的感恩教育网络平台,开展网上交流,加强感恩文化的宣传力度,进一步扩大感恩教育的影响面。

2. 发挥帮困育人功能,在少数民族大学生资助工作中融入感恩教育

近年来,高校家庭经济困难学生的数量逐年增大,尤其是少数民族同学所占的比例一直较高。为帮助这些学生顺利完成学业,国家和学校采取了以国家助学贷款、勤工俭学、助学金、困难补助、减免学费以及各项助学性质的奖学金等形式来资助家庭经济困难的少数民族学生。因而,高校学生管理工作者应善于利用日常的资助工作,适时地开展多种形式的感恩教育,比如给资助方写感谢信,保持经常性的联系,参与公益性或志愿服务活动回馈社会,以此唤起和强化学生的感恩情怀。不能让学生在接收资助的过程中,形成惯性心理,觉得各类帮困助学的策略都是理所应当。要让学生树立起感恩意识,面对父母的含辛茹苦、老师的谆谆教导以及学校和社会的各方资助,在校时应当心怀感恩,毕业后才能回馈国家和社会。

3. 重视实践育人功能,以实践培养少数民族大学生良好的感恩意识

就教育形式而言,感恩实践活动是将学生的感恩思想外化于行动的有效方式之一,高校的感恩教育要遵循理论与实践相结合的原则。要鼓励少数民族大学生走出课堂,参与感恩教育的社会实践,如下到社区开展"手拉手"献爱心服务、义务献血、到敬老院看望孤寡老人、"感恩先烈,祭扫烈士墓"等活动,尤其是

利用寒暑假参加支教活动等,给学生提供关爱他人、自我、社会的机会,让学生在具体的活动中身体力行、亲身感悟、净化心灵,真正懂得自我奉献的无私精神,让这种亲身体验在学生心中产生震撼力和持久性。这也是提高大学生感恩意识的最佳渠道。

4. 注重激励与反馈,建立完善的高校感恩意识评价体系

感恩意识的培养需要及时的反馈与正强化,因此高校感恩教育体系需建立一套比较完整的感恩意识评价和激励体系,学校要时刻关注大学生感恩意识变化情况,把感恩意识作为大学生是否全面发展、是否优秀的一个衡量标准,并具体量化到一些可操作的指标之中。比如针对某些少数民族的帮困助学政策可以配套要求完成多少时间的校内勤工助学,或者建立诸如诚信档案的感恩档案记录,在校园内评选"感动校园人物"等,以此来规范学生的感恩言行。当然,这种评价体系的建立一定要注重"度"的把握,以免造成对少数民族同学自尊心的伤害。

参考文献

1. 《马克思恩格斯选集》第 1 卷,人民出版社,1972 年。

2. 陶志琼:《关于感恩教育的几个问题的探讨》,《教育科学》2004 年第 4 期。

3. 谢敬东:《大学生感恩意识的缺失及培养》,《思想教育研究》2006 年第 8 期。

4. 杨波:《论当代大学生感恩教育实效性》,《思想政治教育研究》2009 年第 4 期。

5. 喻文德:《加强大学生感恩教育》,《当代青年研究》2005 年第 8 期。

6. 梁勤儒、王燕芳、陈昌龄等:《丛飞事件的反思——从学生工作角度谈高校的感恩教育》,《青年研究》2006 年第 2 期。

7. 叶望新:《大学生感恩教育浅议》,《浙江师范大学学报(社会科学版)》2007 年第 2 期。

8. 陈军莲:《加强大学生感恩教育的意义及途径》,《湖南师范大学教育科学学报》2009 年第 1 期。

9. 兰军瑞:《对当代大学生实施感恩教育的必要性及对策》,《中州学刊》2006 年第 3 期。

10. 梁炳辉:《高校大学生感恩教育中存在的问题与对策》,《教育探索》2011 年第 9 期。

后 记

第22次华东地区高校统战工作研讨会将于2013年6月在金华市浙江师范大学召开。本次会议在中共浙江省委统战部、中共浙江省委教育工委的指导下，由浙江省高校统战工作理论研究会主办，浙江师范大学承办，浙江大学、中国美术学院、浙江工业大学、宁波大学、浙江理工大学、杭州电子科技大学、浙江工商大学、浙江中医药大学、浙江农林大学、温州医学院等高校协办。

作为会议的一份重要材料，《高校统战工作理论与实践》一书经华东地区高校广大统战干部的共同努力终于编定付梓。华东地区64所高校向会议提交了104篇论文，经编委会全体成员的认真评审，从中择优遴选出了53篇收录其中。相信这些在深入调查研究基础上形成的工作经验与理论思考，将对统战工作者进一步提升高校统战工作理论水平、创新工作方法、拓展工作思路提供帮助。在此也对各位作者表示由衷的谢意。

中共浙江省委统战部副部长黄永通，浙江大学党委常务副书记邹晓东同志主持了本书的编选。中共浙江省委教育工委副书记、浙江省教育厅副厅长汪晓村同志为本书作序。赵文波、胡平、杜敏、陈慧、王苑等同志参与了全书的统稿编辑工作。

本书的出版得到了浙江大学出版社的大力支持，浙江大学的王一清、浙江师范大学的倪文珺等同志为本书的出版做了大量工作，在此一并表示感谢！

由于本书篇幅有限，部分论文收入时作了删节，还有许多论文未能选入，在此恳望作者予以谅解。

由于编者水平有限，加之时间仓促，书中疏漏甚至错误之处难免，敬请批评指正。

编委会

2013 年 5 月于杭州

图书在版编目（CIP）数据

高校统战工作理论与实践/浙江省高校统战工作理
论研究会编. —杭州:浙江大学出版社,2013. 6
ISBN 978-7-308-11572-8

Ⅰ.①高… Ⅱ.①浙… Ⅲ.①高等学校－统一战线工
作－中国－文集 Ⅳ.①D613-53

中国版本图书馆 CIP 数据核字（2013）第 111454 号

高校统战工作理论与实践

浙江省高校统战工作理论研究会　编

责任编辑　葛玉丹

封面设计　项梦怡

出版发行　浙江大学出版社

　　　　　（杭州市天目山路 148 号　邮政编码 310007）

　　　　　（网址:http://www.zjupress.com）

排　　版　杭州中大图文设计有限公司

印　　刷　杭州丰源印刷有限公司

开　　本　710mm×1000mm　1/16

印　　张　23

字　　数　380 千

版 印 次　2013 年 6 月第 1 版　2013 年 6 月第 1 次印刷

书　　号　ISBN 978-7-308-11572-8

定　　价　50.00 元